La violación de los derechos humanos en el Estado de Guerrero.

Arturo Miranda Ramírez
Rene Edmundo Cuevas Valencia

La violación de los derechos humanos en el Estado de Guerrero.

Durante la "guerra sucia"; una herida no restañada

Editorial Académica Española

Impresión
Informacion bibliografica publicada por Deutsche Nationalbibliothek: La Deutsche Nationalbibliothek enumera esa publicacion en Deutsche Nationalbibliografie; datos bibliograficos detallados estan disponibles en Internet en http://dnb.d-nb.de.
Los demás nombres de marcas y nombres de productos mencionados en este libro están sujetos a la marca registrada o la protección de patentes y son marcas comerciales o marcas comerciales registradas de sus respectivos propietarios. El uso de nombres de marcas, nombres de productos, nombres comunes, nombres comerciales, descripciones de productos, etc incluso sin una marca particular en estos publicaciones, de ninguna manera debe interpretarse en el sentido de que estos nombres pueden ser considerados ilimitados en materia de marcas y legislación de protección de marcas, y por lo tanto ser utilizados por cualquier persona.

Imagen de portada: www.ingimage.com

Editor: Editorial Académica Española es una marca de
LAP LAMBERT Academic Publishing GmbH & Co. KG
Dudweiler Landstr. 99, 66123 Saarbrücken, Alemania
Teléfono +49 681 3720-310, Fax +49 681 3720-3109
Correo Electronico: info@eae-publishing.com

Aprobado por: Cuernavaca Morelos, México, Centro de Investigación en Docencia y Humanidades del Estado de Morelos (CIDHEM), Tesis Doctoral, 2005

Publicado en Alemania
Schaltungsdienst Lange o.H.G., Berlin, Books on Demand GmbH, Norderstedt, Reha GmbH, Saarbrücken, Amazon Distribution GmbH, Leipzig
ISBN: 978-3-8454-8612-3

Imprint (only for USA, GB)
Bibliographic information published by the Deutsche Nationalbibliothek: The Deutsche Nationalbibliothek lists this publication in the Deutsche Nationalbibliografie; detailed bibliographic data are available in the Internet at http://dnb.d-nb.de.
Any brand names and product names mentioned in this book are subject to trademark, brand or patent protection and are trademarks or registered trademarks of their respective holders. The use of brand names, product names, common names, trade names, product descriptions etc. even without a particular marking in this works is in no way to be construed to mean that such names may be regarded as unrestricted in respect of trademark and brand protection legislation and could thus be used by anyone.

Cover image: www.ingimage.com

Publisher: Editorial Académica Española is an imprint of the publishing house
LAP LAMBERT Academic Publishing GmbH & Co. KG
Dudweiler Landstr. 99, 66123 Saarbrücken, Germany
Phone +49 681 3720-310, Fax +49 681 3720-3109
Email: info@eae-publishing.com

Printed in the U.S.A.
Printed in the U.K. by (see last page)
ISBN: 978-3-8454-8612-3

LA VIOLACIÓN DE LOS DERECHOS HUMANOS EN EL ESTADO DE GUERRERO DURANTE LA "GUERRA SUCIA"; UNA HERIDA NO RESTAÑADA

Lucio Cabañas Barrientos, muerto en combate el 2 de diciembre de 1974 en la sierra de Santa Lucía, Gro.

AUTORES:

ARTURO MIRANDA RAMÍREZ
RENÉ EDMUNDO CUEVAS VALENCIA

AGRADECIMIENTOS

A los Drs. Gloria Villegas, Octavio
Rodríguez Araujo, Isidro H. Cisneros,
Alejandro Chao Barona, Laura Baca Olamendi,
Miguel Ángel Peralta Weathley, Bernardo Romero
Vázquez y Luis Tamayo por sus valiosas asesorías.

Especialmente a José Sotelo Marbán,
por su apoyo para tener acceso a
los datos del AGN.

DEDICATORIAS

A la memoria Lucio Cabañas Barrientos y
Genaro Vázquez Rojas, porque
ofrendaron su vida por la patria
nueva que soñaron.

A las nuevas generaciones de
Combatientes que desde
distintas trincheras, luchan
por la democracia, la justicia
y los derechos humanos.

A la señora Rosario Ibarra de
Piedra: por su incansable lucha a favor
de la presentación de los cientos de
desaparecidos, la libertad de presos
políticos y en contra de la tortura.

ÍNDICE

RESUMEN

Los resultados de la presente investigación fueron estructurados a través de cinco apartados: 1. INTRODUCCIÓN GENERAL: entre la impunidad y la injusticia; 2. DERECHOS HUMANOS Y GLOBALIZACIÓN: teoría y práctica de los derechos humanos en el sistema internacional; 3. "GUERRA SUCIA" Y CAMBIO POLÍTICO EN GUERRERO: de la lucha armada y de la represión del disenso; 4. LAS "CUENTAS CON EL PASADO": el derecho a la verdad, a la reparación del daño y a la justicia y 5. CONCLUSIONES: ¿Fiscalía Especializada o "Comisión de la Verdad"?

I. INTRODUCCIÓN GENERAL: entre la impunidad y la injusticia. Aquí se trató de aportar elementos históricos, culturales, políticos y económicos que permitieran explicar la rebeldía de la mayoría de la población guerrerense desde la época prehispánica hasta las décadas de los años 60 y 70, donde la impunidad y la injusticia impuesta desde el Estado fueron generando mayor agudización en las contradicciones sociales.

II. DERECHOS HUMANOS Y GLOBALIZACIÓN: teoría y práctica de los derechos humanos en el sistema internacional. En este apartado se abordan algunos elementos conceptuales que permiten darle a la investigación una fundamentos teóricos, al identificar de manera sucinta el origen de los derechos humanos desde el pensamiento de los estoicos hasta la época de la globalización; pero en especial a partir de la Revolución Francesa, la Carta de las Naciones Unidas, la realización de Convenciones Internacionales, entre otras.

III. "GUERRA SUCIA" Y CAMBIO POLÍTICO EN GUERRERO: de la lucha armada y de la represión del disenso. Aquí se presentan testimonios y el análisis de expedientes clasificados que obran en el Archivo General de la Nación (AGN), de la Comisión Nacional de Derechos Humanos (CNDH), la Fiscalía Especializada para los Movimientos Sociales y Políticos del Pasado (FEMOSPP), la Comisión Estatal de Defensa de los humanos Derechos (CODDEHUM), procurando seguir el mismo orden cronológico en que se dieron las acciones represivas impuestas por agentes del Estado (militares, policías, grupos paramilitares, entre otros), durante la llamada "guerra sucia" a través de las denominadas *Operaciones Rastrillaje I y II, Operación Amistad y Operación Telaraña;* donde se demuestra la barbarie en que éstos incurrieron en contra

7

de los detenidos (juicios sumarios, tortura, desaparición forzada, cárceles clandestinas, entre otras).

IV. LAS "CUENTAS CON EL PASADO": el derecho a la verdad, a la reparación del daño y a la justicia. En este apartado se presentan diversas posiciones en torno a la posibilidad o no de conocerse la verdad histórica y jurídica acerca de los crímenes de lesa humanidad cometidos durante la "guerra sucia"; mismas que se toman como base para considerar la posibilidad de llevar a juicio a los presuntos responsables y cerrarle el paso a la impunidad, demandar la reparación del daños y brindarle a las víctimas la esperanza de la justicia que desde hace más de 30 años vienen demandando.

CONCLUSIONES: ¿Fiscalía Especializada o "Comisión de la Verdad"? Como parte de las conclusiones se presenta el debate acerca del funcionamiento de los organismos defensores de los derechos humanos oficiales: la Comisión Nacional de Derechos Humanos (CNDH), la Fiscalía Especializada para los Movimientos Sociales y Políticos del Pasado (FEMOSPP), la Comisión Estatal de Defensa de los Derechos Humanos en el Estado de Guerrero (CODDEHUM) para concluir, si frente a la falta de resultados satisfactorios de estos organismos, procede promover en su lugar la creación de una "Comisión de la Verdad" como ya se hizo en otros países, o recurrir a tribunales internacionales como lo establece el Derecho Internacional en busca de la justicia y la verdad que el Estado mexicano no ha sabido o no ha querido garantizar.

Objetivos de la investigación:

Demostrar que la violación sistemática de los derechos humanos por agentes del Estado, ha obligado históricamente a los guerrerenses a emprender diversas formas de lucha pacífica y armada.

Aportar elementos de juicios que permitan demostrar que la violación de los derechos humanos en Guerrero y el país durante el periodo de la "guerra sucia": décadas de los años 60 y 70, fue un medio utilizado por el Estado para aniquilar a la disidencia y no con el fin de llevarla ante los tribunales legalmente constituidos por la comisión de reales o supuestos delitos.

Demandar al Estado Mexicano el esclarecimiento de los crímenes de lesa humanidad cometidos durante el periodo de la denominado "guerra sucia", con el propósito de conocer la verdad histórica y jurídica.

Promover la discusión acerca de la formación y/o fortalecimiento de organismo defensores de los derechos humanos, que contribuyan a evitar la impunidad de los responsables de crímenes de lesa humanidad, como medio de contribuir a evitar que se vuelvan a repetir y en lo posible, garantizarle a las víctimas la reparación del daño y hacerles justicia.

Demostrar que en la época de la globalización se presentan nuevas y viejas formas de violación de los derechos humanos.

PRESENTACIÓN

Para analizar el problema de la violación a los derechos humanos en el estado de Guerrero durante la "guerra sucia": décadas de los años 60 y 70, fue necesario preguntarnos ¿Dónde y por qué se inicia la violencia en la entidad, en la relación cotidiana de represión, explotación y dominación o en la resistencia violenta a dicha relación? "¿La primera es una "violencia originaria" y la segunda la respuesta o una "violencia secundaria o derivada"?[1] La violencia social imperante durante ese periodo ¿Sería la causa y hasta la justificación de la violación sistemática de los derechos humanos de parte del Estado, o el recurso al derecho de una respuesta de autodefensa de la disidencia como lo advirtiera Hobbes mediante la resistencia armada a los gobiernos autoritarios y hasta despóticos? ¿Cómo explicar y comprender, por una parte, la imagen de rebeldía de amplios sectores de la población y por la otra, la represión gubernamental que ha prevalecido en el estado de Guerrero a lo largo de su historia pero particularmente durante la "guerra sucia"?

Al respecto Zermeño nos dice que "en los años sesenta y setenta nos sorprendió Guerrero como cuna de las guerrillas de Lucio Cabañas y Genaro Vázquez. Muchos quisimos ver, en esos hechos violentos, el estallido, el hartazgo, la organización de los oprimidos desde abajo y desde afuera: definición por excelencia del acto guerrillero".[2]

Para lograr un primer acercamiento en torno a la explicación del problema, hubo necesidad de partir del "imaginario histórico" que nos permitiera comprender el por qué la rebeldía de la mayoría de los guerrerenses en contra de toda forma de opresión aparece en el contexto nacional como parte sustantiva de la cultura del guerrerense; misma que se ha manifestado en un proceso en espiral: represión-rebeldía-represión, perdiéndose en el tiempo y el espacio la identificación del punto de partida en que tuvo su origen ese largo proceso. De aquí que Bartra caracterizara al estado de Guerrero como "erial arisco y extremoso; ocasión de impúdicos dispendios que eriza la abstinencia de los más (..) penurias y hartazgo desmedido (..) reservación de añejos

---

[1] Bellingeri, Marco. *Del agrarismo armado a la guerra de los pobres 1940 – 1974.* Ed. Casa Juan Pablos. México 2003 p. 11.
[2] Fernández Gómez, Raúl. *Elecciones y alternancia. Guerrero 2005.* Presentación. Sergio Zermeño. Ed. Nuevo horizonte editores S. A. de C. V., México, p. 9

10

cacicazgos y paradigma de inestabilidad política, la entidad es también territorio fuera de la ley donde se gobierna a punta de fregadazos"[3]

En la presente investigación se aportan elementos de juicio fundamentados en la propia investigación que demuestran, que la impunidad que ha prevalecido en torno a los abusos del poder y la consumación de violaciones sistemáticas a los derechos humanos, han jugado un papel relevante en la incitación a la rebeldía. Con ello se trata de demostrar que han sido entre otras, la insatisfacción de necesidades vitales, la falta de democracia y de justicia, los excesos del poder asociado a la impunidad, los que han provocado históricamente la rebeldía de amplio sectores de la población y la represión gubernamental.

Entre los objetivos propuestas en la presente investigación podemos enumerar los siguientes:

Demostrar que la violación sistemática de los derechos humanos por agentes del Estado, ha obligado históricamente a los guerrerenses a emprender diversas formas de lucha pacífica y armada.

Aportar elementos de juicios que permitan demostrar que la violación de los derechos humanos en Guerrero y el país durante el periodo de la "guerra sucia": décadas de los años 60 y 70, fue un medio utilizado por el Estado para aniquilar a la disidencia y no con el fin de llevarla ante los tribunales legalmente constituidos por la comisión de reales o supuestos delitos.

Demandar al Estado Mexicano el esclarecimiento de los crímenes de lesa humanidad cometidos durante el periodo de la denominado "guerra sucia", con el propósito de conocer la verdad histórica y jurídica.

Promover la discusión acerca de la formación y/o fortalecimiento de organismo defensores de los derechos humanos, que realmente contribuyan a evitar la impunidad de los responsables de crímenes de lesa humanidad, como medio de contribuir a evitar que se vuelvan a repetir y en lo posible, garantizarle a las víctimas la reparación del daño y la aplicación de la justicia.

Demostrar que en la época de la globalización se presentan nuevas y viejas formas de violación de los derechos humanos.

---

[3] Bartra, Armando (Comp.). *Crónicas del sur. Utopías campesinas en Guerrero.* Ed. ERA, México, 2000, p. 13

11

Cabe adelantar que la investigación tuvo un enfoque cualitativo en tanto que no se orientó a procesar estadísticamente los datos obtenidos, sino a interpretarlos a partir del contexto en que se produjeron los hechos investigados; para tal efecto, se recurrió a las siguientes técnicas y procedimientos:

Historia de vida. Se recopilaron "historias de vida" de familiares, sobrevivientes y personas que de alguna manera se vieron involucradas en los sucesos de la "guerra sucia".

Análisis de contenido de expedientes del Archivo General de la Nación. De importancia fundamental fue la información recabada en los expedientes de Archivo General de la Nación (AGN) que fue posible consultar, reconociéndose de antemano que éstos no fueron agotados y que quedan pendientes muchos otros de ser procesados, incluso, se logró conocer que no todos los hechos represivos fueron incluidos en esos archivos.

Selección de expedientes. Únicamente fueron consultados aquellos expedientes que estuvieran relacionados con los movimientos políticos y sociales y, particularmente con la "guerra sucia" en el estado de Guerrero, durante el periodo de las décadas de los años 60 y 70 y en especial con las guerrillas de Genaro Vázquez Rojas y Lucio Cabañas Barrientos, sin que ello signifique que se hayan agotado las fuentes. Ello significa que los desaparecidos relacionados con otras organizaciones guerrilleras que operaron fuera de la entidad por el momento no fueron abordados.

Aprovechamiento de testimonios. Antes de seleccionar los expedientes, se procedió a procesar la información obtenida de publicaciones, testimonios, archivos, entrevistas de personas que fueron víctimas directas o indirectas de torturas, desaparición forzada, juicios sumarios, entre otras fuentes. Es decir, no se llegó a ciegas, se partió de esa base.

"Triangulación" de los datos. Al seleccionar los datos contenidos en los expedientes, se encontraron algunos que aparecían contradictorios o imprecisos; en tales casos se procedió a "triangularlos", con los testimonios y viceversa.

Depuración de datos. Cuando no fue posible corroborar los datos desde las diversas versiones de los hechos y la información obtenida en los expedientes del AGN y demás, se prescindió de ellos dejándolos pendientes para darles seguimiento en otra oportunidad o por otros investigadores interesados.

Demostración de la responsabilidad del Estado. Las fuentes consultadas fueron registradas a pie de página de la tesis, con el propósito de demostrar que los altos funcionarios del Estado no sólo estaban informados de las violaciones de los derechos humanos denunciados, sino que fueron responsables directos por acción u omisión en su consumación.

Presentación cronológico de resultados. La exposición de los resultados siguió un orden cronológico a partir de cómo se fueron presentando los hechos investigados.

Hablar de los derechos humanos implica referirse a un universo demasiado amplio que no sería posible agotar en la presente investigación; es por ello que hubo necesidad de abordar únicamente el estudio de aquellos derechos que tienen que ver con el derecho a la vida y la dignidad humana que se vio afectado por la tortura, los juicios sumarios, la obstrucción al "debido proceso", la reclusión en cárceles clandestinas, pero sobre todo, a la desaparición forzada de las víctimas durante "la guerra sucia" por agentes del Estado en Guerrero, al considerarla un delito continuado hasta en tanto la víctima no aparezca[4]. Asimismo cabe precisar, que la presente investigación no tuvo un enfoque jurídico, sino histórico-descriptivo sin proponerse en ningún momento escribir la historia de las guerrillas en la entidad, porque de una u otra manera, muchos de sus protagonistas la están escribiendo desde las propias circunstancias que les tocó vivir; trabajos que hasta la fecha se han limitado a la denuncia de los hecho, pero que a nuestro entender han dejado de lado la aportación de pruebas de lo que en contraparte hacían los aparatos del Estado en relación a la violación sistemática de los derechos humanos, tal vez porque apenas recientemente fue posible tener acceso a los expedientes del Archivo General de la Nación (AGN), para poder obtener la información que sirvió de base a la presente investigación.

---

[4] Suprema Corte de Justicia de la Nación. Acuerdo (SCJN)del 8 de octubre de 2003

Breve historia de la rebeldía de los guerrerenses: entre la impunidad y la injusticia

1. Introducción

A diferencia de viejos luchadores sociales, como los aglutinados en el "Comité del 68 Pro Libertades Democráticas", que ubican el periodo de la *"guerra sucia"* en México[5] durante las décadas de los años 70 y 80, porque toman como referencia las prácticas de tortura, desaparición forzada, juicios sumarios, entre otras crueldades cometidas por los militares en Sudamérica durante ese periodo; en Guerrero esos crímenes de lesa humanidad se empezaron a presentar desde los inicios de la década de los años 60, como puede constatarse con la información recabada en los "expedientes clasificados" del Centro de Investigación y Seguridad Nacional (CISEN), la Dirección Federal de Seguridad (DFS), la Secretaría de la Defensa Nacional (SEDENA), la presidencia de la república entre otras dependencias del Estado, que obran en el Archivo General de la Nación (AGN) y corroborada por sobrevivientes y familiares de las víctima que fueron entrevistados, para demostrar que el Estado mexicano también incurrió en crímenes de lesa humanidad y en prácticas de "extrema intolerancia", entendida ésta como comportamiento, expresión o actitud que viola los derechos del otro o incita a violarlos[6]; en este caso, para tratar de aniquilar la disidentes no sólo porque pensaban de manera diferente al grupo gobernante en turno, sino también para silenciar a quienes reclamaban por cualquier medio: legal o ilegal, la solución de demandas sociales ampliamente compartidas.

2. Antecedentes

En el estado de Guerrero ha prevalecido el poder del caciquismo tradicional, en donde los gobernadores en turno han sido cabeza visible de alguno de los grupos dominantes; en ese contexto, las elecciones venían siendo simples procesos de legitimación de quienes de antemano eran favorecidos para ocupar los más altos cargos en el gobierno local, mediante una reiterada práctica de fraudes electorales y diversas formas de presión política.

---

[5] El concepto fue introducido al discurso político inicialmente en los países sudamericanos, para caracterizar la criminalidad de las dictaduras impuestas mediante golpes militares durante ese periodo, como el de Augusto Pinochet en Chile consumado en contra del gobierno de Salvador Allende legalmente constituido, para seguir en Argentina y otros países sudamericanos.

[6].Cisneros, Isidro H. *Formas Modernas de Intolerancia. De la discriminación al genocidio.* Introd. De Michel Wieviorka. Ed. OCÉANO, México. 2004. p. 30

Por razones metodológicas conviene hacer un "corte epistemológico" como dijera Bachelard[7], a partir del periodo 1956-1962[8] en el que fue nombrado como gobernador del estado de Guerrero el general Raúl Caballero Aburto, por considerarse que es el periodo que representa un momento de "ruptura", que dio paso a un periodo de grandes violaciones a los derechos humanos en la entidad.

Caballero Aburto fue nominado por el gobierno central, -según diversos analistas-, en acuerdo con los grupos de poder locales para ocupar la gubernatura, como premio a sus méritos por la matanza que consumó en 1952[9] en contra de ciudadanos indefensos en la Alameda Central de la ciudad de México, cuando protestaban por el fraude electoral que afectó las aspiraciones presidenciales del general Miguel Henríquez Almazán.

Caballero Aburto ya en el cargo provocó en 1960, amplio repudio social expresado a través de un gran movimiento ciudadano que aglutinó en su contra a más del 70 % de la población por las formas despóticas de gobernar. Es a partir de aquí donde podemos identificar los orígenes de la llamada "guerra sucia" en Guerrero y no en los 70 como en Sudamérica, en tanto que con este gobernante se inauguró un periodo que duró más de dos décadas, caracterizadas por las frecuentes matanzas de ciudadanos indefensos, desapariciones forzadas, juicios sumarios y torturas crueles consumadas por policías y militares al servicio del Estado.

El gobierno del general Caballero Aburto se distinguió entre otras cosas también, por el despotismo[10], el nepotismo[11], el despojo y el enriquecimiento ilícito, entre otros de los muchos cargos que se documentaron y denunciaron. A través del grupo policiaco denominado "La montada", la policía judicial al mando entre otros de Francisco Bravo (a) "La Guitarra", pistoleros a sueldo y el ejército, sembró el terror en el campo y las ciudades al asesinar a disidentes políticos sin ser sometidos a juicio; los colgaban de los árboles cercanos a las poblaciones "para escarmiento", como en el caso del paraje de

---

[7] Bachelard, Gaston. *La Formación del Espíritu Científico*. 20ª. Edición. Ed. Siglo XXI, México, pp. 15-26. Aquí se abordan los conceptos de "frontera epistemológica" y "ruptura epistemológica"
[8] Sandoval, Pablo. *El movimiento social de 1960*. Editorial UA.G., México, 1982, p. 23
[9] Gómezjara, Francisco. *Sociología de los movimientos campesinos en Guerrero*. Ed. Campesina, México, 1979, p. 173
[10] El concepto se usa en el sentido de como lo define Montesquieu, es decir, "gobierno despótico", es aquel donde "el poder está en uno solo, (...) arrastra todo a todos tras su voluntad y caprichos". En Bobbio, Norberto. *La teoría de las formas de gobierno en la historia del pensamiento político*. Ed. Fondo Cultura Económica. 2ª reimpresión, México. 2002 p. 126
[11] Diccionario Enciclopédico V. 3, Ed. Zamora, Colombia, 2003. Se entiende como "Desmedida preferencia que algunos dan a sus parientes para las gracias o empleos públicos".

16

"La trozadura", cercano a Atoyac, donde frecuentemente amanecían cuerpos de ciudadanos colgados de los árboles de parota o eran arrojados al "Pozo Meléndez" localizado en las inmediaciones del poblado de Puente Campuzano junto a la carretera Iguala- Taxco y en "La Frente del Diablo", en las inmediaciones del puerto de Acapulco. La "ley fuga" se puso nuevamente a la orden del día como en los viejos tiempos de Porfirio Díaz.

A finales de 1959 y principios de 1960 surgieron diversas organizaciones políticas disidentes, entre otras la Asociación Cívica Guerrerense (ACG) fundada por el profesor Genaro Vázquez Rojas, quienes se aglutinaron en torno a un gran "Frente de Autodefensa Popular" con el que emprendieron el camino de la lucha pacífica, teniendo a los "paros cívicos" hoy llamados "plantones", como una de sus principales acciones de presión; manifestaciones, huelgas de trabajadores de las distintas oficinas gubernamentales y escuelas, así como la suspensión de pagos de impuestos, acciones políticas desarrolladas para demandar en esa primera etapa la destitución del gobernador y la desaparición de los tres poderes; pero siempre encontraron oídos sordos de parte del gobierno federal y la Cámara de Diputados ante quienes hacían llegar los reclamos de justicia de la población.

En la matanza del 31 de diciembre de 1960 de la Alameda Central "Francisco Granados Maldonado" de la ciudad de Chilpancingo, Gro., consumada por el ejército mexicano y la policía judicial, murieron 17 personas entre hombres, mujeres y niños, registrándose más de 200 heridos. Como resultado de este crimen de Estado finalmente el Congreso de la Unión, se vio obligado a decretar la desaparición de los tres poderes en la entidad y a nombrar como gobernador interino a Arturo Martínez Adame.

El 30 de diciembre de 1962 nuevamente se produjo otra matanza ahora en la ciudad de Iguala de inconformes que protestaban por lo que les pareció un fraude cometido en las elecciones recientes en que fue nombrado Raymundo Abarca Alarcón y negado el reconocimiento de los triunfos electorales de la Asociación Cívica Guerrerense (ACG). Esta vez murieron ocho ciudadanos y se libraron órdenes de aprehensión en contra de Genaro Vázquez Rojas, viéndose obligado a pasar a la clandestinidad, hasta que fue aprehendido en 1966 en la ciudad de México y recluido en la cárcel municipal de Iguala, de donde fue rescatado a sangre y fuego el 22 de abril de 1968 por el primer comando guerrillero de la ACG.

El 18 de mayo de 1967 se produjo otra matanza más, ahora frente al palacio municipal de Atoyac, en momentos en que el profesor Lucio Cabañas Barrientos participaba pacíficamente en un mitin convocado por padres de familia, quienes protestaban por las medidas arbitrarias de la profesora Julia Paco Pizá (a) *Julita,* directora de la Escuela Primaria "Juan N. Álvarez" del lugar. Esta Vez murieron, entre otros: Regino Rosales de la Rosa, Feliciano Castro Gudiño, Arcadio Martínez, Prisciliano Téllez, Ma. Isabel Gómez Mesino y cayeron heridos: Juan Reynada Victoria y Gabino Hernández Girón.[12] En consecuencia, al lograr salvar su vida por la protección que le brindaron las personas ahí presentes, Lucio se vio obligado a internarse en la sierra de Atoyac y desde allí procedió a fundar el Partido de los Pobres (PdlP) y su Brigada Campesina de Ajusticiamiento, cuyo método fundamental de lucha pasaba a ser la guerra de guerrillas, sin descartarse la intención de venganza por la matanza. Se infiere que ésta estuvo presente tanto en Lucio como en Genaro a la hora de seleccionar a las personas que fueron secuestradas o "ajusticiadas".[13]

En agosto de 1967, al llevarse a cabo una asamblea pacífica de copreros[14] en la Avenida Ejido y Calle 4 de la colonia Cuauhtémoc de la ciudad y puerto de Acapulco, afiliados a la cooperativa denominada "Unión Mercantil de Productores de Coco y sus Derivados", para demandar la cancelación de un impuesto que consideraban oneroso y la destitución de sus dirigentes "por no responder a los intereses de sus representados", inesperadamente los inconformes fueron atacados por policías y pistoleros a sueldo del gobierno del estado y de los dirigentes del gremio, con un saldo según, datos oficiales de 21 muertos y 37 heridos de parte de los inconformes.

La cerrazón de los canales de expresión democrática y la represión como forma de respuesta a las demandas del movimiento (..), elevaba las manifestaciones de lucha a formas de expresión armada hasta conformar organizaciones político-militares ..[15] Como consecuencia de todo ello, a partir de finales de 1967 diversos luchadores sociales, entre ellos Lucio Cabañas Barrientos y Genaro Vázquez Rojas, llegaron a la conclusión de que las vías pacíficas para hacer valer su derecho constitucional de

---

[12] Galena Laurel, Enrique. *Tempestades.* Ed. UAG, México 2005, pp. 15- 18.
[13] Le llamaban ajusticiamiento a los homicidios cometidos en contra de personas acusadas de haber sido responsables materiales o intelectuales de alguna de la matanzas o por servirle de informantes o delatores a los aparatos represivos del Estado.
[14] Se les llama productores de copra a las personas que cultivan las palmas de coco y extraen la pulpa.
[15] Estrada Castañón, Alba Teresa. *El Movimiento Anticaballerista: Guerrero 1960, Crónica de un conflicto.* Ed. UAG, Guerrero 2001, p. 40

petición y ser escuchados por las autoridades estaban agotadas dado que en respuesta, la población demandante sólo recibía acciones represivas cada vez más crueles, evidenciándose que no sólo el estado de derecho estaba siendo conculcado por quienes deberían ser los primeros en respetarlo sino que el propio sistema estaba agotado. En consecuencia, tomaron la determinación de contestar a la violencia reaccionaria del gobierno con la violencia revolucionaria del pueblo[16].

A partir de aquí empezaron a surgir organizaciones guerrilleras tales como el Partido de los Pobres, la Asociación Cívica Nacional Revolucionaria (ACNR), las Fuerzas Armadas Revolucionarias (FAR) y las Fuerzas Armadas de Liberación (FAL), entre otras, con menos arraigo popular que asumieron una estrategia de toma del poder a través de la vía armada. En contraposición el Estado mexicano llevó a cabo diversas campañas policiacas y militares para exterminar a los disidentes armados a través de la "Operación rastrillaje o rastrilleo: Fases I y II", la "Operación Amistad" y la "Operación Telaraña" que se distinguieron por la aplicación de prácticas reiteradas de tortura[17], desaparición forzada[18], juicios sumarios[19]; todo ello ya no sólo en contra de los luchadores sociales[20], sino hasta en contra de sus familiares y cualquier ciudadano que llevara los mismos apellidos de las personas acusadas de guerrilleras y les pareciera sospechosa de colaborar con la guerrilla o fueran identificados como compañeros de estudio o de trabajo en su vida anterior a estos acontecimientos. Poblados enteros de la sierra fueron incendiados o desaparecidos del mapa estatal, evidenciándose la puesta en marcha de las prácticas de "tierra arrasada" y las llamadas "aldeas vietnamitas"

---

[16] Frase que enarbolaban los miembros de las organizaciones guerrilleras para justificar su proceder en cada una de sus acciones de propaganda armada.

[17] Seminario Internacional sobre tortura, reparación y prevención (Asamblea General de Naciones Unidas del 9 de diciembre de 1975), *MEMORIAS* Artículo 1 de la Resolución 33452 (XXX) donde se define como "Forma agravada y deliberada de un trato o castigo cruel, inhumano y degradante." Asimismo como "un acto intencional que causa dolor, pena y sufrimientos físicos y mentales" que deben ser sancionados por cada Estado miembro de ese organismo mundial.

[18] *Acuerdos de la Convención Interamericana* del 9 de junio de 1994 sobre *desaparición forzada de personas*. En sus segundo considerando asentó que "la desaparición forzada de personas constituye una afrenta a la conciencia de la persona humana de carácter inderogable (...) y en su Capítulo II señala que "se considera desaparición forzada la privación de la libertad a una o más personas, cualquiera que fuera su forma, cometida por agente del Estado o por personas o grupos de personas que actúen con la autorización, el apoyo o la aquiescencia del Estado, seguida de la falta de información o de la negativa a reconocer dicha privación de la libertad o de informar sobre el pandero de la persona, con lo cual se impide el ejercicio de los recursos legales y de las garantías procesales pertinentes".

[19] Nos referimos a los casos en que el ejército o las policías asesinaron a los detenidos sin darles la oportunidad al "debido proceso"; es decir, a conocer los cargos por los que fueron detenidos sin orden judicial.

[20] Se le llama "luchador social" a quien por razones teóricas, políticas e ideológicas se involucró en los movimientos disidentes pacíficos o armados, sea para exigir soluciones a sus demandas reivindicativas que para tratar de cambiar el sistema político imperante en el estado y el país.

similares a las que el ejército norteamericano implementó en su invasión a Vietnam y otros países del sureste asiático.

Mucho se ha especulado en torno a si la violación de los derechos humanos en el estado de Guerrero durante las décadas de los años 60 y 70 fue un hecho circunstancial, consumado por elementos de los aparatos represivos al margen de la responsabilidad del Estado, o si éstos fueron ejecutores conscientes de las órdenes represivas que recibían desde las instancias superiores del gobierno federal y estatal, que se propuso aniquilar la disidencia armada y no armada por esos medios como parte de una política de Estado de corte anticomunista, con el pretexto de "garantizar la seguridad nacional, la paz social y evitar la penetración del comunismo internacional". Eran los "tiempos de oro" de la llamada "guerra fría" que surgiera al terminar la segunda guerra mundial, con una lógica política que desechó el diálogo y provocó la polarización entre estas dos concepciones (el famoso *Aut-Aut* bobbiano) y propició numerosas guerras regionales en el último medio siglo.[21]

El problema adquiere actualidad cuando se analizan diversas evidencias que nos llevan a comprender que, si en el pasado se violaron los derechos humanos con el pretexto de la persecución "del comunismo internacional" y los presuntos responsables no han sido sometidos a juicio, hoy los aparatos del Estado tienden a reactivar aquellas conductas criminales, encubriéndolas con sus campañas de combate al narcotráfico y del "monstruo" del terrorismo creado por la paranoia de George W. Bush, presidente en turno de los Estados Unidos de Norteamérica.

Para tratar de dar respuesta a las diversas interrogantes que se originan al respecto, en la presente investigación se procedió en una primera instancia, a buscar la información necesaria y suficiente que nos permitieran demostrar la responsabilidad del Estado en los atropellos y las violaciones a los derechos humanos que se dieron durante ese periodo, principalmente en las zonas de operaciones en contra de la guerrilla de Genaro Vázquez Rojas y de Lucio Cabañas Barrientos, mismas que llegaron a tal extremo de barbarie que bien podemos caracterizarlas como "terrorismo de Estado", implementado por el Ejército Mexicano (EM), la Dirección Federal de Seguridad (DFS), la Policía

---

[21] Cisneros, Isidro H. *Formas Modernas de Intolerancia. De la discriminación al genocidio.* Op. Cit. p. 46

Federal Militar (PFM), entre otras, durante las décadas de los 60, 70 y los 80, periodo al que se le ha dado en llamar la "guerra sucia".

Al emprender la presente investigación se procedió en una primera instancia, a registrar los datos aportados en los testimonios de los diversos actores, para luego remitirse a los expedientes del AGN y cuando se encontraron contradicciones de fondo, fue necesario entrevistar nuevamente a quienes aún sobreviven en los lugares referidos de la Sierra de Atoyac y La Montaña fundamentalmente, con el propósito de darle mayor certeza a tales datos o depurar aquellos que por el momento no fue posible corroborar.

Pero desde el punto de vista metodológico, no bastaban los testimonios de sobrevivientes de la guerrilla que han publicado sus propias vivencias ni de familiares de víctimas de la represión de aquella época, fue necesario contrastar su dicho recurriendo a los "expedientes clasificados" del Archivo General de la Nacional (AGN) y la Comisión Nacional de los Derechos Humanos (CNDH), así como a otras fuentes que hoy nos permiten demostrar que las desapariciones forzadas, los asesinatos selectivos, la tortura, las cárceles clandestinas, los juicios sumarios y la persecución por parte de los aparatos del Estado no fue una invención de quienes en su momento se atrevieron a hacer las denuncias correspondientes.

Se advierte que los avances aquí expuestos no agotan el tema, pero se aportan elementos para continuar desentrañando los múltiples atropellos que sufrieron miles de ciudadanos indefensos durante la también denominada "Guerra de Baja Intensidad" o "Guerra Contrainsurgente" encubierta con la caracterización gubernamental de "persecución de maleantes"; donde se vieron involucrados los representantes del Estado mexicano desde el Presidente de la República, el Procurador General de Justicia, el Secretario de Gobernación, el Secretario de la Defensa Nacional y los comandantes de la 27ª Y 35ª Zonas Militares con sede en Acapulco y Chilpancingo del estado de Guerrero.

Cabe adelantar que inicialmente se pretendía investigar a los más de 600 casos de desaparecidos que se lograron censar y el contexto sociohistórico en que sucedieron aquellos acontecimientos; sin embargo, se tuvo que reconocer que a la hora de emprender la búsqueda de información, encontramos que cada caso es toda una historia de vida que no es posible agotar en un corto espacio; se requiere dedicarle a la investigación más de los tres años que se llevan en esta tarea, debido a la magnitud de la información disponible en los archivos de referencia, misma que en el pasado no se tenía acceso por razones de Estado, quedando pendiente la que aún guardan y ocultan cientos de familias que por temor a represalias se resisten aportar, argumentando que todavía temen sufrir alguna represalia y se "reciclen" los sufrimientos de los que ya no desean revivir ni en el recuerdo, pero sin perder la esperanza de saber el paradero de sus seres queridos desaparecidos.

Por otra parte, se reconoce que se requiere de un gran equipo para ampliar la revisión de los "expedientes desclasificados" del Archivo General de la Nación, donde participen especialistas en cuestiones jurídicas, históricas, sociológicas, en manejo de archivos, de peritos en análisis e interpretación de datos clasificados; así como en la búsqueda de sobrevivientes y desaparecidos y podamos obtener una mayor información para lograr la reconstrucción de tales hechos e identificar a quienes fueron responsables materiales e intelectuales de aquellos atropellos a la dignidad y a la vida humanas. Podemos aceptar, que este trabajo es apenas el inicio de un largo camino que queda por recorrer.

De lo que se trata con la presente investigación es de contribuir al esclarecimiento de la verdad histórica para que nunca más se vuelvan a cometer violaciones a los derechos humanos de manera impune y a la vez, se conozca el paradero de los desaparecidos y de ser posible, demandarle al Estado la "reparación del daño" para las víctimas tal y como los establece el Derecho Internacional, como ya se está haciendo en otros países y de persistir la negativa del Estado mexicano, acudir a los tribunales internacionales en busca de la justicia que aquí no fue posible alcanzar.

Queda pendiente también caracterizar la importancia histórica de la lucha emprendida por aquellos luchadores sociales que fueron torturados, muertos y desaparecidos durante la "guerra sucia" a quienes se acusó genéricamente de "maleantes", "bandoleros", "subversivos", "enemigos de la patria", "agentes" de Moscú, China o Cuba como medio de confundir a la sociedad civil y justificar la violación de sus derechos humanos.

3. La rebeldía de los guerrerenses desde el imaginario histórico

En la búsqueda de la explicación de la rebeldía de amplios sectores de la población guerrerense desde el imaginario social, nos encontramos que ésta se fue configurando como una cultura de identidad regional desde la época prehispánica, al apropiarse del

22

ejemplo de resistencia de los indígenas Yopis, quienes jamás fueron dominados por los aztecas y tampoco se doblegaron ante los conquistadores españoles y prefirieron emigrar de Chilpancingo a la región de Costa Chica para seguir luchando junto con otros grupos étnicos: los esclavos fugitivos traídos de África y los tlapanecos en contra de la colonización española. De igual manera se consideran herederos del ejemplo de resistencia heroica de Cuauhtémoc en contra de los conquistadores europeos, a quien se le considera perteneciente a la etnia Chontal de la región de Ixcateopan, Gro., como lo registra Anda Gutiérrez, quien asegura que después de fundar Tenochtitlan, los aztecas convertidos en mexicas, se dirigieron al sur para conquistar y comerciar. Así, a mediados del siglo XI tiene fortificaciones en Chilpancingo, Quechultenango y Tixtla. El rey Ahuitzotl consolida las conquistas y al someter a los chontales, toma por prisionera a Coayautitla, hija del señor de Ixcateopan, con la que contrae matrimonio y de cuya unión nace Cuauhtémoc en 1495[22]

Cabe agregar que en el imaginario de los guerrerenses también se identifican con "El Pípila" a quien reconocen como "minero valiente de Taxco", porque se atrevió a cargar una lápida en su espalda para protegerse de las balas enemigas e incendiar la puerta de la Alhóndiga de Granaditas, durante la toma de ese lugar por las tropas de Don Miguel Hidalgo y Costilla en los inicios de la Guerra de Independencia. Cierta o no esa referencia, forma parte ya del imaginario social que ha contribuido en parte al desarrollo de la psicología de rebeldía del guerrerense hasta nuestros días; el de no doblegarse ante nadie por poderoso que sea. Hoy esa herencia histórica se refleja entre otros comportamientos sociales e individuales, en la disposición a rebelarse con relativa facilidad en contra de los gobiernos establecidos y los caciques por los medios a su alcance; conductas y concepciones que se plasman en su "cosmovisión" y los corridos y canciones populares que siempre tienen como héroe al hombre valiente y temerario, que lo mismo se enfrenta a policías y militares que a los caciques para rescatar sus tierras; por defender la dignidad de una mujer o de sí mismo, eran capaces de rifarse la vida en cualquier momento y circunstancia. Como "acto reflejo" podemos escuchar una serie de corridos que ilustran esa cultura, tales como: el del Chante Luna, El tigre de la Sierra, Simón Blanco, Gabino Barreda y los que Rosendo Radilla le compusiera a Genaro Vázquez y Lucio Cabañas durante los años 70 que luego fueron prohibidos por el Estado, supuestamente porque "hacían apología del crimen y fomentaban la rebeldía

---

[22] Anda Gutiérrez, Cuauhtémoc. *GUERRERO, raíces, democracia, futuro y paz.* Ed. Unión Gráfica S. A. Guerrero, 1987, p.40

entre los jóvenes en contra de las instituciones legalmente establecidas". Durante las décadas de los 60 y 70 se conocieron muchos casos de hombre y mujeres que se distinguieron por su entrega a la lucha guerrillera, conscientes de los riesgos que ello implicaba para su vida.

Durante la época de lucha por la Independencia nacional, después que Don Miguel Hidalgo y Costilla fue aprehendido y decapitado pero la lucha continuó, gracias a la convicción libertaria de Don José María Morelos y Pavón y miles de sus seguidores que tomaron precisamente a las "Montañas del Sur" del territorio que hoy ocupa el Estado de Guerrero, como su trinchera fundamental, porque encontraron aquí las condiciones objetivas y subjetivas favorables para continuar aquella lucha independentista; es decir, un pueblo inconforme por el estado de cosas imperantes y por la cultura rebelde que ya se venía desarrollando entre la población en contra de toda clase de opresión e injusticia.

Constituyen hechos relevantes de aquella etapa: la toma de Acapulco, Chilapa, Tlapa y Chilpancingo entre otras, por las fuerzas del "Generalísimos" José María Morelos, que culminaron con la realización el 13 de septiembre de 1814 del *Primer Congreso de Anáhuac* en la Catedral de la Asunción de María la Virgen en Chilpancingo, donde dio a conocer Los 23 Sentimientos de la Nación, y solicitara se le confiriera el modesto grado de Siervo de la Nación. Con ello le daba contenido político a aquella lucha independentista que sentaba las bases para declarar a México: "Primer territorio libre de América". Entre las anécdotas que se conocen tenemos la que se atribuye a Morelos, quien al festejar sus triunfos en contra de las fuerzas realistas manifestó que brindaba por España "pero como hermana y no como dominadora". Destaca por su importancia el primer artículo de *Los Sentimientos* que a la letra dice: Que la América es libre e independiente de España y de toda otra nación, gobierno o Monarquía y que así se sancione dando al mundo las razones[23]. Con ello quedaba plasmado aquel ideario político que trascendió a su tiempo y a su espacio, mismo que Genaro Vázquez Rojas siempre reivindicó como los fundamentos históricos de su lucha.

En aquel periodo Morelos creó la provincia de Tecpan hoy de Galeana, lugar donde se firmó el Acta de Independencia de las Américas[24]. Sobresalieron durante esta etapa los

---

[23] Anda Gutiérrez, Cuauhtémoc. *Op. Cit.* p. 44
[24] Sánchez Andraca, Juan. *GUERRERO. 152 años después*. Ed. Gobierno del Estado, México 2001, p. 3

Galeana en Costa Grande, los Bravo en la región de Chichihualco; Valerio Trujano en Tepecoacuilco de la región de Iguala; Pedro de Alquisira en la región Norte del estado; Vicente Jiménez y Vicente Guerrero Saldaña en la región centro; este último, reconocido históricamente como caudillo que continuó luchando hasta lograrse la consumación de la Independencia Nacional el 27 de septiembre de 1821. Queda también en el imaginario de los guerrerenses el *Plan de Iguala* que el 24 de febrero de 1821 dio origen a la Bandera Nacional. Todo ello refleja que el territorio del hoy estado de Guerrero prácticamente fue una fortaleza insurgente que garantizó la continuación de la lucha independentista, de la cual los guerrerenses se sienten orgullosos y motivados para seguir el ejemplo heroico de sus ancestros. La consumación de la Independencia Nacional signada con la entrada del Ejército Trigarante a la ciudad de México el 27 de septiembre de 1821 marcó el triunfo de la lucha por la independencia nacional, pero los intentos de Iturbide por coronarse emperador obligaron a Vicente Guerrero Saldaña y sus seguidores a continuar luchando hasta lograr la instauración de un gobierno con orientación republicana.

Sin embargo, la paz social del México independiente no se consolidaba debido al surgimiento de una nueva contradicción entre los conservadores y liberales, donde los primeros planteaban instaurar un gobierno centralista y la prolongación de los antiguos privilegio coloniales para las castas dominantes y por otra, los liberales que luchaban por un modelo de nación federalista y todo lo que ello implicaba en el plano económico, político y cultural. La dictadura impuesta por Antonio López de Santa Ana y las invasiones norteamericanas de 1846 y 1848, obligaron una vez más a los guerrerenses a tomar las armas en contra de los invasores primero y después, para lograr el derrocamiento del dictador, participación que tiene su explicación en que el estado de Guerrero estaba considerado como Capitanía General o Comandancia Militar del Sur y por tanto, sus habitantes tenían la obligación de acudir a los llamados a las armas cada vez que fuera necesario. El 27 de octubre de 1849 fue erigido el estado de Guerrero llamado así en honor al consumador de la Independencia Nacional y a propuesta expresa del Gral. Juan N. Álvarez ante el Congreso de la Unión. El 1 de marzo de 1853 el coronel Florencio Villarreal proclamó el *Plan de Ayutla*, en cuyo artículo 9° convocaba a los: "Excmos. Señores Generales don Nicolás Bravo, don Juan Álvarez y don Tomás Moreno para que se pongan al frente de las fuerzas libertadoras que proclaman este plan hasta su triunfo"[25]. Con el logro de los objetivos de la proclama para el derrocamiento del dictador, se sentaron las bases para la expedición de *Las Leyes de Reforma de 1857* y el nacimiento del Estado mexicano.

Las Leyes de Reforma profundizaron aún más las contradicciones entre conservadores y liberales y dieron paso a la intervención francesa, encabezada por el emperador impuesto por Francia, Maximiliano de Absburgo. En esta nueva etapa de la historia, miles de guerrerenses acudieron al llamado para incorporarse a las tropas que luchaban contra los franceses, sea del lado de Porfirio Díaz o de otros combatientes, entre quienes podemos mencionar a Ignacio Manuel Altamirano, quien con el grado de Coronel Auxiliar de Infantería[26], según algunos historiadores, le tocó participar en el cerco que en el Cerro de Las Campanas en Querétaro logró la captura del emperador y sus principales generales, tales como Mejía y Miramón que fueron fusilados en ese lugar el 19 de junio de 1867[27]. Los guerrerenses recogen de esta etapa el ejemplo de voluntad férrea de Altamirano, cuando se asegura que exigió a Benito Juárez el fusilamiento del emperador a pesar de las súplicas que otros gobiernos del mundo le hacían para que le perdonara la vida, advirtiéndole que si no cumplía el decreto expedido en torno a que serían fusilados los traidores a la patria incluyendo al emperador, él sería el fusilado.

El 21 de abril 1901 los guerrerenses fueron de los primeros en desconocer al gobierno del dictador Porfirio Díaz a través de *El Plan de El Zapote;*[28] expedido por Rafael Castillo Calderón en el poblado de Mochitlán, Gro., a la sombra de un árbol conocido con ese nombre y, en consecuencia, se hicieron frecuentes los casos de la aplicación de la "ley fuga" y del "mátalos en caliente", en contra de luchadores sociales acusados de abigeos y "revoltosos."

Años después toca a los hermanos Francisco y Rómulo Figueroa, ser los primeros en el estado de Guerrero en adherirse al *Plan de San Luis Potosí* de Francisco I. Madero, bajo cuya Bandera lucharon a partir de 1910 con las armas en la mano hasta lograr la caída

---

[25] Matute, Álvaro. *México en el siglo XIX.* Ed. UNAM. ANTOLOGÍA. Tercera Ed. México, 1981. p. 289
[26] *Páginas Íntimas de IGNACIO MANUEL ALTAMIRANO.* Ed. Gobierno del Estado de Guerrero, 1997, (s-a), p. 9
[27] Ochoa Campos, Moisés. *Historia del Estado de Guerrero,* Ed. Porrúa, S. A. México 1968, p. 234
[28] Diccionario. GUERRERO. Cultura Siglo XXI, A.C. Tomo II. 1849-1999. *El Plan de El Zapote.* Ed. Gobierno del Estado de Guerrero 1999, p. 616. El Plan del Zapote contenía entre otros puntos: "I. Desconocimiento del régimen porfirista; II. Defensa del sufragio efectivo y oposición abierta a la reelección en los puestos públicos; III. Reforma a la Constitución de 1857; IV. Reparto de tierras y haciendas de los latifundistas".

del gobierno de Porfirio Díaz. Sin embargo, al no cumplirse las demandas de los campesinos, Emiliano Zapata se rebela contra Madero enarbolando el *Plan de Ayala*, pero los Figueroa le siguieron siendo fieles a Madero, lo que motivó en el estado de Guerrero una grave contradicción entre quienes seguían la causa zapatista y los que continuaron de lado de los Figueroa; conocidos hacendados de Huitzuco que heredaron a sus descendientes un cacicazgo[29] en el estado de Guerrero que no termina hasta la fecha y que se remonta al siglo XIX (en que ya) mangoneaban la región, como los nudos decisivos del poder[30]. Sobresalieron en este periodo en las filas zapatistas: Jesús H. Salgado originario de Apetlanca; Adrián Castrejón de Apaxtla; Ascensión (a) "Chon" Díaz de Mayanalán, Heliodoro Castillo de Tlacotepec, Juan Andrew Almazán de Tierra Caliente, Juan Pablo de Zitlala, Pablo Cabañas[31] en la sierra de Atoyac y la Costa Grande, entre otros[32].

El 7 de febrero de 1919 nació el Partido Obrero de Acapulco cuyo programa planteaba entre otras demandas:
1. Pago justo por la jornada de trabajo; 2. Defensa de los derechos humanos; 3. Exigir la jornada de ocho horas de trabajo; 4. Propagar la educación.[33]

Concluida la etapa armada de la Revolución de 1910 cientos de militares que contaban con un gran control territorial y político, obstaculizaban la conformación de un gobierno nacional unitario debido a que en los tiempos de la revolución mexicana los ejércitos revolucionarios eran de alguna manera partidos políticos, en la medida en que tenían planes, proyectos para el México del futuro, ideologías que los distinguían entre sí, atracción de personas a la causa que representaban dirigentes y condiciones disciplinarias[34] Muchos de aquellos caudillos revolucionarios con frecuencia se levantaron en armas, como medio de querer someter a los demás a sus planes políticos o para escapar de la persecución de que eran objeto por sus antiguos aliados; en esas circunstancias, algunos de ellos escogieron una vez más a las "Montañas del Sur",

---

[29] *Diccionario Porrúa de la Lengua Española.* Ed. Porrúa, México, 1969. El concepto cacique significa: "persona que ejerce una autoridad abusiva en un pueblo o comarca". Por lo tanto, se usa para referirse a las familias de caciques guerreases "con influencia abusiva en lo político y social" en el estado de Guerrero en perjuicio de la mayoría de la población.
[30] Bartra, Armando. *Crónicas del sur. Utopías campesinas en Guerrero.* Op. Cit. p.13
[31] Abuelo del guerrillero Lucio Cabañas Barrientos
[32] Ochoa Campos Moisés *Historia del Estado de Guerrero,* Ed. Porrúa, S. A. México, 1962. p. 291
[33] Taibo II, Ignacio y Rogelio Vizcaíno A. *El socialismo en un solo puerto. (Acapulco 1919 – 1923). El movimiento Escuderista.* Ed. Universitaria, UAG,(s-f) p. 23
[34] Rodríguez Araujo, Octavio. *Los Partidos Políticos, origen y desarrollo.* Ed. CIDHEM y UAEM. México, 2001, p. 3

como el lugar idóneo para dar a conocer sus proclamas en contra del gobierno de la república, como fue el caso entre otros, del general Francisco Serrano, posteriormente fusilado en Hiutzilac; el mismo general Álvaro Obregón, que tuvo que huir el 14 de abril de 1920 al estado de Guerrero disfrazado de "garrotero" del ferrocarril México-Balsas[35], para salvarse de la persecución de los partidarios de su antiguo aliado Venustiano Carranza (quien fuera asesinado también en Tlaxcalaltongo, Pue., por razones similares) y promover desde Chilpancingo la contraofensiva política hasta su entrada triunfal a la ciudad de México el 9 de mayo del mismo año[36].

Con el arribo a la presidencia de la república de Álvaro Obregón los conflictos sociales no terminaron en el estado de Guerrero, pronto aparecieron nuevos movimientos armados y no armados de obrero-campesino prosocialista encabezados entre otros por los hermanos Francisco y Juan R. Escudero en ambas costa y el puerto de Acapulco[37]; al tiempo que en 1937, al calor de la efervescencia socializante en el país, el ciudadano Feliciano Radilla funda en la Costa Grande la Liga de Resistencia Obrera y Campesina.

Cabe agregar, el levantamiento armado de campesinos en 1949 que se inconformaron por la profanación de los restos de Cuauhtémoc supuestamente encontrados por doña Eulalia Guzmán debajo del altar de la Iglesia de Ixcateopan para llevárselos a los Estados Unidos y la provocación armada del general Celestino Gasca Villaseñor a principios de los 60 en contra del gobierno de Adolfo López Mateos, en la que involucró a cientos de cívicos guerrerenses de la Costa Grande. Asimismo, la historia política del estado de Guerrero registra el movimiento cívico que en distintas épocas ha hecho posible la destitución de varios de los gobernadores en turno, entre ellos la del licenciado Alejandro Gómez Maganda, del general Raúl Caballero Aburto el 4 de enero de 1961 y de Rubén Figueroa Alcocer en 1997. Ver cuadros 1 y 2.

---

[35] Casasola, Gustavo, *Historia Gráfica de la Revolución Mexicana, 1900-1960,* Tomo II, Ed. F. TRILLAS, 1962, p. 1378.
[36] Casasola, *Op. Cit.* p. 1404
[37] Ravelo Lecuona, Renato. *JUAN R. ESCUDERO.* Serie, grandes personajes de la historia. Ed. UAG, 1982, p. 17. Cabe aclarar que para los Escudero, socialismo significaba "jornada de ocho horas, aumento de salarios, descanso dominical, pago semanal en moneda nacional y protección contra accidentes". Cfr. Estrada Castañón, Alba Teresa. *El Movimiento anticaballerista: Guerrero 1960. Crónica de un conflicto.* Ed. UAG, México, 2001, p. 24

CUADRO No. 1

GOBERNADORES DEL ESTADO DE GUERRERO: 1849- 2005

TIPO DE CARGO	CASOS	%
INTERINOS	24	31.16
PROVISIONALES	15	19.48
POR MINISTERIO DE LEY	2	2.59
SUSTITUTOS	4	5.19
CONSTITUCIONALES	32	41.55

Fuente: Constitución Política del Estado Libre y Soberano del Estado de Guerrero (Actualizada) 2005 pp. 81 -89

De los 77 gobernadores que ha tenido el estado en toda su historia, 45 (el 59.02 %) no fueron electos constitucionalmente y de los 32 que sí lo fueron, solamente 17 (el 22.07 %) concluyeron su mandato sea en periodos de cuatro o seis años.[38] Cabe adelantar que del 23 de marzo de 1857 al 2 de diciembre del mismo año, la entidad estuvo gobernada por un "Consejo de Gobierno" debido al proceso de erección y ha habido seis ocasiones en que fueron desaparecidos los Tres Poderes: el 1 de diciembre de 1911; el 12 de agosto de 1918; el 6 de noviembre de 1935; el 20 de febrero de 1941; el 21 de mayo de 1954 y el 4 de enero de 1961. Todo ello refleja la inestabilidad política casi ininterrumpida en la entidad a lo largo de sus 156 años.

CUADRO No. 2

DURACIÓN EN EL CARGO DE GOBERNADOR: 1849 - 2005

DIAS	MESES	AÑOS					
De 1 - 29	De 1 - 11	De 1 - 2	De 2 - 3	De 3 - 4	De 4 - 5	De 5 - 6	6 ó Más
6	29	10	5	13	6	1	7

Aquí se puede apreciar, cómo de 77 gobernadores, 35 (45.45 %) duraron en el cargo menos de un año y seis, menos de un mes; presentándose un caso en que apenas duró dos días (1914) y otro apenas uno (abril de 1971); al tiempo que el Gral. Diego Álvarez hijo del Gral. Juan Álvarez, asumió el cargo en tres ocasiones, aunque no de manera continua: en el primer periodo (1862 – 1869) duró 6 años y ocho meses; en el segundo (1873 – 1876) 3 años con nueve meses y en el tercero (1881 – 1885) 4 años; los que suman un total 14 años y cinco meses. ¿Ello reflejaba los primeros intentos de implantación de una dictadura tipo Porfirio Díaz promovida por la vía constitucional?

---

[38] Los periodos empezaron a ser sexenales a partir del gobierno del Gral. Baltasar R. Leyva Mancilla, el 1 de abril de 1945.

4. Razones socioeconómicas de la rebeldía de los guerrerenses

El estado de Guerrero se localiza entre los paralelos 16° 18′ y 18° 48′ de latitud norte y 98° 03′ y 102° 12′ de longitud oeste respecto al meridiano de Greenwich. Limita al norte con el Estado de México y Morelos, al sur con el Océano Pacífico, al este con Puebla y Oaxaca. Tiene una extensión de 64 282 kilómetros cuadrados y un litoral de 500 kilómetros que va desde las desembocadura del río Balsas, en los límites con Michoacán hasta Cuajinicuilapa, en los límites con Oaxaca. La superficie equivale al 3.3 % del territorio nacional correspondiéndole el 14° lugar en extensión con respecto a las 32 entidades federativas. No obstante estas proporciones, no alcanzan las mismas magnitudes con respecto a sus condiciones económicas, culturales, educativas, entre otros indicadores. Según datos del Censo de 1990, "el 63 % de las viviendas no contaban con drenaje ni excusados y el 44 % no disponía siquiera con agua entubada; el 23 % de las casas carecía de energía eléctrica; el 27 % de la población mayores de 15 años no sabía leer ni escribir, cuando la media nacional registraba el 12.4 %; varias de las enfermedades más comunes están asociadas a la pobreza y a un sistema de salud deficitario; así, los males respiratorios y cardiacos, las complicaciones de parto, la avitaminosis, la desnutrición, la disentería, la amibiasis, el sarampión y la tosferina son las principales enfermedades de la población guerrerense,[39] pudiéndose constatar que en el 2005, -según reportes de la ONU-, aún existen regiones como la de La Montaña Alta donde se localiza Metlatónoc, en pobreza extrema, donde las condiciones de vida de sus habitantes son peores que la de varios países de África.

De acuerdo con datos del Instituto Nacional de Estadística e Informática (INEGI), la entidad ha sido y sigue estando entre los tres estados de la república con mayor rezago educativo y económico; el analfabetismo en las regiones montañosas rebasa el 60 % de la población, aquí sus pequeñas parcelas aún son cultivadas con arados de madera de la época del antiguo Egipto y un elevado número de los campesinos aún utilizan como medios de labranza el azadón y la tarecua[40] para cultivar sus tierras, ello les lleva a no obtener una producción agrícola ni siquiera para cubrir las necesidades de autoconsumo; en consecuencia, la emigración al extranjero o a entidades al interior del país más desarrolladas como Morelos, Sinaloa y Sonora, están a la orden del día, a Acapulco, Chilpancingo, Iguala y Zihuatanejo y los más, emigran a los Estados Unidos de

---

[39] Espinosa Damián, Gisela y Miguel Meza Castillo. *Guerrero en cifras.* En Bartra, Armando, Crónicas del sur. Utopías campesinas en Guerrero, *Op. Cit.* p. 95 y 96
[40] Instrumento de labranza que los campesinos vienen utilizando desde la época prehispánica.

Norteamérica principalmente de "mojados"[41], al tiempo que otros, se involucran en la siembra de enervantes como medio de sobrevivencia, lo que está provocando el despoblamiento acelerado de la región.

El Dr. Pablo Sandoval Cruz coincide al señalar que ya desde 1960 el estado de Guerrero atravesaba por condiciones económicas deplorables; la producción agrícola era rudimentaria, no existían zonas de desarrollo industrial. En la Región de La Montaña aún se practicaba el trueque como prácticas de intercambio precapitalistas y sólo empezaban a destacar proyectos de desarrollo turístico a nivel de modernización de la infraestructura en Acapulco y Zihuatanejo; el estado contaba con un millón ciento ochenta mil habitantes. De esta población 673, 983 nunca habían asistido a la escuela, lo que representa el 68 % y del resto terminaron su primaria tan sólo 26, 456 alumnos. La cantidad de analfabetas ascendía a 598, 357. (..) El desempleo en la década de los sesenta era muy fuerte, con cifras superiores al 50 % con capacidad de trabajar y sólo el 20% de la población estaba empleada (..)[42]

Por su parte Genaro Vázquez Rojas denunciaba ya desde principios de los 60 que en el campo guerrerense existen 100, 000 campesinos sin tierra, de los cuales dependen 501 mil personas, quienes viven en el más completo desamparo; para ellos no hay pan, vestido, calzado, medicinas, escuelas ni justicia asegurada[43]

Aquella situación era parte de las condiciones económicas, políticas y sociales imperantes en el país la entidad que para algunos analistas significaba, la evidencia clara del agotamiento del "modelo de desarrollo estabilizador" que dio paso al "modelo de desarrollo compartido" emprendido por el gobierno de Luís Echeverría Álvarez. En ese contexto, prevalecía la incertidumbre de los jóvenes que percibían un futuro incierto a nivel mundial y nacional; eran los tiempos en que –según algunos teóricos de la Escuela de Frankfurt– representaba el fin de la modernidad y la crisis de las ciencias sociales[44]

---

[41] Hoy se les llama así a los migrantes mexicanos que ingresan a los Estados Unidos de Norteamérica de manera "ilegal" no sólo a través del Río Bravo sino por cualquiera de las rutas a su alcance.
[42] Sandoval Cruz, Pablo. *Op. Cit.* p. 16
[43] ACNR. *Manifiesto* Archivo privado. Agosto de 1964.
[44] Friedman, George. *La Filosofía Política de la Escuela de Frankfort.* tr. De Carmen Candioti, Ed. F.C.E, México, 1986, pp. 11 – 25, donde se asegura que la critica hecha por Max Horkheimer y demás miembros de la Escuela de Frankfurt "sirvió como punto de referencia a muchos de los movimientos estudiantiles de la década de los sesenta ..", sin desconocer el mérito que también se atribuye a Marcase

Siendo tan grande la carga histórica de rebeldía frente a toda clase de injusticias y dadas las condiciones geográficas, de marginación y de opresión existentes, no podía ser el estado de Guerrero una región más propicia para el desarrollo de movimientos insurgentes y guerrilleros.

5. La política autoritaria del régimen en el contexto de la "guerra fría"[45]

Al concluir la Segunda Guerra Mundial y firmados los acuerdos de Yalta[46], se dio un nuevo reparto del mundo entre las naciones triunfadoras: Inglaterra, Estados Unidos de Norteamérica, Francia y la desaparecida Unión Soviética, con lo que El mundo capitalista pasó a vivir una transformación formidable; Norteamérica surgió como una gran potencia económica e industrial y con alto desarrollo tecnológico, que le permitió ampliar sus mercados de mercancías y capitales de manera inusitada[47].

En ese nuevo escenario mundial, el imperialismo pasó a ser más agresivo e incontenible quien bajo el pretexto de la amenaza comunista, arribó al plano mundial imponiendo una política del "equilibrio del terror" entre "el Este y el Oeste", separados por una "gran cortina de hierro" imaginaria, a través de la cual, cada gran potencia y sus aliados se amagaban con la destrucción atómica; en ese contexto, se crearon por una parte la Organización del Tratado del Atlántico Norte (OTAN) en 1949 que aglutinaba a los países capitalistas de Europa Occidental y los Estados Unidos de Norteamérica; la Organización del Tratado del Extremo Sur Oriental de Asía (OTESO), con los países del sur de Asia y el Tratado Interamericano de Asistencia Recíproco de Río de Janeiro (TIAR)[48] fundado en 1947 con los países de América Latina y el Caribe y, por la otra, la fundación del "Pacto de Varsovia" en 1955 con los países de Europa Oriental en

en los movimientos del 68 que surge en Francia, para luego pasar a Alemania y Tokio hasta llegar a México ese mismo año.
[45] Se le llama "Guerra fría" a la confrontación entre el bloque de países capitalistas frente al entonces bloque soviético que surgió a partir de la segunda guerra mundial, en la cual, cada uno se proponía triunfar sobre su adversario en lo económico, político, científico, tecnológico y en la nueva repartición del mundo; recurriendo incluso a las "guerras convencionales" que no arribaban al nivel de la confrontación atómica, pero se mantuvo latente esa posibilidad, originando la amenaza de una nueva conflagración mundial y, en consecuencia, se produjo una especie de "equilibrio del terror" que justificaba a las potencias, la carrera armamentista ilimitada.
[46] Cfr. Brum, Juan *Esbozo de Historia Universal. Tratados y Manuales*, Ed. Grijalbo, México, 1973, pp. 221-236
[47] Rodríguez Araujo, Octavio. *Sistema Político y partidos políticos en México II*. Notas de clase, CIDHEM, Cuernavaca, 9 de marzo de 2003.
[48] *Carta fundacional* Conferencia Internacional Americana realizada en Bogotá, Colombia en 1948..

torno a la ex Unión de Repúblicas Socialistas Soviéticas (URSS).Una tercera fuerza no beligerante en el plano militar la constituyeron los "Países no Alineados" o del "Tercer Mundo". Sobresalieron los servicios de inteligencia y contrainteligencia de cada bloque entre los que podemos mencionar por su relevancia: la FBI (por sus siglas en inglés) y la CIA norteamericanas, la KGB o el GRU y SUMERS soviéticos, el SDECE y la DST de Francia, el MI-5 o SIS y el MI-5 o SS británicos, la MOSSAT y el SHABAK ó SHIN-BETH israelitas, la DGI cubana que lograra infiltrar hasta el corazón de los servicios de inteligencias y contrainteligencia de los Estados Unidos.

Cada potencia destinó elevadas sumas de recursos para la producción de armas cada vez más sofisticadas de destrucción masiva, como parte de la carrera armamentista que parecía interminable desde donde se promovía el entrenamiento, financiamiento y capacitación ideológica de grupos militares y paramilitares destinados a las guerras "regulares"[49] e "irregulares"[50] en América Latina y las ex colonias europeas de África y el sur de Asia, ya fuera para, promover golpes de Estado como vía de imposición de gobiernos incondicionales a la metrópolis imperial o estimulando movimientos de liberación nacional en aquellas regiones que vivían un proceso de descolonización respecto a Europa o para debilitarlos, en la perspectiva de ampliar la zona de influencia del llamado "bloque socialista" para tener la "capacidad de contraatacar" en el caso de una posible confrontación atómico inesperado. Parecía que la estrategia de la "revolución mundial" concebida por los clásicos del marxismo, pasaba necesariamente por el desarrollo de estos movimientos de liberación nacional y social. Sobresalieron por sus formas de lucha durante ese periodo personalidades de talla mundial, entre otros, en el plano mundial: Ghandi en la India, Patricia Lumumba en El Congo Belga, Mándela en Sudáfrica, Mao en China, Fidel y El Che Guevara en Cuba, Salvador Allende en Chile, Sandino en Nicaragua, Jacobo Arbenz en Guatemala, Martin Luther King en los Estados Unidos, Caamaño en la república Dominicana, Ho Chi Min en Vietnam, Torrijos en Panamá, Anuar El Sadat en Egipto; al tiempo que en México importantes dirigentes obreros de la talla de Valentín Campa, Vallejo, Othón Salazar y guerrilleros, como los hermanos Gámiz, Rubén Jaramillo, Lucio Cabañas y Genaro Vázquez

---

[49] Se le llama así a las que se realizaron con una declaración o no previa de guerra entre naciones.
[50] Se le llama así a las que promovieron las potencias para la subversión del orden social legalmente establecido a través de grupos armados disidentes.

Pero la confrontación no sólo se dio en el plano militar a nivel de "guerras convencionales" y de "contrainsurgencia", sino también en el científico, tecnológico y hasta deportivo; en la exploración del espacio con fines militares, la invención de medios de comunicación y trasporte más sofisticados; en el campo de la medicina, las microcirugías, la cibernética, la robótica, la electrónica, etc., pero siempre con propósitos de garantizar para sí el triunfo en la confrontación Este-Oeste que repercutió de manera relevante, en la falta de atención a las necesidades vitales de la población mundial en general y en especial, al interior de los países de atrás de la "cortina de hierro"; situación que era ocultada por los gobiernos del bloque soviético con la promesa ideológica del Estado de que cuando se lograra el triunfo del socialismo sobre el capitalismo se resolverían las necesidades básicas y una mayor democracia. Evidentemente esas carencias, entre otras causales, provocaron el derrumbe del "socialismo realmente existente"; en tanto que su contraparte, el imperio norteamericano y demás potencias capitalistas, cargaban el peso de su carrera armamentista a las espaldas y los estómagos de los habitantes de los países bajo su órbita, pero sin el mayor deterioro del nivel de vida de los suyos al interior de las metrópolis capitalistas, debido al beneficio relativo que reciben por efecto de la descapitalización permanente que realizan al interior de los países "periféricos", a través del pago de los servicios de la deuda externa, la explotación irracional de sus recursos naturales y humanos, la imposición de políticas laborales y financieras en beneficio del gran capital, la dependencia tecnológicas, entre otras.

Las estrategias de cada una de las potencias militares, veían en la "guerra de posiciones" como dijera Gramsci, un medio para lograr la correlación de fuerzas a su favor en el plano mundial no sólo a nivel político sino también territorial. Se vivía un mundo bipolar al borde de la confrontación atómica. En ese contexto, por una parte se fomentaron las guerras "convencionales"[51] o "de baja intensidad" y de "contrainsurgencia" y por otra, se estimularon los movimientos armados de liberación nacional en aquellos países que vivían la opresión de gobiernos colonialistas o en contra de gobiernos militares dictatoriales que arribaron al poder a través de golpes de Estado

---

[51] Durante la década de los 60 y 70 en el contexto de la "guerra fría" se llevaron a cabo los movimientos denominados de liberación nacional en varios países de África, Asia y América Latina, la "Guerra de los siete días" que los israelitas y sus aliados impusieron a los países árabes en 1967 : Egipto, Jordania, Líbano y Siria, y la histórica Guerra de Vietnam, donde se vieron involucrados Camboya y Laos, que culminó con la derrota más humillante de la historia de los Estados Unidos de Norteamérica. En el caso de México, cientos de militares fueron entrenados para la represión en escuelas de guerra norteamericanas, tales como: la Fort Benning , Georgia, Fort Leavenworth, de Kansas, Fort Bagg, de Carolina del Norte, entre otras.

financiados y asesorados por el gobierno norteamericano, como en los casos de Chile con Pinochet, Argentina con Videla, Paraguay con Stroessner, Nicaragua con Somoza, Venezuela con Rojas Pinilla, Batista en Cuba, entre otros; o por la imposición de gobiernos autoritarios[52] como los sufridos en México durante más de 70 años de régimen[53] priísta, quienes no obstante de haber arribado al poder por la vía electoral, recurrieron a los mismos métodos represivos de gobernar que sus similares sudamericanos, creando aparatos policiacos como la Dirección Federal de Seguridad (DFS) para realizar acciones militares extralegales, a través de agentes entrenados en escuelas de guerra de los Estados Unidos de Norteamérica para someter a los pueblos inconformes. Parecía que los gobiernos nacionales estaban en guerra contra su pueblo, desde que John F. Kennedy (1961) buscara contrarrestar la influencia de la Revolución Cubana con sus planes de contrainsurgencia y la "Alianza para el Progreso" a nivel continental.

A partir de entonces, esos gobiernos se convirtieron en simples administradores de los intereses de la metrópolis imperial como lo advierte Pierre Salama; quizá por ello el comandante Ernesto Che Guevara en Punta del Este, Uruguay, ya desde 1962[54] caracterizara a la OEA como simple "ministerio de colonias" de los norteamericanos, que se confabularon para expulsar a Cuba de la OEA, después de la invasión financiada por los norteamericanos en Bahía de Cochinos y la "crisis de los misiles" de octubre de ese año. Fueron los tiempos de auge de la llamada "guerra fría" [55] que por el "la crisis de los misiles"[56] estuvo a punto de desembocar en una confrontación atómica. Aquella situación implicó la puesta en marcha de políticas represivas anticomunistas a nivel continental, materializadas en la represión a todo tipo de disidencia política o armada, golpes de Estado y la imposición de gobiernos subordinados a las estrategias

---

[52] Llamados así, porque recurrieron al uso de la fuerza del Estado y las organizaciones sindicales como medios de control, para combatir a toda clase de disidencia como medio de conservar el poder a toda costa.

[53] Rodríguez Araujo, Octavio. *Los Partidos Políticos en México, Origen y Desarrollo.* Ed. CIDHEM-UAEM, México, 2001, p. 9. Define como régimen político a la "forma de existencia del Estado que depende de la correlación de fuerzas sociales y políticas en un país y en un momento dado".

[54] En esa ocasión Cuba fue expulsada de la OEA para tratar de aislarla y aniquilar su revolución, por así convenir a los intereses norteamericanos y sus aliados, los gobiernos nacionales del continente americano.

[55] Al amparo de la "guerra fría" se dio un mundo bipolar, donde el conjunto de los Estados se aglutinaban en torno a dos grandes bloques teniendo a la Unión Soviética a la cabeza los unos y a los Estados Unidos los otros. Un tercer bloque lo conformaron los llamados "países no alineados" o del "Tercer Mundo", en tanto que buscaban no subordinarse a ninguno de los dos, sin llegar a constituir un "tercer polo" de confrontación con los otros dos.

[56] Se le llama así a la amenaza de confrontación atómica entre las dos grandes potencias que se originó en octubre de 1962 después de haberse descubierto en suelo cubano, una serie de misiles atómicos soviéticos que apuntaban hacia aquel país.

geopolíticas de los norteamericanos en aras de proteger los intereses del gran capital en cada país en la que México no estuvo exento.

En el plano nacional de México y de América Latina surgieron movimientos políticos y sociales que para la inteligencia del Estado tenían un carácter "subversivo" tales como: el Congreso Permanente de Unidad Sindical de los Trabajadores de América Latina (CPUSTAL) y el Congreso Latinoamericano por la Soberanía Nacional, la Emancipación Económica y la Pazca (CLSNEEP) en el cual destacó la participación del Gral. Lázaro Cárdenas que fungía como vicepresidente del Consejo Mundial por la Paz. Entre sus principales acuerdos de aquel congreso tenemos:

Exigir la anulación de todos los tratados que menoscaben la Soberanía Nacional.

Luchar por la liberación de los pueblos sometidos por el imperialismo dentro de un frente mundial antiimperialista y anticolonialista.

Oponerse a las comisiones de expertos extranjeros para dirigir las economías nacionales (con referencia al Fondo Monetario Internacional, FMI).

Oponerse a los órganos imperialistas de prensa en español y a las organizaciones sindicales, como la Sociedad Interamericana de Prensa (SIP) y a la Organización Regional Interamericana de Trabajadores (ORIT) por considerarlas un instrumento al servicio del imperialismo.

Rechazar toda forma de asociación con los EU, que implique sometimiento a los intereses imperialistas.

Defender y apoyar a la revolución cubana (En ese contexto, el general Lázaro Cárdenas, con motivo de la invasión a Cuba, solicitó permiso al Congreso de la Unión para ir a combatir al lado de los cubanos patriotas).

Luchar contra las leyes antidemocráticas y contra la represión. Promover una campaña continental a favor de los presos políticos de AL.

Revisar los sistemas electorales de todos los países de AL.

Luchar por la unificación continental, la libertad, la autonomía y la democracia de los obreros y campesinos de AL. (En ese contexto en México se fundó el Movimiento de Liberación Nacional donde participaron destacadas personalidades democráticas y progresistas: Heberto Castillo, Lombardo Toledano, Lázaro Cárdenas, Braulio Maldonado y el propio Genaro Vázquez Rojas, entre otros)

Luchar en contra de las bases militares de EU en AL y contra la propaganda de guerra, así como a favor del desarme.[57]

En contraposición cabe mencionarse las represiones masivas y selectivas durante la década de los 60 contra los médicos, maestros, ferrocarrileros, de obreros y en particular, la matanza de estudiantes de 1968 en la Plaza de las Tres Culturas en Tlatelolco y del 10 de junio de 1971 en la ciudad de México, la desaparición forzada de cientos de personas, hechos que proyectaron una imagen de ausencia de un estado de derecho, donde las vías legales, democrática y pacífica aparecían canceladas. En Guerrero el 1 de abril de 1975 asumió la gubernatura el Ing. Rubén Figueroa Figueroa ampliamente conocido por su extrema intolerancia en contra de la disidencia armada y no armada.

---

[57] Datos tomados de documento interno de Inteligencia Militar de la época.

Fudamentos teóricos de los derechos humanos: Del Iusnaturalismos a la globalización

1. Antecedentes

Hablar de la teoría y práctica de los derechos humanos en el sistema internacional, nos remite no sólo a conocer el significado del concepto, sino también de cómo a través de la historia de la humanidad se fueron construyendo éstos en el contexto de las relaciones gobernante-gobernado desde la época del iusnaturalismo, pasando por la de su positivación en la que el Estado asumió la responsabilidad de ser el garante de esos derechos, hasta llegar a la globalización económica mundial contemporánea en que adquiere una connotación ambivalente en cuanto a que se reclama la vigencia de los derechos humanos para luego consumarse las violaciones sistemáticas más degradantes. Papel especial representan los principios de la Revolución Francesa y en particular la Declaración de los Derechos del Hombre y del Ciudadano de 1789 y la Declaración Universal de los Derechos humanos de 1948, la conformación de Tribunales Internacionales, Convenciones, entre otros.

Carlos Villán Durán sostiene que desde el punto de vista de la cultura Occidental los antecedentes históricos del concepto actual de los derechos humanos se remonta al nacimiento del Estado moderno (...) siendo el primer derecho reivindicado, el de la libertad de opción religiosa (..) le seguiría la reclamación de otras libertades básicas, tales como la intelectual, la política y la económica. En la Edad Media los derechos humanos no se atribuían a todos los seres humanos, sino a las personas que integraban determinados estamentos a los que pertenecían por nacimiento[58], Al tiempo que Demetrio Velasco Criado nos dice que "cuando hablamos de derechos humanos en el mundo moderno que es en el que hay que situar su génesis y su construcción social, nos referimos a los derechos que tiene todo ser humano por el hecho de ser un ser humano[59]. En ese contexto Ignacio Burgoa nos define a los derechos humanos como el conjunto de prerrogativas del gobernado de observancia jurídica obligatoria e imperativa para los gobernantes[60]; cabe entonces definir esos derechos como atributo de los seres humanos por el simple hecho de serlo (...) como "conjunto de principios que deben ser objeto de salvaguarda y protección para todas las mujeres y hombres

---

[58] Villán Durán, Carlos. *Curso de Derecho Internacional de los Derechos Humanos*. Ed. Trotta, Madrid, Trotta, 2002. p. 64
[59] Velasco Criado, Demetrio. *Los antecedentes histórico-ideológicos de La Declaración Universal de Derechos Humanos. En su cincuenta aniversario*. Ed. Universidad de Deusto, p. 207
[60] Burgoa, Ignacio. *Las Garantías Individuales*. Ed. Porrúa, México 1996, p. 58

independientemente de su condición social, cultural, económica o política.[61] De aquí que al tratar de analizar la importancia de los derechos humanos, tenemos que remitirnos al menos a dos grandes aspectos: al que se refiere a su carácter inherentes al ser humano y al proceso en que socialmente fue posible reconocerlos en su observancia obligatoria por parte de quienes ostentan el poder.

Desde el punto de vista histórico hablar de los derechos humanos implica remitirnos a una época que bien podría perderse en la historia de la propia humanidad; sin embargo, podemos suponer que para que se produzca la violación de esos derechos deben existir quienes los violan desde el poder y quienes se convierten en sus víctimas. Ello presupone que en los sistemas matriarcal y patriarcal antiguos no era posible hablar de la existencia de derechos del hombre, porque estaban plenamente garantizados como miembros de la comunidad a la que pertenecían[62]; aseveración que comparte Velasco Criado cuando sostiene que en la antigüedad clásica no existieron los derechos del hombre, por diferentes razones: no existe el derecho subjetivo; no existe un derecho idéntico para todos los hombres (...) El derecho no se hace para todos[63]; por lo que cabe suponer que el reconocimiento de los derechos del hombre y humanos estuvo asociado a las contradicciones sociales entre poseedores y desposeídos, entre gobernados y gobernantes en un momento histórico determinado.

Y si el problema de los derechos humanos tiene que ver con las contradicciones sociales, procede entonces remitirse a Carlos Marx, quien sostiene que éstas históricamente tuvieron su origen con la aparición de la propiedad privada sobre los medios de producción, mismas que dieron paso a la existencia de poseedores y desposeídos, a las clases sociales, a la lucha de clases (motor de la historia), a las formas de gobierno y al Estado[64] y, por tanto, a la aparición de formas determinadas de violaciones de los derechos del hombre.

Para el análisis del origen de los derechos humanos Clara Barreiro también nos remite a la antigua China de los años 800 - 200 a. C. con Confucio y Lao-Tse, para advertir que

---

[61] Cisneros, Isidro H. y Judith Bokser Liwerant. *DERECHOS HUMANOS.* En *Léxico de la Política,* Ed. Fondo de Cultura Económica, México, 2000.p. 165
[62] Quintana Roldán, Carlos F. y Sabido Peniche, Norma D. *Derechos Humanos.* Ed. Porrúa, México, 1998 p. 3
[63] Velasco Criado, Demetrio. *Op. Cit.* p. 213
[64] Marx, Carlos. *El Manifiesto del Partido Comunista de 1848.* En Obras Escogidas Tomo 1. Ed. Progreso. Moscú, 1955 pp. 19-50. Cfr. Federico Engels. *El origen de la familia, la propiedad privada y el Estado.* Obras escogidas. Moscú, 1974 T. 3. pp. 203 - 334

los chinos desde aquellos remotos tiempos planteaban ya "la igualdad entre los hombres[65] y al siglo V a. C. en Roma, donde se expidieron las DOCE TABLAS que establecían derechos acerca de "las sucesiones de la familia, que significaba seguridad jurídica de los gobernados frente al poder público[66], en cuya Tabla IX se consignó el elemento de generalidad como esencia de toda ley, prohibiendo que ésta se contrajese a un individuo en particular, lo que sentó las bases del postulado constitucional moderno[67]. En la tabla de referencia también se estableció una garantía competencial, en el sentido de que los comicios por centurias eran los únicos que tenían la facultad de dictar decisiones que implicasen la pérdida de la vida, la libertad y los derechos del ciudadano[68]

Por su parte, en la época de esplendor de la antigua Grecia, a pesar de ser la cuna de la democracia no se concebía la igualdad de los hombres, ni mucho menos se tenían definidas las ideas de justicia o de equidad hacia todos[69], únicamente alcanzaba a la nobleza, en tanto que a los siervos y los esclavos no les reconocían ni la calidad de ciudadanos y, por tanto, eran seres excluidos. Sin embargo, es precisamente en Grecia donde se empieza a manifestar una corriente filosófica tendente a dignificar la concepción del ser humano con el *estoicismo*, integrada en torno a Zenón de Sitio (337-264), con quien surge por primera ocasión la idea dignificadora de hombre, al entender que todo género humano está hermanado por la razón; esto es, que los hombres, como seres racionales, somos hermanos, independientemente del origen, la raza o las creencias de cada grupo o sociedad (…) los hombres son iguales en cuanto a seres racionales[70]. Con los estoicos se construye la magnífica cosmovisión iusnaturalista que, de alguna forma ha inspirado a todas las demás cosmovisiones occidentales que han compartido ese calificativo de iusnaturalista (…) El individuo alcanzaba así el título de "ciudadano del cosmos. Ser ciudadano del mundo significaba tener los derechos propios de un ser racional y autónomo que nadie, ni la peor tiranía podrán arrebatarle[71]

En el caso de los antiguos hebreos, la actividad de los gobernantes se hallaba restringida por normas religiosas teocráticas en las que implícitamente se reconocían ciertos

---

[65] Barreiro Barreiro, Clara. *Derechos humanos*, Ed. Salvat Editores. Barcelona 1981. p. 10
[66] Quintana Roldán, Carlos F. y Sabido Peniche, Norma D. *Op. Cit.*, p. 4
[67] Quintana Roldán, *Ibidem*.
[68] Burgoa Ignacio. *Op. cit.* p. 70
[69] Quintana Roldán, Carlos F. y Sabido Peniche, Norma D. *Idem.* 5
[70] Quintana Roldán, Carlos F. y Sabido Peniche, Norma D. *Derechos Humanos. Op. cit.* p. 5
[71] Velasco Criado, Demetrio. *Op. Cit.* p. 213

derechos a los súbditos; pues se suponía que dichas normas como las de Jehová, eran producto de un pacto entre Dios y el pueblo, cuyas disposiciones debían ser inviolables[72]. Sin embargo, esas normas no alcanzaban a evitar las extralimitaciones de los propios gobernantes.

Por su parte el pensamiento cristiano también proclamó la igualdad de los hombres, a partir de considerar a todos por igual "hijos y criaturas de Dios" y gracias a su expansión se fue creando una amplia corriente o doctrina de ordenamientos jurídicos que transformaron sustancialmente el Derecho Romano. Con ello, el cristianismo jugaría hasta nuestros días un papel decisivo en la vivencia real y en la fundamentación teórica de los derechos humanos[73]. Ello implica que el origen de los derechos humanos lo encontramos asociados a los planteamientos filosóficos y religiosos de quienes en su tiempo y en su espacio asumieron posiciones -como dijera T. S. Khun-, de ruptura con el estado de cosas imperantes.

Cabe reconocer la importancia histórica que significó en el proceso de positivación de los derechos humanos, la aprobación de "los deberes básicos de los hombres libres" en Inglaterra de 1188 que a la vez sentaron las bases de la **Carta Magna** firmada en 1215[74]; documento típico de la época feudal, donde se reconocían algunos derechos a los estamentos nobiliarios, eclesiásticos y burgueses de ese país. Importantes analistas aseguran que esas ideas perduraron hasta el siglo XVII e incluso hasta el siglo XVIII. La positivación de los derechos humanos se remite también a los textos jurídico-positivos ingleses: la **Petition Of. Riges de 1628** que tendía a garantizar los derechos personales y patrimoniales, el **Habeas corpus act** de 1679 que prohíbe la detención de cualquier persona sin mandamiento judicial y obliga a poner al detenido a disposición judicial en el plazo máximo de 20 días; así como la **Declaration of Rights de 1689**[75] que confirmaba la consagración de los derechos humanos. De esa manera, los derechos humanos significaba ya el derecho a la vida, la libertad y la búsqueda de la felicidad. Se transitaba de una sociedad geocéntrica de la Edad Media a otra caracterizada por el antropocentrismo y el individualismo; es decir, se ponía ya en el centro al individuo como ser natural. Sin embargo, durante la Edad Media los derechos humanos estaban todavía subordinados a las ideas de tipo filosófico y religioso, eran los tiempos del

---

[72] Quintana Roldán, Carlos F. y Sabido Peniche, Norma D. *Ibidem*
[73] Barreiro Barreiro. *Op. Cit.* p. 10
[74] Quintana Roldán, Carlos F. y Sabido Peniche, Norma D. *Op. Cit.* p. 8
[75] Villán Durán, Carlos. *Op. Cit.* p. 66

(iusnaturalismo)[76], donde éstos no le eran reconocidos a todos los seres humanos sino sólo a aquellas personas que integraban determinados estamentos a los que se pertenecía por nacimiento, lo que justificaba la desigualdad social y política de las personas que no entraban en la categoría de ciudadano.

Desde este punto de vista anterior, identificamos que la positivación de los derechos humanos se remonta a la etapa de transición de la Edad Media y al surgimiento del Estado Moderno, que se propuso limitar el poder de la Estado-Corona en su relación con los súbditos que demandaban libertad religiosa. Eran los tiempos de la Reforma y la Contrarreforma; a esos derechos le seguirían la libertad intelectual, la política y la económica.

Pero tampoco se pueden dejar de lado las aportaciones de los teólogos de la Escuela Española de los siglos XVI y XVII, que tuvieron repercusiones directas en nuestro continente tales como: Vitoria, Las Casas, Soto y Suárez[77] quienes durante la conquista de América incorporaron la discusión teológica sobre el tratamiento que se debía dispensar a la población aborigen, sobre la base de la igualdad jurídica de cristianos e infieles; lo que permitió especialmente a (Francisco de) Vitoria sentar las bases del "derecho de gentes" que hoy se conoce como Derecho Internacional (DI) e incluso como la primera fundamentación filosófica y teológica de lo que mucho más tarde se conocería como teoría de los derechos humanos"[78]

Hobbes, Locke y Rousseau, desde sus propias concepciones filosóficas hicieron importantes aportaciones a la teoría de los derechos humanos en el marco del iusnaturalismo que vale la pena asentar:

Para el iusnaturalismo de Hobbes, defensor de la monarquía (considerado por Bobbio el fundador del Estado[79]), su punto de partida era el estudio de la naturaleza humana, o sea la del hombre concreto y no una naturaleza humana que tiene un carácter ético y

---

[76] Bobbio, Norberto y Michelangelo Bovero. *Origen y fundamentos del poder político.* tr. Por José Fernández Santillán. Ed. Grijalbo, México 1984, p. 67. Para él hablar del iusnaturalismo significa referirse al Estado de naturaleza, donde "el punto de partida del análisis del origen y fundamento del Estado es el estado de naturaleza, es decir, un estado no-político y anti-político (...) el estado político surge como antítesis del estado de naturaleza".

[77] Truyol y Serra, A. *Los Derechos Humanos.* Ed. Tecnos, Madrid, 1984, p. 16

[78] Carrillo Salcedo, J. A. *La Escuela de Salamanca y el Derecho Internacional en América. Del pasado al futuro.* Ed. Asociación Española de Profesores de Derecho Internacional y Relaciones Internacionales, Salamanca, 1993, p. 52

[79] Bobbio, Norberto y Michelangelo Bovero. *Origen y Fundamentos del poder político.* Op. Cit. p. 67

regulador de la conducta de los individuos; del hombre pasional y racionalmente calculador que en el estado de naturaleza se guía por una serie de leyes naturales[80]. En el *Leviatán*, asegura que los seres humanos son individuos concretos, iguales y libres. El derecho subjetivo natural es la libertad que posee todo hombre de usar su propio poder como él mismo quiere[81] Por su parte Locke, crítico de la monarquía, es considerado el padre del liberalismo y de la verdadera construcción moderna de los derechos humanos[82]. Planteaba entre otros, tres derechos fundamentales: el derecho a la libertad de conciencia, el derecho a la libertad de opinión y el derecho a la resistencia. Sostenía que cuando un gobierno viola estos derechos se sitúa en estado de guerra contra su pueblo, el cual está desde ese momento libre de todo vínculo de obediencia, y no le queda más que el refugio común que Dios ha ofrecido a todos los hombres contra la fuerza la violencia, esto es, la de recobrar la libertad originaria y resistir[83]; principios que diversas constituciones liberales recogieron después de la Revolución Francesa.

Con lo se fue configurando el derecho a la soberanía popular para darse el tipo de gobierno que mejor le convenga a los pueblos; principio plasmado en nuestra Constitución y que Genaro Vázquez Rojas con frecuencia invocó para defender la razón de de su lucha. A su vez Rousseau aseguraba en *El Emilio* que todo está bien al sale las manos del Autor de las cosas; todo degenera en las manos del hombre[84]. Y el *Contrato Social* explica que el paso del estado de naturaleza al estado civil produce en el hombre un cambio muy notable, sustituyendo en su conducta el instinto la justicia, dando a sus acciones la moralidad que les faltaba antes[85]. En J. J. Rousseau el hombre ha nacido libre, y por doquier está encadenado (…) la sociedad lo rompe[86]. Podemos adelantar como diferencias fundamentales, además de las ológicas entre J. Locke y Rousseau, aquella en la que el primero tiende a refutar al segundo cuando advierte que los hombres fuesen libres e iguales en el estado de naturaleza era apenas una hipótesis racional; no era una constatación de hechos ni un ato histórico, sino una exigencia de la razón que sólo había podido invertir adicalmente la concepción secular según la cual el poder político, el poder sobre los hombres, el imperium, procede de arriba abajo y no lo contrario, con ello se demostraba

---

[80] Velasco Criado, Demetrio. *Op. Cit.* p. 217
[81] Velasco Criado, Demetrio. *Idem.* P. 218
[82] Velasco Criado, Demetrio. *Op.cit.* p. 220
[83] Velasco Criado, Demetrio. *Ibidem.*
[84] Rousseau, Juan Jacobo. *Emilio o De la Educación.* Estudio Preliminar de Daniel Moreno. Ed. Porrúa, S. A. México 1993, p. XXV
[85] Velasco Criado, Demetrio. *Op. Cit.* p. 225
[86] Rousseau, Juan Jacobo. *El Contrato Social.* Ed. Alianza Madrid 1980. pp. 26-28

que las posiciones eran claramente antagónicas: mientras para Rousseau el poder y el derecho partían del monarca, para Locke tenían su origen en el pueblo. Cabe agregar las aportaciones filosóficas de Locke en torno a los derechos humanos para entender el carácter del poder político que lo convierten –según Bobbio-, en pionero de la construcción de la Ciencia Política.

De los siglos XVII al XVIII en que se conquistó la libertad religiosa ésta se vinculó a los "derechos civiles y políticos" de la burguesía para reclamar el fin de los privilegios de la nobleza y la igualdad ante la ley. Su ideario político fue el liberalismo plasmado en el iusnaturalismo[87] racionalista, moderno, individualista y contractualista[8], el valor de la libertad individual y del derecho a la propiedad. Esta época sobresale porque se avanza en materia de humanización del proceso penal, la reivindicación de los derechos individuales vinculados a la persona y en la reflexión de los límites del poder del Estado.

Importantes aportaciones hicieron al proceso de positivación de los derechos humanos las colonias inglesas de América del Norte como la *Declaración de Virginia 12 de junio de 1776* redactada por George Mason, que se constituyó en el referente básico de "los derechos inalienables" contenidos en la *Declaración de Independencia de los Estados Unidos de Norteamérica del 4 de julio de 1776*, al incorporar como propios esos derechos: a la vida, la libertad y la felicidad, mismos que sin lugar a las influyeron en la *Declaración Francesa de los Derechos del Hombre y el Ciudadano del 26 de agosto de 1879* en Francia.

De aquí que podamos considerar, que la corriente de positivación de los derechos humanos se fortalece con la Declaración de Independencia de Virginia y de las Colonias norteamericanas y la Declaración Francesa de los Derechos Humanos y del Ciudadano del 26 de agosto de 1789, reconocida como "**derechos civiles y políticos con carácter individualista**" que en esencia se proponían: a) limitar el poder absoluto del Estado en relación con los súbditos; b) Fundamentar los derechos humanos en la naturaleza y la dignidad inherente al hombre, independientemente de los valores filosóficos y religiosos.

---

[87] Velasco Criado, Demetrio. *Op. Cit.* p. 210. En "La doctrina del Derecho Natural clásico" pone acento sobre el aspecto imperativo de la ley natural más que sobre el aspecto atributivo.
[88] Velasco Criado, Demetrio. *Op. Cit* p. 212

Como podrá comprenderse, el largo recorrido que ha tenido que afrontar la lucha por la conquista de los derechos humanos no ha sido fácil sino accidentado, lo que refleja las contradicciones sociales imperantes de su tiempo y de su espacio, tal y como lo destacan diversos analistas cuando coinciden en señalar, que el punto de partida de los derechos humanos en su proceso de positivación y universalización lo encontramos en la Revolución Francesa que reflejó la etapa de ruptura entre el fin de la Edad Media con sus concepciones filosófico-religiosas y el origen de nuevas relaciones sociales capitalistas que dieron paso al Estado moderno.

Sin lugar a dudas que los ideólogos de la Revolución Francesa recogieron de sus antecesores cada una de aquellas aportaciones filosóficas y jurídicas orientadas a la conformación del Derecho Positivo, que permiten hoy obligar a los gobernantes, a respetar los derechos humanos, políticos, económicos, culturales, entre otros. Sin embargo, Isidro H. Cisneros nos advierte que habrá que reconocer que el término derechos humanos como tal, sólo ha empezado a destacar predominantemente en este siglos (XX); anteriormente a estos derechos se les denominaba genéricamente derechos naturales o derechos del hombre[89], destacando que los derechos humanos reposan esencialmente en la dignidad del ser humano porque son inherentes al hombre, con prescindencia de los valores filosóficos o religiosos que las distintas culturas puedan aportar[90].

Como se puede comprender, más de doscientos años después de aquella histórica Declaración, en el estado de Guerrero se siguen violando aquellos principios de manera sistemática a pesar de considerárseles válidos universalmente, no obstante que como ya quedó asentado los derechos del hombre son derechos universales o propiedades de los seres humanos como *tales seres humanos* o como individuos del género humano, (son) inherentes al ser humano donde quiera que se encuentre, sin distinción de época, lugar, color, sexo, origen ni medio ambiente[91]

Por su importancia para el tema que nos ocupa, conviene asentar algunos artículos de la Declaración de los Derechos del Hombre y del Ciudadano de 1789:

---

[89] Cisneros, Isidro H. y Judith Bokser Liwerant. *Derechos Humanos.* Op. Cit. p. 65
[90] Villán Durán, Carlos, *Op. Cit.* p. 67
[91] Lein J. Arnold. En *Los Derechos del Hombre. Estudios y comentarios en torno a la Nueva Declaración Universal*. Ed. Fondo de Cultura Económica, México – Buenos Aires 1987, p. 28

Art. 1º. "Los hombres nacen y permanecen libres e iguales en derechos. Las distinciones sociales sólo pueden fundarse en la utilidad común."

Art. 4º. "La libertad consiste en poder hacer todo lo que no daña a los demás .. Lo que la ley no prohíbe está permitido"

Art. 7º. "Ninguna persona puede ser acusada, detenida ni encarcelada sino en los casos determinados por la ley. Los que solicitan, facilitan ejecutan o hacen ejecutar órdenes arbitrarias deben ser castigados; ..."

9º. "Toda persona, (presumiblemente es) inocente hasta que sea declarada culpable, si se juzga indispensable su detención, la ley debe reprimir severamente todo rigor que no sea necesario para el aseguramientos de su persona"[92]

Desde el punto de vista de la Filosofía del Derecho Peces-Barba nos advierte, que los derechos humanos hoy son facultades que el derecho atribuye a las personas y a los grupos sociales, expresión de sus necesidades en lo referente a la vida, la libertad, la igualdad, la participación política o social, o a cualquier otro aspecto que afecte al desarrollo integral de las personas en una comunidad de hombres libres.[93]. Luego entonces significa que, del derecho natural subordinados a Dios y al monarca, se transitó a los derechos positivos inalienables y de observancia obligatoria para gobernantes y gobernados, mismos que en la época de la globalización se demanda el reconocimiento de los culturales, económicos y sociales, a pesar de la resistencia de algunos Estados a su reconocimiento por no convenir a los intereses del gran capital. Al respecto se presentan de manera sucinta, algunas de las posiciones más relevantes acerca del debate dado históricamente en torno al proceso de positiviación de los derechos humanos que significó el ajuste de cuentas con el pensamiento medieval y el "iusnaturalismo" antiguo:

George Lefebvre sostenía que la Declaración de los derechos del hombre y del ciudadano significó la proclamación de la libertad, la igualdad y la soberanía popular...(lo que) constituyó el acta de defunción del Antiguo Régimen destruido por la Revolución[94]; al tiempo que Alexis de Tocqueville - según Norberto Bobbio-, caracterizó a la Revolución Francesa, como el tiempo de entusiasmo juvenil, de

---

[92] Díaz Müller, Luis. *Manual de Derechos Humanos*. En Comisión Nacional de Derechos Humanos, 2ª. Ed. revisada, México 1992, pp. 97-99
[93] Peces-Barba, G. et al. *Derecho positivo de los derechos humanos*. Ed. Debate, Madrid, 1978, pp. at 14-15. En Carlos Villán Durán *Op. Cit.* p. 64
[94] Bobbio, Norberto. *El Tiempo de los Derechos*. tr. Por José Fernández Santillán. Ed. Sistema, Madrid, 1991, p. 132

arrogancia de pasiones generosas y sinceras de las que, a pesar de cualquier error, los hombres guardarán eterna memoria que, por mucho tiempo todavía, turbará los sueños de aquellos a quienes los hombres quieren dominar o corromper[95]

Para Emmanuel Kant, a pesar de su posición conservadora, reconocía que la Revolución Francesa conquistó el derecho que tiene un pueblo de no ser impedido por otras fuerzas a darse una Constitución civil que él mismo cree buena. Planteaba el derecho de todo hombre a ser tratado como amigo, y no como enemigo (era el derecho) de hospitalidad[96]; tesis que para muchos analistas, significaba una clara oposición a la xenofobia que se daba en contra de migrantes en Europa, con lo que significa las bases del derecho constitucional e internacional contemporáneo, que dio paso al derecho a la autodeterminación de los pueblos y a la no intervención (hoy puesta en entredicho por el imperio norteamericano con sus invasiones reiteradas). En esa perspectiva Kant, en su obra denominada PAZ PERPETUA definió a la libertad como: la libertad jurídica, la facultad de no obedecer a otras leyes externas, sino (solamente) a las que he podido dar mi consentimiento[97].

Por su parte Edmund Burke, crítico de los principios de la Revolución Francesa, sostuvo que los derechos humanos y del ciudadano eran derechos positivos y no naturales como los concebían los teóricos del iusnaturalismo. Para él naturales únicamente eran aquellos principios que tienen que ver con el temor a Dios, el respeto al Rey, el afecto por el Parlamento; no naturales era La Declaración (de 1789), porque le parecía aún más falsa y espuria, en tanto que nos enseña una servil, licenciosa y desordenada insolencia, una especie de libertad que dura sólo pocos días de fiesta, que nos hace justamente dignos de una eterna y miserable esclavitud[98]. Asimismo sostenía que, desde el punto de vista del positivismo jurídico, no es posible que el individuo pudiese tener derechos que no fuesen conferidos por el Estado[99]. Por lo que, el Derecho es producto del poder del Estado y por tanto positivo. En esa misma perspectiva teórica Friedrich Nietzsche, como buen defensor del Estado monárquico, aseguraba que nuestra hostilidad a la Revolución no se refiere a la farsa sangrienta, a la inmoralidad con la que se

---

[95] Bobbio, Norberto. *El Antiguo Régimen y la Revolución*. tr. José Fernández Santillán. Ed. Alianza, Madrid, 1982
[96] Bobbio, Norberto. *El Tiempo de los Derechos*. Op. Cit. p. 148
[97] Norberto Bobbio. *De Hobbes a Gramsci*. Tr. de José Fernández Santillán. Ed. Sistema, Madrid 1993 p. 23
[98] E. Burke, *Reflexiones sobre la Revolución Francesa*, Ed. Centro de Estudios Constitucionales, Madrid 1978. pp. 34-35
[99] Bobbio, Norberto. *El Tiempo de los Derechos*. Op. cit. 153

desenvolvió; sino a su moralidad de rebaño, a la "verdad" con la que siempre y todavía sigue operando, a su imagen contagiosa de "justicia" y "libertad", con la que ensalzan todas las almas mediocres, a la destrucción de la autoridad de las clases superiores[100].

Importantes aportaciones al proceso de positivación hizo también Thomas Paine en 1774, al cuestionar los agravios que sufrían los colonos en Norteamérica por la Gran Bretaña, al plantear el derecho de resistencia desde la teoría contractualista. Sin embargo, Bobbio nos aclara que "no obstante la influencia inmediata que las trece colonias tuvieron en Europa y la rápida formación en el viejo continente del mito americano, fue la Revolución Francesa la que constituyó durante casi dos siglos el modelo ideal para todos aquellos que combatieron por la emancipación y la liberación de los pueblos; "fueron los principios del 89 los que constituyeron, tanto lo bueno como lo malo, un punto de referencia obligado para los amigos y para los enemigos de la libertad"[101]

En aquel momento Mirabeau sostenía que los derechos pueden parecer abstractos en su formulación, pero en realidad deberían ser interpretados como un concretísimo acto de guerra contra antiguos abusos de poder ya no soportados[102]. Con ello comparte la tesis de que los principios de la Revolución Francesa y en particular el origen de los derechos humanos como un derecho positivo, reflejaban el estado de ruptura entre la monarquía y el surgimiento del Estado moderno.

Para Bentham los derechos naturales no han existido nunca, puesto que el Derecho, es el producto de la autoridad del Estado. Pero la autoridad de que habla Bentham no es un poder arbitrario; existe un criterio objetivo para limitar, y por tanto controlar, la autoridad, y es el principio de utilidad ubicada en la felicidad para el mayor número[103] A este género pertenecen todos los derechos intelectuales, o de la mente y también todos los derechos de actuar como individuos para el propio bienestar y la propia felicidad.[104]. Con ello ya se advertía que los derechos humanos no sólo son naturales o sólo civiles, son ambas cosas a la vez.

---

[100] F. Nietzsche. *Framunenti postumi (1880-88)*. vol. VIII, tomo II de la opere di Friedrich Nietzsch, ADELPHA, Milán, 1971, p. 59. En Bobbio, Norberto, El Tiempo de los Derechos. La Revolución Francesa y los Derechos del Hombre, tr. José Fernández Santillán. Ed. Sistema, Barcelona 1970 p. 139
[101] Bobbio, Norberto, El Tiempo de los Derechos, Op.cit. p. 138
[102] Bobbio, Norberto, Op. Cit. p. 168
[103] Bobbio, Norberto, Op. Cit. , p. 169
[104]Velasco Criado, Demetrio. Op. Cit. P. 145

Un siglo después del histórico acontecimiento de 1789, Salvemini reconocía en el debate de su tiempo que: cierto, abstracta y metafísica es la primera Declaración; y es asimismo discutible que se pueda hablar de "derechos naturales" del hombre, pero cuidémonos de no perder de vista el espíritu de la Declaración deteniéndonos a criticar pedantescamente su letra. Cada uno de los hechos (...) significó en aquel momento la abolición de una serie de abusos intolerables y corresponden a una necesidad urgente de la nación.[105]

Aquel debate fue retomado por los filósofos contemporáneos cuando se siguieron preguntando: ¿Realmente existen los derechos naturales? Encontrando que ante tal pregunta, hubo necesidad de transitar en el tiempo desde la época del iusnaturalismo de Grocio a Kant para concluir que los derechos naturales del hombre sí han existido, al tiempo que "para las principales corrientes filosóficas del positivismo jurídico del siglo XIX, desde distintos puntos de vista y con distintos motivos, se movieron siempre en el ataque al iusnaturalismo (porque éstos) tienen como punto de partida, el rechazo del derecho natural y como punto de llegada su sustitución por un fundamento del Derecho, distinto de la naturaleza originaria del hombre,[106] es decir, el derecho positivo.

Para Federico Hegel el fin político de la Declaración de 1789 fue el de asegurar los derechos naturales, entre los cuales el principal es la libertad, seguido de la igualdad frente a la ley como una ulterior determinación suya (para) asegurar los derechos naturales.[107] Al tiempo que en el siglo XIX Carlos Marx, reconocía la existencia de una naturaleza humana, pero entendida no como una suma de atributos abstractos e inherentes al individuo, sino como un nudo de relaciones sociales, que es diferente según el contexto y el momento histórico[108]. Por lo que, trató de demostrar que los llamados derechos universales planteados por la Declaración, no eran tan subjetivos como aseguraban sus defensores, porque no tienen un carácter universal y válido por igual para poseedores y desposeídos. Consideró que aquellos principios de la Revolución Francesa en general y de la Declaración de 1789 en particular, se orientaban fielmente a la defensa a ultranza de la propiedad privada, base de la desigualdad social que se ocultaba en el nuevo discurso de la burguesía emergente. Desde esa situación,

---

[105] Bobbio, Norberto. *El Tiempo de los Derechos.* Op. Cit. , p. 168
[106] Bobbio, Norberto. Op. Cit. , p. 169
[107] Norberto Bobbio. *El antiguo régimen.* Op. Cit. p. 133
[108] Velasco Criado, Demetrio. *Op. Cit.* p. 162

Marx trató de demostrar que hay artículos de aquella Declaración, que consignan a ciertas libertades y no otras y exaltan la propiedad privada como sagrada e inviolable, que no son demasiado abstractas, sino acaso demasiado concretas; expresión claramente ideológica no de principios universales, sino de los intereses de una determinada clase, la burguesía, que se disponía a sustituir a la clase feudal en el dominio de la sociedad y del Estado.[109]Y si esto no fuera así, ¿Podría hablarse de una concepción "neutra" de los derechos humanos, es decir, al margen de los intereses de clase como no pocos intelectuales nos los presentan? o, ¿El problema se resuelve si ubicamos históricamente a la burguesía en su etapa revolucionaria en que luchaba en contra de las estructuras feudales, para comprender el carácter progresista de los principios de la Revolución Francesa en general y de la Declaración de 1789 como lo advertía Carlos Marx? Para este pensador en la época del capitalismo en que la burguesía arribó al poder, no puede hablarse en abstracto de principios tales como el de igualdad entre todos los seres humanos, porque ésta no puede darse entre burgueses y proletarios, entre propietarios del capital y los asalariados que no tienen más propiedad que su fuerza de trabajo; al tiempo que la libertad de la que se habla, es la que tiene el obrero para escoger al burgués que habrá de explotarlo o para morirse de hambre por la explotación a que está sometido; en cambio su contraparte, la burguesía cuenta con "la libertad de empresa", que implica la libertad para hacer toda clase de negocios sin límites de cuestiones morales y a veces hasta legales.

No obstante, cabe reconocer que aquella etapa de transición significó un paso significativo en el largo proceso para lograr la conquista de los derechos humanos y no sólo para quienes tienen el privilegio de ostentar el poder económico y político, sino también para las clases trabajadoras del campo y la ciudad como son: sus derechos laborales, sindicales, políticas económicas que cada día el Derecho Internacional ha venido incorporando en el devenir histórico. Lugar especial tienen: el derecho a la vida, el respeto a la dignidad humana, la libertad de expresión, de credo político, religioso, a ser protegido por la ley, entre otros, que no están subordinados a las intereses de clase.

Pero ¿Cuáles son esos principios considerados por algunos analistas como "el núcleo doctrinario" de la Declaración de 1789 que tienen que ver directamente con el problema de los derechos humanos? Al respecto cabe considerar algunos de ellos:

---

[109] Velasco Criado, Demetrio. *Op. Cit.* p. 263

Artículo 1º. "Los hombres nacen y permanecen libres e iguales en derechos". Este principio fue recogido casi literalmente por la Declaración Universal de los Derechos Humanos de 1948 de la ONU.

Artículo 2º. "El fin de toda sociedad política es la conservación de los derechos naturales e imprescriptibles del hombre, esos derechos son: la libertad, la propiedad, la seguridad y la resistencia a la opresión.

Artículo 4º. "La libertad consiste en poder hacer todo lo que no daña a los demás. Así el ejercicio de los derechos naturales de cada hombre no tiene más límite que los que aseguran a los demás miembros de la sociedad el goce de los mismos derechos…"

Artículo 7º. "ninguna persona puede ser acusada, detenida ni encarcelada sino en los casos determinados por la ley y según las formas prescritas en ella. Los que solicitan, ejecutan o hacen ejecutar órdenes arbitrarias deben ser castigadas…"[110]

Fue relevante también el hecho de que, después de concluida la Primera Guerra Mundial, la Sociedad de Naciones se ocupara de los siguientes derechos: el régimen de mandato, la prohibición de la esclavitud, la protección de los refugiados y de los trabajadores a cargo de la Organización Internacional de Trabajo (OIT), a partir de 1919 y la Declaración de Filadelfia de 1944, que consagra la libertad sindical. Y a pesar de la campaña anticomunistas desatada en contra de la Revolución Rusa de 1917, durante el periodo conocido como de la "guerra fría", es posible reconocer que también ésta hizo importantes aportaciones al derecho positivo, al incorporar en su legislación los derechos del pueblo trabajador y explotado del 4 de enero de 1918 en cuanto a reivindicaciones económicas y sociales de la clase trabajadora,[111] que se propuso asegurar el derecho al trabajo, salario decoroso, descanso, jubilación, educación, sufragio universal y asociación sindical, para garantizar una vida digna al ser humano. De ello se derivaron: la libertad sindical, derecho de huelga, la seguridad e higiene en el trabajo, entre otros, derechos que junto con los de la Declaración Francesa, fueron decisivas en el posterior desarrollo de la positivación de los derechos humanos, frente a las clásicas posturas iusnaturalistas[112]

Karl Schmit y Hans Kelsen, entre otros, después de la Segunda Guerra Mundial, pretendieron cerrar el debate sobre la contradicción entre los ideólogos del derecho

---

[110] Declaración de los Derechos del Hombre y del Ciudadano de 1789. En Quintana Roldán, Carlos F. y Peniche, Norma D. *Op. Cit.* p. 15
[111] Villán Durán, Carlos. *Op. cit.* p. 67
[112] Villán Durán, Carlos. *Idem.* p. 68

natural y el derecho positivo, asegurando que los pretendidos derechos naturales no son sino derechos públicos, "derechos reflejos" del poder del Estado, que constituyen un límite al poder de éste, anteriores al nacimiento del mismo Estado, son una concurrencia, de la limitación que el Estado se impone a sí mismo.[113]

Entre los antecedentes más recientes de la internacionalización y universalización de los derechos humanos, podríamos mencionar la Carta de San Francisco del 26 de julio de 1945 considerada "el primer tratado internacional de alcance universal que afirma solamente la fe en los derechos fundamentales de todos los seres humanos, en la dignidad y el valor de la persona humana."[114] El objetivo fundamental de la CARTA fue el de uniformar y universalizar las normas de los derechos humanos. Pero existen como sus antecedentes, entre otros, las aportaciones de los regímenes específicos y sectoriales de protección en materia de libertad religiosa, los tratados internacionales sobre prohibición de la trata de esclavos, los primeros convenios de Ginebra sobre protección de heridos y enfermos en tiempos de guerra.

Por su parte la Declaración Universal de los Derechos Humanos de 1948 de la Organización de las Naciones Unidas (ONU) es fruto, como es obvio, de todo un proceso histórico que refleja momentos y preocupaciones especialmente significativos para la configuración de la conciencia contemporánea.[115] Reafirma la fe en los derechos fundamentales del hombre, en la dignidad y el valor de la persona humana, en la igualdad de derechos de hombres y mujeres y de las naciones grandes o pequeñas. Esta Declaración en su artículo 1º señala que: Todos los seres humanos nacen libres e iguales en dignidad y derechos y, dotados como están de razón y conciencias, deben comportarse fraternalmente y, proclama como propósitos de la Organización tres categorías: el mantenimiento de la paz y seguridad internacionales, el respeto al principio de igualdad de derechos y al de la libre determinación de los pueblos, y la realización de la cooperación internacional.[116]. Ésta a su vez dará prioridad a: 1) Los problemas de carácter económico, social y cultural; 2) Problemas de carácter humanitario, y 3) El desarrollo y estímulo del respeto a los derechos humanos y a la libertades fundamentales sin distinción de raza, sexo, idioma o religión.

---

[113] Bobbio, Norberto. *El Tiempo de los Derechos*, Op. Cit. P.170
[114] Villán Durán Carlos. *Op. Cit.* p. 69
[115] Velasco Creado, Demetrio. *Op. Cit.* 239
[116] Villán Durán Carlos. *Op. Cit.* p. 71

Del análisis anterior se desprende, que el paso decisivo para la universalización de los derechos humanos se dio a partir de la Carta de 1945 y la fundación de la Organización de las Naciones Unidas, gracias al estado de repudio a los crímenes de guerra del nazismo, el deseo de paz, la supremacía de los valores democráticos, el peso específico de la opinión pública y la voluntad decidida de los estados fundadores de la ONU de 1945. Los principios contenidos en esa Carta están considerados, como el primer tratado internacional de alcance universal que reconoce los derechos fundamentales de todos los seres humanos, en la dignidad y el valor de la persona humana. Uno se pregunta ¿Cómo fue posible que representantes de los Estados, con ideologías e intereses contrapuestos lograran ponerse de acuerdo para conformar ese Organismo rector con principios de observancia obligatoria para todos?

Esos acuerdos reflejan fielmente la preocupación universal por encontrar un organismo y principios válidos para todos los Estados del mundo, que permitieran garantizar la paz y el respeto a los derechos humanos tan golpeados durante la Segunda Guerra Mundial, de donde surgieron: la Declaración Internacional de los Derechos Humanos (DIDH), la constitución de tribunales internacionales y de diversos organismos no gubernamentales defensores de tales derechos, quienes a partir de este periodo, tuvieron que deliberar acerca de nuevos abusos en contra de los derechos humanos cometidos por las potencias europeas, que se oponían al proceso de descolonización emprendido en África, Medio Oriente y el sur de Asia; algunos de esos procesos apoyados por los Estados Unidos de Norteamérica porque veía la posibilidad de ocupar ese espacio dejado e imponer un neocolonialismo y en aquellos lugares donde tampoco eran aceptados por los pueblos, emprendían rabiosas campañas militares en coordinación con los anteriores gobierno coloniales, en contra de los partidarios de los movimientos de liberación nacional como fueron los casos de Indochina (Vietnam, Camboya, Laos la Revolución Cubana de 1960, entre otros) y otros países de África.

Derivado de la labor conjunta de los Estados miembros de la ONU, hoy ya se cuenta con un Código Internacional de Derechos Humanos (CIDH), constituido por 143 tratados internacionales y protocolos que crean obligaciones jurídicas a los Estados Partes, para garantizar el respeto a los derechos humanos en el plano internacional y de ello depende hoy, hasta la viabilidad de los sistemas políticos de éstos en su desarrollo económico y la estabilidad del orden internacional, en virtud de que se otorga a la

Comunidad Internacional (CI) la facultad de intervenir para sancionar a aquellos Estados infractores de esos derechos.

¿Acaso significa que uno de los principios fundamentales contenidos en la Carta de la ONU, como el de no intervención y autodeterminación de los pueblos ha quedado derogado? Al respecto Juan Antonio Carrillo Salcedo nos aclara, que el reconocimiento y protección internacionales de los derechos humanos, junto a la soberanía de los Estados, son dos principios constitucionales del orden internacional que coexisten y se condicionan recíprocamente, ya que los derechos humanos no han desplazado ni eliminado la soberanía de los Estados aunque sí la han erosionado y relativizado,[117] como se infiere de la segunda Conferencia mundial de Derechos Humanos que ha definido la promoción y protección de todos los derechos humanos como una preocupación legítima de la comunidad internacional,[118] independientemente de la situación política al interior de los Estados miembros. Ello abona la percepción de que la soberanía de los Estados en la época de la globalización, aparece como un principio en "proceso de extinción" para dar paso a la creación de un "protoestado" o estado Mundial, como dijera Hugo Zemelman, situación que ha dado cobertura a las potencias capitalistas actuales, para justificar sus nuevas guerras de conquista y las que con frecuencia se ciernen en contra de pueblos como el cubano, por no permitir su ingerencia.

En la época posterior a la Segunda Guerra Mundial se reconocen los esfuerzo previos hechos por algunos Estados como el mexicano "que expidió la Constitución Mexicana de 1917 y la Alemana de Weimar de 1919"[119] en torno al reconocimiento internacional de los derechos humanos y laborales; lugar especial merece la Constitución española de 1978, porque en su Título I, Artículos del 10 a la 54, incorpora los derechos y deberes fundamentales, los de tipo político-civiles y los de carácter económico-sociales que otras constituciones no consideraban. Por lo que podemos reconocer, que gracias a esas aportaciones históricas que han transcurrido desde el iusnaturalismo hasta la constitución del derecho positivo en la época de la globalización, se ha alcanzado una síntesis de ambas orientaciones ideológicas en el constitucionalismo contemporáneo, al menos a nivel de reconocimiento de los derechos tanto civiles y políticos como

---

[117] Carrillo Salcedo, Juan Antonio. *Soberanía de los Estados y derechos humanos.* En Derecho internacional contemporáneo, Ed. Tecnos, Madrid, 1995, p. 21
[118] Declaración y Programa de Viena, del 25 de junio de 1993. Parte I, párrafo 4.
[119] Villán Durán, Carlos. *Op. Cit.* p. 66

económicos, sociales y culturales,[120] que en algunos Estados siguen pendientes de reconocer. No obstante lo anterior, se infiere que los derechos humanos, en lo general aún distan mucho de ser practicados, siguen siendo un ideal a alcanzar, sobre todo los de tipo económico-social y cultural. El problema se complica cuando se trata de garantizar la protección de tales derechos, debido a que los representantes del Estado y los grandes consorcios transnacionales, recurren a diversos medios hasta ilegales para no aplicarlos. Sin embargo, a partir de los avances de la universalización de los derechos, éstos pueden ser exigibles jurisdiccionalmente.

Cabe agregar, que ante la resistencia de diversos Estados miembros de la ONU a llevar a la práctica los principios internacionales de los derechos humanos, han venido surgiendo organizaciones no gubernamentales (ONGs) defensoras de esos derechos, que ya pueden contar con reconocimiento de ese organismo mundial, por el papel que juegan en el proceso de constitución de una estructura internacional de promoción y de protección de los derechos humanos al interior de los Estados miembros de la ONU mediante la codificación y desarrollo progresivo, del conjunto de normas que contribuyen el Derecho Internacional de los Derechos Humanos (DIDH). En el caso de México, han surgido diversas ONGs que están sirviendo como medio de presión al Estado y a sus organismos oficiales, para denunciar la falta de atención de cientos de casos de violaciones a los derechos humanos, consumados por agentes policiacos y militares y demandar la aparición de los desaparecidos por motivos políticos, la aplicación de la justicia y la reparación del daño causado a las víctimas de la "guerra sucia". No se desconoce que hay versiones en el sentido de que algunas ONGs son patrocinadas por organismos vinculados a la CIA y al Departamento de Estado que valdría investigar sus verdaderos propósitos.

Desde el punto de vista de sus postulados, se define al DIDH como, un sistema de principios y normas que regulan un sector de las relaciones de cooperación institucionalizada entre Estados de desigual desarrollo socioeconómico y poder, cuyo objeto es el fomento del respeto a los derechos humanos y libertades fundamentales universalmente reconocidos, así como el establecimiento de mecanismo para la garantía y protección de tales derechos y libertades, los cuales se califican de preocupación

---

[120] Villán Durán, Carlos. *Op. Cit.* p. 68

legítima y, en algunos casos, de intereses fundamentales para la actual comunidad internacional de los Estados en su conjunto.[121]

La DIDH está sujeta a un sistema de principios de libertad, igualdad y solidaridad que tienen como fundamento la dignidad intrínseca del ser humano que se concretizan en la libertad de opción religiosa, las "libertades individuales y libertades públicas de las personas. *El principio de libertad*[122] significa el derecho de reunión, expresión, manifestación, asociación política, sindical, entre otras. *El principio de igualdad* abarca la igualdad formal ante la ley, el derecho a la protección igual de la ley y la prohibición de las discriminaciones; prohíbe hacer entre las personas distinción alguna de raza, color sexo, opinión política o de otra índole, origen nacional o social, posición económica, nacimiento o cualquier otra condición económica[123]. *El principio de solidaridad* implica la cooperación internacional en la solución de problemas internacionales de carácter económico, social, cultural o humanitario, y en el desarrollo y respeto a los derechos humanos[124]

El modelo de cooperación institucionalizada tiende a la constitución de un modelo superior de integración de soberanías que significa:

a) Un grado más de integración de Estados soberanos a la comunidad internacional.

b) El progresivo acceso del individuo y las Organizaciones No Gubernamentales (ONGs) en

el reclamo ante organismos nacionales e internacionales sobre derechos humanos.

c) La creación de instituciones jurisdiccionales internacionales para la protección de los

derechos humanos, tales como: los Tribunales Internacionales acordados por el Consejo

de Seguridad de la ONU, que arriba a la constitución de La Corte Penal Internacional,

como base jurídica internacional de protección de los derechos humanos.

d) Una de las tareas del DIDH, es regular las relaciones de cooperación institucionalizada

entre Estados de desigual desarrollo económico y poder e influencia en la toma de decisiones.

---

[121] *Acuerdos.* Declaración Internacional de Derechos Humanos (DIDH).
[122] *Acuerdos.* Declaración Universal de los Derechos Humanos (DUDH) Consagrado en el Art. 1
[123] *Acuerdos.* Pacto Internacional de Derechos Económicos, Sociales y Políticos (PIDESP) Art. 2.1
[124] *Carta* de la ONU. Art. 1.3

e) La segunda Conferencia Mundial de Derechos Humanos proclamó la estrecha relación

entre democracia, derechos humanos y desarrollo como "derecho universal e inalienable y parte integrante de los derechos fundamentales"

f) El objeto del DIDH es el fomento de los derechos humanos y libertades fundamentales

universalmente reconocidos, así como los mecanismos para la garantía y protección

de tales derechos y libertades.

g) El derecho internacional y la soberanía de los estados no se consideran contrapuestos

ni excluyentes. El propósito del desarrollo y estímulo del respeto de los derechos humanos se ha convertido en el principio más importante para el ordenamiento internacional en igualdad con el principio de la soberanía de los Estados.

h) Derechos fundamentales considerados "núcleo duro". Son aquellos que están protegidos

por el DIDH, cuya violación por los Estados nacionales significaría un crimen internacional.

La influencia de los derechos humanos está presente en cinco áreas del Derecho Internacional:

a) La relevancia de los principios generales.

b) La consolidación de las nociones de *ius cogens* y de obligaciones *erga omenes*.

c) Los procedimientos de aplicación de las normas.

d) Los cambios en el derecho de la responsabilidad internacional de los Estados.

e) El área de las sanciones o las reacciones de los Estados frente a las graves violaciones a los derechos humanos.[125]

Los Pactos Internacionales de Derechos Humanos (PIDH) reiteran que los derechos humanos se desprenden de la dignidad inherente a la persona humana. Esos pactos invocan los principios de libertad, justicia y paz que tienen por base el reconocimiento de la dignidad para todos los miembros de la familia humana y de sus derechos iguales e inalienables. En ese contexto, la Declaración y el Programa de Acción de Viena de 1993, parten también, de la afirmación de que el origen de los derechos humanos se sitúa en la dignidad y el valor de la persona y que ésta es el sujeto central de los

---

[125] *Acuerdos.* Declaración Internacional de los Derechos Humanos DIDH. Principios seleccionados.

derechos humanos y las libertades fundamentales, por lo que debe ser la principal beneficiaria de esos derechos y libertades y debe participar activamente en su realización[126]

De lo anterior se infiere que surgen dos consecuencias del fundamento de principio de dignidad: el carácter universal e indivisible de los derechos humanos, como atributo necesario de toda persona humana. Se reconoce que la extrema pobreza de las personas constituye también, una negación de los derechos humanos más elementales que requieren hacerse vigentes, porque excluye a las personas del disfrute de los derechos básicos para asegurar la subsistencia humana, tanto civiles, políticos como económicos, sociales y culturales y el derecho al desarrollo.

El Derecho Internacional no se limita entonces únicamente a regular las relaciones de los Estados entre sí, sino también las relaciones entre éstos y la Comunidad Internacional (C.I.); La C.I en su comunicado del 28 de mayo de 1951, refiere la obligación de la Convención de Viena a la prevención del delito de genocidio, donde los destinatarios no son los Estados sino los seres humanos bajo su jurisdicción. El DIDH posee dos caracteres: a) Que toda violación de una obligación internacional de derechos humanos puede ser objeto de una sanción. b) Ello implica que toda violación de una norma internacional por parte de un Estado, acarrea la obligación de restablecer la situación jurídica infringida, indemnizar a las víctimas o a sus causahabientes por los daños ocasionados, modificar la legislación o práctica administrativa, investigar, perseguir y sancionar a los responsables de tal violación.

2. Principios y organismos internacionales defensores de los derechos humanos

Para el análisis de los alcances y repercusiones sociales e históricas de las violaciones a los derechos humanos durante la "guerra sucia" en el estado de Guerrero y del contexto político en que ésta se dio, cabe remitirse a los principios del Derecho Internacional y a los organismos internacionales anteriormente analizados, desde los cuales identificar los crímenes cometidos de manera sistemática por el Estado para sustentar las posibilidades de llevar a juicio a los involucrados de manera directa e indirecta en crímenes de lesa

---

[126] *Acuerdos.* Declaración y Programa de Acción de Viena de 1993 (Preámbulo, párr.2)

humanidad. ¿Pero cómo demostrar que se violaron principios del Derecho Internacional?

Para el análisis de los crímenes de lesa humanidad consumados por el Estado mexicano durante ese periodo en el estado de Guerrero durante la llamada "guerra sucia", conviene hacerlo a la luz de algunos de los fundamentos jurídicos del Derecho Internacional contenidos entre otros en la *Declaración Universal de los Derechos Humanos de la Organización de Naciones Unidas de 1948-1998* firmada por el gobierno mexicano, entre otros, los siguientes:

Artículo 3°: "Todo individuo tiene derecho a la vida, a la libertad y la seguridad de su persona".

Artículo 5°: "Nadie será sometido a tortura ni penas o tratos crueles, inhumanos o degradantes".

Artículo 6°: "Todo ser humano tiene derecho, en todas partes, al reconocimiento de su personalidad jurídica", derecho que en el caso que nos ocupa no fue respetado toda vez que los juicios contra luchadores sociales, no estuvieron apegados a los procedimientos legalmente establecidos. Desde el momento de su aprehensión, según declararon sobrevivientes de aquellos hechos represivo, jamás les fue presentada alguna orden judicial, ni se les informaban los cargos específicos por los que se les aprehendían, para luego, ser conducidos a "cárceles clandestinas" y ser desaparecidos por tiempo indefinido sin darles oportunidad de contar con algún abogado defensor ni al "debido proceso".

Artículo 8°: "Toda persona tiene derecho a un recurso efectivo ante los tribunales nacionales competentes, que la ampare contra actos que violen sus derechos fundamentales reconocidos por la constitución o la ley".

Artículo 9°: "Todo hombre será considerado inocente hasta que haya sido declarado culpable. Si se juzga indispensable detenerlo, la ley reprimirá severamente todo rigor que no resultare necesario para asegurarse su arresto".

Artículo 11°: "Toda persona acusada de delito tiene derecho a que se presuma su inocencia mientras no se pruebe su culpabilidad, conforme a la ley y en juicio público en el que se le hayan asegurado todas las garantías para su defensa".

Artículo 21° fracción 3: "La voluntad del pueblo es la base de la autoridad del poder público (…) Esta voluntad se expresará mediante elecciones auténticas que habrán de celebrarse periódicamente, por sufragio universal e igual por voto secreto u otro procedimiento equivalente que garantice la libertad del voto". En el estado de Guerrero todos estos postulados han sido violados y en especial éste último en que se vivieron fraudes electorales de manera invariable, mismos que en algunas ocasiones desembocaron en matanzas de ciudadanos disidentes, como la del 30 de diciembre de 1962 en la plaza central de la ciudad de Iguala, Gro., y la aplicación de otras formas de represión policiaca y militar en contra de quienes se inconformaban por dichos fraudes; siempre como medio de garantizarle a los caciques locales el control del poder que prácticamente heredaban de padres a hijos o a incondicionales, como es el caso de la familia Figueroa que se ha distinguido por la violación a los derechos humanos, políticos, sociales y culturales durante sus mandatos: el mayor número de desaparecidos políticos y demás crímenes de lesa humanidad se han consumado precisamente durante el gobierno de Rubén Figueroa Figueroa (Ver cuadro No. 3)y las recientes matanzas de campesinos desarmados de Aguas Blancas y El Charco, entre otras, corresponden al gobierno de su hijo Rubén Figueroa Alcocer. Pero, ¿Cuáles son las instancias internacionales jurisdiccionales que les compete velar por el respeto de los derechos humanos?

Los órganos principales la Organización de las Naciones Unidas (ONU) responsables de los derechos humanos los conforman: la Asamblea General que debate y formula recomendaciones a Estados miembros y promueve estudios para el desarrollo y codificación del DI y ayuda a hacer efectivos los DH; el Consejo de Seguridad (CS) que se encarga del arreglo de controversias entre Estados sobre violaciones a DH que pudieran amenazar la paz y la seguridad internacionales, medios de arreglo y sanciones; el Consejo Económico y Social que se encarga de estudios e informes, de recomendaciones para promover el respeto y efectividad de los DH, realiza proyectos de Convención y recomendaciones del CS y la Asamblea General AG), Estados y organismos especializados; el Consejo de Administración Fiduciaria responsable de la promoción del respeto a los DH, peticiones, visitas a los territorios fideicometidos que concluyó sus trabajos en 1994 y comprende territorios no autónomos; las Naciones Unidas constituida por 189 Estados Miembros, responsables para el desarrollo y estímulo del respeto a los DH y "tiene el deber de promover la cooperación del respeto a los DH; la Corte Internacional de Justicia compuesta por quince jueces con jurisdicción contenciosa (asuntos entre Estados). Es facultativa y de jurisdicción consultiva; y, la

Secretaría conformada con funcionarios internacionales independientes, bajo la autoridad del Secretario General asegura la Secretaría de los órganos de la ONU"[127].

Por su parte la Convención Americana sobre Derechos Humanos suscrita en la Conferencia Especializada Interamericana sobre Derecho Humanos, (mejor conocida como Pacto de San José) del 7 de noviembre de 1969, enumera en su Parte I, Capítulo I, Artículo 1, numeral 1 que "Los estados partes en esta Convención se comprometen a respetar los derechos y libertades reconocidos en ella y a garantizar su libre y pleno ejercicio a toda persona que esté sujeta a su jurisdicción, sin discriminación alguna por motivos de raza, color, sexo, idioma, religión, opiniones políticas o de cualquier índole, origen nacional o social, posición económica, nacimiento o cualquier otra condición social". El Capítulo II, Artículo 4, numeral 1 señala, que "Toda persona tiene derecho a que se respete su vida (…) Nadie puede ser privado de su vida arbitrariamente"; en la frac. 2 se precisa que: "En los países que no han abolido la pena de muerte, ésta sólo podrá imponerse por los delitos más graves, en cumplimiento de sentencia ejecutoriada de tribunal competente y de conformidad con una ley que establezca tal pena, dictada con anterioridad a la comisión del delito".

En el caso de México, en septiembre de 2005 la Suprema Corte de Justicia de la Nación (SCJN), al abordar una controversia constitucional de parte del gobierno de Chihuahua, acordó en esencia la instauración de la "cadena perpetua" que explícitamente no existe en la legislación del país y en cuanto a la pena de muerte sólo se consideraba en los casos de traición a la patria, pero desde el 2003 el Congreso de la Unión derogó el artículo del Código Penal Federal que contenía esa sanción que sólo aplicaba para los casos de "traición a la patria" en el ámbito militar, donde aún se trataba de aplicar, pero en todos los casos fueron indultados por decreto presidencial. Sin embargo, durante la "guerra sucia" los juicios sumarios en contra de luchadores sociales estuvieron a la orden del día, al margen de todo ordenamiento legal como lo prueban los diversos casos documentados por organismos independientes de defensa de derechos humanos y la propia Femospp; a pesar de que en la frac. 4 de la Convención se señala que "En ningún caso se puede aplicar la pena de muerte por delitos políticos ni comunes conexos con los políticos". En el Artículo 5 agrega que "No se impondrá la pena de muerte a personas que, en el momento de la comisión del delito tuviere menos de dieciocho años de edad o más de setenta, ni se le aplicará a las mujeres en estado de gravidez". En

---

[127] Villán Durán, Carlos. *Op. Cit.* pp. 144 y 145

el caso que nos ocupa fueron documentadas detenciones sin orden judicial de niños, mujeres embarazadas y de ancianos como es el caso del señor Petronilo Castro, entre muchos otros que ya rebasaban los setenta años de edad y hasta la fecha se desconoce su paradero. En su frac. 1, se señala que "Toda persona tiene derecho a que se respete su integridad física, psíquica y moral." Y en la frac. 2, que "Nadie debe ser sometido a torturas ni penas o tratos crueles, inhumanos o degradantes" y fueron precisamente las prácticas más frecuentes de los aparatos policiacos y militares aplicadas en contra de los detenidos en el Campo Militar No. 1 y otras cárceles clandestinas. Asimismo se advierte que, "toda persona privada de su libertad será tratada con el respeto debido a la dignidad inherente al ser humano", respeto que en ningún caso se dio. En el Artículo 7, numeral 3 se señala que: "Nadie puede ser privado de su libertad física, salvo por las causas y en las condiciones fijadas de antemano por las constituciones Políticas de los Estados partes o por las leyes dictadas conforme a ellas". En el numeral 4 precisa que "Toda persona detenida o retenida debe ser informada de las razones de su detención y notificada sin demora, del cargo o cargos formulados contra ella". En el artículo 8: Garantías Judiciales inciso (g) se reconoce el "derecho a no ser obligado a declarar contra sí mismo ni a declararse culpable", principio reiteradamente violado al obligar a las personas detenidas a declararse culpables de delitos que ni se imaginaban. Los "delitos prefabricados" estuvieron a la orden del día. En el Artículo 11 numeral 1 se advierte que "Toda persona tiene derecho al respeto de su honra y el reconocimiento de su dignidad"; en el numeral 2, que "Nadie puede ser objeto de injerencia arbitraria o abusiva en su vida privada, en la de su familia, en su domicilio o en su correspondencia, ni de ataques ilegales a su honra o reputación". En general, todos estos artículos fueron violados por los agentes del Estado como puede probarse con los testimonios que aquí se exponen y los datos encontrados en los expedientes del AGN.

En ese mismo sentido, la Convención Interamericana prohíbe la desaparición forzada de personas a través de los principios que rigen a la Organización de los Estados Americanos (OEA) y se considera una de sus preocupaciones básicas de "la desaparición forzada de personas". En su segundo considerando advierte que "La desaparición forzada de personas viola múltiples derechos esenciales de la persona humana de carácter inderogables" (..) Y reafirma que "La práctica sistemática de la desaparición de personas constituye un crimen de lesa humanidad[128].

---

[128] El subrayado es mío.

Se precisa que los Estados parte se comprometen, entre otras cosas a:

a)   No practicar, no permitir, ni tolerar la desaparición forzada de personas, ni aún en los casos de estado de emergencia, excepción o suspensión de garantías individuales.

b)   Sancionar en el ámbito de su jurisdicción a los autores, cómplices y encubridores del delito de desaparición forzada de personas, así como la tentativa de comisión del mismo.

En su Artículo II, define a la desaparición forzada como "la privación de la libertad a una o más personas, cualquiera que sea su forma, cometida por agentes del Estado o personas o grupos de personas que actúan con la autorización, el apoyo o la aquiescencia del Estado, seguida de la falta de información o de la negativa a reconocer dicha privación de la libertad o de informar sobre el paradero de la persona, con la cual se impide el ejercicio de los recursos legales y de las garantías procesales pertinentes". En consecuencia, el delito de desaparición forzada de personas "será considerado como continuado o permanente mientras no se establezca el delito o paradero de la víctima".

Seguramente que el Acuerdo de la Suprema Corte de Justicia de la Nación promovido por el Ministro Florentino Castro, está en correspondencia con este principio, que sienta las posibilidades de llevar a juicio a los responsables de los delitos consumados durante la "guerra sucia", en cuya defensa los responsables arguyen que ese delito y las demás violaciones a los derechos humanos ya prescribieron, sin tomar en cuenta lo que en contrario establece la Convención Interamericana de los Derechos Humanos. Esa posibilidad pareciera que se aleja con los acuerdos tomados posteriormente por ese alto tribunal.

En el Artículo VII se señala que "La acción penal derivada de la desaparición forzada de personas y la pena que se imponga judicialmente al responsable de la misma no estará sujeta a prescripción". Sin embargo, la ratificación de esa ley por el Senado de la república terminó por acotarla en beneficio de los involucrados, al incorporar una serie de atenuantes, en el sentido de que no podrá aplicarse a los casos de inculpados de los crímenes de lesa humanidad durante la "guerra sucia", supuestamente porque en ese tiempo aún no se legislaba en el Derecho Internacional la no prescripción de esos delitos y, con base en la propia Constitución nacional, "ninguna ley puede ser retroactiva". Con ello, sólo en México oficialmente se viola el Derecho Internacional con respecto a la no prescripción de crímenes de lesa humanidad.

En el Artículo VIII se advierte que no se admitirá la eximente de la obediencia debida a órdenes o instrucciones superiores que dispongan, autoricen o alienten la desaparición forzada. Toda persona que reciba tales órdenes tiene el derecho y el deber de no obedecerlas. Cabe remitirse a este artículo para refutar el argumento de los torturadores y responsables de desaparición forzada durante la "guerra sucia", en el sentido de que "sólo cumplían órdenes" o que "se vieron obligados por las circunstancias" en el sentido de que "se trataba de salvar a la patria de la amenaza comunista", al tiempo que Roberto Madrazo en su calidad de presidente del PRI aseguraba que "quienes pretenden llevarlos a juicio sólo promueven la ingobernabilidad".

El Artículo IX, señala que los presuntos responsables de los hechos constitutivos del delito de desaparición forzada de personas sólo podrán ser juzgados por las jurisdicciones de derecho común competentes en cada Estado, con exclusión de toda jurisdicción especial, en particular la militar. Los hechos constitutivos de la desaparición forzada no podrán considerarse como cometidos en el ejercicio de las funciones militares. Con base en estos principios el Ejército mexicano se hace acreedor a sanciones en cuanto a que fue utilizado para asumir funciones que constitucionalmente sólo le competen a la policía, en las cuales fue el principal responsable de tortura, desaparición forzada y juicios sumarios, entre otros crímenes, cuyos actores materiales fueron entre otros: el Secretario de la SEDENA en turno, los comandantes de la 27ª y 35ª zonas militares con sedes en Acapulco y Chilpancingo respectivamente, de los generales Mario Arturo Acosta Chaparro, Quiroz Hermosillo y demás coacusados, a quienes se les sigue proceso por delitos del fuero militar y se impide sean juzgados en el fuero común como lo establece el derecho Internacional.

En el Artículo X se señala también, que en ningún caso podrán invocarse circunstancias excepcionales como estado de guerra o amenaza de guerra, inestabilidad política interna o cualquier otra emergencia pública, como justificación de la desaparición forzada de personas. En el caso que se estudia, el Estado argüía una supuesta amenaza del "comunismo internacional a la paz y a las instituciones públicas legalmente constituidas"; más no por ello se justificaban los crímenes de lesa humanidad en tanto que hasta los peores criminales tienen derecho al debido proceso.

El Artículo XII señala que "Los Estados partes se prestarán recíproca cooperación en la búsqueda, identificación, localización y restitución de menores que hubieren sido trasladados a otro Estado o retenidos en éste, como consecuencia de la desaparición forzada de sus padres o guardadores". Principio válido para el reclamo de los más de 30 niños desaparecidos aquí documentados (Ver cuadro No. 4).

Teniendo como base, que el gobierno mexicano ha firmado diversos tratados internacionales en torno al respeto de los derechos humanos, entre ellos el Tratado de Estambul, está obligado a acatar los fallos, recomendaciones y postulados de esos organismos internacionales, pero hasta la fecha no lo está haciendo.

Por su parte la Convención Interamericana prohíbe toda clase de tortura. Sostiene como principio el que "Todo acto de tortura u otros tratos o penas crueles, inhumanas o degradantes constituyen una ofensa a la dignidad humana y una negación de los principios consagrados en la Carta de la Organización de los Estados Americanos y en la Carta de las Naciones Unidas y son violatorios de los derechos humanos y libertades fundamentales .."

En su artículo I señala que: "Los Estados partes se obligan a prevenir y a sancionar la tortura en los términos de la Convención" y define a la tortura como: "Todo acto realizado intencionalmente por el cual se infrinjan a una persona penas o sufrimientos físicos o mentales, con fines de investigación criminal, como medio intimidatorio, como castigo personal, como medida preventiva, como pena o cualquier otro fin. Se entenderá también como tortura, la aplicación sobre una persona de métodos tendientes a anular la personalidad de la víctima o a disminuir su capacidad física, aunque no causen dolor físico o angustia física".

En el Artículo 3° inciso a) se señalan como responsables del delito de tortura a los empleados o funcionarios públicos que actuando en ese carácter ordenen, instiguen, induzcan a su comisión, lo cometan directamente o que, pudiendo impedirlo, no lo hagan".

En el Artículo 4° se advierte que "El hecho de haber actuado bajo órdenes superiores no eximirá de la responsabilidad penal correspondiente".

En el Artículo 5º también se advierte que "No se invocará ni admitirá como justificación del delito de tortura la existencia de circunstancias tales como el estado de guerra, amenaza de guerra, estado de sitio o de emergencia, conmoción o conflicto interior, suspensión de garantías constitucionales, la inestabilidad política interna u otra emergencia o calamidad públicas", con lo que el pretexto de recurrir a la represión para acabar con "la amenaza comunista" se convierte en otra violación al Derecho Internacional.

En el Artículo 8º, se señala que "Los Estados partes garantizarán a toda persona que denuncie haber sido sometido a tortura en el ámbito de su jurisdicción el derecho a que el caso sea examinado imparcialmente (..) Una vez agotado el ordenamiento jurídico interno del respectivo Estado y los recursos que éste prevé, el caso podrá ser sometido a instancias internacionales...", recurso que en el caso de las violaciones a los derechos humanos durante la "guerra sucia" se empieza a demandar por el "Comité del 68" a partir de la negativa del Estado mexicano de llevar a juicio a Luis Echeverría y coacusados.

El Artículo 9º señala que "Los Estados partes se comprometen a incorporar en sus legislaciones nacionales normas que garanticen una compensación adecuada para las víctimas del delito de tortura". En el año 2005 la Femospp anunció la aplicación de un programa que permitiría destinar 500 millones de pesos para una "indemnización" a víctimas de la "guerra sucia", pero de inmediato fue rechazada por 200 de los destinatarios con el argumento de que no la aceptarían como condición de renunciar a seguir demandando la presentación de los desaparecidos y el castigo a los responsables de su desaparición.

En el Artículo 11º se precisa que "Ninguna declaración que se compruebe haber sido obtenida mediante tortura podrá ser admitida como medio de prueba en un proceso, salvo en el que se siga contra la persona o personas acusadas de haberla obtenido mediante actos de tortura y únicamente como prueba de que por ese medio el acusado obtuvo tal declaración". Los delitos "prefabricados" durante ese periodo estuvieron a la orden del día.

Al investigar los compromisos del Estado mexicano con organismos internacionales relacionados con los derechos humanos se encontró, que desde 1959 siendo presidente de la república Gustavo Díaz Ordaz, el gobierno mexicano viene participando en los eventos convocados por el Sistema Interamericano de Derechos Humanos (SIDH), aunque el reconocimiento de la competencia contenciosa de la Corte se dio hasta a finales de 1998 y la aceptación de la competencia de los instrumentos interamericanos defensores de los Derechos Humanos por el Estado mexicanos, se dio desde el año de 1966 en que la Comisión respectiva de la OEA celebró su décimo tercer periodo de sesiones en la ciudad de México, misma que fue inaugurada por el entonces presidente de la república Gustavo Díaz Ordaz, quien en su intervención expresó: "Aprovecho la oportunidad para ofrecer, a nombre del Gobierno de la República, la más cordial de las bienvenidas a todos nuestros ilustres visitantes, esperando que su estancia en nuestra patria sea grata. Al mismo tiempo, formulo mis entusiastas votos por el éxito de sus trabajos, pues estoy seguro de que redundará, siempre que sirva a los fines esenciales del Derecho, al aseguramiento de la libertad, al disfrute de la justicia y a la consolidación de la paz". Por su parte el Senado de la república mexicana, el 18 de diciembre de 1981 ratificó el Decreto de Promulgación de la Convención Americana sobre Derechos Humanos, según consta en el *Diario Oficial de la Federación* del 7 de mayo del mismo año. Desde esos antecedentes y con base en el artículo 44 de ese instrumento legal, las personas sujetas a la jurisdicción del Estado mexicano tienen derecho a turnar sus quejas ante esa Comisión. Ello significa que desde antes del periodo de la "guerra sucia", ya había el compromiso del Estado mexicano de respetar los postulados del Derecho Internacional en torno a los derechos humanos; sin embargo, el fallo "inapelable" de la magistrada Antonia Herlinda Velasco Villavicencio del quinto Tribunal Unitario del Distrito Federal del 27 de julio de 2005 para no girar órdenes de aprehensión en contra del ex presidente Luis Echeverría y de su ex secretario de Gobernación Mario Moya Palencia acusados de genocidio por la Femospp por las matanzas de cientos de estudiantes el 2 de octubre de 1968 y el 10 de junio de 1971, aduciendo que "No se tipifica el delito de genocidio, como lo establece el artículo 49 bis del Código Penal Federal, porque no se configura el grupo nacional homogéneo (refiriéndose a los estudiante asesinados, porque), gritaban consignas distintas", pone en entredicho la declarada disposición del Estado a llevar a juicio a los presuntos responsables de crímenes de lesa humanidad durante la "guerra sucia". Al respecto se parte de la consideración de que este delito sólo tiene procedencia cuando se trata de un hecho dirigido a exterminar a algún grupo "homogéneo" por razones de raza, color o religión. Causa también desconfianza a los interesados, el hecho de que hasta la fecha la Fiscalía tampoco ha demandado juicio en contra de los mismos implicados por los actos de tortura y desaparición forzada de personas durante la "guerra sucia", que por acuerdo de la SCJN y el DI son delitos que no prescriben y, por tanto, no habría elementos jurídicos que impidiera proceder en su contra.

Entre las formas y métodos de tortura que se lograron conocer a través de declaraciones de quienes la sufrieron a manos de agentes del Estado[129]en cuarteles y cárceles clandestinas, aplicadas por policías, militares, paramilitares, entre otros, se pueden enumerar las siguientes, por ser aquellas en las que coincidieron mayoritariamente: amenazas día y noche a los detenidos de tirarlos al mar desde helicópteros o aviones (se denuncian143 casos en que sí consumaron sus amenazas), simulacro de fusilamiento, colocación de arma de fuego en la cien, introducción de alfileres entre las uñas, toques eléctricos en partes nobles del cuerpo, inmersión en estanques de agua pestilente hasta el borde de la asfixia (esta práctica fue sistemática en el Campo Militar No. Uno), amenaza de asesinar y/o violar a hijos, esposa o madre en presencia del detenido, permanecer desnudo, vendado y esposado con amenazas de ser violado en lugares iluminados con lámparas de luz intensa proyectada directamente a la cara durante el día y la noche.

3. Los derechos humanos en la época de la globalización

Para comprender el periodo de la "guerra sucia," en el contexto económico, político y cultural del estado de Guerrero cabe remitirse también a la influencia de la lógica de acumulación del capital en su proceso de globalización económica mundial, dado que la entidad no puede verse como algo fuera del acontecer nacional e incluso internacional.

Al respecto Isidro H. Cisneros nos advierte que "En la era de la globalización se expresan de maneras múltiples pero dentro de las que es posible identificar un núcleo duro: odio étnico, totalitarismo tecnológico, antisemitismo neonazi, éxodos, migración, terrorismo y psicoanálisis colectivo"[130] (…) En esta era se presenta "la pobreza de millones de individuos alrededor del planeta (que) constituye la fuente de las migraciones masivas y las intolerancias más abyectas relacionadas con la miseria de muchos y la abundancia para pocos"[131], ello quizá sea también constituya una de las

---

[129] Se cuenta con las declaraciones de más de 30 casos, donde coincidieron en que fueron sometidos a humillaciones al sufrimiento a través de tormento físico y psicológico.
[130] Cisneros, Isidro H. *Formas modernas de la intolerancia. De la Discriminación al Genocidios.* Op. Cit. p. 157
[131] Cisneros, Isidro H. *Op. Cit.* p. 34

68

causas fundamentales en que tienen su origen la violaciones de los derechos humanos al convertir a las personas en "los nuevos esclavos"[132] al reducirles las posibilidades de vida.

Desde el punto de vista de Marman Sygmunt, la globalización económica mundial es la idea expresa del carácter indeterminado, ingobernable y autopropulsado de los asuntos mundiales; la ausencia de un centro, una oficina de control, o directorio, o una gerencia general (…) Es, el nuevo desorden mundial [133] donde los Estados nacionales, tenían la función de garantizar la soberanía nacional, pasaron a ser, como dijera Pierre Salama, los garantes de la relación de producción porque son parte de la institución de esa relación[134]. Pero para otros analistas ello no significa que el Estado-nación esté llegando a su fin o no tenga importancia, sino por el contrario, que la acumulación financiera e industrial son menos dependientes del capital, el trabajo y las tecnologías nacionales se realizan cada vez más en redes globales de mercados financieros y empresas multinacionales[135]. Luego entonces, el Estado-nación en la era de la globalización no es que tienda a desaparecer sino que le es más necesario al capital para garantizarle el sometimiento de los trabajadores, los privilegios fiscales y las facilidades para desplazarse a aquellas regiones donde tengan mejores y mayor posibilidades de acumulación; en esas circunstancias las fronteras se volvieron porosas, las soberanías nominales; el poder, anónimo, y su posición, vacía.[136] Arribamos a los tiempos de la "dictadura del mercado"[137] que significa predominio del capital financiero, "libre comercio", "libre competencia" entre desiguales que sólo beneficia a los grandes capitalistas; evidenciándose que tal libertad no es tan real en las metrópolis capitalistas, donde el Estado en contubernio con los organismo financiero mundiales –como asegura Alfred Jalife Rahme-, manipulan el "tan cacareado libre marcado". Según él no existe tal entelequia llamado mercado en la desregulada globalización financiera feudal. John Asset Embry, presidente de Sport Asset Managemet, importante consultora financiera de Toronto, publicó un reporte demoledor, (…) donde afirma que "el gobierno de EU ha intervenido para apoyar el mercado bursátil tantas veces que se ha convertido en una situación muy seria de riesgo moral, debido a la manipulación del mercado como una

---

[132] Human Right Watch. *New Developments on Labor Rights, vol. 6, núm. 1, enero de 1994.* En Cisneros, Isidro H., *Op. Cit.* p. 105
[133] Zygmunt, Barman. En *La Globalización. Consecuencias humanas. Op. Cit.* P.92
[134] Mathias, Gilberto y Pierre Salama. *El estado sobredesarrollado. De la metrópolis al tercer mundo.*, tr. Paloma Villegas, Ed. ERA . México, 1983, p. 99
[135] Aguilar Monteverde, Alonso. *Globalización y capitalismo.* Ed. Plaza y Janés. México, 2002, P. 243
[136] Zygmunt, Barman. *Op. Cit.* P.94
[137] Cisneros, Isidro H. *Op. Cit.* p. 29

característica endémica de la bolsa de EU (…) Debido a sus manipulaciones especialmente desde 2001 los mercados financieros de EU se encuentran basados en los caprichos lúdicos de una especie de fraternidad de tratantes en derivados del gobierno federal[138]

Para Víctor Keegan en la época de la globalización, la redistribución de los recursos mundiales "es una nueva forma de piratería", debido a que apenas el 22 % de la riqueza global pertenece a los llamados países en desarrollo que comprenden el 80 % de la población mundial (…) la parte de los ingresos globales que reciben los pobres es aún menor: en 1991, el 85 % de la población mundial recibía el 15 % de los ingresos. No es casual que el 2.3 % de la riqueza global que recibía el 20 de los países más pobres haya caído al 1.4 %. En el mundo actual aumentan las desigualdades y no sólo la cantidad de pobres, sino también la calidad de la pobreza[139] Durante los últimos treinta años la relación pobres - ricos se ha alejado de tal manera que entre el ingreso global que concentra 20 % de la población mundial más rica en relación con 20 % de la población más pobre existe una distancia alarmante[140]

En fin, que los llamados procesos globalizadores, "redundan en la redistribución de privilegios y despojos, riqueza y pobreza, recursos, poder e impotencia, libertad y restricciones[141], tal y como también lo reconoce la ONU en su *Informe sobre el desarrollo humano,* donde señala que la riqueza total de los primeros 358 multimillonarios globales, equivale a la suma de ingresos de los 2 300 millones más pobres o sea, el 45% de la población mundial[142]

La caída del Muro de Berlín, significó la derrota de "el socialismo realmente existente" frente al proyecto neoliberal que remite a la vida y el destino de los habitantes del planeta a las leyes del mercado mundial; en el plano ideológico, el gran capital, pretende "vender" la imagen de ser respetuoso y defensor de los derechos humanos, al tiempo que incrementa sus políticas de mayor explotación inhumana del trabajo asalariado, cancelación de las conquistas históricas de la clase obrera, y la pauperización de más del

---

[138] Jalife Rahme, Alfredo. *Globalización: manipulación obscena del seudo mercado.* LA JORNADA (México, D. F.) del 14 de septiembre de 2005,p. 22
[139] Cisneros, Isidro H. *Op. Cit,* p.28
[140] Cisneros, Isidro H. *Op. Cit.* p. 108
[141] Meluchi, Alberto. Citado por Zygmunt, Barman. En *Op. Cit.* p.80
[142] Zygmunt, Berman, *Op. Cit.* p. 95

80 % de la población mundial,[143] lo que en sí significa ya una violación a los derechos más elementales que tienen que ver con las expectativas de vida de las personas. ¿Cómo explicar esa contradicción? ¿Las viejas tesis marxistas que se fundamentan en el fetiche de la mercancía siguen siendo suficientes para explicarse el carácter del capitalismo en la época de la globalización? Al respecto Pierre Salama señala que en la época actual de la globalización para el análisis de las condiciones económicas, políticas y sociales de un país determinado habrá que partir de la categoría de "la *economía mundial constituida*[144], que demuestra que la cooperación internacional "para el desarrollo" está subordinada al "libre mercado", en donde la ideología neoconservadora que pusieran en marcha Margaret Thatcher, primera ministra de Inglaterra y Ronald Reagan, presidente de los Estados Unidos de Norteamérica, supuestamente pretendían acabar con la pobreza y nos volverían democráticos, respetuosos de la ley y los derechos humanos[145] y lo que heredamos en consecuencia hasta los inicios del siglo XXI, es mayor miseria, menos democracia, más violencia y un grave deterioro de los derechos humanos, políticos y culturales. El respeto a la ley sólo aplica cuando se trata de proteger los intereses del grupo gobernante en turno. Pero para evitar confusiones en torno al carácter del capitalismo en la época actual, Isidro Cisneros advierte que el mundo de la globalización del siglo XXI no puede confundirse con el imperialismo típico de los siglos XIX y XX, que se articulaba sobre la hegemonía de Estados nacionales. El "imperio" actual por el contrario tendría la peculiaridad de ser acéfalo, ausente de centros reconocibles[146] y con ello coincide con Zygmund.

En 2001, con motivo de la Conferencia Internacional sobre la Financiación para el Desarrollo realizado en Monterrey, Nuevo León, James D. Wolfensohn, en su carácter de presidente del Banco Mundial, aseguró que el mercado hoy se sustenta en los valores de la libertad, la paz y la seguridad, la estabilidad interna, el respeto a los derechos humanos, incluido el derecho al desarrollo, y el estado de derecho, la igualdad entre los géneros, las políticas con orientación de mercado y el compromiso general de crear sociedades justas y democráticas, son también condiciones esenciales que se refuerzan mutuamente.[147] Sin embargo, "os hechos empíricos demuestran que ambas cosas son incompatibles en sus expresiones contemporáneas de libre comercio rapaz y de respeto

---

[143] Vicent, Cable, Words. Zygmunt, Barman en *Op. cit.* p.77
[144] Mathias, Gilberto y Pierre Salama. *Op. Cit.* p41
[145] Aguirre, Humberto. *¿CUÁLES DERECHOS HUMANOS? El mercado no hace libre a la mayoría.* LA JORNADA, (México D. F.), Suplemento, del 11 de enero de 2004, p. 8
[146] Cisneros H. Isidro. *Op. Cit.* P. 30
[147] *INFORME* DE LA ONU, 2003

de derechos humanos.[148] En sus orígenes, ciertamente la vocación capitalista pro derechos humanos fue la de proteger la propiedad privada y las iniciativas individuales; hoy la evolución ha ido de la mera protección de la autonomía del sujeto frente al Estado, a la visión de este último como garante del pleno desarrollo de las facultades individuales y colectivas económicas y culturales[149] Por lo tanto, desde la óptica del capital, la relación de los derechos de los individuos se invierten, ahora dependen del Estado y del interés del gran capital.

Cabe remitirse al papel de las grandes multinacionales que manifiestan contar con programas de defensa de los derechos humanos y se han convertido en sus peores violadoras, como lo demuestran los casos que se documentaron en torno al comportamiento de la Ford, las maquiladoras de la frontera norte de México, que pagan salarios miserables a sus trabajadores y sin prestaciones; la ATT que promovió el golpe militar en Chile, entre otros y provocó la muerte de miles de chilenos durante la dictadura de Pinochet; la EXXON y Texaco, que en Medio Oriente han impuesto gobernantes para someter a sus pueblos y explotar sus yacimientos petrolíferos, donde los colaboradores del actual presidente norteamericano George W. Bush: Cheney, Rice y Rumsfield, que se autodefinen defensores de los derechos humanos, con su guerra contra el pueblo iraquí y Afganistán y otros lugares, demuestran lo contrario al ordenar crueles torturas en contra de sus habitantes que resisten a la invasión y rechazan el gobierno que el imperio les ha impuesto con el pretexto de combatir el terrorismo, para encubrir las verdaderas razones: legalizar la explotación irracional de sus recursos renovables y no renovables como el petróleo, en beneficio de consorcios del imperio, pero siempre a nombre de la democracia, la legalidad y la libertad. La trasgresión de los derechos humanos como en Abudabis, Irak, es intrínseca a la visión global que considera el desarrollo como crecimiento económico, basado en la aplicación de la llamada "dictadura del mercado" cuyo fin es garantizar al gran capital un mayor margen de ganancia.

Con todo ello adelantamos, que en la época de la globalización, los derechos humanos en México siguen siendo un grave problema que reclama atención y que vale la pena reconstruir en el plano mundial y nacional con iniciativas globales a partir de la promoción de una mayor democratización de los propios pueblos sojuzgados y no

---

[148] Aguirre, Humberto *Op. Cit*. P. 9
[149] Aguirre, Humberto. *Ibidem*.

esperar benevolencia del gran capital ni de sus aliados, los gobiernos nacionales. Desde esa consideración tiene gran valor el hecho de que organismos no gubernamentales y Tribunales internacionales sigan reclamando al gobierno Mexicano la insuficiente atención al respeto de los derechos humanos. En la evaluación reciente, Anders Compass encontró que "la impunidad y la persistencia en la violación de los derechos humanos en México continúa, toda vez que la tortura sigue siendo una práctica extendida en el país.[150] Y en esa misma dirección el Alto Comisionado de la ONU denunció que la firma por el gobierno mexicano del Protocolo Facultativo de la Convención contra la Tortura del 30 de marzo de 2005 no basta, que ciertamente significa un gran avance pero hace falta promover que se legisle y se firme también en cada uno de los estados de la república. Aprovechó para insistir, una vez más, que la violación de los derechos humanos en México sigue siendo una constante y así se demuestra con el registro de desaparecidos políticos más allá del año 2003.

En ese mismo sentido se pronunció en su informe Manfred Nowak ante la Comisión de Derechos Humanos de la ONU cuando advirtió que México deberá instalar un mecanismo de prevención de la tortura (..) Verdaderamente independiente e integrado por un grupo multidisciplinario (dado que) la tortura como práctica individual, ocurre en todo lo largo y ancho del país[151]. La **HUMAN RIGHTS WATCH,** también coincidió en señalar que la tortura todavía aqueja a México. Y llama al Congreso a realizar reformas al sistema judicial para aprobar la aplicación del Derecho Internacional en materia de derechos humanos toda vez que el gobierno mexicano por acuerdo de la Suprema Corte de Justicia, aprobó la imprescriptibilidad de los delitos de tortura, genocidio y desaparición forzada de personas pero sin retroactividad, con lo que se garantiza la impunidad para los presuntos responsables de crímenes de lesa humanidad durante la "guerra sucia". La propia CNDH de nuestro país aseguró en su informe del 5 de junio de 2005 que: a 15 años de haber sido creada la Comisión Nacional de Derechos Humanos sigue recibiendo quejas por tortura, detenciones arbitrarias, trato cruel o degradante ..[152] Para el caso del estado de Guerrero, siendo la entidad donde más se han consumados esa clase de crímenes, el Congreso no ha legislado para penalizar la tortura,

---

[150] Poy Solano, Laura. *Ardid de la Corte permite a culpables del halconazo evadir la justicia: Al.* LA JORNADA México D. F.) del 18 de junio de 2005 p. 15.
[151] Casos, Jim. Corresponsal en Washington *La tortura todavía aqueja a México: Human Rights Watch. Llama al Congreso a reformar al sistema judicial,* LA JORNADA (México, D. F.) del 9 de diciembre de 2004, p. 19
[152] Muñoz, Alma E. *"Persisten tortura, detenciones arbitrarias y desapariciones".* LA JORNADA (México D. F.) del 6 de junio de 2005. p. 10.

a pesar de que el presidente de la CODDEHUM desde febrero de 2004 se pronunció porque la desaparición forzada de personas sea tipificada como delito grave o se anexe como una ley especial para que el Código Penal, tenga una penalidad mínima de 40 años, toda vez que esta conducta ilícita la comenten servidores públicos y autoridades[153]

En el Caso de México, el 15 de diciembre del 2000 el Senado de la república aprobó el Estatuto de Roma que permite someter al Estado mexicano a la Corte Penal Internacional para los casos de delitos lesa humanidad no atendidos. Sin embargo, después de haber sido aprobado tan importante documento por los congresos estatales, como lo estipula la Constitución, el 4 de mayo de 2005 fue ratificado por el Congreso no sin antes imponerle algunos "candados" tales como: la no aplicación con carácter retroactivo de la nueva ley para poder llevar a los militares responsables de crímenes de lesa humanidad en tribunales civiles. Todo ello, evidentemente refleja la resistencia del Estado a la aplicación del Derecho Internacional de los Derechos Humanos. Pero si los crímenes de lesa humanidad respondieron a una estrategia continental y nacional, procede entonces que en esa misma dimensión se vaya avanzando hacia la abolición de la impunidad, reconociéndole a los órganos de justicia internacionales su competencia jurisdiccional; o, en su caso, ¿Por qué no? Recurrir "a la mundialización de la resistencia social[154]

Por su parte **Rupert Knox**, responsable de Amnistía Internacional, coincidió también en señalar que el gobierno mexicano "no ha logrado, en los cuatro años que lleva en el poder, ningún resultado concreto en el reconocimiento de los derechos humanos en la legislación" (..) "No ha resuelto la ambigüedad que hay en la Constitución en materia de derechos humanos con respecto al derecho internacional". Ello dificulta llevar a juicio a los involucrados de crímenes de lesa humanidad principalmente a Luis Echeverría, presidente de la república en turno, toda vez que, dadas las características verticales y autoritarias de las estructuras del gobierno imperantes, "es impensable pensar que no se hubiese enterado de esos crímenes[155]

---

[153] Campuzano, Marcial. *CODDEHUM pide mínimo 40 años de cárcel para castigar "desaparición" de personas.* VÉRTICE (Chilpancingo, Gro.), del 14 de febrero de 2004 p. 17
[154] Cisneros, Isidro H. *Formas modernas de la intolerancia. De la discriminación al genocidio.* Op. Cit. p. 29
[155] Ballinas, Víctor. *imposible, que Echeverría no supiera de desapariciones en los años 70.* LA JORNADA (México, D. F.) del 17 de julio de 2004, p. 10

Con todo lo anterior, se puede deducir, que en gran medida las reiteradas declaraciones del presidente Fox, en el sentido de que la violación a los derechos humanos se ha erradicado en México no corresponden con los hechos y que hace falta mucho camino por recorrer.

Las atrocidades de la "guerra sucia": De la lucha armada y de la represión del disenso

1. Introducción

El concepto de "guerra sucia" aparece como poco apropiado para ser utilizado como categoría de análisis de un periodo específico de la historia política del estado de Guerrero, en virtud de que no pueden darse "guerras sucias" o "guerras limpias", por su naturaleza violenta en contra de la vida y la dignidad humanas, todas habría que caracterizarlas como sucias. Sin embargo, ya Bodino en su tiempo consideraba que lo que finalmente determina la justicia de la guerra es la victoria: allí donde no hay un tribunal superior a las partes que pueda hacer ganar a quien tiene razón, la tiene el que gana (…) la victoria es la prueba de la justicia[156], al tiempo que los antiguos clérigos señalaban –según Bobbio-, que las guerras no se podían caracterizar como buenas o malas mientras no se conociera quién obtenía la victoria. Hobbes en cambio sólo hablaba de conquista y victoria y no aclaraba si la guerra que se ganaba debía considerarse como justa o injusta. Por su parte Marx y Lenin hablaban de "guerras justas e injustas", caracterización que ya en sí implicaba toda una carga ideológica y política. ¿Justas o injustas para quién o quiénes? Al respecto señalaban como justas las que emprendían los pueblos para lograr su liberación nacional y/o social, las de resistencia a la opresión y en contra de cualquier tipo de tiranía. Consideraban injustas o "guerras de rapiña", aquellas que emprenden las naciones poderosas para conquistar y someter a otros Estados más débiles, con el propósito de imponerles gobiernos incondicionales a sus designios sin el consenso de sus gobernados. Para Carlos Monisváis "guera sucia" es precisamente el rechazo a la ley desde el Estado. Al gobierno de Echeverría le tocaba responder a la insurgencia armada, pero dentro de la legalidad, sin torturar, "desaparecer", asesinar"[157].

Para el caso que nos ocupa, conviene intentar hacer una definición del concepto de "guerra sucia" desde dos consideraciones: 1) Fue "acuñado" en Sudamérica a partir de que se empezaron a llevar a juicio a algunos de los principales responsables de los aparatos represivos, acusados de haber incurrido en crímenes de lesa humanidad durante

---

[156] Bobbio, Norberto. *La teoría de la Formas de Gobierno en la Historia del Pensamiento Político.* tr. por José Fernández Santillán. Ed. FCE, México, 2001, p. 100
[157] García Hernández, Arturo. *La amnesia histórica es sinónimo de impunidad.* LA JORNADA (México, D. F.) CULTURA del 14 de junio de 2004, p. 3ª.

las décadas de los años 70 y 80, como son los casos de Argentina, Uruguay y Chile, entre otros; 2) En México, a lo largo de los últimos 35 años también se ha venido demandando, sin éxito hasta la fecha, castigo a los responsables de las matanzas de estudiantes como la del 2 de octubre de 1968 y la del 10 de junio de 1971; posibilidad que se aleja debido a que el 26 de julio de 2005 una juez exoneró a Echeverría y coacusados de genocidio "por no haberse probado el delito" que la Femospp les acusó por dichas matanzas, dejando de lado las que se consumaron de campesinos y maestros, las prácticas de tortura cada vez más sofisticadas, la desaparición forzada de personas disidentes, los juicios sumarios, entre otros, cometidos por agentes del Estado mexicanos a su servicio, tal y como lo hicieran los gobiernos militares en los países sudamericanos, donde se pusieron a la orden del día los "golpes de Estado" orquestados por los altos mandos del ejército y las embajadas norteamericanas en contra de gobiernos legalmente constituidos. El paralelismo en la aplicación de métodos crueles en la tortura y otras violaciones de los derechos humanos en aquellos países, nos llevaron también a denominar al periodo de la "guerra sucia" de manera similar. Sin embargo, cabe reiterar que en el Estado de Guerrero la "guerra sucia" se puso en marcha desde los inicios de la década de los 60 y no en los 70 como en Sudamérica. Por esa razón, en este apartado, por razones metodológicas se hace un "corte epistemológico" para abordar el problema de la violación de los derechos humanos en Guerrero durante la "guerra sucia" a partir de principios de la década de los 60, considerando los antecedentes históricos de la confrontación entre "la sociedad civil"[158] y el poder del Estado[159] desde el ámbito político, económico y social; no obstante, para esclarecer los crímenes de lesa humanidad consumados por el Estado mexicanos durante las décadas de los años 60 y 70, tales como: los casos de tortura, desaparición, forzada, juicios sumarios, detenciones en cárceles clandestina[160], entre otros, fue necesario apoyarse en la información encontrada en los expedientes clasificados del AGN para luego "triangularlos" con los datos obtenidos a través de las entrevistas realizadas a sobrevivientes de aquellos acontecimientos, de familiares y ex miembros de los grupos guerrilleros de Lucio Cabañas Barrientos y Genaro Vázquez Rojas fundamentalmente.

---

[158] Marx, Carlos y Federico Engels. *La ideología alemana.* en Portelli, Hugues. *Gramsci y el bloque histórico.* tr. María Braun. Siglo XXI Editores, 4ª. Edición México, 1978, p. 14 y 16. Entendida como "El verdadero hogar y escenario de toda la historia … es el conjunto de de la estructura económica y social en un periodo determinado". Al tiempo que para Gramsci es "el conjunto de los organismo vulgarmente llamados privados .. y que corresponden a la función de hegemonía que el grupo dominante ejerce en toda la sociedad."

[159] En este contexto se le define como "el monopolio de la violencia organizada"

[160] Se les llama así a los lugares no registrados oficialmente para la reclusión de detenidos, donde reiteradamente eran torturados.

En los casos en los que no se tuvieron al menos las "dos fuentes de información" (la documental y los testimonios), por el momento no se tomaron en cuenta en su totalidad, no tanto por considerarlos falsos *a priori*, sino porque se dejaron para darles seguimiento en otra etapa de la investigación en que se pueda contar con mayores elementos de análisis desde los cuales, poder arribar a conclusiones debidamente documentadas. Cabe adelantar que así como el Estado trató de ocultar por mucho tiempo la crueldad con que sometió a los disidentes, también encontramos algunas imprecisiones y exageraciones en diversos testimonios obtenidos. El reto consistió en tratar de ser lo más objetivos y cercanos a la verdad histórica.

El primer paso fue probar primero la veracidad de los crímenes de lesa humanidad y luego corroborar la responsabilidad del Estado; para tal efecto, se presentan los datos obtenidos siguiendo el orden cronológico en que se consumaron, procurando siempre que coincidieran con la versión dada por los sobrevivientes que aún se localizaron en los lugares donde operaron las guerrillas de Genaro Vázquez y Lucio Cabañas y los recogidos del AGN; mismos que en la presente exposición bien pueden aparecer repetitivos, porque se trató de que sirvan en el futuro como banco de datos para la historia y en lo posibles, como referentes probatorios de crímenes de lesa humanidad, incluso ante tribunales competentes tanto nacionales como internacionales de la presunta responsabilidad de aquellos representantes del Estado, entre otros: Luis Echeverría Álvarez, en su carácter de presidente de la república, Mario Moya Palencia, secretario de Gobernación, los Comandantes de las dos zonas militares del estado de Guerrero y los altos mandos de la SEDENA y demás representantes del Estado involucrados tales como comandantes policiacos y grupos de paramilitares. De lo que se trató es de presentar por una parte, todo aquello que hacía el Estado para reprimir el disenso y por la otra, lo que hicieron en respuesta los disidentes hasta arribar a las acciones guerrilleras.

2. Las formas de lucha del disenso a través de la historia

Durante muchos años se ha estigmatizado a la entidad suriana como el "Guerrero bronco e ingobernable", porque sus ciudadanos "se distinguen por su conducta violenta y rebelde", como si se tratara de explicar el fenómeno de rebeldía social e individual a partir de razones genéticas o de la influencia "geográfica o espacial" como lo concibiera Montesquieu en su tiempo; supuestamente los guerrerenses "ya son así de violentos por naturaleza" y con ello, tratar de obviar la búsqueda de una explicación más objetiva del problema; por el contrario, de lo que se trata es de proceder al análisis al margen de simplismos y propósitos justificatorios de los actos despóticos de gobierno para identificar, que la rebeldía tiene su origen en las condiciones de atraso, miseria, autoritarismo gubernamental, analfabetismo, falta de fuentes de empleo, desatención a las necesidades básica de la población, el caciquismo voraz, entre otros. Desde esa óptica, la rebeldía no es causa de la represión sino efecto.

Hasta la fecha, Guerrero, sigue siendo un estado rico en recursos mineros, forestales y turísticos, pero continúa apareciendo en las estadísticas nacionales entre las tres entidades federativas de la república con mayor rezago educativo, falta de empleo, atención inadecuada de la salud, escasez de vivienda digna, alta inseguridad, fuerte influencia del narcotráfico evidentemente tolerado, parasitosis infantil. La propia ONU señaló en julio de 2005, que los habitantes del municipio de Metlatónoc de la Región de La Montaña están ubicados entre los más pobres del mundo. Pero en cambio, siempre ha ocupado los primeros lugares en cuestiones de represión gubernamental y violaciones reiteradas de los derechos humanos. Entre los casos más recientes que pueden ilustrar el problema de represión extrema cabe señalar, las matanzas de campesinos indefensos consumadas en el vado de Aguas Blancas del municipio de Coyuca de Benítez del 28 de junio de 1995, cuando se disponían a manifestarse pacíficamente en la cabecera municipal de Atoyac en demanda de fertilizantes y la presentación de uno de sus compañeros desaparecidos y la de El Charco del municipio de Ayutla en 1998, consumada en contra de indígenas que se dieron cita en la escuela del lugar, -según declaró Érika Zamora[161]-, con el propósito de apoyar la alfabetización en la región, promovida por estudiantes de la Universidad Nacional Autónoma de México (donde según datos recientes de la UNESCO, el analfabetismo en las zonas indígenas asciende a más del 70% de la población).

El estado de Guerrero sigue siendo uno de los únicos dos estados del país donde aún no se legisla para criminalizar la tortura y la desaparición forzada, a pesar de ser la entidad donde se presenta el mayo número de casos reportados de tortura y desaparición. Eso

---

[161] Entrevista a Erika Zamora, estudiante de la UNAM, sobreviviente de la matanza de El Charco y presa por más de dos años acusada por el ejército de pertenecer al grupo guerrillero autodenominado Ejército Revolucionario del Pueblo Insurgente (ERPI).

sólo tiene explicación, en la influencia que aún tienen los grupos de poder caciquil que podrían estar obstaculizando la aprobación de una ley que sancione esos delitos, a pesar del arribo a la gubernatura de un partido diferente al PRI, porque pondrían abrirse la posibilidad de llevar a juicio a los responsables. De aquí que, si se quiere explicar con objetividad el fenómeno de la violación constante de los derechos humanos y la aparente ingobernabilidad en la entidad, cabe establecer distancia significativa entre los posibles compromisos políticos de los representantes del Estado y el dolor, la pasión y el resentimiento que guardan miles de familias que fueron víctimas del terrorismo de Estado[162] implementado durante la década de los años 60, 70 y parte de los 80 en Guerrero.

Después de las matanzas de estudiantes del 2 de octubre de 1968, del 10 de junio de 1971 en la ciudad de México y las que se consumaron durante toda la década de los años 60 en Guerrero y otras partes del país, jóvenes inquietos de aquella generación llegaban a la conclusión de que las vías pacíficas para hacer escuchar sus demandas por parte del Estado estaban agotadas, en consecuencia, consideraban que no les quedaba otro recurso que la lucha armada, al tiempo que por separado Genaro Vázquez Rojas y Lucio Cabañas llegaban a esa misma conclusión y se preparaba también para emprender la lucha armada, sobre todo después de la matanza del 18 de mayo de 1967, frente a palacio municipal de Atoyac de Álvarez, Gro., y las demás que se documentan durante la década de los 60.

El surgimiento de las guerrillas en Guerrero refleja un proceso social en el que el gobierno del Estado cerró todas las vías legales para la participación pacífica de amplios sectores de la población y la solución de los problemas económicos, políticos y sociales más relevantes. Tanto Genaro como Lucio fueron reconocidos como dos de los líderes más destacados del movimiento de masas durante toda la década de los 1960. Al respecto Genaro en entrevista hecha a la revista *Por qué?* en la sierra de Guerrero ya como comandante guerrillero señaló que "Se luchó por todas las formas posibles "legales". Miles de papeles con quejas pasaron por mis manos sin que ninguna de éstas fuera resuelta en forma razonable para los campesinos y nos cansamos"[163] Por el

---

[162] Se le llama así por el afán que tuvo el Estado a través del ejército, las policías, "guardias blancas" o paramilitares, de someter a los ciudadanos a medidas crueles de represión e intimidación tendente a sembrar el terror individual y social en las regiones fundamentalmente donde operaron los grupos guerrilleros de Lucio y de Genaro.
[163] ACNR, Comunicado. *Genaro Vázquez rechaza el "diálogo".* Revista *Por Qué?* (México, D. F.), del 26 de agosto de 1971, No. 165, pp. 8 y 9

contrario, fueron constantes las arbitrariedades consumadas por los aparatos policiacos y militares al servicio del gobierno estatal, que puntualmente eran denunciadas a través de volantes, comunicados, manifiestos y mítines públicos, donde se señalaban las agresiones de que eran objeto los ciudadanos y ponía como ejemplo las sufridas por los habitantes de Coacoyula localizada al sur de la ciudad de Iguala, entre muchas otras, quienes por tratar de defender su derecho a la explotación de sus yacimientos de caolín, se les sometió a la amenaza y el terror a través de un grupo de "guardias blancas encabezados por el falso profesor Raúl Salinas, criminal que asesinara en la ciudad (Iguala) a Ezequiel Castro, pero goza de libertad gracias a la impunidad que le brinda el gobierno Estatal[164].

Como era la tradición, en el estado de Guerrero, se realizaban elecciones donde los únicos competidores eran los candidatos del PRI, las leyes electorales estaban hechas a la medida de los intereses de ese partido a fin de que ninguna fuerza disidente les pudiera arrebatar el poder. Esa situación ya en sí era contraria al Derecho Internacional en lo referente a la elección de los gobernantes. En ese contexto, en 1957 fue impuesto como gobernador del estado el general Raúl Caballero Aburto por decisión expresa del gobierno federal; era egresado de la Escuela Superior de Guerra y en 1950 había realizado cursos de contrainsurgencia en las escuelas Fort Knox, de Carolina del Norte de los Estados Unidos y en el Canal de Panamá mismas que fueron creadas expresamente con fines antiguerrilleros. Fue comandante de la Zona Militar en Aguascalientes de 1953 a 1954, así como de la zona militar de Jalapa, Ver., de 1954 a 1956 y fungió como agregado militar en Nicaragua en los tiempos del dictador Anastasio Somoza, lo que provocaba su falta de presencia y conocimiento de los principales problemas en la entidad. Su ascenso a la gubernatura tuvo como antecedente, la represión de partidarios del general Miguel Henríquez Guzmán, candidato de oposición a la Presidencia de la República que desembocó en la matanza del 7 de julio de 1952 en la Alameda Central de la Ciudad de México, donde se le señaló como el responsable directo de los trágicos sucesos por haber dirigido a la tropa.[165] Por lo que la toma de posesión como Gobernador del Estado de Guerrero el 1 de abril de 1957 se llegó a considerar, que fue el premio del gobierno federal a esos méritos militares; pero el problema surgió, según declaración del Dr. Pablo Sandoval, cuando confundió a la entidad con sus cuarteles, al pretender gobernar con mano dura a

---

[164] ACNR, *Discurso*. Archivo privado, del 9 de abril de 1965. Dirigido a los Miembros del Consejo de Auto-defensa del Pueblo.
[165] Gomezjara, Francisco. *Op. Cit.* P. 273

la población en lugar de atender oportunamente los reclamos pacíficos de justicia y solución a demandas diversas[166].

Al concluir el mandato presidencial del Lic. Adolfo Ruiz Cortines, fue relevado en el cargo por el Lic. Adolfo López Mareos quien nombró al guerrerense Donato Miranda Fonseca como Secretario de la Presidencia de la República. Este funcionario del gobierno era originario de Chilapa de Álvarez e identificado como parte de la elite caciquil tradicional de Guerrero en turno opuesto al gobernador Caballero Aburto; lo que para muchos ese hecho auguraba serias contradicciones entre ellos. Y, efectivamente, pronto se entró en una etapa de contradicciones a nivel cupular en los círculos gubernamentales en el estado, situación que según algunos analistas, en ella tuvo su origen aquel movimiento de repudio de la mayoría de la población guerrerense de finales de 1960, que culminó con la desaparición de poderes el 4 de enero de 1961. Desde esa percepción, se ha llegado a considerar que el movimiento popular estudiantil de 1960, significó apenas una simple manipulación de grupos de poder interesados y no la expresión genuina de inconformidad de la mayoría de los guerrerenses contra el despotismo y autoritarismo gubernamental imperantes.[167]

En el contexto de estas contradicciones cupulares Jorge Joseph Piedra –se aseguraba-, llegó a la Presidencia Municipal de Acapulco con el apoyo de Donato Miranda Fonseca "por las aspiraciones que tenía de llegar a ser gobernador del estado" con el apoyo de éste, una vez que ya desde entonces, el partido o grupo de poder que gobierne Acapulco, prácticamente tiene asegurada la gubernatura del estado, debido a que ahí se ha concentrado siempre más del 50% de los electores.

Caballero Aburto por su parte, controlaba la ciudad y Puerto de Acapulco a través del líder de las colonias populares Alfredo López Cisneros, mejor conocido como "El rey Lopitos", pilar fundamental del PRI en esa época. Los métodos de control y presión política que aplicaba a los demandantes de vivienda, han sido caracterizados como de tipo gansteril, lo que le originó haber acumulado acusaciones de alrededor de 28 homicidios y 70 acusaciones diversas, según consta en expedientes del CISEN. Gracias

---

[166] Sandoval, Pablo (Médico de profesión, miembro de la primera Junta de Gobierno y destacado luchador social). Entrevista personal informal.
[167] La aseveración de que el conflicto en contra del gobierno de Caballero Aburto sólo era producto de su enemistad con el Lic. Donato Miranda Fonseca se aparta de toda lógica si se toma en cuenta, que el gobierno federal lo mantuvo en el cargo a toda costa, hasta que lo destituyó el Congreso de la Unión en los términos constitucionales después de consumada la matanza del 30 de diciembre de 1960.

al apoyo que le brindaba el gobernador el "rey Lopitos" se apropió de los terrenos de La Laja, donde "organizó un poderoso feudo personal (que le permitió cobrar) tributos, establecer aduanas y guardias privadas, todo ello institucionalizado a partir de una fastuosa ceremonia de coronación como 'rey' de sus dominios".[168] Este es apenas un caso de los muchos en que los gobiernos priísta sentaron su poder en líderes corruptos a su servicio y en organizaciones corporativizadas que les garantizaban el control político de la población.

El gobierno de Caballero Aburto desde que tomó posesión, se alió con la burguesía agroindustrial del Estado y se dedicó a desestabilizar a las organizaciones campesinas y a controlar con sus allegados los ayuntamientos que no se le subordinaban. Joseph Piedra por su parte, al no ser de la corriente política del gobernador, fue hostigado y finalmente destituido del cargo el 20 de octubre de 1960 al margen de todo ordenamiento legal[169] incrementando la inconformidad social en contra del gobernador y a favor del funcionario destituido.

La policía del Estado estaba a cargo del coronel Carlos Arango de la Torre que se ganó a pulso el repudio y el temor por sus acciones represivas. En la confrontación de dos proyectos económicos entre el social y el privado representados por Joseph Piedra por una parte y Caballero Aburto por otra, favoreció claramente al segundo. A fines de los años cincuentas se imputaban al gobernador una treintena de asesinatos [170].y millones de pesos como botín En los archivos del AGN se encontraron listas de personas que en

---

[168] Bellingeri, Marco. *Op. Cit.* p. 116

[169] López, Jaime. *10 años de guerrilla en México.* Ed. Posada, S. A. 2ª. Ed. p. 33. "Muchos parientes del gobernador ostentaban cargos oficiales que les fueron conferidos por él. Caso especial es el de Enrique Caballero Aburto, quien fue recaudador de rentas en Acapulco, hasta que las protestas de la población, obligaron a Caballero Aburto a destituirlo, pero luego lo nombró representante oficial suyo en todo el Estado".

[170] Corresponsal. EL UNIVERSAL (México, D.F.) 20 de octubre de 1960. Conforme al depuesto Presidente Mpal. de Acapulco Jorge Joseph Piedra, algunas de los bienes que Caballero Aburto obtuvo de manera fraudulenta con el presupuesto de 50 millones de presupuesto del estado en tres y medio años de administración caballerista, son los siguientes: Autotransportes Urbanos de Acapulco, 43 unidades; Casa de calle Anaxágoras 223, valuada en dos millones de pesos; Casa en Chilpancingo, frente a la escuela 'Primer Congreso de Anáhuac", facturada a nombre de su sobrino Mario; Casa en Puebla, con valor de uno y medio millones de pesos; Casa en Tixtla facturada a nombre de su esposa; Hacienda de Marquelia, valuada en ocho millones de pesos; Hacienda Ometepec (25 has.) en camino de Chilpancingo a Tixtla; Hacienda San Francisco Cuadra, en Taxco; Huerta en Playa Encantada, de dos millones de pesos; Periódico con maquinaria que costó un millón de pesos; Predio de 10 mil m2 en Chilpancingo, comprado a Gilberto Adame; Rancho en Aguascalientes, valuado en cinco millones de pesos; Rancho en Puebla, con valor de cinco millones de pesos; Rancho en Veracruz, cerca de Martínez de la Torre, valuado en 12 millones; Residencia en playa El Guitarrón en Acapulco valuada en 3 millones de pesos; Terreno en Zihuatanejo en copropiedad con Carlos Bernal; Transportes Gacela, ruta Acapulco- Ometepec; Transportes Gacela, ruta Chilpancingo- Chilapa.

ese periodo vivían huyendo de los pistoleros del gobernador[171]. Todo ello iba incubando un proceso de inconformidad social que pronto llegaría inevitablemente a desbordarse.

El movimiento popular estudiantil de 1960 en Guerrero se inscribe en ese estado de cosas imperantes y tuvo como antecedentes los movimientos de maestros, de ferrocarrileros, de médicos y tranviarios desarrollados en la ciudad de México durante la segunda mitad de la década de los años 50. En 1956 fue fundado el Movimiento Revolucionario del Magisterio (MRM) en la ciudad de México bajo el liderazgo del maestro guerrerense Othón Salazar Ramírez, de cuyas acciones más relevantes se pueden enumerar: la toma de las oficinas de la Secretaría de Educación Pública en esa ciudad durante más de dos meses y las grandes movilizaciones de organizaciones obreras que acudieron en su apoyo en 1958; aún se brindaba la solidaridad por razones de clase[172]. El 2 de mayo de 1958 se inició el movimiento ferrocarrilero en un intento por democratizar su sindicato y por otras demandas laborales, pero el 28 de julio del mismo año, fueron reprimidos dando como resultado sus primeros muertos: Rafael Aldai Sotelo y Andrés Montaño Hernández. El ejército ocupó los locales de su sindicato y el 25 de febrero de 1959 fue detenido Demetrio Vallejo y los demás líderes sindicales; al tiempo que "se detenía a más de 10,000 trabajadores de los que fueron despedidos casi nueve mil" En 1959, Othón Salazar junto con Valentín Campa fueron "detenidos en la ciudad de México por los Servicios Especiales y el Servicio Secreto",[173] "junto con Antonio Franco, Jaime Perches, Gerardo Unzueta, Lino Medina, Marcué Pardiñas, Manuel Stephens y Mario H. Hernández"[174], quienes fueron encarcelados en Lecumberri acusados del delito de disolución social. Aquel movimiento que junto con la Revolución Cubana de 1960, de una u otra manera influyó política e ideológicamente en

---

[171] AGN. Expediente del CISEN: 100-10-16 I legajo 1/ p. 30-37 se encuentran los nombres, además de Genaro Vázquez, de las siguientes personas: Ignacio Victoria, Periodista, -informa que el Gobernador lo mandó matar a él y a Israel Salmerón por lo que tuvieron que huir-. López Carmona, Sóstenes, Lic. De Ometepec. Salmerón, Israel H., Lic y periodista. Vive huyendo de los pistoleros del Gral. Caballero Aburto. después fue presidente del Concejo Municipal de Iguala el 22 de julio de 1962. López Carmona, Darío; Profesor de primaria y catedrático del Instituto Federal de Capacitación del Magisterio, de Ometepec. Vergara Aguilar, Blas; militante en la Asociación Cívica Guerrerense. Sotelo Pérez, Antonio. Profesor de primaria en el DF. Nació el 6 de noviembre de 1935
[172] Acosta Chaparro, Mario Arturo. *Los grupos subversivos en México,* Tesis mecanografiada 1990, p. 26. Ahí señala que "A principios de 1958 el profesor Othón Salazar Ramírez formó el Movimiento Revolucionario del Magisterio para exigir mejores sueldos para los mentores, efectuó constantes mítines en los patios de la SEP, paralizó las actividades docentes en las escuelas primarias del DF y el 30 de abril de 1958 se posesionó del edificio de esa dependencia gubernamental por el término de dos meses, habiendo obtenido apoyo de los telegrafistas que realizaron una labor de "tortuguismo", de los tranviarios, electricistas, ferrocarrileros y otros gremios, lo que originó la detención del Profr. Othón Salazar y otros dirigentes del movimiento".
[173] AGN. Expediente CISEN 11-1361 legajo 13, página 127
[174] AGN. Expediente del CISEN 11-136. Legajo 13 página 144

84

la formación de los jóvenes de aquella generación de disidentes en el estado de Guerrero.[175]

La situación política en el estado se fue distinguiendo por las violaciones constantes a los derechos humanos imperante en el estado de Guerrero durante el gobierno del general Raúl Caballero Aburto, para finales de la década de los años 50 había acumulado en la llamada "sociedad civil", un amplio repudio que inicialmente no se expresaba de manera organizada sino como rebeldía espontánea de ciudadanos afectados. Al respecto Armando Bartra advierte que la emergencia cívica [...] cumple la insoslayable función de desembotar la conciencia ciudadana y soltar las amarras de la insurgencia popular. El ciudadano no nace, se hace[176].

En ese contexto, Genaro se distancia del gobernador y, junto con otros disidentes guerrerenses como Blas Vergara y Darío López Carmona, promueven la creación de la Asociación Cívica Guerrerense (ACG) el 10 de septiembre de 1959, cuyos integrantes serían conocidos como 'los cívicos'[177]. Este grupo, inicialmente, aunque no estaba subordinado, cuando menos gozaba de las simpatías de Donato Miranda Fonseca.

Posteriormente, al sufrir su primera escisión promovida desde el gobierno del estado, una parte de la ACG fue presentada por el PRI el 29 de diciembre de 1963 como grupo de apoyo a la campaña de Gustavo Díaz Ordaz para la presidencia de la república; al tiempo que Genaro Vázquez y sus seguidores continuaba su lucha pacífica e independiente en contra de las arbitrariedades del gobernador Raúl Caballero Aburto y como respuesta encontraba la represión como medio fundamental de acallar a la disidencia ciudadana.

Ya para 1959 se realizaban distintas manifestaciones de repudio a Caballero Aburto, fundamentalmente en contra del despotismo de su gobierno y los señalamientos de nepotismo y enriquecimiento ilícito. Se pusieron de moda las cabalgatas de charros en el estado como forma pacífica de lucha. En Atoyac los charros del lugar, realizaban

---

[175] Semo, Enrique. *Crímenes de Estado*. PROCESO (México, D. F) del 28 de julio de 2002. No. 1342 p. 54

[176] Bartra, Armando, *Guerrero Bronco. Campesinos, ciudadanos y guerrilleros*. Ed. ERA. México, 2000, p. 110

[177] Gómezjara, Francisco. *Op. cit.* P. 264. Entre los que figuran los profesores Blas Vergara y Manuel Ortega, "el médico Pablo Sandoval, militante del Partido Comunista, el licenciado David López Carmona, ministra del poder Judicial local, Pedro Ayala Fajardo, líder de los pequeños comerciantes, e Israel Salmerón, dirigente y candidato a senador y diputado respectivamente del Partido Popular Socialista"

cabalgatas-manifestaciones por las noches portando antorchas y "haciendo que las marchas parecieran una procesión religiosa o un entierro: (el) del gobernador Raúl Caballero", señalaron los entrevistados.

El 27 de abril de 1960 Genaro fue aprehendido sin orden judicial por su labor de agitación en Teloloapan y liberado hasta el 12 de mayo de ese año, después de pagar una fianza de diez mil pesos,[178] cantidad que para su tiempo era muy elevada, pero en lugar de amedrentarlo lo motivaban para ir más a fondo en su recorrido por todo el estado, convocando a movilizaciones y al fortalecimiento del movimiento de protesta, logró posteriormente, junto con amplio abanico de organizaciones sociales y sindicales, la conformación de un frente de masas que para finales de los años 60 aglutinaba a más del 70% de la población. En el mes de junio de 1960 los "Cívicos" realizaron una caravana desde Chilpancingo a la Ciudad de México y fueron recibidos por el Presidente de la República a quien le presentaron cinco demandas en contra de Caballero Aburto, entre las que ya se encontraba la petición de la desaparición de poderes, pero fue rechazada. Se le inculpaba de falta de garantías constitucionales en el estado; de despojo de tierra a los campesinos; de la represión ejercida impunemente por sus pistoleros y la policía; de fraudes electorales en algunos municipios; y de robo en su favor y de algunos de sus familiares[179].

En abril de 1960 el gobierno del Estado transformó el Colegio del Estado en Universidad, fundado en 1942 al transformar la Escuela Normal Mixta que provenía del antiguo Instituto Científico Literario de mediados del siglo XIX. Dadas las características autoritarias del gobierno del general Raúl Caballero Aburto, la Universidad fue constituida con una estructura de gobierno interno "muy vertical" al no contar con la autonomía que ya la mayoría de las universidades del país habían logrado. Históricamente el sector estudiantil había logrado que el antiguo Colegio del Estado funcionara con órganos paritarios de gobierno, por lo que consideraron que las nuevas condiciones de la recién creada universidad, significaban un retroceso a las conquistas estudiantiles democráticas obtenidas por los estudiantes durante las luchas emprendidas anteriormente, como la que dieron en contra del gobernador Alejandro Gómez Maganda

---

[178] AGN. Expediente del CISEN: 100-10-16-2// legajo 2// legajo 2 //pp.1-4. El Lic. Francisco Ma. Otero Dávila, MP fue quien tramitó su libertad y vive en Acapulco: Constituyentes Esq. con Chiapas, cerca de la CFE.
[179] Bellingeri, Marco. *Del agrarismo armado a la guerra de los pobres. 1940 – 1974.* Ed. Casa Juan Pablos. Secretaría de Cultura de la Ciudad de México. México 2003 p. 119

hasta deponerlo del cargo en 1956, como consecuencia del repudio generalizado que se generó por el asesinato de un estudiante a manos de la policía del estado.

Frente a la negativa del gobierno del estado a incluir en el decreto de creación de la Universidad la autonomía universitaria y la solución a otras demandas estudiantiles, el 20 de octubre de 1960 se inició la huelga estudiantil para exigir también la destitución del profesor Alfonso Ramírez Altamirano como rector "por no contar con título universitario"[180] Este movimiento fue inmediatamente respaldado por la comunidad estudiantil de la normal de Ayotzinapa donde Lucio Cabañas fungía como secretario general de la sociedad de alumnos y cientos de organizaciones sociales, magisteriales, campesinas y de colonos. Por su parte, el gobierno del estado, intentó resolver la inconformidad estudiantil a través de la represión policiaca y militar. El movimiento fue de menos a más hasta que abarcó todos los rincones del estado.

La política represiva de Caballero Aburto unió los dos movimientos, el de los "cívicos" que denunciaban las tropelías del gobierno y el de los estudiantes que demandaban entre otras cosas, la autonomía universitaria. Cuando los cívicos fueron desalojados de manera violenta de la parada cívica (hoy llamados plantones) establecida en el Kiosco de la Plaza Primer Congreso de Anáhuac frente a palacio de gobierno, éstos se trasladaron a la alameda "Francisco Granados Maldonado" frente al antiguo "Edificio Docente" sede de la naciente Universidad, quedando físicamente de vecinos con los universitarios en huelga, hecho que facilitó la fusión de ambos movimientos y el acercamiento político de sus dirigentes, Genaro Vázquez por parte de los cívicos, Lucio Cabañas por los estudiantes de Ayotzinapa y Jesús Araujo Hernández como líder estudiantil de los universitario. Con esto se lograba darle mayor impulso al movimiento, a pesar de los esfuerzos en contrario de parte del gobierno estatal. Gracias a ello el movimiento lograba un crecimiento significativo tanto cualitativo como cuantitativo, toda vez que fue posible que salieran por todo el estado un mayor número de brigadas conjuntas compuestas por universitarios, normalistas y cívicos para "volantear", realizar mítines en las plazas públicas y exigir la salida del gobernador y la desaparición de poderes.

Lucio se distinguió desde esta etapa por su gran capacidad de liderazgo promoviendo la organización popular tal y como él mismo lo reconoció ya en la sierra como

---

[180] López, Jaime. *Op. cit.* p. 38

87

comandante guerrillero, donde recordaba que: los (estudiantes) de la Escuela Normal Rural de Ayotzinapa nos metimos por todos los pueblitos y donde quiera anduvimos haciendo mítines y todo, y acarreando al campesinado[181] (…) En estas andaba cuando fui detenido en un mitin de los cívicos en Atoyac, el 11 de diciembre de 1960 sin haber violado ninguna ley. (Esto coincide con la información recabada y prueba que inicialmente Lucio y Genaro participaron juntos durante la etapa de lucha pacífica).

El 31 de julio de 1960, Genaro Vázquez nuevamente fue detenido por la policía judicial. Esta vez acusado de injurias al Gobernador y asociación delictuosa hasta que fue liberado bajo fianza 7 días después. En consecuencia, ante la forma despótica de actuar del gobernador, se creó una plataforma de lucha entre los estudiantes, el Comité Cívico y varios Ayuntamientos que se declararon en rebeldía. En consecuencia, se formó el Consejo Coordinador de las Organizaciones del Pueblo de Guerrero[182]. Así, el movimiento cívico se fortalecía[183]; al tiempo que, el 25 de noviembre entró en acción el Ejército: sitió la universidad, dispersó la asamblea permanente instalada frente al palacio de gobierno y detuvo a un centenar de personas[184].

---

[181] Suárez, Luis. *Lucio Cabañas, el guerrillero sin esperanza*. Ed. Roca, México, 1976, p. 52.
[182] López, Jaime. *Op. Cit.* P. 38. Aquí se señala que la membresía del Consejo Coordinador de las Organizaciones del Pueblo de Guerrero estaba compuesto por las siguientes organizaciones: Aseadores de Calzado; Asociación de Agricultura, Asociación de Charros; Asociación Ganadera; Asociación para el Agua Potable; Auténticos copreros; Ayuntamiento Constitucional de Chilpancingo; Cafeticultores; Cámara de comercio; Caminos; Comité Cívico Guerrerense; Delegación Agraria y de Colonización; Federación de pequeños comerciantes, mecánicos y choferes; Frente Cívico de Ayotzinapa; Frente Democrático; Frente Reivindicador de Juventudes; Frente Zapatista; Pequeños comerciantes; Presidente de los Barrios y Colonias; Primera delegación sección XIV del Sindicato Nacional de Trabajadores de la Educación; Representante del Barrio de San Antonio; Representante del Barrio de San Francisco; Representante del Barrio de San Mateo; Representante del Barrio de Santa Cruz; Salubridad y Asistencia; Sección VII de Trabajadores al Servicio del Estado; Sección XII del Sindicato de Electricistas; Sección XVIII de catedráticos de la Universidad; Sindicato de Trabajadores de la Industria Cinematográfica, sección de Chilpancingo; Sociedad de padres de familia de la Universidad; Subcomité de Huelga de la Universidad; Subconsejo de Zumpango del Río; Unión de permisionarios de Transportes Río Azul. Citado por Gutiérrez Galindo, José C.; y el pueblo se puso de pie. La verdad sobre el 'caso Guerrero'; México, spi p. 151.
[183] Gómezjara. *Op. Cit.* P. 268 donde se señala que "Está presente el Comité Cívico Guerrerense en su primera aparición pública, al instalarse el sábado 30 de octubre frente al palacio de Gobierno para anunciar por medio de altavoces las arbitrariedades del gobernador, [...] hasta que un pelotón de soldados los desaloja. Los 'Cívicos' se van a refugiar al quisco del jardín Bravo, hasta el jueves 4 de noviembre, en que el Jefe de Policía, al mando de una veintena de judiciales y un batallón militar se presenta con lujo de fuerza para retirarlos del sitio. Genaro y sus compañeros se instalan entonces a la entrada del Colegio en huelga. A partir de ese momento comienza a recorrer el estado, solicitando la solidaridad de los pueblos en contra del gobernador " El 6 de noviembre de 1960, se reprime una manifestación muda de 3,500 personas que, en Chilpancingo, se manifestaron en el jardín central de la ciudad cantando el himno nacional. El ejército, al mando del general Julio Morales Guerrero trató de desbaratar la reunión a culatazos. El corresponsal del periódico Síntesis, Sr. Imperio Rebolledo fue herido, lo mismo que Evaristo Memije.
[184] López, Jaime. *Op. Cit.* P. 40

Ante la incapacidad del Estado para desarticular el movimiento cívico, recrudeció la represión y en respuesta se incrementó la disidencia en Guerrero. El 9 de diciembre de 1960 la prensa reportaba que la policía dispersó a balazos una manifestación; las familias se refugiaron en un pórtico de donde fueron sacadas a culatazos con un saldo de más de 30 detenidos. El 11 de diciembre de 1960 en Atoyac la policía (también) disparó en contra de los asistentes a un mitin que ahí se realizaba, pero los manifestantes no se dispersaron sino que aumentaron su presión hasta liberar a los detenidos, entre ellos a Lucio Cabañas,[185] información que coincide con lo declarado por Lucio ya en la sierra.

Se cuenta con el testimonio de un periodista que escribía en un Periódico que circulaba a nivel local en Atoyac, donde asegura que unos cincuenta ciudadanos inconformes con la política de Caballero Aburto fueron detenidos y encerrados en una cárcel de cuatro por cinco metros [...donde] apenas cabían de pie. Por un rato, a modo de amenaza o de escarmiento, pudieron haber pasado aquellos hombres allí, apretados como cigarrillos. Pero no sucedió así [...] el carcelero, por órdenes expresas dadas por autoridades desde Acapulco, "se olvidó de ellos" y así los tuvo, sin pan ni agua durante cinco días con sus noches. Cuando pudieron ir saliendo, uno a uno de la cárcel aquellos primeros presos políticos, habían cuatro muertos de pie y tres más murieron al ser sacados[186].

El 26 de diciembre de 1960 en Atoyac, en casa de Rogelio Juárez Godoy, miembro del Consejo Coordinador Estatal de la Coalición de Organizaciones Populares en el Estado y fundador de la Asociación Cívica Guerrerense, se reunió para formar el Consejo Coordinador Municipal de la Coalición e intensificar la campaña por el derrocamiento del Gobernador General Caballero Aburto. Este Consejo Municipal se conformó con representantes del Consejo de Vigilancia de la Asociación Local de Cafeticultores de la Asociación Cívica Guerrerense, de la Unión de Pequeños Comerciantes, del Comité Local del SNTE, del Comité Regional de la CNC, del Comité Local del Frente Zapatista de la República Mexicana, entre otros. En esa oportunidad, Rogelio Juárez Godoy

---

[185] "La policía urbana y auxiliar al mando del comandante y mayor retirado del ejército Adalberto Lira Torres, irrumpieron contra los manifestantes agrediéndolos a golpes. El segundo comandante Tayde Ruiz abrió fuego con su arma hiriendo al octagenario Leónides Bello, quien fue levantado violentamente por sus demás compañeros, siendo conducido a un sanatorio. Los manifestantes al ver bañado en sangre a este señor, se enardecieron y fue entonces cuando con piedras y palos trataron de contestar la agresión policiaca, originándose la confusión de gritos y llantos de mujeres, resultando muchos golpeados. Los oradores fueron conducidos a empellones a la cárcel", declaró Rosendo Radilla, uno de los testigos presenciales de aquellos hechos.
[186] Bartra, Armando. *Guerrero Bronco. Campesinos, ciudadanos y guerrilleros.* Op. Cit. P. 113

aludió particularmente a dos luchadores sociales de la zona para incitarlos a luchar con decisión y coraje como aquellos lo hicieran en su tiempo; se refería a Feliciano Radilla y a Manuel Téllez, que en el imaginario ciudadano aparecían como hombres valientes y defensores de los campesinos de la región.

Durante este periodo se registraron los primeros desaparecidos y asesinados. Se dijo que a unos los arrojaron al fondo del Pozo Meléndez de Puente Campuzano, cerca de Taxco el Viejo, y otros aparecían muertos atropellados con marcas de las llantas de los vehículos automotores que utilizaba la Policía Motorizada. Al respecto el cívico Andrés López Velasco, que fuera candidato a presidente municipal de Iguala en 1962 por parte de la ACG y compañero de lucha de Genaro recuerda en entrevista exclusiva, que "cuando se sabía de la detención de alguna persona, rápido nos organizábamos los seguidores de Genaro, para ir a esperar a la policía antes de que llegara al Pozo Meléndez y rescatar a los detenidos al precio que fuera. Varios lograron ser rescatados". Otro paraje que se volvió famoso por el rumbo de Atoyac fue La Trozadura, donde hubo gente acusada de abigeato que amanecía colgada de las parotas, mismas que aún se pueden apreciar al lado de la carretera que conduce a esa población.

La lucha popular por medios pacíficos paralizó al Estado. Hubo huelga de pagos de impuestos, las escuelas de todos los niveles pararon, hasta los trabajadores del palacio de gobierno se sumaron al movimiento. El gobernador tuvo que despachar en casas particulares fuera de Chilpancingo o del estado por más del tiempo límite que marca la ley para estar ausente del cargo.

Ante la negativa de los estudiantes de la Escuela Normal de Ayotzinapa a levantar la huelga, el gobierno amenazó con cortarle el subsidio para impedirles la compra de alimentos; sin embargo, éstos se mantuvieron en lucha gracias a que la gente de todo el estado les mandaba costales de frijol, maíz y otros productos para que se alimentaran. A fines de noviembre de 1960, al enterarse de las amenazas de cierre de la Normal, el profesor Raúl Isidro Burgos, fundador de esa escuela fue a visitar a los estudiantes para convocarlos a no claudicar. A pesar de su avanzada edad, pero con una admirable lucidez y gran espíritu de lucha, en su intervención frente a los estudiantes les manifestó que se sentía orgulloso de que esas nuevas generaciones participaran en una lucha justa junto al pueblo, conforme con la herencia que les dejaran sus fundadores y las generaciones que les antecedieron. Que frente a la amenaza de cierre de la normal, -les

aseguró-, "primero pasarán sobre mi cadáver pero no permitiré que la cierren" [187].
Aquellas palabras de aliento caían en terreno fértil en esos jóvenes que a la postre serían
protagonistas directos en diversos movimientos políticos y guerrilleros.

Después de diversos intentos represivos por acabar con el movimiento, el 30 de
diciembre 1960 en la esquina del lado sur-este de la alameda "Granados Maldonado"
donde permanecía la "parada cívica", un judicial asesina al electricista Enrique Ramírez
cuando se encontraba trepado en un poste de luz para colocar una manta de apoyo al
movimiento en nombre de su gremio. La multitud ahí reunida se enardeció ante ese
asesinato y al toque de las campanas de las iglesias de la ciudad, todo el pueblo de
Chilpancingo se volcó a ese lugar para protestar por el hecho; en consecuencia, el
gobernador ordenó intervenir al ejército en contra de la población que exigía su
renuncia con mayor indignación. Se hizo una valla de mujeres que portaba la bandera de
México como protección, creyendo que por ello el ejército las respetaría, pero se
equivocaron porque el entonces Procurador del estado, Javier Olea Muñoz[188] y el
general Julio Morales Guerrero, dieron la orden de disparar contra los manifestantes. El
saldo oficial fue de 17 muertos y decenas de heridos, tras lo cual, el Congreso de la
Unión se vio en la necesidad de aprobar la desaparición de poderes en el estado, el 4 de
enero de 1961[189].

A Caballero Aburto en lugar de ser enjuiciado, le asignaron una representación
diplomática en Centroamérica y como gobernador sustituto hasta 1963 fue nombrado el

---

[187] Miranda Ramírez, Arturo. *El otro rostro de la guerrilla.* Ed. El machete, México 1996, p. 47
[188] Quien a la postre sería durante dos meses Gobernador interino del Estado, en cumplimiento a las
exigencias del Ing. Rubén Figueroa Figueroa hechas a Luis Echeverría, para que el Lic. Israel Nogueda
Otero gobernador saliente, no le entregara el cargo por sus diferencias intercaciquiles. Al respecto el Ing.
Rafael Bonilla Romero, catedrático de la UAG, asegura que estando en la Casa Presidencial de Los Pinos,
formando parte de una "comisión representativa de la Universidad guerrerense", fue testigo de la petición
que Rubén Figueroa le hiciera al presidente de la república, en el sentido de que no quería que cuando
tomara posesión como gobernador constitucional del estado, le entregara el mando "el negrito",
refiriéndose al Lic. Israel Nogueda Otero, petición que le fue concedida, sustituyéndolo dos meses antes.
[189] Miranda Ramírez, Arturo. *Op. Cit.* p. 86. Aquí aparece la siguiente lista de muertos: Tomás Adame
Calvo de 32 años; Carolina Agüero, de cinco meses; Ramón Cano, de 32; Irene Díaz, de 17; Roberto
Martínez, de 24; Graciela Mataró Delgado, de 25; Benjamín Méndez Bonilla, de 72; Enrique Ramírez, 29
años; Salvador Serrano, 14 años; J. Trinidad Téllez, de 40; Hermelinda López de Luquín, de 47; Dos
soldados: Nicasio González Villanueva y Lorenzo García Hernández y una persona no identificada. Los
heridos son: Leopoldo Norberto Arnaldo Sánchez Vela; Mario Barbosa; Eliseo Bedolla; Cutberto
Carvajal; Etelvina Castro de Morales; Celestino Cuevas; Enrique Cuevas Guevara; Edmundo García;
Juana González V da. de Morales; Ismael Guzmán; Javier Julián; Carmelo Leal; Sara López; Saúl López;
Guadalupe Martínez; Rodolfo Martínez; Canuto Morales; Celia Morales; Félix Morales; Gabriel Morales;
Teódulo Morales, de 70 años; Tiburcia Morales; Pedro Pastor; Germán Rodríguez; Protacio Romero; J.
Guadalupe Salmerón; Enrique Solache Bernabé, niño de un año; Enrique Solache; Ignacio Suárez;
Salomón Taquillo; Trinidad Téllez; Cipriano Vázquez; Leopoldo Vázquez; Jesús Vélez; Efrén Vega;
Enrique Vera Alarcón, de 70 años Jesús Vélez, Tiburcio morales, Baldomero Cisneros

Lic. Arturo Martínez Adame, hombre de confianza de Donato Miranda Fonseca y fungía como ministro de la Suprema Corte de Justicia de la Nación, a través del cual influyó para que en las elecciones del 2 de diciembre de 1962, quedara como gobernador el Dr. Raimundo Abarca Alarcón.

Una vez que se logró la destitución del general Caballero Aburto, la población se desbordó y liberó de las cárceles a los prisioneros políticos y expulsó de las Presidencias Municipales a los ediles impuestos por el gobernador destituido. Así, donde las autoridades del municipio no se allanaban al movimiento, se formaban comités ciudadanos para expulsarlos de la presidencia. Con la toma de los ayuntamientos las poblaciones hacían asambleas populares para nombrar nuevas autoridades. En Atoyac el 8 de enero de 1961 los "cívicos" Rosendo Téllez Blanco, el Profr. Luis Cabañas Ocampo[190] y Félix Roque Solís, junto con Antonio López Cabañas y el Güero Cedeño, tomaron la Presidencia Municipal, pero fueron desalojados por la policía. Durante la ocupación, las fonderas de los mercados Morelos y Perseverancia se dieron a la tarea de llevar alimentos a esta gente, distinguiéndose las hermanas Irene y Berta Gallardo (a) 'Las Margandallas', Asunción Fierro, Salustia Rodríguez y Dora Lluck. Esto significa que las fuerzas disidentes se habían propuesto consolidar sus posiciones.

Conforme a reportes de la DFS, el 9 de marzo de 1961 Lucio Cabañas en ese entonces, trató de obligar al Presidente Municipal a renunciar pero el ejército se lo impidió[191]. La inestabilidad política repercutía directamente en los ayuntamientos; así, en Atoyac durante sólo dos años: 1961 y 1962 fungieron como presidentes municipales Rosendo Téllez Blanco, Darío Pinzón (caballerista que duró en el cargo únicamente diez días), nuevamente Rosendo Téllez (que recuperó la Presidencia), Félix Roque Solís y Medardo Reyes Gudiño. Ello refleja el estado de inestabilidad política que se vivía.

El 15 de septiembre de 1961, el general Celestino Gasca Villaseñor convocó al pueblo de México a levantarse en armas en contra del gobierno de Adolfo López Mateos, acusándolo, entre otras cosas de "comunista". Pretendió aprovecharse de la turbulencia política y la fuerza de las organizaciones sociales que formaban parte de la dinámica de la Costa Grande: Tecpan, Petatlán, La Unión y Atoyac, que pusieron su cuota de fuerzas gasquistas al levantamiento, sin sospechar que en el fondo apenas era una provocación

---

[190] Tío de Lucio Cabañas que acompañaba a Rubén Figueroa Figueroa, cuando fue secuestrado.
[191] AGN. Expediente del CISEN   100-10-1/L.6p.141

para debilitar el movimiento cívico. Se autodenominaron "federacionistas juramentados" con posiciones conservadoras de corte anticomunista, cuya "insurrección" justificó el encarcelamiento de 71 personas y el amplio despliegue militar en toda la Costa Grande. En consecuencia, el secretario de la Defensa Nacional, Agustín Olachea, tras visitar la región, ordenó construir una base aérea en Zihuatanejo[192] para facilitar el traslado de tropas a la región; con ello, la represión adquiría otra dimensión en la región.

El 4 de noviembre de 1961, la DFS informaba[193] de la constitución de la Unión Nacional de Solicitantes de Tierras bajo la supuesta "tutela" del general Lázaro Cárdenas, con el propósito de apoyar a campesinos demandantes de tierras, cuyos expedientes estaban tramitándose en el entonces Departamento de Asuntos Agrarios y Colonización (DAAC) y ante otras autoridades, como si ello fuese la comisión de algún delito. En dicha organización, el Profr. Genaro Vázquez Rojas quedó como Secretario General y Blas Vergara Aguirre como Secretario. Al concluir la elección, -se señala en tal reporte-, que el Ing. Cuauhtémoc Cárdenas Solórzano les tomó la protesta. El mes de diciembre de 1961, con la participación de Genaro se realizó en Atoyac una magna convención de estudiantes de segunda enseñanza y se constituyó la Federación de Estudiantes Guerrerenses.

Siguiendo el reporte de la DFS ante el CISEN, el 15 de diciembre de 1961 Genaro se trasladó para Acapulco a preparar un fabuloso recibimiento al Gral. Lázaro Cárdenas en Iguala, a donde arribaría dentro de unos días[194] Esto se confirma que ya Genaro desde entonces estaba siendo vigilado de manera permanente por los aparatos de inteligencia del Estado y se desconfiaba de la participación política del general Cárdenas por parte del gobierno federal en turno

Durante el periodo posterior a la desaparición de poderes en el estado, comprendido del 4 de enero de 1961 al 1 de diciembre de 1962, se dio inicio a un proceso intenso de lucha de posiciones; por una parte el gobierno encabezado por Arturo Martínez Adame que buscaba reposicionar al partido en el poder: PRI, recurriendo a diversos medios: comprando o mediatizando a los dirigentes estudiantiles y campesinos menos comprometidos con la causa de "los cívicos", con miras a las elecciones que se

---

[192] Bartra, Armando. *Guerrero Bronco. Campesinos, ciudadanos y guerrilleros.* Op. Cit. P. 116
[193] AGN. Expediente del CISEN 100-10-1/L.6p.184
[194] AGN. Expediente 100-10-1-60/ L.91/265

93

avecinaban y por la otra, las fuerzas disidentes que se organizaban de manera independiente con los mismos propósitos. Gracias a la gran fortaleza política que acumularon los "cívicos" durante ese periodo, decidieron participar en las elecciones con candidatos propios para las alcaldías, diputaciones y la gubernatura del estado. Genaro ya desde el 12 de enero de 1961 había sido elegido Presidente del Comité Cívico Guerrerense en sustitución de Darío López Carmona y ello le daba mayor libertad de incidencia en la definición de las estrategias a seguir. Durante ese año, participó en la frustrada formación del Movimiento Político de la Juventud Mexicana en la Ciudad de México al no haber llegado a ningún acuerdo. De regreso al Estado de Guerrero "Genaro se entrevistó en Morelos con Rubén Jaramillo sin que se conozca que hayan llegado a concertar alguna acción entre ambos[195]. Por ese tiempo, el líder campesino morelense, estaba levantado en armas en contra del gobierno de López Mateos en la región poniente de ese estado, después de haber tomado y repartido a los campesinos las tierras de Michapa. Después de la muerte de este líder campesino, Genaro siempre se refirió a él como un gran hombre de lucha, digno sucesor de Zapata.

Ese año, la Asociación Cívica Guerrerense transformó su plataforma de lucha para contender por el poder público por la vía electoral. Para ello, modificaron el tipo de organización y los objetivos estratégicos. "El 17 de febrero de 1962 los cívicos realizaron en Atoyac su II Congreso Regional del Comité Cívico Guerrerense -que agrupaba a siete municipios de la Costa Grande desde Acapulco hasta La Unión-, que fue presidido por Genaro Vázquez"[196]. En ese mismo mes, los dirigentes del Comité Cívico Guerrerense y del Frente Zapatista se reunieron en Tlapehuala con vistas a participar en las ya próximas elecciones para las alcaldías, diputaciones y la gubernatura. Durante los siguientes meses se registra una intensa actividad de los dirigentes de la ACG en todo el Estado.

La lucha de los "cívicos" que encabezaba la Asociación Cívica Guerrerense (ACG) en Atoyac, era conocida también como "la alambreada" porque sus seguidores tomaban las tierras al grito de ¡Viva Zapata!, al tiempo que trozaban las alambradas de las tierras arrebatadas a los caciques para repartirlas entre los campesinos que no tenían donde sembrar. El movimiento cívico también era conocido como el de los "huarachudos", porque la mayoría de los que participaban eran ciudadanos pobres que apenas contaban

---

[195] Gómezjara, Francisco. *Op. Cit.* P. 285
[196] AGN. Expediente del CISEN: 100- 10-16 / legajo II p. 4

con huaraches como calzado. Esta composición social le daba un carácter clasista a su lucha.

Las asambleas se hacían en la casa de la señora Virginia Solís Jacinto a quien por cariño todos llamaban "La abuela" y ahí llegaban los dirigentes de la ACG, como Genaro Vázquez Rojas, Lucio Cabañas Barrientos, Fernando Sandoval García y otros. Por ese tiempo apareció un corrido de los "Alambreros"[197] que fue compuesto por Teodoro Bello, quien posteriormente fue asesinado a balazos en la carretera federal junto con dos jóvenes cuando se dirigían a una de las reuniones de la ACG; entre los muertos se encontraba el hijo de Roberto Olea y de Ignacio Rivera. Llegó el Ejército a reprimir a los que tomaron las tierras y se los llevaron detenidos y en el trayecto a Acapulco los asesinaron.

Por su parte el Comandante de la policía judicial Francisco Bravo Delgado alias "La Guitarra",[198] quien también se hizo ampliamente famosos por su crueldad y los asesinatos cometidos en contra de disidentes políticos por órdenes de los gobernadores en turno. Esa tarea la siguió cumpliendo hasta tiempo después del gobierno del Ing. Rubén Figuero Figueroa. Se le atribuye la responsabilidad de haber arrojado al Pozo Meléndez y colgado en las cercanías de Atoyac, a decenas de disidentes "cívicos"

El 2 de marzo de 1962 se publicó el primer número del periódico El Insurgente, su Director General fue Antonio Sotelo compañero inseparable de Genaro. "El 11 de marzo de ese año, se realizó en Iguala una junta de miembros y simpatizantes de la Asociación Cívica Guerrerense que presidió Genaro Vázquez"; [199] en la que se presentó un **PROGRAMA CON 22 PUNTOS**, entre los que destacaban los siguientes: la cooperativización de la actividad productiva, la nacionalización de los latifundios y su explotación por los campesinos, Reforma Agraria Integral, democratización del ejido, del municipio, del distrito, del Estado y del país, vigilancia de las elecciones, seminarios para abogados de conducta intachable de los cuales se designen jueces. En abril y mayo se realizaron diversos mítines en Acapulco en apoyo a ese programa.[200]La respuesta del Estado fue la represión indiscriminada.

---

[197] En uno de sus párrafos decía el corrido: "Bonita la Costa Grande, que bonitas se ven las palmeras/ gritaba Martincillo arriba toda mi gente no hagan caso de los soldados/ aseguren al Teniente. Gritaba Chico Jacinto/ con el señor Papa Chio/ quieren quitar los terrenos/ sin que les cueste ni un cinco".
[198] Chávez Rodríguez, Manuel *Testimonio* del 16 de enero de 2004 hecho en San Jerónimo.
[199] AGN. Expediente del CISEN: 100-10-16/ legajo I/p. 8
[200] Documento del archivo privado de la ACNR.

En su informe de marzo de 1963 previo al cambio de poderes, Arturo Martínez Adame gobernador interino del estado, con satisfacción declaraba que fue obligado a sustituir a 36 de esos ayuntamientos por otros tantos consejos municipales que actuaron hasta el 31 de diciembre de 1962[201]. Lo que significaba que los ayuntamientos populares uno a uno estaban siendo recuperados por el gobierno del estado aún en contra la voluntad ciudadana.

Podemos reseñar que la lucha reivindicativa a través de la movilización pacífica durante esta primera fase, desembocó sistemáticamente en acciones represivas de parte de las fuerzas gubernamentales; lo que provocó:

a) La radicalización de las formas de lucha.

b) El tránsito de un discurso reivindicativo dentro de los marcos constitucionales al planteamiento de transformación social, al no atenderse de manera oportuna las demandas sociales más sentidas por la mayoría de la población.

c) Frente a la política autoritaria del Estado, Genaro y los principales líderes del movimiento del 60 se acercan a la teoría marxista, como se puede desprender del "Lineamiento programático de la ACG" del 22 de agosto de 1967[202], donde considera ya, que no es, en última instancia, el problema las personas que ostentan el gobierno, sino el propio sistema al que hay que derrotar para instaurar uno nuevo, uno diferente"; sin precisar aún de qué tipo y cómo se lograría tal objetivo.

El 21 de junio de 1962 Genaro Vázquez, Antonio Sotelo y Emeterio de la Hoya Cárdenas lanzaron un manifiesto, invitando a participar en el Congreso Estatal de la Asociación Cívica Guerrerense[203] que se realizaría en Acapulco. Establecieron un ideario y convocaron a la lucha pacífica organizada. Firmaban 11 por el Comité estatal, a los que se sumaron varios sindicatos y una extensa lista de comisarios ejidales, presidentes y comuneros de distintos municipios de Guerrero. En esta etapa de lucha la ACG atrajo hacia sus filas a miles de simpatizantes, influenciados aún por el prestigio alcanzado durante las jornadas que desembocaron en la desaparición de poderes en

---

[201] Martínez Adame, Arturo, Gobernador Interino del Estado de Guerrero, *III Informe de gobierno* del 1 de marzo de 1963.
[202] Ante la evidente cerrazón del gobierno del estado para seguirle un proceso legal, Genaro desde la cárcel empezó a cambiar su discurso político. Es a partir de aquí en que se declara marxista-leninista.
[203] AGN. Expediente del CISEN: 100-10-161 legajo Ilpp. 55-59

enero de 1961. El PRI había quedado tan desprestigiado que muy pocos ciudadanos querían que los ubicaran como militantes de ese partido.

Durante los meses de julio, agosto y septiembre hubo una intensa actividad organizativa de la ACG, eligiendo candidatos para los municipios, las diputaciones y la gubernatura. El 1° de agosto de 1962 Genaro Vázquez presidió el Congreso Estatal para elegir al candidato a gobernador por la ACG. Los precandidatos fueron: Fernando Román Lugo, Jorge Joseph Piedra y José María Suárez Téllez. Este último ex ministro de la Suprema Corte que gozaba de gran prestigio por su reconocida honestidad y de limpia trayectoria; fue elegido candidato a gobernador por la ACG[204]. Al día siguiente se postularon para diputados por el 4° Distrito Electoral a los profesores Antonio Sotelo Pérez y Luis Cabañas Ocampo[205]. El profesor Genaro Vázquez resultó ser el principal dirigente de la Asociación Cívica.

El 19 de agosto de 1962 dio inicio la campaña electoral en Ixcateopan. Asistieron: el candidato de la ACG, José María Suárez Téllez, el dirigente de la ACG Genaro Vázquez, y el Secretario General de la Federación de Estudiantes Campesinos Socialistas de México, Lucio Cabañas Barrientos[206]. Además de la gubernatura, la ACG lanzó candidatos a regidores en 70 de los 77 municipios y a diputados en todos los distritos electorales. Una vez elegidos los candidatos hubo una campaña intensa con vistas a las elecciones a realizarse el 2 de diciembre de 1962. La población se volcó a las calles y rancherías a hacer campaña a favor de los candidatos cívicos.

La noche de las elecciones, los 'cívicos' enviaron a la prensa el siguiente telegrama. Nos complace informar que, a pesar de las múltiples maniobras puestas en juego por los integrantes de las casillas electorales, en su totalidad miembros del PRI, nuestros candidatos lograron abrumadora mayoría de votos durante las elecciones celebradas en este estado[207].

---

[204] AGN. Expediente del CISEN: 100-10-161 legajo IIp.106
[205] AGN. Expediente del CISEN: 100-10-161 legajo IIp. 112
[206] AGN. Expediente del CISEN 100-10-16, legajo I, página 116. En uso de la palabra Lucio señaló que el PRI había nombrado a varios caciques como gobernadores y que en Chiapas el Gobernador había cercado la escuela normal rural de Mactumalzá, porque los estudiantes pedían castigo para los PJE que asesinaron en los primeros días del mes de junio de 1962 a varios campesinos que reclamaban la desaparición del latifundio de la Hacienda de "La Valdiviana".
[207] ACNR. Archivo privado. *Comunicado*. del 3 de diciembre de 1962.

97

Respecto a las elecciones efectuadas el 2 de diciembre de 1962, la revista **Política** que dirigía Marcué Pardiñas y el 1 de enero de 1963 reportó, que las elecciones se desarrollaron conforme a los procedimientos habituales en México: coacción oficial sobre los votantes, fraude electoral, etcétera, e inmediatamente se desató una campaña de represión contra la ACG. Suárez Téllez fue detenido junto con algunos de sus correligionarios[208].

A pesar del optimismo, el resultado de la elección no se definió en las urnas sino por el ejercicio despótico del poder. El 5 de diciembre, mientras todavía se contaban los votos, fue detenido Suárez Téllez, candidato a Gobernador de la Asociación Cívica, junto con otros candidatos de la A.C.G. y muchos ciudadanos inconformes. Con ello, los caminos democráticos se cerraban tras estas elecciones. Los cívicos, al no reconocérseles ningún triunfo en las ciudades y municipios en que les había sido favorable la votación, se volcaron en movilizaciones, mientras que la ACG quedaba proscrita y se iniciaba la persecución de sus dirigentes. El lenguaje con el que, a partir de ese momento la Dirección Federal de Seguridad (DFS) reportaba las actividades de la ACG se modificaba; de "los actos de campaña" pasaron a ser, "actos de agitación" y los candidatos y dirigentes elementos agitadores que habría que detener[209] y, en consecuencia, se ordenaba que se investigaran las relaciones que tuvieran los dirigentes de la ACG. Esto, porque desde la lógica anticomunista del momento, consideraban que "seguramente alguna potencia extranjera los patrocina".

Las protestas pidiendo la anulación de los comicios se dieron en varios lugares. En Atoyac, el 8 de diciembre de 1962, el ejército disolvió la protesta y detuvo a 50 personas. Dicho mitin fue disuelto por órdenes del Corl. Manuel Olvera Fragoso, Jefe del 59º Cuerpo de Defensas Rurales. Entre los detenidos en Atoyac estaban: Rogelio Juárez Godoy, Fernando Sánchez Barrera, Armando Sandoval García, Joaquín de la Isla, Teodoro Bello, Clemente Benavides, Sabino Rodríguez Solís y Donaciano Pino. En San Jerónimo detuvieron a 6 personas por participar en la lucha de los "cívicos" que encabezaba la (ACG), a Fernando Sandoval García, quien era uno de los líderes, Francisco Arceo, Jesús Barrientos, Antonio Zamora y otro ciudadano de nombre Martín "N". Fueron acusados de agitadores y puestos a disposición de la Agencia del Ministerio Público Estatal (AMPE) en San Jerónimo y trasladados al puerto de

---

[208] López, Jaime. *Op. Cit.* p. 46
[209] AGN. Expediente del CISEN: 100- 10-16 I legajo 1/ p. 222

Acapulco por una patrulla Militar, para ponerlos a disposición de la Agencia del Ministerio Público Federal (AMPF). La población temía que fueran a fusilar a los 6 detenidos como era la tradición en la región; para evitarlo hicieron un plantón en el jardín de San Jerónimo en demanda de su liberación.

El 10 de diciembre de 1962 Genaro Vázquez encabezó el Congreso Estatal de Estudiantes Normalistas, celebrado en Iguala, donde se constituyó la Federación de Estudiantes Socialistas Guerrerenses y ese mismo día la PGJ de Guerrero ordenó la aprehensión de Genaro Vázquez "por los continuos ataques que lanzaba contra los candidatos del PRI". Al tener conocimiento de esta orden de aprehensión, pidió amparo. El 13 de diciembre de 1962 el dirigente cívico Luis Cabañas Ocampo, tío de Lucio, es detenido también. El 28 de diciembre del mismo año, la Asociación Cívica Guerrerense envía al presidente de la República un telegrama[210] protestando por la ocupación del ejército y de la policía de los palacios municipales de Iguala, Teloloapan y otros. Firmaba Genaro Vázquez.

A partir del 31 de diciembre de 1962, Genaro era perseguido por el gobierno del estado, atribuyéndole la responsabilidad de la matanza de sus propios seguidores, consumada frente a palacio municipal de Iguala cuando protestaban por el fraude electoral del 2 de diciembre anterior. Al tomar como referente sus comunicados de 1964, se aprecia que Genaro llegaba a la conclusión de que el problema de represión y desatención a las demandas sociales que él enarbolaba a través de su *Programa de los siete puntos*, tenían tal complejidad que rebasaba los parámetros del sistema político imperante: se debe —decía-, a que el Sistema Social de Explotación que padecemos, por parte de la clase capitalista a base de apoderarse de gran parte del valor de la jornada de trabajo de los obreros en la ciudad y el campo, acumula riqueza que después utiliza para someter y oprimir al pueblo trabajador[211]

Políticamente hablando se conoce que para intentar un cambio social en cualquier lugar y momento histórico determinado, ha requerido entre otras cosas, de organización, motivación, convicción y de un programa; requerimientos que desde la óptica de Genaro estaban dados en el estado de Guerrero.

---

[210] AGN. Expediente del CISEN 100-10-161 legajo 11p.262
[211] ACNR. *Manifiesto.* Archivo privado. del mes de agosto de 1964.

Genaro derivó sus bases organizativas para el movimiento armado de la participación de amplios sectores de la población en las diversas etapas de lucha pacífica, agrupados en torno a organizaciones sectoriales: los campesinos en la Liga Agraria Revolucionaria del Sur "Emiliano Zapata" (LARS-EZ); ajonjolineros, copreros, arroceros, palmeros, etc., a quienes se les conoció con el nombre genérico de "Los Cívicos" que aceptaban como suyos los principios que regían a la Asociación Cívica Guerrerense (ACG).

Por su parte Lucio Cabaña Barrientos, construyó sus bases organizativas a partir de dos bastiones: el magisterio y los "principales", líderes naturales o personas de mayor edad con calidad moral de los pueblos y rancherías. En cuanto al magisterio, Lucio recibió fuerte apoyo de sus compañeros egresados de la Escuela Normal de Ayotzinapa, cuyos estudiantes desde la década de los años cuarenta, se agrupan, a través de la Federación de Estudiantes Campesinos Socialistas de México (FECSUM) y del Movimiento Revolucionario del Magisterio (MRM), fundado por el profesor Othón Salazar, originario de Alcozauca, de la región más pobre del estado de Guerrero mejor conocida como La Montaña.

En cuanto a los 'principales' de los pueblos, Lucio estableció una relación muy estrecha con los comisariados ejidales, comisarios municipales, guardias rurales, (hoy denominada "policía comunitaria") y 'la gente grande' (equivalente a consejos de ancianos de las comunidades), que habían luchado en diversos movimientos por la repartición de la tierra acaparada por los caciques de la región de la sierra de Atoyac y la Costa Grande.

Genaro por su parte, transitó por distintos tipos de organización fundadas por él mismo, la Asociación Cívica Guerrerense, la Liga Agraria Revolucionaria del Sur 'Emiliano Zapata' (LARS-"EZ"), que inicialmente, "por razones tácticas" se convirtió en filial de la Central Campesina Independiente (CCI) oficial, es decir, como un medio para infiltrarnos en ese organismo – decía Genaro-, y detectar a los cuadros más honestos que estuvieran dispuestos a romper con las ataduras políticas que el partido oficial les imponía en perjuicio de los propios campesinos.[212]Aquella "alianza" duró menos de un año al percatarse Genaro de la falta de independencia de ese organismo respecto del Estado.

---

[212] Entrevista exclusiva a José Bracho Campos del 15 de abril de 2002. Señaló que Genaro, en reunión interna de militantes de la ACNR, así explicó los motivos de aquella alianza que para muchos parecía vergonzante.

Cada una de estas organizaciones respondía a sucesivas etapas de lucha que le tocó vivir y a condiciones particulares de concebir la lucha en cuanto al análisis de la realidad objetiva e ideología. El programa de cada una de ellas se derivaba de tales condiciones. Sin embargo, el hilo conductor de esta trayectoria fue la Asociación Cívica Guerrerense, a cuyos seguidores reconocieron como su líder indiscutible a Genaro Vázquez Rojas que transitó de una ideología nacionalista, en los términos de "los principio de la Revolución Mexicana" a otra de orientación "marxista leninista", al comprender que aquella "había muerto en manos de quienes ostentaban el poder".

Genaro fue fundador y dirigente de la Asociación Cívica Guerrerense (ACG) que en 1968 se transformó en la Asociación Cívica Nacional Revolucionaria ACNR. Lucio Cañas Barrientos por su parte fue fundador y dirigente del Partido de los Pobres (PdlP) y de la Brigada Campesina de Ajusticiamiento del Partido de los Pobres. Carmelo Cortés Castro,[213] por su parte fundó las Fuerzas Armadas Revolucionarias (FAR); Florencio Medrano Mederos,[214] mejor conocido como el "Güero Medrano" guerrerense también, fundó en el estado de Morelos el Partido Proletario Unido de América (PPUA) a través del cual promovió un importante movimiento de masas, que culminó con la fundación de la colonia "Rubén Jaramillo" en terrenos ejidales que se había adjudicado el ex gobernador del estado Felipe Rivera Crespo, ubicados al sur-poniente de Temixco, por cuya lucha fue perseguido y empujado a establecer una columna guerrillera en la sierra de Tuxtepec, Oax., donde fue cercado y muerto por el ejército mexicano en 1978. Diego Lucero, de la Liga Comunista 23 de Septiembre, José Luis Martínez de Cutzamala de Pinzón, Gro., del Movimiento Armado Revolucionario (MAR), y demás

---

[213] Originario de Atoyac de Álvarez, miembro de las Juventudes del Partido Comunista, fue estudiante de la Escuela Normal de Ayotzinapa, pero no concluyó sus estudios por haberse cambiado a la Universidad Autónoma de Guerrero, donde destacó como dirigente estudiantil al lado de estudiantes como Pedro Helguera Jiménez, entre otros, que posteriormente engrosaron las filas de la guerrilla, con quienes emprendieron una huelga en 1965 en contra de la reelección del Dr. Virgilio Gómez Moharro a la rectoría; movimiento que fue derrotado y en consecuencia, más de 150 jóvenes huelguistas fueron desalojados por grupos de choque y la policía para luego ser conducidos a la penitenciaría del estado como prisioneros de guerra; al ser liberado, se trasladó a la Universidad "Patricio Lumumba" de la ex URSS, de donde retornó directamente para integrarse a la guerrilla de Lucio Cabañas primero, y tiempo después, fundó las Fuerzas Armadas Revolucionarias (FAR).
[214] Originario de la Tierra Caliente del estado de Guerrero, al ser hostilizado entró en contacto con Genaro Vázquez y Lucio Cabañas de quienes recibió modestos apoyos materiales. Al ser empujado a la clandestinidad por la persecución policiaca del gobierno, se trasladó a China donde recibió preparación militar y asumió como estrategia de lucha "La guerra popular prolongada" de orientación maoísta. Su asesinato tuvo lugar en la sierra de Tuxtepec, Oax. Su derrota tuvo su origen en lo que parecía su fortaleza, es decir, el apoyo que logró de grupos de chicanos en los Estados Unidos; a través de los cuales, todo hace suponer que la CIA y la inteligencia militar mexicana pudieron infiltrarlo y facilitarles el aniquilamiento de aquel experimento guerrillero.

fundadores de éste que recibieron entrenamiento militar en Corea del Norte, al tiempo que otras organizaciones guerrilleras urbanas surgidas a principios de los años 70, fueron producto del repudio a las matanzas estudiantiles del 2 de octubre de 1968 y del 10 de junio de 1970, tales como el FUZ, los Lacandones, etc. Todos ellos diseñaron y ejecutaron su programa operativo reclutando gente, capacitándola en técnicas y entrenamientos militares y promoviendo "expropiaciones" -secuestros, asaltos bancarios, donantes esporádicos y donantes cautivos- que les permitieron financiar su movimiento.

Con esos fondos hacían aportaciones a las comunidades que los apoyaban, así como a sus integrantes -a los presos, a las familias de los caídos y a los combatientes que tenían compromisos familiares-, compraban armas, municiones y menesteres que les permitían ampliar su esfera de actividad y refugiarse del acoso de la policía y del ejército. Con lo hasta aquí expuesto, ya se puede adelantar, que la represión gubernamental no es efecto sino una de las principales causas de la inconformidad social.

El 30 de diciembre de 1962, la DFS –según consta en AGN-, informó detalladamente del acto de la ACG en Iguala, recorrido, mitin, oradores y la manifestación frente al Palacio Municipal que culminó con la matanza de ciudadanos indefensos, lo que significó "el tiro de gracia" a la lucha política por las vías democráticas. Previamente, el Procurador del Estado en turno, Juan Bello y Bello, antes de emprender la matanza consultó al Comandante del 6° BI. Gral. Jesús Betancourt sobre las fuerzas con que contaba y le informó que tenía 50 elementos vestidos de civil como guardias del edificio.[215] Ello refleja que se utilizaba ya al ejército en funciones que no eran de su competencia, tipificadas claramente de acciones "paramilitares" al margen de la ley.

Ese día 30 de diciembre de 1962, sucedió la matanza a que se ha hecho referencia. Los cívicos habían organizado una "parada cívica" frente al palacio municipal. Las gentes reunidas frente al ayuntamiento fueron rodeadas e infiltradas por la policía y el ejército, después vino la provocación[216] encabezada por Victórico López Figueroa (a) "El Cebollo", permisionario camionero y sobrino de Rubén Figueroa Figueroa, quien

---

[215] AGN. Expediente del CISEN: 100-10-161 legajo 11p. 268
[216] López, Jaime. *Op. Cit.* p. 48 e información confirmada en el Expediente del CISEN: 100- 10-16 I legajo 1/ p. 286. Tendido el cerco se aproximó a los manifestantes Victórico López Figuera (apodado El Cebollo, ex presidente municipal de Iguala, dos veces diputado local, regidor de policía y secretario de finanzas de la Liga de Comunidades Agrarias de Guerrero durante el gobierno del general Caballero Aburto "esgrimiendo una pistola y retando a un duelo a muerte al profesor Genaro Vázquez Rojas, presidente de la ACG) Al no encontrar respuesta, hizo disparos al aire: señal para que comenzara la matanza "

disparó su pistola al aire, como señal para que se iniciara la represión por parte de la policía y el ejército en contra la población, -aseguraron los entrevistados-.

El saldo fue de 7 muertos, 23 heridos y 280 detenidos[217] entre estos últimos, figuraba el Lic. José María Suárez Téllez, candidato a gobernador y el profesor Andrés López Velasco, candidato a presidente municipal para Iguala por parte de los cívicos, que protestaban por el fraude electoral que presuntamente se había cometido para desconocer sus triunfos. Testigos de la matanza informaron que el ejército y la policía judicial, después de rodear la plaza donde se encontraba el pueblo reunido elevando su protesta por los atropellos oficiales y el fraude electoral, descargaron sus armas indiscriminadamente contra los pobladores. Los muertos, los golpeados y los encarcelados superan en mucho las cifras oficiales.[218] Los agredidos fueron señalados como culpables y se les fincaron responsabilidades, principalmente a Genaro, por cuyos supuestos delitos, finalmente fue encarcelado en Iguala en 1966.

En ese mitin el gobierno comisionó a un agente de la PJE para que matara a Genaro, pero la gente cuando vio que un policía le iba a disparar se le adelantó, matando al judicial para luego proteger su huida y a partir de entonces quedó como fugitivo, convirtiéndose en leyenda[219].

Al respecto el profesor Andrés López Velasco recuerda en entrevista exclusiva, que la cárcel de Iguala estaba repleta de cívicos detenidos; algunos malheridos y otros muy golpeados. Pudo percatarse cómo hubo gentes que eran sacadas para ser torturadas y regresadas ya muertas; ni siquiera sabían armar sus mentiras, los presentaban a los medios asegurando que se habían suicidado, sin demostrar que hubieran tenido alguna huella de sangre por la supuesta lesión que ellos mismos se habrían causado. Las lesiones se las hacían cuando ya estaban muertos, por ello, ninguno aparecía con muestras de haber derramado sangre. Recuerda que cuando interrogaron a uno de los campesinos ahí detenidos le preguntaban, qué estaba haciendo en el lugar de la matanza y su respuesta fue: pasaba por la presidencia municipal y oí que hablaba uno de los oradores, que si triunfaba su lucha, a los campesinos que no tenemos tierra nos la

---

[217] AGN. Expediente del CISEN: 100- 10-16/ legajo 1/ p. 286
[218] Gomezjara, Francisco. *Op. Cit*. P. 290
[219] Gómezjara, Francisco, *Op. Cit*. p. 292. Después de aquellos hechos de sangre "En lo personal -relata Genaro-, recorrí el país y trabajé como jornalero en los campos de Sinaloa y algodoneros en Sonora. En esas entidades hice contactos con grupos campesinos que luego crearon la Central Campesina Independiente." En efecto, en el mes de enero de 1963 participa en la formación de la CCI y después, en abril del mismo año, en la Junta Nacional Organizadora del Frente Electoral del Pueblo, ambos impulsados por el Partido Comunista.

darían; eso me interesó porque yo no tengo ni en qué caerme muerto; pero luego en seguida empezaron los balazos, de entre la gente del pueblo unos sacaron palos, otros, piedras y algunos hasta pistolas para tratar de defenderse. ¿Y tú qué sacaste? "Yo sólo saqué este santo chingadazo que traigo en la cabeza", señalándose la herida que tenía del lado derecho de unos diez centímetros.

En enero de 1963, las organizaciones campesinas disidentes en el país conformaron la Central Campesina Independiente (CCI) como alternativa a la CNC. Los Cívicos participaron en la creación de dicha central con las siglas de Núcleos Campesinos del Movimiento Cívico de Guerrero. Poco después, el 10 de abril de 1963 la CCI decidió participar en las elecciones presidenciales con la candidatura del líder agrarista Ramón Danzós Palomino, en alianza con el Partido Comunista Mexicano (PCM), el Partido Popular Socialista de Lombardo Toledano, entre otros. Los Cívicos se incorporan a esta corriente y junto con otras fuerzas formaron el Frente Electoral del Pueblo.

Ser disidente en ese tiempo era considerado por el Estado como sinónimo de "subversivo"[220] Por lo que, quienes participaban en la campaña del Frente Electoral corrían el riesgo de ser detenidos. Ese fue el caso, por ejemplo, de Octaviano Santiago Dionisio[221] (quien posteriormente se incorporó a las filas del Partido de los Pobres comandado por Lucio Cabañas, debido a la persecución permanente a que estaba sujeto, habiendo participado en algunas acciones, como el fallido secuestro del Ing. Jaime

---

[220] Martínez Cruz, José. Entrevista del 23 de abril de 2004 con Santiago Dionisio, Octaviano. "Es en los años de 1963 y 64 cuando yo me integro a este torrente nacional de condenas a la imposición, a la anti democracia y es en ese marco de participaciones cuando empezamos a ser víctimas de la persecución, de la represión y de las detenciones que se daban de manera permanente contra los disidentes. Ser disidente en aquellos años era una situación bastante delicada que te acercaba a la represión directa y más que disidente a nosotros se nos denominó siempre con un calificativo que hoy rara vez lo escuchas, el asunto de la subversión, nosotros éramos subversivos. Ser disidente era sinónimo de ser contrarios al Estado Mexicano y de tener nexos de alguna manera, con los grupos del comunismo internacional, porque así se nos decía, así se nos acusaba; se nos acusaba inclusive directamente de ser agentes de potencias extranjeras, y a lo mejor sometidos a un régimen salarial y que por ello estábamos obstaculizando las acciones del régimen mexicano, cosa que nunca fue cierto, que bueno, era parte del discurso justificador de la represión."
[221] Martínez Cruz, José. Entrevista del 23 de abril de 2004 con Santiago Dionisio, Octaviano. "Recuerdo que las primeras detenciones ocurrieron cuando andábamos haciendo pintas a favor de la candidatura de Danzós Palomino o cuando andábamos denunciando acciones de los cacicazgos locales por la explotación irracional de la madera en aquellos años, por los precios bajos a los productos de la región, específicamente la copra y el café, por el abuso policiaco permanente; entonces, salir a la calle de día era una locura, teníamos que andar en las noches, teníamos que andar en las madrugadas y brigadas grandes para que pudiéramos esquivar la detención. Pintábamos de noche, distribuíamos los volantes de noche y aún así tuve mala suerte para mis acciones y siempre casi caía detenido. He dicho de manera general, porque hasta la cuenta se pierde a veces porque yo caí aproximadamente entre ocho y once veces sin contar las grandes, las grandes detenciones que ya me involucraron en la disidencia armada en un momento y otra en la política de venganza de Rubén Figueroa, Figueroa."

Farill Novelo de Acapulco, por cuya acción cayó preso en la cárcel municipal de ese puerto en 1972).

En 1963 se produjo un distanciamiento entre los Cívicos y el Partido Comunista al que pertenecía Lucio, quien fue encargado por ese partido para que organizara en Guerrero la Central Campesina Independiente (CCI)

En octubre de 1964, la Central se escindió en dos fragmentos que reivindicaron ambos el mismo nombre, una controlada por al ex gobernador de Baja California Braulio Maldonado, como parte de una táctica de reacercamiento a las filas oficialistas, y otra controlada por el PCM; los sectores campesinos guerrerenses ligados a los cívicos se incorporaron a la primera facción. El mismo año la ACG decidió reestructurar sus fuerzas campesinas en Guerrero, fundando en un primer momento la Liga Agraria Revolucionaria del Sur "Emiliano Zapata."[222]. Lucio, por razones de militancia política, obviamente apoyó la fracción que se adhirió al PCM. Esta escisión marcó una distancia entre Lucio y Genaro que duró hasta su muerte.

Al respecto Genaro Vázquez Rojas en 1963, después de la matanza de ciudadanos indefensos frente al Palacio Municipal de Iguala, Gro., del 30 de diciembre de 1962, puntualmente denunciaba que su único delito fue el haber protestado por el fraude electoral del 2 de diciembre de ese año, pero que, para justificar la represión se levantaron diversas intrigas contra el pueblo guerrerense, calificándonos de comunistas; luego, de ser un "pueblo rebelde (…) repitiendo la vieja cantaleta de siempre (…) que somos un pueblo ingobernable (…) hasta llegar al colmo de la mentira de los despechados enemigos del pueblo (…) una vez más la arbitrariedad y la injusticia que produjeron luto a los hogares guerrerenses, sacrificando gente humilde de nuestro pueblo, encarcelando y persiguiendo a todos los miembros de la Asociación Cívica Guerrerense (A.C.G.) que no habían cometido más delito que el de mantener vivo el ideal revolucionario de 1910 del "sufragio efectivo" sin imposiciones (…) Al ejercicio del derecho, el gobierno contestó con la violencia, tomando los ayuntamientos por asalto con todo lujo de fuerza de la policía, pistoleros particulares y el ejército, (…) violencia que define a los munícipes impuestos como ayuntamientos de Facto[223]. Con ello, Genaro pretendió demostrar que el señalamiento del "Guerrero ingobernable" más

---

[222] Bellingeri, Marco. *Op. Cit.* P. 140
[223] ACNR. *Documento interno.* Archivo privado. 19 de enero de 1963.

bien tiene su origen en esas arbitrariedades e injusticias cometidas desde el poder. Por lo que sostenía, que quienes se apartaban del estado de derecho no eran los "cívicos" o sea los ciudadanos disidentes, sino quienes detentaban el poder. Por eso habría que luchar hasta restituir la legalidad mediante la "instauración de un orden de vida social nuevo".

Los reportes de las protestas por parte de los "cívicos", de las detenciones de los que protestaban por el fraude electoral y de las acciones de la policía para entregar los ayuntamientos a las planillas del PRI, fueron continuas desde los días siguientes a las elecciones, hasta que las protestas fueron acalladas por el ejército bajo la práctica de tierra arrasada.

En esta secuencia de hechos represivos, se tienen por ejemplo, los siguientes reportes. El 2 de enero de 1963 se informó de la detención de 4 cívicos en Ixcateopan[224]; un día antes el ayuntamiento de Cuautepec fue tomado por elementos de la ACG y la procuraduría mandó a la policía para que le dieran posesión a los del PRI[225]. El 7 de enero se informó que varios municipios como Atlamajalcingo del Monte, Zapotitlán Tablas, Tlacuapa y Copalillo estaban en poder de la ACG[226]. Lo mismo en Cuautepec. Al mismo tiempo se informa de la detención de Rigoberto De la Fuente Garza y Pedro Cortés Bustos, en San Luis Acatlán.

El día 9 del mismo mes, nuevamente se ordenó la aprehensión de Genaro Vázquez.[227] El 22 de enero de 1963 fueron consignados 28 cívicos por la matanza del 30 de diciembre de 1962[228] y se giraron órdenes de aprehensión en contra de otras 6 personas incluyendo a Genaro. El 26 de enero, se dictó auto de formal prisión en contra de José María Suárez Téllez, candidato a gobernador por la ACG y otras 27 personas[229]; el último en abandonar la cárcel fue Suárez Téllez: el 26 de noviembre de 1963[230], casi un año después del encarcelamiento y el fraude electoral.

---

[224] AGN. Expediente 100-10-16/legajo 1/p.291
[225] AGN. Expediente 100- 10-16 / legajo 1/ p. 300
[226] AGN. Expediente 100- 10-16 / legajo 1/ p. 304
[227] AGN. Expediente del CISEN: 100- 10-16 / legajo 1/ p. 306
[228] Expediente del CISEN: 100-10-16/legajo 1/p. 322
[229] Expediente del CISEN. Son acusadas, junto con GVR las siguientes personas: Acuña Cornejo, Odilón; Adame Castrejón, Rafael; Adame Rangel, Ma. Elena; Aguilar Cruz, Ismael; Berumen Macedo, Pedro; Castro Ramírez, Ezequiel; Domínguez Basilio, Benito; Duarte Martínez, Isaías; García Jiménez, Ignacio; Hernán del Cornejo, Tiburcio; Hernández Obispo, Agustín; Lázaro Salgado, Maurilio; López Arteaga, J. Guadalupe; López Arteaga, Procopio; López Velasco, Andrés; Mejía Gutiérrez, Otilio; Obispo Hernández; Cástulo; Orduña Mejía, Carlos; Pérez Huicochea, Felipa; Pineda Vergara, Tomás; Ramírez Silva, Eulalio; Rangel de Adame, Simona; Román Salgado, Fausto; Salmerón, Israel; Santana Hernández, Columbo; Sotelo Hernández, María; Suárez Téllez, José María; Vergara Gil, Anastasio. 100- 10-16/ legajo 1/ p. 328
[230] López, Jaime. Op. Cit. p. 49

Entre marzo y abril de ese año, el ejército se encargó de la represión generalizada en el Estado "para restablecer el orden". Las aprehensiones, las torturas y los nuevos asesinatos por las fuerzas del orden se multiplicaron a lo largo y ancho de la entidad. En Chilapa, en San Luis Acatlán y en la Costa Grande, las cárceles se encuentran repletas de cívicos. [...] en la Costa Grande más de 400 viviendas habían sido arrasadas por los vehículos militares e incendiadas "para que sirva de escarmiento a la población y no volvieran a jugar contra el gobierno" -les advirtieron-. Con ello, quedaban más de dos mil familias en un absoluto desamparo[231]

El 1° de abril de 1963, los candidatos del PRI tomaban posesión entre bayonetas y protestas. En el lapso de marzo y abril de 1963, conforme a denuncia pública, el ejército aplicó la práctica de tierra arrasada. Entre otras comunidades en La Gusanera [hoy Santa Rosa], Papanoa, y Santa Lucía en Tecpan de Galeana. Lo mismo en Coatepec de los Costales, San Luis Acatlán y La Barra en la Costa Chica, en donde el ejército, con vehículos militares, arrasó con más de 400 viviendas que fueron incendiadas.

El 31 de julio de 1963, durante 10 horas los habitantes del poblado El Pacífico, de la Costa Chica fueron víctimas de una bárbara acción punitiva de fuerzas policiacas y militares que ejecutaron a 7 campesinos, hirieron a otros, violaron mujeres y, después de saquearlo, incendiaron el poblado antes de retirarse.[232] A tal grado de extremo terrorismo se llegó, que el ejército al mando del coronel Olvera Fragoso, al detener al dirigente cafetalero, apodado "El Tabaco" de El Ticuí, le arrancaron los testículos y la lengua, matándolo de manera extra judicial y abriendo su cuerpo en canal con las bayonetas.[233] Evidentemente de lo que se trataba era de sembrar el terror entre la población. Si esto no se le puede caracterizar como terrorismo de Estado, entonces no sabemos cómo llamarle.

En consecuencia, en octubre de 1963 cerró la única fábrica de hilados y tejidos del estado que existía en el poblado de El Ticuí, en Costa Grande. Algunos líderes obreros de esta fábrica también fueron asesinados por agentes policiacos, por órdenes de sus

---

[231] Gómezjara, Francisco. *Op. Cit*. p. 291
[232] Gómezjara, Francisco. *Op. Cit*. p. 293
[233] Bartra, Armando *Guerrero Bronco. Campesinos, ciudadanos y guerrilleros en la Costa Grande*. Op. Cit. p. 99.

107

propietarios, entre otros, David Flores Reinada, a quien Lucio menciona como uno de los antecedentes de las causas de su levantamiento armado[234].

La represión abonó la radicalización de los cívicos que andaban fugitivos y a que la militancia se hiciera cada vez más clandestina y, por tanto, sus estructuras internas se fueran cerrando. Por ese tiempo, un grupo de estudiantes y maestros guerrerenses radicados en la ciudad de México, interesados en formar un aparato organizativo partidario, formaron desde la Normal Nacional de México el grupo "Melchor Ocampo" que entró en contacto con agrupaciones "espartaquistas", desde donde influyeron en la formación ideológica de quienes pasaron a formar parte activa de la ACG. Se pudieron identificar entre otros, a José e Ismael Bracho Campos, Pedro y Donato Contreras Javier, Demóstenes Lozano Valdovinos y Fausto Ávila. Se reconoce que es a partir de aquí en que los cívicos empezaron a verse influenciados por el marxismo leninismo desde los planteamientos de José Revueltas que proponía la "nacionalización del marxismo", es decir, "un marxismo acorde a las condiciones concretas de nuestra realidad nacional alejado de todo dogmatismo". Pero también tuvieron influencia del pensamiento maoísta a través del grupo espartaquista. Después de la pugna chino-soviética los partidarios de la ACNR tomaron distancia de la posición china por considerarse que no contribuía a la causa antiimperialista.

En octubre de 1963, miembros de la ACG se reunieron en Iguala para analizar sus estrategias de lucha en las nuevas condiciones de persecución en que vivía el estado. Genaro propuso una "Nueva Ruta". En esta postura se planteaba ya una ruptura con el sistema. Si antes se buscaba un cambio por la vía democrática, ahora se sostiene ya que el camino electoral... era un engaño de la burguesía, y se proponía ya emprender una revolución popular que no significa cambios de personas al frente del gobierno de la burguesía, sino el cambio radical del régimen político y económico, que significa la instauración de un gobierno democrático y popular, en donde participen los trabajadores, los campesinos pobres, los intelectuales revolucionarios y las capas de la burguesía que coincida con los primeros; que significa el primer paso al socialismo.[235] Criticaba el oportunismo del PCM y a partir de aquí conformó el grupo "30 de Diciembre" como "núcleo de partido (..) cuya estructura más amplia descansaría sobre una especie de células clandestinas, llamadas a su vez comités de lucha, formadas por

---

[234] Suárez, Luis. *Op. Cit.* P. 57
[235] Gómezjara, Francisco. *Op. Cit.* 298.

108

un mínimo de tres militantes y un máximo de siete, cuya función hubiera debido ser organizar combates directos para objetivos concretos[236]. Esta nueva estructura tenía que operar bajo estrictas medidas de seguridad y en la clandestinidad.

Mientras el grupo de Genaro se radicalizaba al considerar que las vías electorales dejaban de ser una opción viable para el cambio, otro sector fue cooptado por el gobierno. Conforme a reportes de la DFS, el 29 de diciembre de 1963, "gente que antes eran agitadores de extrema izquierda" realizaron la II Gran Asamblea de la Asociación Cívica Guerrerense, en la que decidieron liquidar dicha Asociación y constituir en su lugar la Alianza Revolucionaria Guerrerense Pro Gustavo Díaz Ordaz.[237] Con tal propósito Blas Vergara abandonó la Liga Agraria Revolucionaria del Sur "Emiliano Zapata" al finalizar 1963, para constituir la Alianza Diazordacista Guerrerense, defección que le ganó pasar a trabajar en la Secretaria de Agricultura y Ganadería, en el Departamento de Reglamentos y Control de Caza. El Profr. Isaías Duarte Martínez, que también era de la ACG, pasó a trabajar a la Confederación Nacional Campesina (CNC) y luego se casó con la hija de Rubén Figueroa Figueroa, boda que le abrió las puertas del PRI para hacer carrera política, escalando diversos puestos "de elección popular" y en el aparato gubernamental. A estas personas las convencían de que bien podían seguir enarbolando sus inquietudes "pero desde dentro del gobierno", porque desde fuera podrían llegar a caer presos o muertos, sin lograr ningún beneficio para la gente que querían ayudar.

En Tierra Caliente la gente de la ACG constituyó la Asociación Cívica Revolucionaria Guerrerense, encabezada por Odilón Acuña Cornejo, allegado a Genaro Vázquez, y que fue uno de los aprehendidos durante la matanza de Iguala donde evidentemente fue cooptado por el gobierno, dado que al ser puesto en libertad, inmediatamente se puso a las órdenes del Gral. Baltasar R. Leyva Mancilla, entonces Presidente del Comité Estatal del PRI, prometiéndole lealtad a su partido. También Jesús Araujo Hernández, máximo dirigente del movimiento estudiantil universitario durante el movimiento de 1960, aceptó incorporarse al Tribunal Superior de Justicia, donde también hizo carrera política oficial, afiliándose al grupo caciquil Figueroistas. De esa manera se cooptaba a disidentes políticos distinguidos que habían militado en la ACG.

---

[236] Bellingeri, Marco. *Op. Cit.* P. 128
[237] AGN. Expediente del CISEN: 100-10-16/ legajo l/p. 378

En abril de 1964 la CCI organizó en Atoyac el Segundo Congreso Campesino de la Costa Grande donde se denunciaba el bajo precio del café y de la copra, debido al acaparamiento que hacían los caciques, la inoperancia del desaparecido Banco de Crédito Agrícola y los problemas forestales. Así mismo se manifestó que se obligaba a pagar a los productores de copra un impuesto adicional que les resultaba oneroso. En un mitin paralelo de los Cívicos en Tecpan, presidido por Antonio Sotelo Pérez, se denunciaba cómo el gobernador Abarca Alarcón esquilmaba a los campesinos en contubernio con los dirigentes copreros (priístas)[238]

De fines de marzo a fines de mayo de 1964, a pesar de existir órdenes de aprehensión en su contra, Genaro estuvo en el poblado de Santa María, municipio de Tecpan, en San Luis Las Lomas y en El Cubano. De allí salió rumbo a Acapulco y a Chilpancingo, donde en julio de 1964 realizó un mitin y luego fue detenido. Hay la versión de que la policía lo llevó a Taxco para echarlo al Pozo Meléndez, pero que fue rescatado por sus seguidores de manos de la patrulla que lo conducía antes de llegar a dicho lugar. Esa versión no se pudo corroborar. Ello significa que cualquier demanda ciudadana era considerada como un acto contrario a la estabilidad política y, por tanto, instigada por "ideas exóticas" propias del "comunismo internacional".

Dadas las condiciones de persecución y represión, Lucio Cabañas y Genaro Vázquez optaron por promover organizaciones para la lucha reivindicativa con nueva características.
En agosto de 1964 la ACG publicó en Iguala un manifiesto[239] en el que planteaba una nueva forma organizativa mediante comités de lucha clandestina[240] para llevar a cabo las tareas de propaganda, organización y dirección del pueblo. El enemigo ante quien es necesario llevar a cabo las acciones programáticas es el gobierno de cacique capitalista proimperialistas. Con ello se iba configurando una ideología anticapitalista y antiimperialista y formas incipientes de lucha guerrillera para hacerle frente a la represión.

---

[238] Bartra, Armando. *Guerrero Bronco. Campesino, ciudadano y guerrillero en la Costa Grande.* Op. Cit. P. 126
[239] Gómezjara, Francisco, *Op. Cit.* p. 302
[240] Gómezjara, Francisco. *Proceso de Genaro Vázquez hacia la guerrilla campesina.* En REVISTA MEXICANA DE CIENCIAS POLÍTICAS V SOCIALES; número 88, abril-junio de 1977. pp. 112 y 113.

El 9 de septiembre de 1964 la Dirección Federal de Seguridad (DFS) informaba al CISEN[241] sobre el referido manifiesto que estaba firmado por Genaro en el que a su entender, atacaba al Gobernador Raymundo Abarca Alarcón pidiendo su expulsión, la planeación científica de la economía, el rescate de la riqueza minera, el respeto a la vida política sindical, el reparto de latifundios, el rescate de riquezas madereras en manos de rapamontes (Sanromán y Melchor Ortega), la entrega de tierras a los campesinos, la alfabetización y el desarrollo cultural del pueblo[242]. Demandas que no tenían nada que ver con acciones de bandoleros o maleantes como ya se les empezaba a adjetivar.

Del 3 al 5 de abril de 1965, se realizó el Congreso de los Campesinos de la Costa Grande, organizado por la CCI para analizar los problemas de la región, entre los que destacaban para su solución: los precios bajos del café por el acaparamiento de que era objeto, los problemas crediticios con el Banco de Crédito Agrícola, la tala de los bosques sin control ni beneficio para las comunidades, la inoperancia del sistema de justicia.

El 8 de mayo de 1965, Raymundo Abarca Alarcón legaliza la represión en Guerrero con el Decreto No.29 de la legislatura del Estado, que establecía delitos que se equiparaban al de "disolución social" que ya existían a nivel nacional, con lo que se suspendían prácticamente las garantías constitucionales. En ese decreto se estipulaba que se castigaría con prisión de 2 a 12 años y multa de 10 a 10 mil pesos, a toda persona que difundiera o propagara una idea, programa o plan por cualquier medio y que tendiera a alterar el orden, la paz pública del Estado o a subvertir las instituciones jurídicas y sociales[243]. Por su parte el Comité Cívico Guerrerense, el 28 de septiembre de 1965, protestaba en la prensa local por la implantación de este Decreto[244] y nuevamente sus militantes fueron reprimidos.

Conforme a reportes de la DFS,[245] Genaro Vázquez participó en el Congreso de la Liga Agraria Revolucionaria del Sur "Emiliano Zapata" (LARSEZ), realizado en Atoyac el 4

---

[241] AGN. Expediente del CISEN:100-10-16/legajo l/p. 390
[242] Este reporte se corroboró recurriendo al archivo privado de la ACNR, donde aparece un ejemplar de ese manifiesto.
[243] Aranda, Antonio. *Los cívicos guerrerenses.* Ed. Luyse de México, 1979, p. 153, en Bartra, Armando, Guerrero Bronco. Campesino, ciudadano y guerrillero en la Costa Grande, *Op. Cit.* p. 133.
[244] AGN. Expediente CISEN 100- 10-16; legajo 2; p. 10
[245] AGN. Expediente CISEN 100- 10-16; legajo 2; p. 10

de julio de 1965[246]; y el 12 de septiembre de 1965 en el Primer Congreso Regional de la CCI en Martínez de la Torre, Ver., Genaro obtuvo un amparo y el 28 del mismo mes y año, presidió el acto inaugural del Congreso Campesino Exterior de la LARSEZ y de la C.C.I. en Iguala; y al día siguiente, comenzó a tramitar ante las autoridades los asuntos más relevantes que se trataron en dicho congreso. Lo que demuestra que, aunque Genaro ya hablaba de la necesidad de transformar a su organización para dar la lucha clandestina con el propósito de "lograr la instauración de un orden de vida distinto al existente", seguía creyendo en las instituciones al promover la solución de demandas reivindicativas, pero forzado a protegerse mediante amparos para evitar su captura.

En abril de 1966 los cívicos llamaban a constituir el Consejo de Autodefensa del Pueblo como organización amplia y coordinadora interinstitucional[247]. Este consejo se constituyó en Atoyac con la adopción de un **Programa de siete puntos** y la participación de otras organizaciones regionales: la Asociación de Cafeticultores Independientes; la Asociación Cívica Guerrerense; la Colonia 24 de febrero, de Iguala, la Liga Agraria Revolucionaria del Sur "Emiliano Zapata", la Unión Libre de Asociaciones Copreras. Entre los puntos de cohesión estuvo la defensa de las libertades democráticas, el reparto de latifundios y el rescate de los recursos forestales para los pueblos. Programa eminentemente reivindicativo que no tenía nada de clandestino ni de revolucionario, pero que a la postre, constituyó "la base programática" de su movimiento armado.

El 20 de febrero de 1966, Genaro presidió el primer Congreso de Copreros Independientes en Coyuca. Los maestros normalistas Ismael y José Bracho Campos, Filiberto Solís Morales, Roque Salgado Ochoa, Demóstenes Onofre Valdovinos, entre otros, se convirtieron en el eslabón organizativo. El 6 de marzo de 1966 Genaro realizó un mitin de la LARSEZ, todavía como filial de la CCI, pero que iba más allá de los límites que el régimen le imponía puesto que proponía el reparto agrario en el Estado. El 25 de mayo de 1966 la LARSEZ realizó su Congreso en El Paraíso, donde Genaro Vázquez emergió como Secretario del Consejo de Planeación Económica del Comité Ejecutivo de dicha organización.

---

[246] Radilla Martínez, Andrea. *Voces Acalladas (Vidas truncadas).* (s – e). México 2002. p. 64. Entre los convocantes al Congreso estaban Antonio Sotelo, Rosendo Radilla, Pedro Contreras, Demóstenes Lozano, José Bracho, Roque Salgado, Fausto Ávila y Genaro Vázquez.
[247] Bartra, Armando. *Guerrero Bronco. Campesino, ciudadano y guerrillero en la Costa Grande.* Op. Cit. p. 124

Por su parte, el 28 de marzo del mismo mes y año el entonces Capitán Fernando Gutiérrez Barrios, a la postre Subsecretario de Gobernación y responsable de todos los aparatos policiacos de represión y vigilancia de las organizaciones políticas disidentes reportaba,[248] que a esta reunión concurrieron mayoritariamente cafeticultores y que llegaron a los siguientes resolutivos: que en las 23 zonas de la sierra de Atoyac los productores industrialicen su producto, combatan los latifundios existentes y a los acaparadores de parcelas. En el programa de coalición, se convocaba a constituir el Consejo de Autodefensa del Pueblo. Firmaban, entre otros, Genaro Vázquez como Presidente de la ACG, Antonio Sotelo, como Secretario General de la Liga Agraria Revolucionaria del Sur "Emiliano Zapata"; Profr. Ismael Bracho Campos, como Presidente de la Unión Libre de Asociaciones Copreras; Pedro Contreras Javier, como Presidente de la Asociación de Cafeticultores Independientes.

Al día siguiente del Congreso, Pedro Cortés Bustos, fue asesinado por pistoleros del Gobernador de Guerrero. Cortés Bustos era, además, el Presidente del Comisariado Ejidal de San Luis Acatlán y Secretario de Acción Política de la LARSEZ.

El 20 de junio de 1966, Genaro participó en el Pleno Nacional de la CCI. Poco después, el 2 de agosto de 1966, junto con José Bracho Campos, Roque Salgado y Pedro Contreras firmaban un desplegado en contra del gobernador Raymundo Abarca Alarcón que para aquellos tiempos significaba, un grito de guerra que podía desembocar en la muerte o el encarcelamiento del disidente. Pedro Contreras en su carácter de dirigente del Consejo de Autodefensa del Pueblo, dirigió los festejos del 15 de Septiembre en Atoyac.

El 26 de septiembre, Genaro y Roque Salgado Ochoa encabezaron un mitin en Iguala por la ACG; pero, como había orden de aprehensión en su contra por la matanza del 30 de diciembre de 1962 en esa ciudad, se le persiguió pero logró huir.

El Consejo de Autodefensa del Pueblo adoptó el **Programa de los siete puntos** de la ACG y buscó vincularse con el Movimiento de Liberación Nacional (MLN), en cuya dirección Genaro Vázquez formó parte al tiempo que Manuel García Cabañas[249], primo de Lucio, reportaba al gobierno que éste se declaraba marxista, socialista ya desde que

---

[248] AGN. Expediente CISEN 11-136 legajo 13, página 232
[249] Suárez, Luis. *Op. Cit.* P. 32.

era estudiante de la Normal de Ayotzinapa y, que, cuando se formó el Movimiento de Liberación Nacional, también fue su militante. Esa acusación era grave en ese tiempo debido a la política anticomunista puesta en marcha por el Estado.

Genaro acudió a Atoyac a organizar el Movimiento de Liberación Nacional junto con el Lic. Braulio Maldonado que se asumía como hombre de izquierda pero "dentro de las instituciones"[250]. Sin embargo, el 9 de noviembre de 1966, Genaro fue detenido a las 14:00 hrs., al salir de las oficinas de esa organización en la ciudad de México por elementos de la DFS, en momentos en que en ese lugar, se encontraba el Ing. Heberto Castillo Martínez, uno de los principales dirigentes de esa organización. Su presencia en el lugar sirvió para que de inmediato se desplegara una gran campaña de denuncia de su detención para evitar que fuera asesinado.

El 13 de noviembre de ese año, el Consejo de Autodefensa del Pueblo de Guerrero realizó un mitin en Atoyac pidiendo la libertad de los profesores Genaro Vázquez y de José Bracho que también había sido detenido en Chilpancingo, Gro., al igual que los demás organizadores de las manifestaciones emprendidas en varias partes del estado. El 26 del mismo mes y años se realizó otro mitin convocado por la Liga Agraria Revolucionaria del Sur en la que además se pedía la libertad de Antonio Sotelo, Pedro Contreras y Fausto Ávila. A partir de estas fechas, uno a uno los dirigentes de la ACG eran detenidos y consignados al amparo del decreto que criminalizaba cualquier manifestación política contraria al gobierno.

El 14 de noviembre de 1966, se le decretó formal prisión a Genaro en Iguala por los delitos de homicidio, lesiones, resistencia de particulares, injurias, difamación, amenazas contra funcionarios públicos y agentes de la autoridad, derivados de la matanza de esa ciudad del 30 de diciembre de 1962.

Después de un mitin celebrado en diciembre de ese año en Chilpancingo, contra los desmanes e injusticias del gobierno, fueron encarcelados nuevamente los profesores Antonio Sotelo, Secretario de la Liga Agraria Revolucionaria del Sur "Emiliano Zapata"; Pedro Contreras, presidente de la Unión de Productores de Café; Fausto Ávila, miembro de la ACG, y cientos de hombres y mujeres... A los tres compañeros mencionados se les mantuvo presos por más de tres meses, sin permitírseles defensa

---

[250] Suárez, Luis. *Op. Cit.* P. 44

114

alguna.[251] Con ello el gobierno de Abarca Alarcón se proponía sembrar el terror entre los seguidores de Genaro, ordenado su encarcelación cada vez que se manifestaran públicamente para exigir su libertad.

3. La lucha armada como respuesta a la cerrazón política del Estado.

Desde la óptica de los dirigentes políticos disidentes de principios de los 60, entre ellos Genaro Vázquez Rojas y Lucio Cabañas Barrientos, la persecución, la represión y las frecuentes matanzas los obligaron a tomar el camino de las armas como medio de sobrevivencia primero, pero luego, para tratar de cambiar el sistema político, económico y social imperante. Para ejemplificar su dicho se remitían a las consumadas por el Estado durante la década de los años 60 y la permanente persecución desplegada en contra de los ciudadanos disidentes, incluso en contra de personas que en un momento dado, les llegaron a servir de aliados como fue el caso del dirigente de colonias populares del Puerto de Acapulco, Alfredo López Cisneros (a) El rey lopitos.

Conforme a reportes del CISEN, el 4 de agosto de 1967, fue asesinado Alfredo López Cisneros; era líder de la colonia La Laja y otras más que iba fundando en el puerto de Acapulco como medio de control político a favor del partido oficial: PRI y los designios de los gobernantes en turno. Y no obstante que el homicidio lo había cometido el comandante de la policía judicial identificado como "La Tuba" por órdenes del gobernador, se lo atribuyeron al también líder de colonias Antonio Diosdado Mendoza (089-R) que no era afín al gobierno. Sin embargo, el 13 de enero de 1968, fue sentenciado a 17 años de prisión, pena que no compurgó gracias a que "no fue integrada debidamente la averiguación –se dijo-, por lo cual, durante la reposición del proceso, el Tribunal Superior de Justicia no lo pudo inculpar y en marzo de 1971 tuvo que ser puesto en libertad, en momento en que La Tuba había denunciado haber asesinado al Rey Lopitos por órdenes del gobernador.

Ese asesinato oficial evidenciaba ya la política criminal del Estado, al recurrir incluso al asesinato hasta de quien en un momento dado, habían sido sus aliados en las tareas de fomentar el clientelismo político y la subordinación de las masas a favor del gobierno en turno. Y es que El Rey Lopitos había adquirido tal fuerza que había creado en su beneficio todo un poder paralelo en la ciudad y puerto de Acapulco.

---

[251] Gómezjara, Francisco. *Op. Cit*. p. 314. Manifiesto al pueblo de Guerrero y de México, 1967.

El 20 de agosto de 1967, fue consumada otra matanza. Ahora se trataba de copreros en Acapulco, instrumentada por policías y pistoleros del gobernador Raymundo Abarca Alarcón, respaldados por la dirigencia gremial oficial, quien –según declararon los copreros disidentes-, prepararon el enfrentamiento entre campesinos y utilizando a pistoleros profesionales para masacrar a los inconformes, entre otros, al temible "Sanatón"[252]. Según dicho de algunos de los sobrevivientes, la agresión se inició cuando un grupo de 800 copreros intentó entrar al recinto de la Unión de Productores de Copra de Guerrero, en donde había policías que disponían de un cuantioso arsenal de armas introducidas previamente. Esta gente se atrincheró en el edificio y comenzó a disparar contra los que estaban afuera, para impedirles su ingreso[253] Esta represión, arrojó un saldo –según parte oficial-, de 21 personas muertas y 37 heridos que fueron contabilizados en los hospitales del puerto de Acapulco[254], sin contar los que fueron llevados a su casa por sus familiares.

En ese acto, intervino el Ejército Mexicano después de haberse consumado la matanza mismo que reportó, que hubo los siguientes muertos: Martín Cabrera N., Eulogio Carmona Arredondo, Cornelio Carranza N., Arnulfo Erra N., Manuel Hernández N., Carlos Iturburo, Luis López N., Inocencio Murga López, Teódulo Murga N., cuatro personas no identificadas, un niño no identificado que vendía paletas, Gelasio Osuna Mendoza, Macario Osuna N., Gonzalo Soberanes Palma, Eladio Valdovinos N., Alberto Béjar González, Clara Verdeja N., Crescenciana Verdeja N. y Juan Zúñiga N.

Por su parte la fuente militar reportó que en tales "hechos sangrientos de los copreros" el saldo fue de 40 muertos y centenas de heridos, por los que se detiene a los hermanos Cruz[255] en la cárcel municipal del puerto de Acapulco. Los datos reportados por el general de Brigada Salvador del Toro, Comandante de la 27ª Zona Militar, coinciden plenamente con los que aportaron algunos de los sobrevivientes.

---

[252] Gómezjara, Francisco. *Aceites, jabones y multinacionales*. Ed. Nueva Sociología, 1978. Cfr. Artículo de Cárdenas T., Olga y José Félix Hoyo A. *Desarrollo del Capitalismo Agrario y Lucha de Clases en la Costa y Sierra de Guerrero*. Ed. UACH, Departamento de Sociología Rural, tomado de la Revista COYOACÁN, No. 13 julio-septiembre de 1981.
[253] Gallegos Nájera, Arturo. *La guerrilla en Guerrero*. Ed. LAMA, México, 2004, p. 26. Entre los pistoleros que participaron en esta matanza se señala a Constancio Hernández (a) El Zanatón
[254] Corresponsal. *Hubo 23 copreros muertos en Acapulco*. El UNIVERSAL (México, D. F.) 21 de agosto de 1967.
[255] AGN. Oficio 1228 del 14 de octubre de 1967 del General de Brigada Salvador Del Toro, Cmte. de la 27a. ZM al Srio. de la MGB (75/230/48)

A partir de 1967, portar propaganda o hacer pintas en la pared con mensajes políticos, tenía por consecuencia ser detenido y consignado. Es el caso de Delfino Reyes, quien por llevar propaganda fue consignado e igual suerte corrió Donato Contreras Javier, por hacer pintas en las paredes; ambos fueron detenidos el 3 de septiembre de 1967. Donato fue consignado al día siguiente por los delitos de injurias en contra del Gobierno del Estado y daños en propiedad ajena. Fue trasladado a Tecpan. En ese momento todavía seguían presos en la cárcel de Techan, Juan Reinada y Gabino Hernández, por la matanza del 18 de mayo de 1967 en Atoyac, a pesar de que los autores materiales habían sido los propios caciques que dispararon desde las azoteas de sus casas; al tiempo que, en la cárcel de Iguala se encontraba Genaro Vázquez y en Chilpancingo, Pedro Contreras, Antonio Sotelo y Fausto Ávila, destacados dirigentes de la A.C.G.

El 18 de mayo de 1967 se consumó otra matanza, esta vez en Atoyac de Álvarez. Lucio fue invitado por los padres de familia de la Escuela Primaria "Juan N. Álvarez" de esa población a participar en el mitin que realizarían frente a la escuela, lugar que a la vez limita con la explanada del palacio municipal. Los organizadores temían ser reprimidos debido a que los caciques del lugar, habían propalado rumores en el sentido de que habría muertos si se realizaba el mitin, porque no permitirían que cuestionaran la actuación de la directora, con amplia trayectoria de subordinación a los intereses de los caciques cafetaleros y del gobierno del estado. Se asegura que era muy estimada por el gobernados del estado.

El problema podría parecer intrascendente si tomamos en cuenta que los padres de familia se inconformaban entre otras cosas, porque a sus hijos se les exigía que asistieran a la escuela vestidos con ropas caras como lo hacían los de los caciques; pero tratándose de niños de escasos recursos económicos se puede entender la razón de su inconformidad. La maestra Julieta Paco Piza aseguraba que de esa manera se evitaría que los niños desde esa edad se formaran en la idea de que existen desigualdades sociales, porque en el futuro podrían generar problemas sociales de inconformidad.

El mitin se llevó a cabo, pero en el momento en que Lucio tomó la palabra, empezaron a escucharse muchos disparos de arma de fuego desde las azoteas de los edificios circunvecinos, matando a hombres mujeres y niños sin ninguna compasión. Comentaron varios testigos presenciales, que Lucio salió huyendo protegido por las señoras del mercado, al tiempo que una mujer embarazada moría a manos de los agentes de la policía judicial, en venganza porque ella a la vez, -aseguraron-, asesinó con un "picahielos"[256]. A uno de ellos, por haber asesinado a su esposo.

Entre los responsables de la matanza, los entrevistados identificaron, entre otros, a los caiques: Juan García Galeana, Donaciano Luna Radilla, Rosendo Serna Ramírez, Rosalino Sotelo Bustos, Agustín Mesino y Josefina Mesino (a) La "huevona" (todos ellos posteriormente fueron sometidos a juicios tanto por la guerrilla de Genaro como por la de Lucio). Entre los muertos fueron reportados, entre otros, Regino Rosales, Arcadio Martínez, Prisciliano Téllez, Donaciano Castro y la señora embarazada María Isabel Gómez y decenas de heridos. Se asegura que ya muerta la señora, aún se movía en sus entrañas el niño que no alcanzó a nacer.

A partir de ese momento Lucio se internó a la sierra para salvar su vida, no quedándole otro recurso que tomar el camino de la lucha guerrillera, teniendo que fundar a partir de ese momento, la Brigada Campesina del Partido de los Pobres (PdlP) que durante la década de los años 70, asestó innumerables bajas al ejército mexicano mediante emboscadas en varias partes de la sierra de Atoyac, tal y como lo reconoce la propia Secretaría de la Defensa Nacional[257].

Por su parte Genaro en junio de 1967, ya en la cárcel de Iguala, dirigió la conformación de su primer comando armado integrado por Roque Salgado Ochoa, José Bracho Campos, Donato y Pedro Contreras Javier, Filiberto Solís Morales, Abelardo Cabañas y Prudencio Casarrubias de Chilpancingo. Escogieron para establecer su campamento de entrenamiento, la huerta de café de la familia Contreras de San Vicente de Benítez, en la Sierra de Atoyac. Se hacían pasar como peones para la limpia de dicha huerta, siendo comisionado: Roque como primer responsable y Bracho como segundo (Ver anexo No. 10)

El 22 de abril de 1967, dadas las circunstancia de persecución de los dirigentes cívicos, Genaro Vázquez planteó reestructurar la ACG, a partir de considerar que correspondía ya a la heroica organización la ACG, reestructurar su organización (...) que debe estudiar la teoría revolucionaria del marxismo-leninismo y su método de análisis científico de la situación nacional para aplicarlos y guiarnos con ello en la práctica

---

[256] Pequeña varilla con punta muy aguda que regularmente servía para picar hielo y desmebrarlo.
[257] Velediaz, Juan. *La historia oficial: El capitán que mató a Lucio.* PROCESO No. 1355 del 20 de octubre de 2002. p. 11

diaria del combate que sostienen nuestras fuerzas revolucionarias, convirtiendo formalmente... a la ACG... en agrupación popular de partido".[258] Por primera vez, se introducía en los planteamientos de la ACG, el discurso marxista-leninista, sin caer en conceptos que, a manera de clichés, otras organizaciones utilizaban "para demostrar su carácter revolucionario y marxista". Por el contrario, Genaro recomendaba a sus seguidores que "al marxismo habría que digerirlo", es decir, analizarlo y comprenderlo para aplicarlo de manera creativa a nuestra realidad nacional, lo que implicaba, hablarle al pueblo con un lenguaje que nos entienda para que lo haga suyo[259]

En noviembre de 1967, el primer comando guerrillerote de la ACG, después de seis meses de entrenamiento en San Vicente y en las inmediaciones de El Paraíso, decidió realizar una "expropiación" (asalto) en contra del cacique Domingo Ponce Fajardo, un rico cafetalero de la región señalado como déspota por sus trabajadores. El propósito de quitarle dinero que sabían guardaba en una caja fuerte, tenía dos propósitos: por una parte adquirir recursos para resolver las necesidades del comando y por otra, serviría para "fogueo" de sus elementos. El cacique estaba en su "beneficio" de café en La Soledad, cerca de El Paraíso. Llegaron a robarle el dinero y las armas, pero se defendió. En el lugar murieron un trabajador de Domingo Ponce de nombre Pedro Pascasio y uno de los noveles guerrilleros que se hizo pasar por indito de la Región de la Montaña de nombre Prudencio Casarrubias, originario de Chilpancingo, quien se había unido al grupo de Genaro desde las jornadas de lucha electoral de 1962. El cacique quedó herido y murió cuando era transportado al hospital para ser atendido, al tiempo que el guerrillero era sepultado en el panteón del lugar como desconocido.

Ante las dificultades para la defensa legal de Genaro el comando planeó la fuga. Conforme al testimonio del Profr. Jorge Mota González, cuñado de Concepción Solís Morales, en casa de esta maestra se hicieron los planes. Allí se reunían Roque Salgado, Pedro y Donato Contreras Javier, una persona de apellido Monge (un ex guerrillero guatemalteco que después se supo fue utilizado por la inteligencia militar mexicana como infiltrado) y otro de apellido Zapata, Filiberto Solís Morales, Fausto Ávila Juárez, José Bracho Campos y Antonio Sotelo Pérez. En ese tiempo obtuvieron armas de parte de Adalberto Pliego en Cuautla y de un Señor Castillo del ejido Río Bravo, Tamaulipas, que en realidad se trató del luchador social Heberto Castillo Martínez, quien años

---

[258] Bellingeri, Marco. *Op. Cit.* p. 135. Carta de Genaro Vázquez del 22 de agosto de 1967.
[259] ACNR. Archivo privado.

después, reconoció que él personalmente trasladó las armas en su coche desde Tabasco para dárselas a gentes de Genaro y el apoyo que le brindó también el Doctor José Gutiérrez Martínez que trabajaba en el nosocomio de Ixtapaluca, Edo. De México. Hay quien asegura que por razones que se desconocen, Rubén Figueroa Figueroa también aportó algunas armas, pero sin imaginarse siquiera el uso que se les darían o que su proceder respondía a las contradicciones que se daban entre los grupos caciquiles existente en el estado creyendo tal que de esa manera tendría influencia política sobre Genaro.

El comando se trasladó a Iguala pero su primer intento de excarlar a Genaro falló. En el segundo, el comando finalmente lograría su liberación. Previamente habían robado un taxi para tal propósito en Pachuca, Hidalgo, gracias a que Donato Contreras Javier conocía muy bien el lugar por haber estudiado en la Normal Rural de El Mexe, Hgo.

El 22 de abril de 1968, a las 11.00 hrs., un comando armado libera a Genaro Vázquez Rojas cuando, fingiendo un dolor de muelas, era trasladado de la Cárcel Municipal de Iguala al Centro de Salud, custodiado por tres policías. El comando estaba integrado por Roque Salgado Ochoa como responsables, José Bracho Campos como segundo responsable, Ceferino Contreras Ventura, los hijos de éste, Donato y Pedro Contreras Javier; Filiberto Solís Morales -cuñado de Genaro- y Abelardo Velásquez Cabañas. Roque Salgado, que dirigió esta acción, fue herido en el estómago en el encuentro que tuvieron con los tres policías que custodiaban a Genaro, en el que dos de éstos fueron muertos al resistirse a ser desarmados y el otro, un judicial que vigilaba a distancia discretamente, resultó herido después que hirió a Roque. Liberado Genaro, tomaron camino hacia Icatepec al lado occidental de Iguala, donde el ejército les tendió una emboscada que dio como resultado la muerte de Roque Salgado Ochoa y Filiberto Solís Morales, cuñado de Genaro; pero también murió el campesino Erasmo Delgado Salgado que circunstancialmente prestó la bestia en que huyeron los fugitivos. Entre rocas y arbustos, también quedaron heridos José Bracho y el campesino Ceferino Contreras.

En Icatepec, después de aquel combate desigual, el grupo fugitivo rompió el cerco que el ejército les tendió. Según el parte militar, Erasmo Delgado quedó herido de una pierna por arma de fuego y tuvo que quedarse escondido cerca de Iguala en la cueva de

El Encinal[260] y a pocos metros del "Pozo Meléndez" de Puente Campuzano. En realidad se trató del campesino Ceferino Contreras. Su hijo Pedro Contreras reconoció que se quedó para cuidarlo, hasta que tuvo que retirarse del lugar al haber sido detectados por el ejército, no sin antes observar desde una montaña cercana la detención de su padre. La distancia en que fue la emboscada y el lugar donde lo detuvieron, hace suponer que Pedro hizo un esfuerzo sobrehumano para tratar de alejarlo e intentar ponerlo a salvo a través de la carretera federal que va de Iguala a Taxo, pero era tanta la persecución militar y policiaca que sus propósitos fueron infructuosos.

El 9 de mayo de 1968 el señor Ceferino fue detenido, cuando ya se encontraba en riesgo de contraer gangrena por la herida de bala que recibió en la rodilla en el combate de Icatepec. También fue herido en la cabeza José Bracho, que quedó inconsciente y para su fortuna, no fue visto por los soldados por haber caído en medio de algunas rocas del lugar. Cuando volvió en sí pudo escaparse y regresar en la noche a Iguala por el lado de la Colonia Guadalupe, donde la ACG contaba con muchos partidarios; de ahí, con la ayuda de algunos de sus compañeros, se trasladó a Sacacoyuca y un año después a su pueblo natal El Bejuco, Municipio de Coyuca de Benítez, para terminar de reponerse de la herida, hasta que fue llamado nuevamente por Genaro a la sierra de Atoyac.

El 14 de noviembre de 1968, después de la fuga de Genaro, el ejército se ocupó ya de lleno en la persecución de Genaro. En esa fecha se informa de una Operación militar conjunta que se puso en marcha por la 27ª y 35ª Zonas militares en los poblados de Campo Amor, Santo Domingo y Puerto del Gallo, pertenecientes a los municipios de Atoyac y Tlacotepec en contra de Lucio Cabañas y Genaro Vázquez, con el propósito de capturarlos vivos o muertos, pero fracasaron en su intento, no así en la captura y tortura de campesinos que les parecieron sospechosos de pertenecer a su grupo. Y es que la participación de guerrerenses en cada una de las etapas de lucha anteriores fue tan amplia, que buscarlos era –según lo reconoció en conferencia de prensa el general Hermenegildo Cuenca Díaz, Secretario de la Defensa Nacional-, "como buscar una aguja en el pajar"; consideraban a cualquier ciudadano como un colaborador en potencia tanto de Genaro como de Lucio.

---

[260] Ceferino Contreras, después de haber sido capturado, fue conducido al Cuartel de la 35ª. ZM de Chilpancingo, Gro., ahí le brindaron atención médica.

En entrevista tenida con el señor Cástulo Hernández, vecino de Huahuaxtla, Mpio. De Taxco, nos dijo que recuerda los acontecimientos del 22 de abril de 1968 en que se fugó Genaro, aseguró que: "Sí nos dimos cuenta del problema que hubo en el enfrentamiento en Icaptepec, entonces ya a las autoridades de aquí de Huahuaxtla les pidieron el auxilio; a la seguridad pública de este lugar la obligaron a seguir al ejército en busca de Genaro. Alguien tuvo la ocurrencia de burlarse del ejército y les informó que en mi casa se escondía un compañero de Genaro de nombre Andrés Hernández y luego llegaron como perros a buscarlo, exigían que lo entregáramos de inmediato antes de que procedieran contra nosotros. Y el único Andrés Hernández que había era mi hijo aquí presente, pero en ese tiempo apenas era un niño. Costó mucho trabajo convencer a los soldados y judiciales que rodeaban mi casa de que no había ningún otro Andrés". Esta referencia nos da una idea de la manera tan agresiva como se comportaban los agentes del Estado que trataban de aprehender a Genaro.

La organización guerrillera con la que operaron Lucio y Genaro, fue también diferente entre ellos: Para Genaro, la primera fase de lucha, la denominó de "autodefensa"; la interpretó como la etapa inicial de implantación, entrenamiento y sobrevivencia del grupo guerrillero frente a la persecución policiaca y militar originada por su fuga de la cárcel de Iguala, Gro., el 22 de abril de 1968. De allí se debía pasar a la acumulación de fuerzas y posteriormente a la ofensiva, hasta culminar con las acciones militares directas en contra del ejército, como medio de contrarrestar la represión generalizada que se daba principalmente en las zonas de influencia de la guerrilla. Por su parte Lucio, se conoció más por sus acciones militares de emboscadas directas al ejército que por sus planteamientos políticos.

Unos días antes de su muerte, Genaro comentó a algunos de sus compañeros, que a más tardar un año después se esperaba haber acumulado la suficiente fuerza para empezar a poner emboscadas al ejército y contrarrestar el terror que estaba sembrando en la sierra; de lo contrario, empezaremos a perder la confianza de nuestra gente[261]. Coincidentemente, antes de transcurrido un año, Lucio Cabañas, ya muerto Genaro, llegaba a la misma conclusión y ponía las primeras emboscadas al ejército en la sierra de Atoyac.

---

[261] Entrevista con José Bracho Campos del 15 de abril de 2002.

Algunos luchadores como Rico Galán y Heberto Castillo estando recluidos en Lecumberri y en especial el PCM, sostenían que la lucha de Lucio y de Genaro sólo provocaba más represión, sostenían que "aunque en sus documentos programáticos la ACNR planteaba objetivos de transformación social, en su estrategia de lucha no había mucha claridad entre los medios y los métodos que utilizaba, ya que éstos a su vez, se confundían con los objetivos que planteaba"; así, sus planes consistían en secuestrar a ricos y a políticos, realizar asaltos bancarios, considerados como "expropiaciones"-, (mismas que Genaro justificaba argumentando que es de justicia expropiar a los expropiadores de la riqueza que crean los trabajadores para la realización de la revolución que hará posible su emancipación política, económica y social)[262], y "ejecutar" a la gente que seleccionaban por diversos motivos, tales como: haber sido responsables intelectuales o partícipes directos en actos represivos contra el pueblo, como en el caso de los caciques de Atoyac, señalados como partícipes directos en la matanza del 18 de mayo de 1967.

A estos homicidios, tanto Lucio como Genaro los llamaban "ajusticiamiento de enemigos jurados del pueblo". La acción más espectacular de Genaro fue haber convertido uno de sus secuestros, en mecanismo exitoso de negociación que le permitieron liberar a nueve presos políticos y la "presentación ante jueces competentes" de más de 30 ciudadanos desaparecidos de su organización. Genaro, por razones tácticas, se movía con un reducido grupo de compañeros, que bien podían dispersarse sin dar un blanco fijo al ejército; lo mismo aparecía en la sierra de Atoyac que en la región de La Montaña, Tierra Caliente de Guerrero o en casas de seguridad en diversas ciudades fuera de la entidad; lo que le permitió eludir las ofensivas militares y policiacas, pero también a quedar expuesto a alguna delación o a ser reconocido accidentalmente y a ser detenido o asesinado. El resto de la gente que invitaba eran simplemente elementos de apoyo. Por lo mismo, no es tan difícil identificar a quiénes fueron sus "milicianos"[263], entre los que podemos ubicar ahora, a algunos que también colaboraban de manera discreta con Lucio, en virtud de que ambos grupos guerrilleros operaban en la misma zona serrana. Su grupo se organizaba distribuyendo tareas especializadas. Su área de influencia estuvo en la Sierra, pero también operaba con grupos de apoyo en áreas urbanas.

---

[262] Entrevista a Genaro en la Sierra de Atoyac, por la realizada ala Revista **_Por Qué?_** (México, D. F.) del mes de agosto de 1971.
[263] Se les llama así a los ciudadanos que se integraron a las tareas de la guerrilla como combatientes o colaboradores.

Y así lo reconoció Lucio Cabañas al enterarse de su muerte, en un comunicado desde la sierra de Atoyac cuando señaló: Yo le agradezco a Genaro la gran propaganda que hizo y la fe que sembró en el pueblo de que sí podía (desarrollarse) la guerrilla. Genaro sembró la fe de esa manera, no aquí en la región. Hizo algo más grande... nosotros sembramos la fe en la región y Genaro la sembró en el país y eso es bueno notarlo[264]

Lucio con ello reconocía que, antes de la muerte de Genaro, su radio de acción se circunscribía a la zona de la sierra de Atoyac, misma que a la muerte del segundo la proyectó a nivel nacional, al convertirse en "el nuevo líder guerrillero indiscutible". En su comunicado también dejaba entrever la distancia que entre ambos tenían. Genaro cuestionaba a Lucio por considerar que su lucha estaba subordinada a una dirección burocrática ubicada en al ciudad de México, refiriéndose al Partido Comunista Mexicano, quien lo convertía en un simple grupo de presión para negociar cosas; al tiempo que Lucio desconfiaba de Genaro por creer que en el fondo terminaría por transigir con el Estado. Hay algunos de sus seguidores que hasta la fecha sostienen esa falsa percepción. Sin embargo, podemos deducir, que no obstante las desconfianzas recíprocas propias de la época, las guerrillas de Lucio y Genaro profesaban una misma ideología, pero eran grupos diferentes.

La guerrilla en el estado de Guerrero como movimiento social, se cohesionó en torno a dos liderazgos muy fuertes, el de Genaro Vázquez Rojas y el de Lucio Cabañas Barrientos[265] que se convirtieron en sus figuras centrales. La carencia de un liderazgo sustitutivo que los reemplazara, terminó siendo la gran debilidad del movimiento social que encabezaron, ya que la muerte de ambos se asoció con la derrota militar de sus organizaciones, que entraron en un proceso de descomposición y algunos de los sobrevivientes de ambos grupos guerrilleros, se convirtieron en "parias"[266] que atomizaron su actuación, al tiempo que otros, hicieron serios intentos de reconstrucción orgánica para unir esfuerzos hasta arribar a la constitución más de veinticinco años después, a la formación de nuevas organizaciones guerrilleras agrupadas en torno al

---

[264] Suárez, Luis. *Op. Cit.* p. 62
[265] Weber, Max. *El político y el científico,* Ed. Coyoacán, S. A. de C. V. México, 969. pp. 7-60. Se toma el concepto de líder carismático en los términos que lo define Max Weber para reconocer el liderazgo de Lucio Cabañas y Genaro Vázquez.
[266] Diccionario Larousse de la Lengua Española. 1990. Se usa el concepto en el sentido de como lo defiende el Diccionario de la Lengua Española; es decir, como "persona excluida de las ventajas y el trato de que gozan las demás". Personas que para sobrevivir se vieron en la necesidad de recurrir a robos a establecimientos sin ninguna connotación política.

Ejército Popular Revolucionario (EPR), el Ejército Revolucionario del Pueblo Insurgente (ERPI), entre otros[267]. Sin embargo, la guerrilla, después de la muerte de Genaro y de Lucio, entró en un proceso recesivo de derrota militar más no política, si tomamos en cuenta que sus planteamientos políticos siguen teniendo aceptación como los relacionados con el combate a la explotación capitalista, la falta de democracia, entre otros que son enarbolados por las nuevas y viejas organizaciones derivadas de aquellas, sean en la lucha legal o ilegal. Hoy al menos, aquella lucha dejó de vérsele por muchos como una acción de maleantes, agitadores profesionales, agentes de Moscú.

El tipo de liderazgo de los dos dirigentes que encabezaron la lucha guerrillera, imprimió un carácter específico a cada grupo. Genaro tenía un liderazgo indiscutible ganado a pulso durante los diversos movimientos de masas en que se vio involucrado. Del conjunto de documentos, pronunciamientos, discursos, declaraciones, etc., consultados, se desprende que fue fiel intérprete de los momentos políticos que le tocó vivir y ejerció un fuerte poder de convencimiento y de convocatoria. Las circunstancias en que desarrolló su actividad le permitieron fortalecer sus dotes de liderazgo político. La participación que tuvo en los diversos escenarios y la falta de prudencia en asuntos que debían ser manejados en la clandestinidad ya en la etapa de lucha guerrillera, evidentemente tuvo por consecuencias que muchos de sus seguidores más cercanos en su mayoría fueran detenidos, torturados, desaparecidos o asesinados.

Genaro en cada una de sus comparecencias ante algunos medios, permitió la toma de fotografías de él y cada uno de sus compañeros que luego sirvieron al ejército, el CISEN, la DFS y demás aparatos de inteligencia para identificarlos a la hora de que fueron detenidos. Y no sólo eso, también les facilitó la identificación de sus familiares y colaboradores, de los cuales, muchos hasta la fecha siguen desaparecidos después de haber sido sometidos a tortura y/o detenidos en cárceles clandestinas; sólo algunos de los milicianos de Lucio ya aparecían con el rostro cubierto para cubrir su identidad. Por ello, sin lugar a dudas, el 1º de enero de 1994, los miembros del Ejército Zapatista de Liberación Nacional (EZLN) ya no actuaron de la misma manera, se dieron a conocer pero siempre encapuchados y lo mismo hacen los miembros de las demás organizaciones guerrilleras actuales.

---

[267] Ejército Revolucionario del Pueblo (EPR *Comunicado,* Revista *POR ESTO* (México, D. F.) aparecido el mes de octubre de 1996, donde explican sus raíces y. las causas de su lucha.

La forma en que fueron combatidos tanto Lucio como Genaro tuvo rasgos distintivos. Pero a ambos les aplicaron las mismas estrategias militares en su persecución, entre las que se lograron identificar tenemos: la *Rastrillaje,* la *Amistad* y la *Telaraña,* cada una de ellas el ejército las denominó *"Operaciones,"* con características particulares pero siempre con el propósito no sólo de capturar a los dirigentes guerrilleros sino también de sembrar el terror entre los habitantes de las zonas de influencia guerrillera y de apoyo externo para escarmiento.

A Genaro lo persiguió el Ejército en las dos sierras -de San Luis Acatlán y de Atoyac- a través de tres de "operaciones militares" *"fases I y II".* En las ciudades y poblaciones fue perseguido a través de la Dirección Federal de Seguridad (DFS) y sus grupos selectos de paramilitares agrupados posteriormente en la llamada Brigada Blanca.

Genaro nunca golpeó al ejército de manera directa y planificada, debido a que para 1972 en que murió, apenas se preparaba "para entrar a la ofensiva con acciones de emboscadas para el siguiente año" -según declaró a algunos de sus seguidores-. Sin embargo, hay registros de cuatro enfrentamientos en los que Genaro se vio involucrado, pero sólo para romper el cerco militar que se le había impuesto, como en los casos de: a) Icatepec, cerca de Iguala, el día de su fuga, con un saldo de tres muertos del lado de Genaro y dos de sus atacantes; b) La emboscada en El Refugio; c) La de La Peineta; y d) El de las Trincheras.

Se tiene la percepción de que el ejército prácticamente no le desapareció gente a Genaro. Los que figuran como desaparecidos, en su mayoría más bien pudieron haber sido ejecutados en el mismo lugar donde fueron detenidos por la DFS y el ejército, como en el caso de los seis campesinos de La Peineta hasta la fecha desaparecidos, donde la versión oficial argumentó que murieron debido a supuestos enfrentamientos con "las fuerzas del orden". De esa manera se pretendió justificar el asesinato o la desaparición forzada de disidentes políticos y combatientes guerrilleros como forma de eludir la responsabilidad del Estado en aquellos crímenes: sin embargo, la información obtenida en los archivos del CISEN, lo desmienten al constatar que la DFS fue la responsable de aniquilar a los grupos abastecedores y de logística que la ACNR tenía en cada pueblo, en la ciudad de México y en otras ciudades, donde operaba Genaro; ahí aparecen la mayoría de ellos con la denominación de "miembros de la guerrilla urbana" o "miembro de la guerrilla rural"; al tiempo que el núcleo guerrillero en sí, era combatido por el ejército mexicano en la sierra de Atoyac y la Región de la Montaña. En todos los expedientes aparecen sus fotografía tomadas en cautiverio, pero en los informes oficiales siempre negaron su aprehensión. Cabe destacar que mientras en los informes clasificados a los combatientes seguidores de Lucio y Genaro les llamaba guerrilleros urbanos o rurales, a nivel público los señalaban como "bandoleros", "maleantes" "revoltosos o "facinerosos".

En ese contexto, Rubén Figueroa Figueroa, entonces senador de la república fue de los pocos que se atrevieron a reconocer en Genaro a un verdadero luchador social y que las causas de su rebeldía tenían su origen en la falta de sensibilidad del gobierno de Abarca Alarcón para atender sus demandas; al mismo tiempo acusaba a Lucio de cobarde y hasta de homosexual, por haber secuestrado al estudiante Cuauhtémoc García Terán, hijo del cacique Carmelo García Galeana de Costa Grande, señalado como partícipe en la matanza del 18 de mayo de 1967. Posteriormente Lucio también lo secuestró y lo orilló a reconocer que realmente enarbolaba una lucha reivindicativa y de transformación social. Con ello contradecía la caracterización gubernamental, de que se trataba de combatir a "maleantes", "gavilleros" y no de luchadores sociales, como en realidad lo fueron.

Hay que añadir que, según la opinión de diversos intelectuales interesados, la derrota militar de la guerrilla de Genaro y Lucio, puso de manifiesto la escasísima preparación ideológica de los integrantes de estas organizaciones, debido a que la mayoría de los combatientes eran campesinos con escasos estudios y sólo se pudo enumerar, la participación de algunos intelectuales que se integraron de manera esporádica o en tareas de apoyo; quienes depositaron en ambos dirigentes, la responsabilidad única de darle fundamentación teórica a su lucha.[268]

Al producirse las frecuentes detenciones de su compañeros, Genaro llegó a la conclusión de que era más seguro ser guerrillero del medio rural que del urbano, en virtud de que "quien se mueve en la ciudad no sabe si la persona que se le acerca es un agente policiaco que te va a atacar o un simple ciudadano". Admiraba la valentía de los guerrilleros urbanos por atreverse a operar en ese medio debido a los grandes riesgos

---

[268] En esta reflexión no se deja de lado el reconocimiento al nivel de preparación teórica de elementos provenientes del medio urbano, que tuvieron acceso a la teoría marxistas pero circunscritos al ámbito académico; lo que reflejó en muchos de los casos una interpretación del marxismo demasiado esquemática y hasta dogmática.

que a cada momento atravesaban. En cambio en el medio rural –decía-, "podemos detectar con mucha anticipación a nuestros perseguidores, gracias a los informantes que tenemos distribuidos estratégicamente en gran parte de la sierra". Sin embargo, siempre manifestó su gran admiración por la audacia guerrillera de los "Tupamaros" de Uruguay.

Hay referencias de que algunos guerrilleros y bases de apoyo que al parecer se quedaron con partes pequeñas o sustantivas de los recursos obtenidos a través de las "expropiaciones" y secuestros; otros, cuando se dio la dispersión tras la muerte de ambos lideres, continuaron utilizando los mismos métodos aprendidos en la guerrilla, pero en provecho propio que, en algunos casos documentados, podemos considerarlos como delincuencia del orden común. No se deja de lado también que hubo gente que participó con Genaro y que después de su muerte buscaron incorporarse a la guerrilla de Lucio, de Carmelo Cortés Castro, la Liga Comunista 23 de Septiembre o intentaron reconstruir su propia organización con escasos resultados, debido al desánimo que se percibía entre algunos de los promotores y la poca confianza que generaban los nuevos dirigentes que aparecían ante los ojos de los demás, como "incapaces" de estar a la altura de su líder Genaro Vázquez Roja o Lucio Cabañas, a quienes consideraban insustituibles. El simple hecho de que alguien surgiera nuevo líder, era tomado hasta como una ofensa a la memoria de sus antiguos dirigentes.

Sin embargo, nada de esto justifica, la criminalidad con la que el Estado mexicano actuó frente a guerrilleros y sus familiares, conocidos y colaboradores. Porque hasta los peores criminales tienen derecho al "debido proceso" ante tribunales competentes legalmente constituidos. Tampoco cabe descalificar el sentido de la lucha que estos movimientos recogieron del pueblo y de la especie de apostolado con el que -en mayor o menor medida- muchos de sus integrantes actuaron, motivados por un genuino interés de forjar un futuro más justo en nuestro país, al que caracterizaban como "La Patria nueva". Los combatientes guerrilleros consideraban un deber histórico entregarse en cuerpo y alma a la causa de la revolución.[269] Surgió una mística entre ellos que les permitía llegar hasta el sacrificio si era necesario "en aras de la causa".

---

[269] Miranda Ramírez, Arturo. *Op. Cit.* 119. "La familia piensa que al abandonarla para irse a la guerrilla es por falta de cariño o de responsabilidad", reflexiona, "y difícilmente llega a comprender que al revolucionario ya no sólo le duele el sufrimiento de su familia consanguínea, sino la de todas las familias que sufren miseria, hambre, desempleo, falta de atención médica, los miles de niños y jóvenes que carecen de oportunidad de ir a la escuela. [...] Esta es la nueva familia para el revolucionario. Quien no lo sienta así, que no engañe a los demás ni se engañe a sí mismo."

Del 23 de abril a fines del mes de septiembre de 1968, el grupo de Genaro pasó de Iguala a la Sierra de Atoyac. El 25 de abril, tres días después de la fuga, el Gral. De Div. Hermenegildo Cuenca Díaz, Secretario de la Defensa Nacional instruyó al comandante de la 35ª Zona Militar (ZM) con sede en Chilpancingo,[270] para que con las fuerzas armadas que operaban en la entidad sobre las Grutas de Cacahuamilpa y Pilcaya localizara y capturara a Genaro Vázquez Rojas que se evadió de la cárcel de Iguala. Los esfuerzos por interceptarlo conforme se desprende de la respuesta del General Larryva, comandante de la 24ª ZM de Cuernavaca a la Defensa Nacional (DN) I, resultaron infructuosos;[271] sin embargo, son rastreados con éxito y cercados en Icatapec, donde fue emboscado el grupo junto con Genaro. Al mismo tiempo en el río San Jerónimo que divide al estado de Guerrero y de México, en las inmediaciones de Cacahuamilpa, fue capturado un campesino que les pareció sospechoso a los militares de ser compañero de Genaro; lo obligaron a abrazar un tronco al cual clavaron de las manos para que no se les fuera a escapar, según dijeron. El vehículo donde lo trasladaron fue estacionado en el centro de esa comunidad al parecer "para que todo mundo se enterara", como un medio de intimidación a los pobladores.

Tras la emboscada del ejército en Icatepec contra Genaro, el grupo se dirigió con rumbo a Temazcalapa, de allí a Pachifia y luego a Apaxtla. Posteriormente cruzaron hacia el sur, pasando el río Balsas a la altura del lugar donde posteriormente se construyó la hidroeléctrica "El Caracol", para luego seguir el rumbo a Chapultepec, cerca de Tlacotepec, a donde llegaron en junio y establecieron su primer campamento durante mes y medio. Según declaró Jorge Mota González, ahí Genaro estuvo a punto de ser aprehendido cuando se encontraba oculto en la vivienda de un humilde campesino.

Mientras permaneció en ese lugar se dio a la tarea de elaborar su **Programa estratégico de los CUATRO PUNTOS** que pondría a consideración posteriormente en la reunión de "El Triángulo" o la Y Griega, cerca de Atoyac. El programa se proponía lograr: 1. El derrocamiento de la oligarquía, formada por los grandes capitalistas y terratenientes pro-imperialistas gobernantes 2. El establecimiento de un Gobierno de coalición compuesto por obreros, campesinos, estudiantes e intelectuales progresistas; 3. Lograr la plena independencia política y económica de México; 4. La instauración de un nuevo orden

---

[270] AGN. Telegrama 2418 del 25 de abril de 1968 (90/274/ f.12)
[271] AGN. Radiogramas 2406 y 2417 del 25 de abril de 1968 (90/274/ 11 y 13)

social de vida, en beneficio de las mayorías trabajadoras del país[272]. De lo que se trataba ahora ya no era de luchar por demandas reivindicativas que jamás tuvieron respuesta, sino de una lucha para conquistar el poder por le vía armada. La nueva propuesta del Programa tendería a resolver la contradicción entre los límites del Programa de los SIETE PUNTOS, que se emprendió para una lucha reivindicativa de los cívicos dentro de los límites de la lucha legal, frente a los nuevos retos que implicaba una lucha político militar para la toma del poder por la vía armada.

Desde Tlacotepec Genaro envió un artículo a la Revista *Por Qué?* a través del Profr. Jorge Mota González, -según declaró-, le llevó dinero de parte de su esposa Concepción Solís, al enterarse que se encontraba en ese lugar. En ese comunicado dio a conocer las razones de su fuga y lamentaba la muerte de Roque, Filiberto y José Bracho por creer que este último también había muerto. De allí pasaron a El Arrayán y posteriormente a la huerta de café que Pedro Contreras tenía en San Vicente de Benítez en la Sierra de Atoyac, donde se estableció el campamento de entrenamiento haciéndose pasar como peones. Allí formaron dos Comandos Armados, uno en San Vicente de Benítez y otro en las inmediaciones de El Paraíso.

En entrevista exclusiva hecha a Donato Contreras antes de morir,[273] comentó que después de la fuga, todos huyeron por donde les fue posible y que en su caso, fue precisamente un militar, familiar de un compañero cívico, quien lo ayudó a salir de Apipilulco municipio de Cocula con rumbo a Balsas, vestido como un soldado más del pelotón "que perseguía a Genaro" en la región.

Genaro convocó a sus seguidores después de su excarcelación a reunirse junto al entronque de la carretera federal Acapulco-Zihuatanejo, a la altura del crucero de la carretera que va a Atoyac; lugar mejor conocido como la "Y" griega o "El Triángulo", con el objeto de reestructurar la ACG. Fue allí donde tuvo lugar la primera reunión del grupo armado después de la fuga de Genaro, en la cual se definió la estructura militar y los nuevos mandos de su organización: un programa máximo conocido como los **'Cuatro Puntos'**, y el cambio de denominación de la organización[274] que pasó a ser: Asociación Cívica Nacional Revolucionaria -ACNR-, cuyo programa y estructura

---

[272] ACNR. Archivo privado.
[273] Castorena Noriega, Miguel Ángel. *La fuga de Genaro.* Entrevista. Semanario VÓRTICE (Chilpancingo, Gro.) Semanario del 14 de abril de 2002, pp. 7-8. Donato muere en junio del mismo año de un infarto al miocardio, dijeron los médicos legistas.
[274] Bellingeri, Marco. *Op. Cit.* P. 137

adquiría un carácter político-militar que se regiría por el principio de conspiratividad y de compartimentación cerrada entre sus militantes.

Conforme a la versión de J. Jesús Rebolledo Hipólito[275], Genaro ya en la sierra organizó su grupo con Militantes y Colaboradores. Dentro de los militantes estaban José Bracho y Samuel Adame que vivía en El Paraíso y Santos Méndez Bailón que vivía en El Zapote, por el rumbo de Coyuca de Benítez. Como colaboradores estaban él mismo (Jesús Rebolledo), Magdalena Hernández que vivía en El Paraíso, Ángel Gómez que vivía en El Ticuí, Rogelio Juárez Godoy que vivía en Atoyac, Tiburcio Flores que vivía en El Quemado, José Sandoval que vivía en Las Delicias, Natividad de Jesús y Eliseo de Jesús que vivían en Santiago de la Unión; se trataba de una organización frentista de carácter nacional a nivel de masas, con puentes organizativos con la guerrilla conformados por los Comités Armados de Liberación (CAL) y Comités de Lucha Clandestina (CLC), sujetos a un programa único. Los puentes entre los CAL y las masas serían los CLC de campesinos, obreros y estudiantes que promoverían desarrollar el PROGRAMA DE LOS CUATRO PUNTOS en el seno del pueblo, donde deberían actuar como cualquier ciudadano común. Sin embargo, la aplicación de la estrategia del Estado de "guerra de contrainsurgencia" hoy conocida como "guerra sucia", hizo que cualquier ciudadano que tuviera un comportamiento disidente, inmediatamente era aprehendido y hasta desaparecido, dificultándole a los CLC el funcionamiento esperado.

La nueva forma de lucha implicaba recurrir a otros mecanismos de difusión y penetración política entre las masas. Genaro concibió la necesidad de editar un órgano de propaganda para ser distribuido no sólo en la región de la sierra para ganar adeptos, sino también en el medio urbano.

Los hermanos Contreras manejaban en San Vicente de Benítez un mimeógrafo para reproducir la propaganda escrita que el grupo utilizaba para distribuirse en la Sierra.[276] Según J. Jesús Rebolledo Hipólito ayudaba a distribuir la propaganda a los comisarios ejidales para su distribución. Casi todos aceptaron.[277] También se incorporó Justina Ríos de San Vicente.

---

[275] AGN. Expediente CISEN 199-10-16, legajo 4. p. 4
[276] AGN. Expediente CISEN 100- 10-16; legajo 3; p. 230 -237. en el expediente de J. Jesús Rebolledo Hipólito
[277] AGN. Expediente CISEN 199-10-16, legajo 4. p. 4

Genaro estableció su primer Campamento Revolucionario denominado "José María Morelos y Pavón", dando como ubicación las Montañas del Sur, Guerrero, que en realidad no era ningún lugar específico sino donde se encontrara Genaro en ese momento; pero en este caso se trataba de El Cucuyachi, según reportes del CISEN[278], lugar localizado a 2 Kms. de Las Trincheras y después en El Refugio.

Por este tiempo se dio a conocer una carta enviada a los estudiantes de leyes de la UNAM de fecha 1 de agosto de 1968, expedido desde el campamento "José María Morelos" donde los llama a incorporarse a la lucha guerrillera. Y, en consecuencia, el 7 de febrero de 1969, aparecieron folletos reproducidos en mimeógrafo en la Universidad Juárez de Tabasco, firmados por Genaro Vázquez en que invita al estudiantado a participar en el movimiento armado[279]. Firmaban: Genaro, Donato Contreras Javier, Leonardo Jardín V., Abelardo Velásquez Cabañas, Pedro Contreras y José Martínez P.

Al respecto Isabel 'Cave' Pisa recuerda que durante la época de Genaro, éste formó dos comités de lucha el primero de ellos en El Cucuyachi, con armas elementales y otros en El Refugio y en Zacualpan y que en Santiago de la Unión tenía colaboradores pero no un comité propiamente formado.

Cuando Genaro formó la Asociación Cívica Guerrerense (ACG), prácticamente recorrió todas las comunidades y ciudades del estado. Pero en esta nueva etapa, tuvo que formar nuevos comités pero ya con un funcionamiento clandestino. Entre los que formaban el grupo clandestino se encontraban Justino Ríos y los hermanos Donato, Pedro y Villaldo Contreras, quienes elaboraban la propaganda en San Vicente de Jesús. Según datos del CISEN el 30 de septiembre de 1968, la Central Campesina Independiente (CCI). A través de un telegrama solicitó al entonces Secretario de Gobernación Luis Echeverría, que interviniera para que cesara la persecución de la partida militar acantonada en el poblado de El Paraíso, Mpio de Atoyac, contra el dirigente de esta organización Samuel Adame Flores, quien aún no formaba parte de la guerrilla sino que actuaba con respeto a las leyes que nos rigen[280].

---

[278] AGN. Expediente 100-10-16// legajo 2/ p. 132
[279] Cabe señalar que en esta etapa, cualquier joven que simpatizara con Genaro, por su propia iniciativa reproducía y distribuía de manera clandestina cualquier volante que llegara a sus manos
[280] AGN. Telegrama del 30 de septiembre de 1968 (75/230/594)

Samuel era un campesino muy querido por ser un "líder natural" que simpatizaba con la ACG; sin embargo, fue empujado a la guerrilla por la constante persecución de que era objeto.

La represión estaba a la orden del día a partir de cualquier calumnia que les levantaran los caciques beneficiadores del café de dicho poblado, según denuncias constantes de miembros de la CCI, que a la vez en ese tiempo aún lo eran también de la ACG.

Los campesinos denunciaron reiteradamente el secuestro de que fue objeto el campesino Francisco Guerrero Adame por los militares al servicio de los caciques, a quienes pretendían arrancarle declaraciones falsas contra Samuel Adame.

El 12 de enero de 1969, la Central Campesina Independiente denunció ante el Secretario de la Defensa Nacional Marcelino García Barragán, que el dirigente de la Región de la sierra Cafetalera de Atoyac Samuel Adame Flores, ejidatario de El Paraíso, que lucha contra los atropellos y abusos de ricos comerciantes, grandes acaparadores de parcelas ejidales, monopolistas de café, ganaderos invasores de tierras comunales, es hostilizado por el comandante de la partida militar de 'El Paraíso' por órdenes de los caciques; por lo que se pide cambien a este militar por otro oficial de mayor responsabilidad y que sea honesto"[281].

El 13 de junio de ese año, el Gral. de Brig. Juan Manuel Enríquez, comandante de la 27ª ZM contestó a través del oficio No.1277 donde señala que el día 11 se dirigió al Estado Mayor de la Defensa Nacional, donde turna la investigación sobre estas quejas: en su Oficio No. 5661 precisa que le preguntó al subteniente Efraín Méndez Gaona (4454372) por qué hostilizaba a Samuel Adame, su respuesta, obviamente fue, que esas denuncian "eran puras mentira. Que Adame era "simpatizador (sic) y colaborador de Genaro Vázquez Rojas". Que Adame estaba en la cárcel municipal de Tecpan desde el 17 de mayo de 1969 por una querella de los hermanos Juan y Sulpicio Araujo Carrillo, vecinos del poblado de El Paraíso, quienes lo acusaban de que Adame hacía labor de agitación, solivantando a algunas facciones y creando desorientación... en la Sierra de Atoyac. Que en una ocasión los Federales agarraron a su sobrino Francisco Guerrero por motivos que se sabía tenía relaciones con el maleante Genaro Vázquez y que

---

[281] AGN. Oficio 179 del 12 de enero de 1969 (76/231/195)

querían que les enseñara su escondite[282]. O sea que, a pesar de que el Subtte. Méndez Gaona decía que era mentira que lo persiguieran, con su informe confirmaba que era verdad que hostilizaban al dirigente campesino Samuel Adame, mejor conocido ya en tiempos de la guerrilla como "Chamel". Así mismo, pretendía desacreditar la denuncia "porque tiene un sobrino que tiene relaciones con Genaro". Al tener un pariente con problemas con la justicia se justificaba la persecución.

A fines de 1968 hubo diferencias entre Genaro y los Contreras. Éstos le exigían a Genaro la dirección total del grupo guerrillero, arguyendo sus méritos obtenidos al participar en el comando que logró su excarcelación,[283] y a que en sus parcelas se habían formado los comandos armados. Genaro exigía, por su parte la dirección para sí con el argumento de que el pueblo identificaba a este movimiento armado con el liderazgo que él había obtenido durante la etapa del movimiento cívico de masas y si fracasaban, la gente iba a asociar el fracaso con el de los cívicos y con él como su líder.

Debido a que Genaro estaba en minoría al interior del grupo, mandó traer para que se integraran José Bracho –que estuvo todo ese tiempo en recuperación-, y agregó a los campesinos Cliserio de Jesús y Eliseo de Jesús que lo acompañaron casi hasta su muerte; los profesores de educación primaria Fausto Ávila Juárez y Jorge Mota González; asimismo, al sastre Gregorio Fernández Brito. Ante la persistencia del conflicto, Genaro llegó a proponer una Dirección colegiada, pero las diferencias habían sobrepasado ya el límite de la negociación.

En enero de 1969, tras una discusión acalorada en una asamblea en La Peineta, donde incluso salieron a relucir las armas, los inconformes se retiraron de la ACNR: Donato y Pedro Contreras Javier y Abelardo Velásquez Cabañas quienes aseguraron que se alejaban pero que conformarían el "Grupo Guerrillero del Sur". Este grupo disidente, se reunió en marzo de 1969 en la ciudad de México en la casa de Gabriel García y de su esposa Andrea, para formar el "Comité Coordinador Nacional" del grupo que denominaron: "Fuerza Armada de la Nueva Revolución", según consta en un volante que dieron a conocer. Eran ya 8 participantes, entre quienes estaban Pedro Contreras y Jorge Domínguez (a) 'El Corp.'. Este grupo jamás logró operar en ninguna parte del país.

---

[282] AGN. Oficio 5661 del General de Brigada Juan Manuel Enríquez, Cmte. de la 278 ZM al Secretario de la Defensa M GB el 13 de junio de 1969 (76/231/193)
[283] Entrevista con José Bracho Campos. Guerrero, 15 de Abril de 2002. 1 Cassette de 60 minutos.

4. Las operaciones militares: *"rastrillaje"*, *"amistad"* y *"telaraña"* **similares a las de Vietnam**

La operación *"Amistad"* se distinguió porque el ejército llegaba a las comunidades "a prestar servicio social," consistente en dar consultas médicas y repartir medicamentos, embellecer escuelas, hacer corte de pelo, entre otras; pero al mismo tiempo realizaban tareas de inteligencia, interrogando de manera "amigable" a los habitantes acerca del paradero de Lucio y de Genaro y al mismo tiempo hacían estudio del terreno ubicando los caminos de acceso y los domicilios de sospechosos.

Por su parte con la *"Operación rastrillaje o rastrilleo"* los militares empezaron a desplazarse por las noches llevando como guías de manera forzada a campesinos de la región, para hacer aprehensiones de manera selectiva de todo aquel que les pareciera sospechoso o hubiese sido denunciado por los caciques como colaboradores de Genaro o de Lucio.

La *"Operación Telaraña"* tuvo como diferencia fundamental con las anteriores, el que agregaron la aplicación de las llamadas "aldeas vietnamitas" consistentes en concentrar a comunidades enteras de las zonas de influencia guerrillera en lugares sometidos al control militar, no permitiéndoles ninguna posibilidad de apoyo a la guerrilla. Paralelamente se sometió a tortura, desaparición forzada a cientos de personas a quienes regularmente los remitían a las zonas militares 27ª y 35ª con sede en Acapulco y Chilpancingo, respectivamente y al Campo Militar No. Uno. Toda la entidad estaba bajo control militar, figurando precisamente una gran telaraña por el número de destacamentos militares distribuidos estratégicamente.

Para las operaciones militares en contra de la guerrilla el ejército desde principios de los años 60 estuvieron orientados por las enseñanzas que recibieron policías y militares en diversas escuelas de guerra norteamericanas, tal y como se desprende del *"Análisis norteamericano de asuntos militares"*, donde se sostiene que existe desde entonces, un "MANUAL DE GUERRA IRREGULAR", contenido en el tomo II, del Ejército mexicano, subtitulado OPERACIONES DE CONTRAGUERRILLA O RESTAURACIÓN DEL ORDEN; basado en manuales estadounidenses aplicados contra movimientos guerrilleros en países como Vietnam, Grecia, Filipinas y contra El Che en Bolivia a finales de los 60, etc.[284]

En el párrafo 523 del manual de referencia se especifica, que la contraguerrilla tiene la responsabilidad de desplegar "una acción general, esto es, sicológica, política, económica y educativa, tendiente a neutralizar primero y a eliminar después a estos rebeldes desafiantes." La aplicación de las operaciones militares *"Amistad",* *"Rastrillaje"* y *"Telaraña"* en la sierra de Atoyac y la Región de La Montaña durante los 60 y los 70, tuvieron esas mismas características

El objetivo de las operaciones contraguerrilleras emprendidas por el ejército mexicano está señalado en los párrafos 531 y 532 del *Manual de guerra irregular,* donde se advierte que: "Toda operación de contraguerrilla tendrá como finalidad el exterminio de las fuerzas de traidores y enemigos a que van dirigidas". Esta definición ya implicaba un flagrante violación del Derecho Internacional que se dio en el marco de la "guerra sucia".

En el párrafo 551, define el funcionamiento de la contraguerrilla: como "aquellas (operaciones) que se conducen con unidades de personal militar, civil o militarizado en terreno propio para localizar, hostigar y destruir a fuerzas integradas por enemigos y traidores a la patria, que conducen operaciones militares con tácticas guerrilleras". En el párrafo 552 se señala que "Las operaciones de contraguerrilla comprenden dos diferentes formas de operaciones interrelacionadas que son:

a) Operaciones para controlar a la población civil (consistía en concentrar a poblados enteros en contra de su voluntad en lugares específicos, sin derecho a transitar libremente. Nadie podía salir sin el permiso de los militares)

b) Operaciones tácticas de contraguerrilla.

En la detección, persecución y combate a los grupos de Genaro y de Lucio en la sierra de Atoyac el ejército, las policías y los paramilitares pusieron en marcha también las enseñanzas que estaban recibiendo en las escuelas de guerra de los Estados Unidos para combatir la guerrilla; en ese contexto, tiene explicación la puesta en marcha de la

---

[284] Darrin, Word. *Renán Castillo y la doctrina paramilitar.* LA JORNADA (México, D. F.) POLÍTICA del 26 de junio de 2003, p. 26 de febrero de 2005.

"Operación rastrillaje" que en los expedientes consultados también aparece como *"Rastrilleo"* misma que el propio nombre indica el de "rastrillear" palmo a palmo la sierra "para acabar con los gavilleros" –aseguraban-.

Ante esa situación, la región se tornaba insegura para Genaro, por lo que Genaro tuvo que tuvo que salir de la zona de Atoyac, hecho que coincidió con el inicio de la campaña que el ejército realizó en esa zona para capturarlo. Y es que, el Estado Mayor de la Defensa Nacional había puesto en marcha la *Operación Rastrilleo o rastrillaje* para "peinar" regiones completas que abarcaban todo el estado, donde presumían que se escondía Genaro.

El 15 de mayo de 1969, el general de brigada H. Anguiano, desde Cutzamala de Pinzón, (región de la Tierra Caliente que limita con Michoacán), informaba al general Marcelino García Barragán respecto al dispositivo de tropa que participaba en la *"operación rastrilleo"*[285], dando detalles de sus acciones que confirman que la *"Operación"* no se limitaba a la sierra de Atoyac y la Región de La Montaña, sino a todo el estado.

Conforme al análisis que hace Lucio Cabañas, por estas fechas de mayo de 1969, se confirma también que el ejército inició un segundo tipo de campaña.[286] Aseguraba que para entonces "ya vinieron agarrando familiares y a torturar, y entonces se valieron ya de gavilleros para perseguirnos (se trataba de paramilitares conformados con temibles gatilleros de la región), como Chano Sequeiro" (Esto demuestra que las enseñanzas antiguerrilleras recibidas por los militares mexicanos en los Estados Unidos estaban poniéndose en práctica, en cuanto a cooptar maleantes de la misma región para involucrarlos en las acciones contraguerrilleras). "Nos echaron la gavilla –siguió diciendo Lucio-, nos pusiera emboscadas por San Martín, nos echaron a Israel Chávez, un primo mío que cargaba 5 con él, ó 4, para que nos buscara. También nos echaron a un mentado "Mezcalillo" (era un pistolero de los caciques de Atoyac que se disfrazaba de vendedor de mezcal en las comunidades de la sierra, para recabar información relacionada con los guerrilleros y luego trasmitirla al ejército) que nos buscaba con unos 7 hombres, aquí, por la Sierra de La Florida, es que ese señor era de por allí, creo, y es

[285]AGN. Radiograma No. 35 del 15 de mayo de 1969 (90/274 153)
[286] Por la información encontrada en los expedientes del CISEN se deduce, que desde el 14 de noviembre de 1968 ó desde el 15 de mayo de 1969 al 11 de abril de 1971, cuando Genaro Vázquez Rojas secuestra a Agustín Bautista comenzaron las detenciones sistemáticas de manera más agresiva.

pistolero del cacique Carmelo García" (uno de los responsables de la matanza de Atoyac del 18 de mayo de 1967). Entonces esos tres gavilleros nos buscaban, y luego intervino la Judicial: Judicial, gavilleros y ejército nos buscaban. Y empezaron a golpear y a torturar, y en ese tiempo fue cuando ya las cosas empezaron a ponerse feas contra los estudiantes; cuanto estudiante empezaba a hablar mal del gobierno, lo encarcelaban. Este fue el segundo tipo de campaña[287]

En denuncia hecha el 14 de junio de 1969 por los hermanos Agapito, Donaciano, Teodoro y Cirilo Teodoro ante la Procuraduría General de la República,[288] señalaban que el 3 de junio de 1969, a las 05.00 horas de la mañana fueron sacados por la fuerza de su domicilio por parte de la Partida militar destacamentada en "El Paraíso" comandada por el Subtte. Efraín Méndez Gaona (siempre el mismo represor), golpearon a su padre. Fueron llevados a la cárcel de El Edén donde ya se encontraba su hermano y Mauro Teodoro Guerrero. A las 14.00 hrs. fueron amarrados con reatas, los brazos a la espalda y enlazados del cuello y uno tras otro fueron conducidos a 'El Paraíso' a donde llegaron a las 19.00 horas.

Durante la mañana del día siguiente –siguieron diciendo-, fueron sometidos a tormento para que dijeran el lugar en que se escondía el "Toro Prieto", refiriéndose a Genaro Vázquez Rojas, persona que dijeron desconocer. Igualmente se quejaban de que se les despojó de dinero, alhajas y armas de fuego que no eran de alto poder.

A las 19.00 horas del día 5 –aseguraron sus familiares-, fueron conducidos a bordo de un jeep militar rumbo a Atoyac, en donde pasaron la noche siempre amarrados y sin permitírseles probar alimentos desde su detención. El día 6 fueron conducidos a la 27ª. ZM y el día 7 fueron puestos en libertad, al no encontrarles ningún delito qué perseguir; sin embargo, no escaparon a la tortura y a la humillación.

Frente a la llamada *Operación rastrilleo,* en julio de 1969, el grupo de Genaro tomó acuerdos "en los cuales se destacaba la necesidad de fortalecer el llamado "núcleo de combate armado de tipo móvil", que significaba fortalecer las líneas de abasto y

---

[287] Suárez Luis. *Op. Cit.* P. 72
[288] AGN. Expediente del CISEN. Denuncia 187262 del 14 de junio de 1969 (76/231/430 a 434)

desarrollar la preparación ideológica de los combatientes,[289] para no dar blanco fijo. Hacia agosto de 1969, intentó el secuestro de un usurero local y el "ajusticiamiento" de dos caciques acaparadores. Parece, sin embargo, que los resultados fueron decididamente desfavorables.[290] Según declaración posterior de José Bracho, el fracaso consistió en que los caciques lograron salir ilesos de la emboscada debido a que arrancaron su camioneta a toda velocidad y "pudieron saltar los obstáculos que les pusieron para luego alejarse en medio de ráfagas de rifles M2".

Este tipo de estrategia, de utilizar gavilleros y traficantes de drogas para enfrentar a la guerrilla y utilizar, adicionalmente a la reserva rural para espiarla desde dentro de las comunidades, se utilizó tanto para perseguir a Genaro como a Lucio, de la misma manera como se hizo con los guerrilleros en Centro y Sudamérica. La división interna de los pueblos que el propio gobierno ha promovido para garantizar su control, más la tortura y el asesinato, formaron parte de este esquema utilizado por el ejército.

El 8 de noviembre de 1969, se denunció ante el agente del Ministerio Público de Tecpan[291], que las dificultades entre ciudadanos del ejido El Molote y de El Paraíso se debían a que el señor Jorge Bautista quería cultivar droga y amapola y, como los vecinos del lugar no aceptaron, acusó a la gente de El Molote de dar de comer a Genaro Vázquez, cuando pasó por allí. Alejandro Simbras Bernal, soldado de la 1ª. Reserva Rural de El Molote, con sus compañeros reservistas tuvieron que acudir a El Paraíso al llamado de la Partida Militar, para responder de dicha acusación. La misma noche regresaron todos a sus casas, menos Alejandro, del que hasta la fecha sólo se sabe por rumores, que está enterrado en el potrero de los Araujo (Se trata de parientes cercanos de Jesús Araujo Hernández, ex-dirigente estudiantil universitario durante el movimiento de 1960 en Chilpancingo). Se pudo constatar por los denunciantes, que los principales sembradíos de amapola eran de los "bien conocidos y temidos gavilleros al servicio del cacique Saturnino Sánchez". Fue tanta la impunidad de sus fechorías, que se dice que algunos comandantes de la Partida Militar de El Paraíso les proveían de parque y armas, con la condición de que les ayudaran a localizar a Genaro Vázquez."

---

[289] Aranda, Antonio. *Los cívicos guerrerenses.* Ed. LUYSIL de México S. A. México, 1979. pp. 45-46. *Carta.* Ahí aparecen las conclusiones obtenidas por la ACNR en las montañas del Sur del 8 de noviembre de 1969 en torno a los nuevos retos de la lucha.
[290] Bellingeri, Marco. *Op. Cit.* P. 141
[291] *Carta.* **Por Qué** (México, D. F.) del mes de agosto de 1969, enviada a la Revista por los campesinos afectados.

La acusación de la ejecución extrajudicial del señor Alejandro por el Ejército fue directa de parte de los campesinos de referencia, de lo que se infiere, que "el grave delito" por el que se consumó esa probable ejecución, fue porque supuestamente alguna vez le dio alimentos a Genaro. A ese campesino no se le dio la oportunidad "del debido proceso" que señala la Constitución y el Derecho Internacional para que le probaran o no la acusación que le hicieron los caciques. Desgraciadamente en nuestro país es el indiciado el que debe probar su inocencia y no el impartidor de la justicia quien debía demostrar su acusación.

Con ello, se ponían a la orden del día los asesinatos extrajudiciales en tanto, que no se precisaba con base en qué código o ley se ejecutaba a la gente por el simple hecho de "ser sospechosos". Aquellas prácticas represivas ilegales sirven para que en la actualidad aquel periodo se le caracterice y denomine como la época de "la guerra sucia"

Las operaciones militares y policiacas requerían de cobertura legal. Para tal efecto, el 31 de octubre de 1969 se modificó el Código Penal del estado de Guerrero, en su Art. 163 Bis, en el que se tipificaba el delito de terrorismo al que se le asignaba "una pena de uno a diez años de prisión a quien produzca temor, alarma o terror en la sociedad, sin perjuicio de las penas que correspondan a los delitos que resulten aparejados con el de terrorismo. Sin lugar a dudas que dicha modificación tenía destinatarios bien identificados: todos los disidentes incorporados al movimiento armado; con ello el Estado legalizaba la represión y la violación de los derechos humanos, con el pretexto de perseguir el delito y "el terrorismo"; argumento similar al que Bush y sus subordinados nacionales y extranjeros hoy enarbolan para combatir las nuevas insurgencias.

El 1° de abril de 1969 asumió la gubernatura del Estado de Guerrero el profesor Caritino Maldonado Pérez de quien se esperaba una nueva relación del Estado con la sociedad. Fue un maestro rural originario de Tlalixtlaquilla, región de La Montaña que se le conocía como hombre conciliador y de gran carisma; fue gobernador del Estado de Guerrero del 1 de abril de 1969 al 17 de abril de 1971, fecha en la que murió en un accidente aéreo en el cerro del Miraval, mismo que inicialmente se le atribuyó a una posible acción de la guerrilla de Genaro Vázquez.

El Profr. Caritino era muy querido por la población; estudió la Normal Rural en Morelos y se tituló como maestro en 1936 en la Escuela Nacional de Maestros; lugar donde también estudió Genaro-, allí ambos ocuparon cada cual en su momento, el cargo de presidente de la sociedad de alumnos y, en 1940 el de Secretario General del Sindicato de Maestros. Cabe señalar que con Genaro había sostenido en el pasado, una buena relación de amistad, a tal grado que, -según comentó Antonio Sotelo en algunas ocasiones Genaro le mandó desde la sierra algunos recados solicitándole la solución de peticiones específicas de campesinos.

A la muerte del Profr. Caritino, ascendió a la gubernatura el Lic. Israel Nogueda Otero, originario de Atoyac, que fue nombrado gobernador sustituto, por influencia del grupo caciquil de la Costa Grande.

Mientras tanto, -según archivos del CISEN- Concepción Solís Morales, cuñada de Genaro, se encargó en la Ciudad de México de conseguir y enviarle dinero a Genaro, contactar a la revista *Por Que?* para que publicara los escritos de Genaro; organizaran la distribución de los manifiestos clandestinos en los que se incitaba a incorporarse a la organización y a la rebelión armada, obtener armas y transportes para Genaro y su gente cuando salían huyendo de Guerrero; conseguir casas de seguridad al grupo y guardar los fondos obtenidos por las "expropiaciones" y secuestros y organizar "grupos abastecedores" con vistas a crear brigadas de guerrilla urbana.

Al percibir que se le atribuían de parte del CISEN demasiadas tareas para una sola persona, procedimos a investigar su veracidad a través de sobrevivientes de la guerrilla de Genaro, pudiendo constatar que, ciertamente fue una colaboradora destacada, pero que más bien, los aparatos de inteligencia le atribuían tantas responsabilidades para incriminarla y justificar su persecución y finalmente su detención y tortura hasta que fue liberada y exiliada a Cuba.

En febrero de 1969 fueron detenidos por la policía en la Ciudad de México Raymundo López del Carpio, que trabajaba como archivista en la Secretaría de Obras Públicas y distribuía volantes de Genaro Vázquez y unos días después, igual suerte corrió el profesor Demóstenes Onofre Valdovinos, que también colaboraba con Genaro. Al ser detenidos se ponían en práctica los métodos de tortura para obligarlos a delatar a sus compañeros. Se aseguró por parte de la policía, que ambos eran parte de un Comando

Urbano que funcionaba en la Ciudad de México como Grupo Abastecedor de la Guerrilla Rural de Genaro.

El 19 de abril de 1969 se registró un asalto al Banco Comercial Mexicano en la Ciudad de México[292]. El reporte policiaco consignó que dos asaltantes fueron detenidos inmediatamente, ellos fueron Florentino Jaimes Hernández, de Santiago de la Unión, del municipio de Atoyac[293], y Juan Galarza Antúnez. Ambos fueron torturados salvajemente producto de lo cual, Galarza murió durante su cautiverio, según denuncia de Florentino Jaimes Genaro siempre aseguró que fue arrojado desde un helicóptero al cráter del nevado de Toluca. En consecuencia, con la información obtenida durante los interrogatorios infligidos a Florentino Jaimes, el 19 de mayo del mismo año, fueron detenidos en Coyuca de Catalán Epifanio Avilés Rojas y Jorge Manuel Torres Cedillo quienes fueron remitidos al Campo Militar Número Uno (CM1)[294]. Poco después, el 3 de junio de 1969 fue aprehendido por el Ejército, Santos Galarza Millán, el último de los implicados en el asalto y también fue remitido al Campo Militar No. 1.[295] Todos los guerrilleros tenían la consigna de aguantar la tortura y no delatar a sus compañeros, pero en la práctica eso no fue posible. A partir de aquí Genaro reconoció que "hasta el toro más toro brama cuando le cortan los testículos". Por lo que, cuando alguien cayera – recomendaba-, todo mundo debía romper sus nexos con los demás hasta saber su situación y buscar su propio escondite.

---

[292] López, Jaime. *Op. cit.* 56. "Se trata del asalto a la camioneta del Banco Comercial Mexicano realizado el 19 de abril de 1969 en la esquina de las calles Xola y 5 de Febrero. Botín: tres millones de pesos, que luego fue recuperado por la policía. Los asaltantes, después de apoderarse del dinero, trataron de huir en un taxi robado, pero se descompuso y quedaron varados. Luego llegó la policía. A la cabeza se encontraba su jefe el general Renato Vega Amador, pistola en mano. Fue recibido por una ráfaga de metralleta. Vega Amador quedó mal herido junto con su chofer Miguel Monroy Suárez"

[293] Florentino Jaimes Hernández firma desde la cárcel de Lecumberri un desplegado clandestino en mayo de 1969 en que explica que la motivación del asalto contra el Banco Comercial Mexicano por el que fue aprehendido tuvo motivos revolucionarios y que su compañero Juan Galarza Antúnez fue asesinado por la policía a golpes. Esta acción de "recuperación bancaria" fue justificada por Genaro Vázquez Rojas. Conforme a la tesis de Mario Acosta Chaparro pp. de la 111 a la 145, Florentino formaba parte del CAP, comando de la ACNR y desde la cárcel preventiva dirigía los asaltos del CAP que se formó en los primeros días de 1971. El 24 de noviembre de 1971 GVR solicita su libertad como preso político, y es uno de los nueve que fue enviado a Cuba.

[294] AGN. Expediente CISEN. Epifanio Avilés Rojas fue detenido junto con Jorge Manuel Torres Cedillo en Coyuca de Catalán, de donde eran oriundos, el 19 de mayo de 1969, por elementos del ejército mexicano al mando del Mayor Antonio López Rivera, quien lo condujo esposado y con guardias permanentes a Ciudad Altamirano, Gro., para posteriormente ser entregado el 20 del mes y año citado, a las 07:00 horas al General Miguel Bracamontes, Jefe de la Zona Militar en Chilpancingo, Gro., quien a bordo de una avioneta lo trasladó a la Ciudad de México. De Epifanio se desconoce hasta el momento su paradero.

[295] AGN. Expediente CISEN. Galarza Milán, Santos. Aprehendido por el Ejército el 3 de junio de 1969 y remitido al Campo Militar Número 1 (CM1) "Mañana 4 actual [4 de junio de 1969] a las 06.00 hrs. remítese citado bandolero en avión esa capital, disposición esa superioridad (Mensaje cifrado enviado por el General de Brigada Bracamontes a MGB, el 3 de junio de 1969 (90/274/160),"

Desde Lecumberri Florentino informó del asesinato de Juan Galarza y manifestó que el asalto al banco tenía un propósito revolucionario, aseveración que en el lenguaje guerrillero significaba, que el dinero obtenido estaba destinado para gastos del movimiento. Este comunicado clandestino[296] fue difundido por los ferrocarrileros con las siglas del Frente Revolucionario de Acción Socialista y venía acompañado de un manifiesto firmado por Genaro Vázquez[297] en el que justificaba dicho asalto.

Hasta donde se logró investigar, esta acción fallida fue la primera que Genaro realizaba a través de una célula urbana, estrenando su táctica de realizar 'expropiaciones' mediante asaltos y secuestros. En lo sucesivo, Genaro decidió estar siempre al frente de cada acción guerrillera que se realizara, "porque el dirigente no puede estar escondido, mientras sus compañeros corren peligro" –aseguraba-. Efectivamente, en lo sucesivo no se conocieron acciones de propaganda armada en que él personalmente no estuviera involucrado, a pesar de los llamados de sus compañeros a que no se expusiera demasiado para garantizar su integridad física y su libertad por ser el máximo dirigente.

La cuñada de Genaro, Concepción Morales Solís aparecía como la que tenía en sus manos la organización de la guerrilla urbana. En mayo de 1969 el Profr. Jorge Mota González (a) 'Tomás', aceptó la invitación que ella le hiciera para unirse al grupo urbano, después de haber desertado de la guerrilla de Genaro cuando se encontraba en la región de La Montaña al poniente de San Luis Acatlán. Conforme a las declaraciones arrancadas mediante tortura por la DFS al Prof. Demóstenes Onofre, se supo que el comandante de la guerrilla urbana de Genaro Vázquez Rojas en realidad era Ignacio González Ramírez, según consta en archivos del CISEN.

En mayo de 1969 el grupo que se quedó con Genaro Vázquez en la zona de San Vicente de Benítez de la sierra de Atoyac lo integraba José Bracho Campos, Fausto Ávila Juárez, Antonio Sotelo Pérez, Gregorio Fernández Brito y Samuel Adame Flores. Para entonces ya no le pareció confiable la región debido a la intensidad de la persecución militar, por lo que decidió trasladarse a la paupérrima región de La Montaña, donde no existía trabajo de preparación previo consolidado como base guerrillera. Según los manuales guerrilleros de la época, antes de establecerse una base guerrillera, se debía explorar minuciosamente la región y crear una sólida infraestructura interna y de apoyo

---

[296] AGN. Expediente CISEN 100- 10-16; legajo 2; p.308-317 84.
[297] AGN. Expediente CISEN 100- 10-16; legajo 2; p.313-314

externo, pero la persecución en la sierra de Atoyac por efectos de la *Operación rastrilleo*, no les permitieron esas recomendaciones ideales.

Debido a tales condiciones, el grupo de Genaro, a diferencia del de Lucio, no hizo ni una cosa ni la otra en la región de La Montaña, pero urgía salir de la zona. En mayo de 1969 Genaro y su grupo se trasladaron a Iliatenco y Tierra Colorada, al norte de San Luis Acatlán, de la Costa Chica del estado de Guerrero con su pequeño núcleo armado. Conforme a Valentín González M., de Tierra Colorada, Malinaltepec, Fausto Ávila Juárez, conocido como el Profr. Alejandro Díaz' y José Bracho, andaban con Genaro platicando con la gente "como tres años" en la región.

El 13 de mayo de 1969, aparece el número 4 de la gaceta "El Cívico" de la Asociación Cívica Nacional Revolucionaria (ACNR), expedida desde las "Montañas del Sur" México, Campamento Revolucionario 'José María Morelos'. Firmaban Genaro Vázquez y José Bracho[298]. (Conviene hacer notar que el Campamento Revolucionario desde donde Genaro emitía sus comunicados no correspondía a un lugar específico, sino que dependía de donde él y su "núcleo de combate armado de tipo móvil" se encontrara ya fuera en la zona rural o urbana).

Se pudo constatar que este escrito fue elaborado en las cercanías de Tlaxcalixtlahuaca, San Luis Acatlán, dado que intentó implantar la guerrilla en la cercanía de su tierra natal y donde conocía gente de lucha que se agrupaba con el dirigente campesino Pedro Cortés Bustos, que para entonces ya había sido asesinado por pistoleros al servicio del gobierno del estado.

El 29 de mayo de 1969, apareció en las oficinas de gobierno de Chilpancingo un volante firmado por Genaro Vázquez y José Bracho en que comunicaban que los asaltos a las instituciones bancarias, no tenían más propósito que "recuperar dinero que le han sustraído al pueblo". Ese atrevimiento de hacer llegar su propaganda hasta los mismos escritorios del gobierno estatal, generaba más simpatía de parte de los empleados e indignación de los aparatos represivos, que la tomaban como una burla, en virtud de que perseguían a Genaro "como perro rabioso" en la sierra y se atrevía a hacer llegar su propaganda hasta el interior de las propias oficinas del palacio de gobierno.

---

[298] AGN. Expediente CISEN 100- 10-16; legajo 2; p. 140.

El 16 de agosto de 1969 apareció en la escuela normal rural de Palmira, Mor., una carta de Genaro Vázquez en que invitaba a las muchachas internas a construir la Patria Nueva[299]. Se logró saber, que ese documento se hizo llegar a través de una hermana de José Bracho que cursaba ahí sus estudios de maestra de educación primaria. Sin embargo, toda la propaganda se distribuía de manera clandestina, para evitar se aprehendiera y torturara a sus portadores.

El 20 de abril de 1970, Genaro estableció su campamento cerca de Tlaxcalixtlahuaca[300] donde el 2 de agosto de ese año, dio a conocer la plataforma y plan de lucha de la Asociación Cívica Nacional Revolucionaria, en la que llamaba a crear Comités Armados de Liberación -CAL-, y Comités de Lucha Clandestinos -CLC- para lograr la liberación de México y una Patria Nueva.[301], principio que terminó siendo el lema de identidad de la ACNR a la que posteriormente, le agregaron el de "Hasta la victoria siempre", ¡¡Venceremos!! Como un reconocimiento y admiración a la lucha revolucionaria y antiimperialista emprendida por el Comandante Ernesto Che Guevara en Bolivia y otras partes del mundo.

La intención de trasladarse a esta región, además de tener el propósito de eludir la persecución en la sierra de Atoyac, también se propuso implantar otro frente guerrillero que permitiera dispersar al ejército que se encontraba concentrado aquí. Sin embargo, el 27 de julio de 1970, el grupo guerrillero tuvo que abandonar definitivamente la zona, debido a que la persecución se dio antes de que se consolidara el "nuevo foco guerrillero".

El trabajo de implantación de la guerrilla en la sierra de Tlaxcalixtlahuaca tuvo como resultado que se unieran al grupo los campesinos indígenas: Antonio Espinobarros, Marcial e Irineo Juárez Castro, Pedro Rentería, Leónides Mauricio, Prisciliano Rojas Flores y Sixto Flores Vázquez, entre otros.

La presencia del grupo rebelde en esta región fue denunciada al ejército por los priístas de la región más comprometidos con el gobierno. Esto originó varias campañas militares en contra de la población, como la *Operación Amistad,* que el grupo de Genaro logró eludir gracias al apoyo de la mayoría de los campesinos de la región; pero éstos no pudieron escapar a la cruel represión que les impuso el ejército. Hacia finales de mayo

---

[299] AGN. Expediente CISEN 63-19-69/ legajo 6/ p. 212
[300] AGN. Expediente CISEN. Carta de Marcial Juárez Castro. 100- 10-16; legajo 3; p. 230 -237
[301] AGN. Expediente CISEN. 100- 10-16; legajo 2; p.287-288

de 1970 y desde el Campamento Revolucionario "José María Morelos", la llamada dirección político-militar de la ACNR se hizo presente con un largo comunicado donde denunciaba la muerte bajo tortura de dos de sus simpatizantes. Los delatores fueron sometidos a "juicio revolucionario", que significaba ajusticiamiento. En el mismo comunicado se informaba del asesinato en tierra mexicana del comandante guerrillero guatemalteco Marco Antonio Yong Sosa, (junto con) dos de sus compañeros, perpetrado el 16 de mayo[302] de ese año, perpretado por el ejército mexicano en coordinación con el de Guatemala en la selva de Chiapas.

El 15 de julio de 1970, gentes contrarias al movimiento guerrillero del rumbo de Tlaxcalixtlahuaca denunciaron al ejército la presencia en la región del grupo rebelde encabezado por Genaro Vázquez pero éste de inmediato fue alertado, por lo que, el 27 del mismo mes y año salió con rumbo a la Ciudad de México, pasando por Ayutla,[303] al tiempo que Antonio Espinobarros, del grupo de Genaro Vázquez, fue señalado como responsable de haber realizado las ejecuciones de Paulino Aranza, Victoriano Rentería y Cosino Rosas en julio de ese año, quienes habían sido identificados como los responsables de la denuncia hecha al ejército de la presencia del grupo guerrillero en esta región. Efectivamente fueron "ajusticiados", pero nada tuvo que ver el campesino Espinobarros, según aclararon sobrevivientes de aquel grupo. Evidentemente el ejército propiciaba esa clase de acciones entre los propios campesinos, como parte de su estrategia de contrainsurgencia.

Ante el fracaso de la *Operación Rastrilleo* y con el propósito de capturar no sólo a Genaro Vázquez sino también a Lucio Cabañas, el ejército puso en marcha también en la sierra de Atoyac que finalmente abarcó todo el estado, la *'Operación Amistad'* con las características de lo que se dado en llamar *'guerra sucia'.* Como consta en el oficio confidencial número 2969 del 8 de septiembre de 1970 donde se informó al Estado Mayor de la Defensa Nacional y mediante oficio 2775 del 20 de agosto de 1970[304], que la *'Operación amistad'* realizó del 25 de julio de 1970 al 13 de agosto del mismo año, que de manera coordinada emprendieron la 35ª y la 27ª zonas militares y que tuvo una duración –según datos del CISEN– "apenas dos semanas y media". Sin embargo, por información recogida en la zona, esta operación se realizó durante un mayor tiempo, en todo el estado y con características de contraguerrilla; estrategia que después emplearía

---

[302] Aranda, Antonio, *Op. cit.* p. 172.
[303] AGN. Expediente CISEN de Efrén Gutiérrez Borja 100- 10-16; legajo 3; p. 230 -237;
[304] AGN. Oficio 2969 confidencial del 8 de septiembre de 1970 (77/232/133)

el ejército en toda la Costa Grande, Costa Chica y la sierra de Atoyac de manera más intensa. La *Operación Amistad* consistió en el arribo de militares a las comunidades realizando labores de "servicio social": corte de pelo, atención médica gratuita, arreglo de escuelas, etc., que se diferenció de la ***Operación rastrilleo",*** sólo en cuanto a que ésta se abocó también a la represión pero sin ofrecer ningún "servicio social", lo que a la vez servía para conocer la ubicación y localización de cada uno de los habitantes y sutilmente sacar información de su interés.

La propia Fiscalía Especial para los Movimientos Sociales y Políticos del Pasado (FEMOSPP) ha confirmado las denuncias antes señaladas, al registrar que de la Costa Chica se tienen reportes de violaciones a derechos humanos cometidas por el ejército. Señala que la *Operación Amistad* se realizó en las poblaciones de Iliatenco, Tlaxcalixtlahuaca y Tierra Colorada. Que también se llevó a cabo en los poblados de Pazcala, Colombia, Atenco y El Rincón, donde se tienen denuncias sobre la actuación del ejército.

Se pudo comprobar que a Iliatenco el ejército entró en dos ocasiones, la primera en la *Operación Amistad* el 17 de julio de 1970 y la segunda en la *Operación Telaraña* el 19 de mayo de 1971. En la primera ocasión detuvo a Pedro Díaz Calleja y a Alejandro Guzmán Díaz, a quienes tuvo cuatro días amarrados con cables y tirados en la comisaría (ayudantía municipal) del lugar. A Germán de la Cruz Espinobarros y a Jesús Olivera Calleja, además de los cuatro días amarrados y tirados en la comisaría se los llevaron a Tlaxcalixtlahuaca y de allí a Pie de la Cuesta, donde los tuvieron una semana, para trasladarlos posteriormente en avión a la ciudad de México[305], donde fueron interrogados mediante tortura. Sofía Cortés, esposa de Jesús Olivera denunció que, cuando fue a llevarle un sarape a su esposo, fue violada por un capitán de quien inicialmente no supo dar su nombre y por un subteniente, en presencia de su marido que se encontraba amarrado de manos y pies, y encañonado para que no se moviera.[306] Ese tipo de ataques sexuales, para la cultura del guerrerense significa una afrenta que sólo puede ser "lavada" con la muerte del agresor y por ello también fue sometido por los militares mientras violaban a su esposa, como una forma más de tortura psicológica.

---

[305] Cada detenido fue trasladado a la ciudad de México por los militares para ser torturado en el Campo Militar No. Uno. Esta aseveración la han confirmado todos los entrevistados que fueron detenidos durante el periodo de la "guerra sucia".
[306] AGN. Carta con registro de entrada No.52435 del 31 de agosto de 1970 (93/278/152)

147

El 25 de junio de 1970, en la sierra de Atoyac, los campesinos de San Martín de Las Flores, le escribieron una carta al entonces presidente Gustavo Díaz Ordaz en el que según expediente del CISEN le expresaban lo siguiente: "Hemos venido siendo víctimas de vejaciones por parte de algunos jefes militares que patrullan la región de Costa Grande y se ha dado el caso, que sin investigación de ninguna clase, privan de su libertad a campesinos y han llegado incluso a la comisión del crimen, razón que nos obliga a solicitar a su señoría, gire sus instrucciones a la Secretaría de la Defensa Nacional (SDN) para que desde ahí se ordene a la 27ª ZM con sede en Acapulco, para que nos respete nuestras libertades. Estamos deseosos de laborar la tierra pero con goce de las garantías consignadas en nuestra Carta Magna en sus Artículos 14 y 16". Firmaron el comisario municipal Tomás Cardona Radilla y 17 campesinos más.[307] Por respuesta recibían mayor presencia de la tropa en la región.

Ello reflejaba ya el estado de represión que se vivía a manos del ejército. Posteriormente la mayoría de los firmantes fueron asesinados o desaparecidos, hecho que provocó que en lo sucesivo ya nadie se atreviera a denunciar los atropellos.

En el marco de la *Operación Telaraña* el ejército se llevó detenidos a Pie de la Cuesta para torturarlos a Andrés Moctezuma Gracida, Macario Bruno Mejía, Enrique López y al Profesor Romualdo Navarro López, todos ellos de la Región de la Montaña Alta, como se confirma con el mensaje cifrado del 17 de julio de 1970 que el general de brigada M. Bracamontes, entonces comandante de la 27ª ZM, envió al Secretario de Defensa en el que le informaba lo siguiente:[308] "Se tuvo conocimiento de que en el poblado Iliatenco, municipio de Malinaltepec, Gro., existe gavilla, que se asegura tienen conexión con Genaro Vázquez" e hizo referencia a la lista de los detenidos antes señalados. A todos ellos el ejército mexicano los tuvo detenidos en la comisaría[309], amarrados con cables y tirados en el suelo los primeros cuatro días. En esta ocasión soltaron a Alejandro Guzmán Díaz, Pedro Díaz Calleja y Andrés Moctezuma Gracida. A Germán de la Cruz Espinobarros y a Jesús Olivera Calleja se los llevaron a Tlaxcalixtlahuaca y de allí fueron trasladados a Pie de la Cuesta, donde los tuvieron detenidos cuatro meses sometidos a tortura e interrogatorios crueles. En entrevista declararon que una de las torturas consistía en amenazarlos con tirarlos vivos al mar (amenaza que posteriormente se convirtió en una realidad cotidiana, según consta en las

---

[307] AGN. Registro de Entrada número 38067 ubicada en (77/232/299)
[308] AGN. Cifrado del 17 de julio de 1970 (93/ 278/ 116)
[309] Conocida también en otras partes del país como "ayudantía municipal".

denuncias registradas en la acusación hecha recientemente en contra de los generales Arturo Acosta Chaparro y Francisco Quiroz Hermosillo durante el juicio militar que se les instruye)[310]

Los hechos anteriores se corroboraron con los expedientes consultados entre otros casos, que del 6 de agosto de 1970 al 12 del mismo mes y año[311] fueron consumadas varias detenciones de indígenas de la región como lo confirma la denuncia hecha ante el Secretario de la Defensa Nacional, Marcelino García Barragán por Jesús Olivera Calleja de Iliatenco, Malinaltepec, Distrito de Morelos, Estado de Guerrero, que fue detenido con lujo de fuerza por el Capitán 1º y comandante de la partida militar con doce soldados; que lo llevaron vendado de los ojos en un avión y reitera que su esposa fue a llevarle un sarape y que en su presencia fue violada por el capitán y un subteniente estando él presente, amarrado de manos y pies, y encañonado para que no se moviera[312].

Mediante oficio[313] del Jefe de EMS General de Brigada Félix Galván López (17/373) al general comandante de la 27ª ZM le informó que por acuerdo del C. Gral. Div. Secretario Marcelino García Barragán, se regresan a disposición de esa comandancia de zona a su cargo los CC. Germán de la Cruz Espinobarros y Jesús Olivera Calleja, a quienes de acuerdo con su petición, fueron interrogados con relación a los hechos que se indican en el oficio 2726 a que se hace referencia. Este oficio prueba la denuncia por una parte lo dicho por Jesús Olivera, de que fue transportado en avión a la Ciudad de México e interrogado y que estuvo recluido en la base militar de Pie de la Cuesta donde su esposa fue violada. Al parecer fueron dejados en libertad por no haberse comprobado los cargos que el capitán les imputaba, pero no hay registro de que la infamia de tortura infligida tanto a Jesús Olivera como la violación a su esposa a fuera investigada y, en su caso, los responsables sancionados a pesar de que las denuncias fueron hechas hasta a la misma presidencia de la república.

Se encontró también constancia de que Andrés Moctezuma Gracida de Iliatenco, del Mpio. De Malinaltepec, acusado por el Comandante. 27ª ZM Gral. Bracamontes de ser gente de Genaro Vázquez, supuestamente porque llegaba a su casa cuando iba a Iliatenco, fue detenido el 17 de julio de 1970. Conforme a denuncia de su hija

---

[310] Veledíaz, Juan. *Al servicio de la represión*. PROCESO (México, D. F.) No. 1353 del 6 de octubre de 2002. pp. 6-11
[311] AGN. Carta con registro de entrada No. 52435 del 31 de agosto de 1970 (93/278/ 152)
[312] AGN. Denuncia registrada con el No. 52435 del 31 de agosto de 1970, expediente 93/278/152
[313] AGN. Oficio No. 37479 enviado el 15 de agosto de 1970 (93/278/129)

Florentina, un señor llamado Celso (delator) iba con los soldados y le decía a mi mamá que entregara a mi papá, como no lo entregó rodearon toda la casa. Decían que si no aparecía mi papá se llevarían a mi mamá. Uno de esos días mi papá regresó por la noche y ya mero le disparaban antes de ser detenido; después lo amarraron y golpearon salvajemente y se lo llevaron al pueblo donde teníamos una casita y le exigían que entregara las armas y el dinero. Mi mamá se vino llorando detrás de mi papá. Al llegar abrieron la casa para revisarla y no encontraron nada, porque nosotros no usábamos armas. Después lo encarcelaron. Mi papá tardó muchos días detenidos. Después de un tiempo, en el mes de noviembre regresó mi papá pero bien golpeado. Lo vendaron de los ojos en una cárcel obscura, le decían que lo iban aventar al mar, también le pasaban lumbre por los pies. Fue fichado con fotografía por el ejército el 30 de marzo de 1970, acusado de ser desafecto al gobierno.

Germán De la Cruz Espinobarros, de Iliatenco, Malinaltepec también fue acusado de ser gente de Genaro Vázquez. El 17 de julio de 1970, conforme se asienta en su propio testimonio, se asegura que "se lo llevaron con otros compañeros a Tlaxcalistlahuaca y como a las 4.00 horas para Acapulco y desde que salieron del pueblo les taparon la cabeza" (con una bolsa de plástico igual que en Sudamérica). Germán fue detenido durante una semana y trasladado a la ciudad de México en avión para ser interrogado. Lo amenazaban con tirarlo al mar. Después de un tiempo quedó libre en Acapulco, pero "físicamente quedé muy mal, -denunció después de su retorno-, achacoso, todo me duele de tantos golpes que me dieron". Ello demuestra que las detenciones estaban orientadas a sembrar el terror entre la población, en tanto que de haber existido alguna responsabilidad de los detenidos hubiesen sido consignados o desaparecidos como se dio con otros casos. En esa misma fecha Pedro Díaz Calleja y Alejandro Guzmán Díaz originarios de Iliatenco, Malinaltepec, fueron detenidos por el ejército acusados de ser gente de Genaro Vázquez. Coincidieron en que estuvieron cuatro días amarrados con cables, tirado y encerrado por el ejército mexicano en la comisaría. La detención fue denunciada por Guadalupe Altamirano Aburto que andaba con los federales de ser gente de Genaro. Se obligaba a gente de la región a servirles como guías y delatores.

El 28 de julio de 1970 el ejército se trasladó a Tlaxcalixtlahuaca, municipio de San Luis Acatlán. Conforme a denuncia enviada por indígenas de la región al Presidente de la

Republica[314], "llegaron a la milpa de Custodio Altamirano Olivera. Allí lo golpearon, lo patearon y le quebraron tres costillas." Le exigían que entregara a Genaro Vázquez, persona que él manifestó no conocer, por lo que le pidió al Presidente que lo dejaran de perseguir.

Cabe hacer referencia que en estas comunidades de la Región de la Montaña los campesinos son de extracción indígena y la mayoría de ellos no hablaban el español; razón por la cual, durante los interrogatorios a que fueron sometidos no entendían lo que les preguntaban y por ese motivo, más los torturaban suponiendo que se resistían a dar la información que les exigían los militares. No se les dio la oportunidad de contar con un traductor como lo establece el Derecho Internacional de los Derechos Humanos.

El 30 de julio de 1970, según denuncia de Crescenciano R. Altamirano, el ejército llegó a su casa de Tlaxcalixtlahuaca[315] "con el fin de aprehenderlo y fusilarlo", amenaza que le obligó a andar huyendo. Pidió garantías al Secretario de la DN, porque "tiene familia que mantener". En consecuencia, el General de Brigada F. Galán, Jefe de Estado Mayor de la Defensa Nacional (EMDN), "por acuerdo del C. Secretario de la Defensa Nacional", pidió al Comandante de la 27ª ZM que le informara sobre queja presentada.[316] El General Bracamontes, Comandante de la 27ª ZM le contestó, que "el tal Crescenciano R. Altamirano fue buscado por las tropas por ser adepto incondicional del maleante y prófugo Genaro Vázquez. El citado individuo quejoso no fue localizado debido a que huye por ser un delincuente y es perseguido por las Fuerzas de Seguridad Pública. A mayor abundamiento, el hijo de dicho sujeto es homicida, por lo que carecen de fundamento las acusaciones que lanza el citado individuo en contra del personal militar"[317]. Como puede apreciarse, la lógica del militar es que si el hijo es homicida, por lo tanto, el padre carece de legitimidad para denunciar un hecho de persecución en su contra y por los atropellos del ejército.

Custodio Crescenciano Altamirano Rentería, ya fallecido (+) era originario de Tlaxcalixtlahueca, municipio de San Luis Acatlán. Con base en la declaración de Sixto Flores V. arrancada el 14 de mayo de 1971 por el ejército mexicano, Crescenciano y sus dos hijos Custodio y Porfirio, eran amigos de Genaro Vázquez Rojas. Conforme a la

---

[314] AGN. Carta registrada No.13914 del 11 de agosto de 1970 (93/278/154)
[315] AGN. Carta del 15 de agosto de 1970 (93/278/14)
[316] AGN. Telegrama 40480 del 2 de septiembre de 1970 en relación a carta recibida 52077 (77/232/ 136) y Tarjeta Informativa del Jefe de la S-1 GB Arturo López Flores al Edo. Mayor 21 de mayo de 1968
[317] AGN. Oficio Confidencial 2969 del 8 de septiembre de 1970 (77/232/ 133)

denuncia que interpuso a la Presidencia, según carta del 15 de agosto de 1970,[318] Custodio andaba huyendo porque el Ejército Mexicano quería aprehenderlo y fusilarlo sin juicio previo. Para el ejército era prueba suficiente de ser un delincuente. Entre las demás personas de Tlaxcalixtlahuaca que se tiene conocimiento que fueron detenidas y torturadas en esa ocasiones enumeran las siguientes: Pascual Agustín, Custodio Altamirano Olivera, el padre de ellos Crescenciano Altamirano Rentaría, Laureano Castro, Sixto Flores Vázquez quienes junto con Marcial Juárez Castro fueron llevados a Pie de la Cuesta durante 9 días, para luego ser trasladados al Campo Militara No. 1 (CMI), donde permanecieron durante cuatro meses, según lo declararon en entrevista exclusiva.

Por su parte, los hermanos Adelaido y Leónides Mauricio Arriaga fueron tan severamente torturados que el segundo murió cuando lo estaban atendiendo sus familiares y Adelaido que "se salvó de milagro" –dijeron los informantes-, "porque se rompió la cuerda con la que lo colgaron y padeció las secuelas de la tortura por el resto de su vida" (Ver Anexo No. 15)

En la denuncia que Antonio Espinabarros hizo al Secretario de la Defensa[319] coincide con los nombres de las personas enumeradas como detenidas y torturadas por el ejército y señala que en Tlaxcalixtlahuaca el ejército detuvo y golpeó también a los señores Plácido Rosendo, Faustino Patricio y a Catalina Rivera, menor de 14 años. En relación con la denuncia del Sr. Antonio Espinabarros, el General Bracamontes reportó[320] "que Antonio[321] fue buscado por ser adepto incondicional al maleante y prófugo Genaro Vázquez. Que en la choza de su propiedad se encontraron 10 cartuchos de dinamita y dos estopines y se pudo comprobar su constante compañía con el maleante Genaro Vázquez como lo prueban la fotografía donde aparece con él, así como la invitación que realizó a campesinos de esa región con propósitos subversivos. Que sacrificó dos reses en la casa de Manuel Guzmán para proporcionar alimento al maleante Genaro Vázquez y cómplices. Por otra parte, carecen de fundamento las acusaciones que lanza el citado

---

[318] CNDH. Expediente (93/278/ 14)
[319] AGN. Carta con el número de recibida 54399 del 24 de agosto de 1970 (93/278/ 148),
[320] AGN. Expediente (93/278/ 148)
[320] AGN. Expediente confidencial del CISEN, 10.0-10-16-2/ L.2/ 283-284 Oficio 2971 del 8 de septiembre de 1970 (77/232/135)
[321] AGN. Expediente 103. Conforme a denuncia de Antonio Espinobarros, del poblado de Tlaxcalixtlahuaca, municipio de San Luis Acatlán, en carta fechada el 70/ 08/ 24 dirigida al Secretario de la Defensa Nacional. Carta con el número de recibida 54399 del 24 de agosto de 1970 (93/278/148),

individuo en contra del personal militar". Sin embargo, el parte militar no especifica el por qué "carecen de fundamento".

Adelaido Mauricio Arriaga originario de Tlaxcalixtlahueca, San Luis Acatlán. Vivía en Tres Palos, donde había sólo cuatro casas. Declaró que el 2 de agosto de 1970 el ejército lo torturó porque quería información sobre Genaro Vázquez. Lo metían al agua y le apachurraban el estómago. Lo sacaban cuando ya se estaba ahogando. Lo colgaron pero la reata se rompió. Con ello se corroboró la denuncia anterior. Esta persona, durante 20 años padeció enfermo con una bola en el estómago. Arrojaba sangre por la boca. No tenía recursos. Exige reparación del daño.

Catalina Rivera, entonces menor de 14 años, originaria de Tierra Colorada, Malinaltepec. Conforme a denuncia de Antonio Espinobarros, fue torturada por el EM el 2 de agosto de 1970. Catalina Latín Medel, originaria de Tlaxcalixtlahueca, San Luis Acatlán, esposa de Leónides Mauricio Arriaga reiteró que su marido murió a causa de las torturas. Custodio Altamirano Olivera de Tlaxcalixtlahueca, San Luis Acatlán, corroboró que el ejército llegó a su milpa, lo golpeó y le quebraron dos costillas a patadas. El 28 de julio de 1970 conforme a la declaración de Francisca Flores Castro, Custodio vive oculto hasta la fecha en Acapulco por temor a ser detenido sin tener ningún delito. No confía en el gobierno. Pidió que se le siga considerando desaparecido para evitarle problemas. Leónides Mauricio Arriaga (+), Faustino Patricio Castro (+) y Laureano Castro, suegro de Sixto Flores (+),[322] originarios de Tlaxcalixtlahueca, San Luis Acatlán aseguraron a su familia antes de morir, que el 2 de agosto de 1970 el ejército los golpeó y que les exigían información sobre la ubicación de Genaro Vázquez pero que jamás se la dieron. Al primero los soldados se lo llevaron al Campo Militar No. Uno y lo regresaron ya muerto.

Marcial Juárez Castro, originario de Tlaxcalixtlahueca de 35 años de edad. Casado con Ma. Guadalupe Martínez Bravo, contaba con dos hijos. Se asegura que fue colaborador de Genaro Vázquez. Fue detenido por el ejército el 2 de septiembre de 1970 junto con Marcial Juárez Castro y Pascual Agustín; los trasladaron a la Base Militar de Pie de la Cuesta donde los tuvieron durante nueve días y otros cuatro meses desaparecidos en el Campo Militar Número Uno.

---

[322] Se usa el signo (+) para indicar que la persona fue reportada por sus familiares como fallecida.

153

Pedro Rentería Cerón de Tlaxcalistlahuaca, San Luis Acatlán. Conforme a declaración de Sixto Flores V., el 14 de mayo de 1971, fue quien le presentó a Genaro Vázquez Roja, por lo que también fue torturado por el Ejército Mexicano. Rosendo Plácido de Tlaxcalistlahuaca, San Luis Acatlán. Conforme a declaración de Francisca Flores, fue detenido el 2 de agosto de 1970 y torturado por el EM.

Para fines de 1971 se calculaba que en Guerrero ya había más de 24 000 soldados, o sea, una tercera parte del total del ejército mexicano persiguiendo a Lucio y a Genaro. La mayoría se encontraba concentrada en la Sierra Madre Occidental (Atoyac, Zihuatanejo, San Jerónimo, Petatlán, Coyuca de Catalán y rancherías circunvecinas); la otra parte rondaba por la Costa Chica.[323] La entidad estaba prácticamente sometida a "estado de sitio" y rodeada, al Noreste por militares de la 24ª Zona Militar con sede en Cuernavaca y al Norte y al Noroeste por los de las zonas militares de los estados de México y Michoacán. La cantidad señalada era similar a la denunciada por Genaro, a quienes acusaba de estar aplicando la táctica de "tierra arrasada" y de imponer las "aldeas vietnamitas",[324] que los norteamericanos aplicaron en Vietnam; esta estrategia consistía en obligar a los habitantes de las comunidades de influencia de la guerrilla a concentrarse en lugares preestablecidos donde pudieran ser controlados y vigilados de manera permanente[325]. Esto mismo se practicó también con las comunidades en El Salvador y en otros países que vivieron las mismas circunstancias, al ser desplazadas a zonas localizadas en territorio controlado incluso fuera del país durante la década de los años 70 y parte de los 80.

Sixto Flores Vázquez ya fallecido, originario de Tlacalixtlahuaca, según referencia del hoy general Mario Acosta Chaparro[326] formaba parte de la ACNR. De 40 años de edad, estaba casado con Custodia Castro de los Santos con quien procreó tres hijos. Fue de los primeros colaboradores de Genaro Vázquez desde junio de 1970, el ejército lo detuvo el 2 de agosto de 1970, junto con Marcial Juárez Castro y llevado a Pie de la Cuesta

---

[323] Bartra, Armando. *Guerrero bronco. Campesino, ciudadano y guerrillero. Op. Cit.* p. 140)
[324] ACNR. Archivo privado.
[325] La comunidad de El Quemado es un ejemplo ilustrativo; todos los hombres fueron obligados a reunirse en la cancha deportiva del lugar el 2 de septiembre de 1972, de los cuales, 100 fueron amarrados y conducidos al cuartel militar de Atoyac y luego llevados a la 27ª. Zona Militar en Acapulco, donde fueron torturados, producto de lo cual falleció el campesino Ignacio Sánchez –según denunció su esposa Angélica Morales-.
[326]Acosta Chaparro, Mario Arturo. *Los movimientos subversivos en México.* Tesis que realizó para ascender al grado de coronel del EM en 1990, p. 110.

durante 9 días y trasladado al Campo Militar Número Uno, donde permaneció durante cuatro meses como desaparecido.

Se logró saber que, además de estas personas detenidas, otras lograron escapar y anduvieron huyendo por distintas montañas para eludir la persecución, tales como: Prisciliano Rojas Flores y Donato Vázquez Oropeza. El primero era originario de Tlaxcalixtlahueca, San Luis Acatlán y perteneció al primer grupo que se le unió a Genaro Vázquez Rojas junto con Pedro Rentería, Leónides Mauricio, Mauricio e Irineo Juárez Castro y Antonio Espinobarros desde el mes de marzo de 1970. Donato Vázquez Oropeza de Tierra Colorada, Malinaltepec. Conforme a la declaración de Sixto Flores, el 14 de mayo de 1970, dio alojamiento a Genaro Vázquez Rojas en su casa.

Con todo lo anterior se comprueba: 1) Que el ejército mexicano detuvo y torturó a detenidos estuvieran o no vinculados a la guerrilla; 2) Que los detenidos fueron concentrados en cuarteles militares y de ahí los trasladaron al Campo Militar No. Uno y 3) Que efectivamente, al igual que en Vietnam se aplicaron acciones de "tierra arrasada" y las "aldeas vietnamitas"[327].

En el contexto de su *Operación Amistad* el ejército llegó el 2 de agosto de 1970 a Tierra Colorada, municipio de Malinaltepec y de inmediato se empezaron a dar las aprehensiones sin orden judicial. Los reportes que se tienen de esta operación militar incluyen detenciones sin orden judicial, tortura, robo y saqueo, asesinatos y profanación de cadáveres; además, de violaciones de mujeres y concentración forzada de la población en lugares bajo control. En la cárcel del pueblo de Tlaxcalixtlahuaca, concentraron a los detenidos que aprehendieron en la cancha deportiva de ese poblado, antes de que fueran trasladados al cuartel militar de Pie de la Cuesta en Acapulco. Cabe agregar que al mismo tiempo, esas medidas represivas, eran realizadas en la sierra de Atoyac.

En Tierra Colorada, el ejército mexicano llegó al domicilio de Antonio Espinobarros buscando a Genaro Vázquez, amenazaron a su esposa de muerte y le robaron aretes y otros objetos de valor. Por su parte, el señor Francisco Espinobarros denunció en carta

---

[327] Se le conoció como "aldeas vietnamitas" a los lugares controlados por el ejército donde eran reubicadas comunidades enteras por tiempo indefinido.

dirigida al Secretario de la Defensa[328], que el Ejército Mexicano golpeó, hasta dejar irreconocible a su suegro Pascual Manzanares e igual suerte corrieron los señores Eleuterio Manzanares Arellano, Enrique Juárez, Porfirio Altamirano, Valentín Martínez, a las que dejaron moribundas mientras buscaban al señor Francisco Espionobarros para que les diera información sobre Genaro Vázquez.

En relación con la denuncia de Francisco Espinobarros, el General Bracamontes argumentó que el 8 de septiembre de 1970, durante la citada *Operación Amistad,* fue buscado por las tropas este individuo por ser adepto incondicional del maleante y prófugo Genaro Vázquez Rojas. Ha hecho labor de proselitismo a favor del citado delincuente, en cuya compañía ha extorsionado y amenazado a campesinos de la región. Con base en testimonios dignos de crédito se comprobó que es un agitador subversivo contrario a la política gubernamental del país[329]. Con ello tácitamente se reconocía, que los seguidores de Genaro no eran perseguidos por maleantes del orden común, sino por sus ideas políticas.

Eleuterio Manzanares González -que sólo hablaba Tlapaneco y no entendía a los soldados-, aseguró que vendió dos bestias: una para darle dinero a los soldados para que lo soltaran y otra para curarse de la fuerte golpiza que le propinaron. Por su parte a Pascual Manzanares Valentín, hijo de Eleuterio, le robaron todos sus ahorros que tenía en tres cinturones huecos, llamados 'culebras', donde guardaba monedas de plata 0.720 (En las comunidades de La Montaña se acostumbraba guardar y trasladar sus monedas en ese tipo de cinturones, para evitar que se lo robaran o las perdieran). Cada culebra tenía 120 monedas. Lo detuvieron el 2 de agosto de 1970 y golpearon hasta dejarlo irreconocible. Estuvo tres meses tirado en cama después de la golpiza hasta que lo llevaron en camilla a Iliatenco. El golpe por el que más sufrió –según dijeron-, fue el que le propinaron en la cintura que le fracturó la columna vertebral. Ya nunca recuperó el movimiento de las piernas. Vivió otros cuatro años, pero a consecuencia de esos golpes finalmente murió.

El 2 de agosto de 1970, fueron detenidos por el ejército durante tres días y sus respectivas noches en Rancho Viejo, Tierra Colorada, Eleuterio Arellano Martínez, junto con su hijo Baltazar Arellano, Valentín González Martínez, Enrique Juárez Lucas

---

[328] AGN. Carta No, 5439 del 26 de agosto de 1970 (93/ 278/147)
[329] AGN. Oficio 2973 confidencial del 8 de septiembre de 1970 (77/ 232/133)

y Eleuterio Manzanares, el motivo fue, que querían información sobre Genaro Vázquez. Fueron torturados amarrándolos de los pies y manos. Les tapaban la boca tratando de asfixiarlos. Los golpeaban de uno por uno en las costillas. Tirados en el piso cada uno de los tres soldados que los detuvieron pateaban a cada uno de los detenidos y en consecuencia del mal trato –aseguraron-les pegó calentura durante mucho tiempo, lo que evidenciaba alguna lesión interna.

Otras gentes, como fue el caso de Jesús Carmelo Jinete Piza, de Cocoyul, Tierra Colorada, que era comisario del lugar, mejor huyó hacia los montes para no ser aprehendido. En la población indígena de Tierra Colorada, Malinaltepec, se lograron reportes de la aplicación de la estrategia de la 'aldea vietnamita' realizada por el ejército mexicano. Los habitantes vivían en sus calmiles (pequeñas parcelas donde se localiza la vivienda); allí atendían su siembra y sus animales. Cuando el Ejército Mexicano llegó a esa localidad obligó a todos los habitantes a concentrarse en la cabecera municipal durante los meses de septiembre y octubre de 1970, en momentos en que tenían que atender su siembra de maíz y sus animales, pero no les permitían que regresaran. En las pocas veces que les permitían salir, el ejército no dejaba que llevaran su "itacate" (morral con alimentos). En la cabecera municipal tuvieron que repartir terrenos para que allí se acomodaran, mientras los tenían "encorralados". Ello trajo conflictos posteriores por la tenencia de la tierra que hasta la fecha no se han resuelto; debido a que, cuando ya les permitieron regresar a sus chozas después de la muerte de Genaro, mucha gente ya no quiso devolver la parcela que les asignaron, a pesar de que se los pidieron los antiguos propietarios. Genaro en su momento denunciaría en entrevista a la Revista *Por qué?*[330] El empleo de la "aldea vietnamita", aseguraba que en diversas regiones del estado de Guerrero –decía-, a punta de bayoneta se concentra a los habitantes de zonas agrestes, en centros de población controlables. Entre otras cabe señalar: Tlaxcalixtlahuaca, El Rincón, Tierra Colorada y otras enclavadas en la zona indígena. Esa declaración fue corroborada con la información recabada en esos lugares.

El 2 de agosto de 1970, a los tres días de haber golpeado a Pascual Manzanares, el EM agarró a Eleuterio porque traía una bestia mular. Su desgracia o delito fue no hablar el español. Lo citaron a la comisaría y por temor a los soldados, no se presentó pero fue capturado. Le preguntaban sobre Genaro, pero no les entendía nada por lo que nada podía contestar, actitud que les pareció sospechosa a los soldados por no darles la

---

[330] ACNR. *Comunicado* Archivo privado. 26 de agosto de 1971.

información que le exigían. Lo metieron ocho días a la cárcel y todas las noches a las 20:00 lo iban a interrogar y a torturar, aseguraron los vecinos. Se oían los gritos de dolor en la cárcel cada vez que era interrogado. Cuando salió estaba todo inflado de las costillas. Tuvo que vender una res para la recuperación de su salud. Los habitantes de la región llegaban a la conclusión de que, no había a quien recurrir para quejarse. Si alguien hacía alguna denuncia ya sabía lo que les esperaba. Correría el riesgo de ser detenidos también y torturados.

Enrique Juárez Lucas, Jinete Rodrigo Piza y Jesús Carmelo Jiménez originarios de Cocoyul, Tierra Colorada, Malinaltepec. El ejército los detuvo el 2 de agosto de 1970 durante tres días y sus respectivas noches junto con otras cuatro personas, los torturaron hasta dejarlos moribundos. El ejército subió a buscarlos por la noche y entró a sus casas a detenerlos.

Porfirio Altamirano Olivera, originario de Tlaxcalixtlahueca, San Luis Acatlán. Hijo de Crescenciano Altamirano al igual que a Valentín de Tierra Colorada, Malinaltepec, el ejército los detuvo y golpeó el 2 de agosto de 1970 hasta dejarlo moribundos. Estuvieron presos 20 días. Todos los días iba un coronel a golpearlos para que le informara dónde estaba Genaro Vázquez Rojas. Los liberaron pero a los cinco días, regresó el coronel a golpearlos nuevamente hasta dejarlos tirados. Ricardo Arellano Vicente, Martín González (a) 'Refugio' de Rancho Viejo, Tierra Colorada, Malinaltepec, el 2 de agosto de 1970 los detuvieron junto con Enrique Juárez Lucas, Eleuterio Manzanares, Eleuterio Arellano Martínez y Baltasar Arellano. El ejército también los golpeó hasta dejarlos moribundos. Quería información sobre Genaro Vázquez, quienes declararon: "Éramos cinco que estábamos en la cárcel, nos castigaron tres días y tres noches, nos preguntaban por don Genaro Vásquez, nos llevaron a una reja aquí en Tierra Colorada, amarrándonos de los pies y manos, tapándonos la boca para que calláramos, los ojos no, nos golpeaban de uno por uno en las costillas a unos nos dejaron tirados en el piso de tantos golpes y nos pegó calentura, tres soldados nos pegaban al mismo tiempo a cada quien, el capitán que nos interrogaba era güero con características de extranjero.

Durante la "guerra sucia" se consumaron de manera constate ejecuciones extrajudiciales. Entre muchas otras, se tuvo conocimiento del registro de tres ejecuciones extrajudiciales que en la zona de La Montaña cometió el ejército durante ese tiempo. En la denuncia que el señor Antonio Espinobarros presentó ante el Secretario de la Defensa Nacional[331] le informa que a Irineo Juárez, fue golpeado severamente y de los mismos golpes murió. Se corroboró que fue detenido por el ejército el 8 de agosto de 1970 y torturado salvajemente. Le quebraron una pierna y un brazo y después de que lo golpearon lo tiraron desde un salto en una poza de agua. Su cadáver fue profanado, "lo despanzurraron", le cortaron los testículos y se los pusieron en la boca, evidentemente para sembrar el terror en la región y "para escarmiento". Filogonio Cortés, que también fue perseguido con el mismo propósito, logró escapar. Se logró saber que elementos del ejército, el 5 de agosto de 1970 ejecutaron a Antonio Navarro en el Cerro Cenizo después de obligarlo a cavar su tumba. Tardó ahí como seis días hasta que la gente del lugar lo encontró para luego llevarlo a enterrar a Tlaxcalixtlahuaca.

Al propio Antonio Espinobarros Herrera, -que se atrevió a hacer las denuncias ante el presidente la de república referidas fue el tercero en la lista de los asesinados por el ejército. Los ganaderos Manuel Guzmán y Ocotlán Sierra lo acusaron de haber asesinado a Paulino Aranza, Cosino Rosas y Victorino Rentería porque supuestamente se había robado cuatro cabezas de ganado. El mes de septiembre de 1970, cuando iba a la agencia del Ministerio Público para rendir su declaración, el ejército lo emboscó y capturó. Iba con su esposa que fue obligada a irse al pueblo mientras ellos se lo llevaron al Cerro de la Ardilla, donde lo asesinaron también después de cavar su tumba. Lo desnucaron de un culatazo y allí mismo lo enterraron. La gente del pueblo lo fue a buscar y a los tres días lo encontraron y se lo llevaron al poblado para ser sepultado en el panteón del lugar.

Se pudo verificar por los mensajes clasificados de la Secretaría de la Defensa[332] y por las denuncias que les hicieron llegar los campesinos de tales atrocidades,[333] que los altos mandos del Ejército Mexicano tuvieron conocimiento de estos hechos por conducto del

---

[331] AGN. Carta con el número de recibida 54399 del 24 de agosto 1970 (93/278/ 148),

[332] Telegrama cifrado del 17 de junio de 1970 (93/278/ 116); Telegrama 40480 del 2 de septiembre de 1970 en relación a carta recibida 52077 (77/232/ 136) y Tarjeta Informativa del Jefe de la S-I GB Arturo López Flores al Edo. Mayor del 21 de mayo de 1970; Oficio Confidencial 2969 del 8 de septiembre de 1970 (77/232/ 133); Oficio 2973 confidencial del 8 de septiembre de 1970 (77/232/ 133); Oficio 2971 confidencial del 8 de septiembre de 1970 (77/232/135); Oficio No.37479 enviado el 15 de agosto de 1970 (93/ 278/ 129)

110. Carta registrada No.13914 del 11 de agosto de ese año (93/ 278/ 154); Carta del 15 de agosto de 1970 (93/278/ 14); Carta no.5439 del 26 de agosto de 1970 (93/278/ 147); Carta con el número de recibida 54399 del 24 de agosto de 1970 (93/278/ 148);

general de brigada M. Bracamontes -comandante de la 27ª ZM-, el Estado Mayor de la Secretaría de la Defensa y el Propio Secretario pero jamás intervinieron para evitarlas. Conforme a declaración de Marcial según el expediente clasificado.[334] Genaro Vázquez se hospedó en la casa de Antonio Espinibarros en el paraje de Las Mesas. Platicaba con Genaro porque era de los pocos que, además de náhuatl, hablaba español.

De todo ello se desprende, que el ejército puso en marcha su *Operación rastrilleo* que consistió en "peinar" pueblo por pueblo, con el fin de que, con sus detenciones selectivas e ilegales y el terrorismo impuesto mediante la tortura y el asesinato, acabar con la guerrilla de Genaro en un corto tiempo. Sin embargo, fracasaron en ese propósito.

En el combate a la guerrilla quedó al descubierto la intervención de agentes norteamericanos. A partir de la década de los años 70 tanto Genaro como Lucio, tuvieron conocimiento de que el ejército mexicano estaba siendo asesorado por agentes estadounidenses, brasileños, argentinos e Israelitas. Por ese tiempo sólo se sabía que personas con características y acento extranjeros participaban directamente en los interrogatorios de los detenidos, tanto en las cárceles clandestinas como en los cuarteles militares y en especial en el Campo Militar No. Uno. Cuando los disidentes hacían las denuncias, el gobierno mexicano lo negaba rotundamente. Hoy se tienen pruebas contundentes que bien valdría la pena seguir investigando.

En expediente[335] que obra en poder de la Fiscalía Especial para los Movimientos Sociales y Políticos del Pasado (Femospp) se especifica que, con el pretexto de combatir el narcotráfico en la sierra de Atoyac, agentes de la CIA y la FBI (por sus siglas en inglés) intervinieron en la cooptación de delatores y en la persecución de miembros de la A.C.G. de Genaro Vázquez Rojas y Lucio Cabañas Barrientos. Para tal efecto, se utilizaba a campesinos que de manera inocente se les comprometía a dar información acerca de los desplazamientos de los guerrilleros y sus colaboradores; de esa manera ponían en marcha la constitución de grupos de paramilitares y de los coloquialmente colaboradores llamados "madrinas".

---

[334] AGN. Expediente CISEN: (100- 10- 16/ L.3/p. 144)
[335] CNDH/PDS /90/N00170.000

En ese expediente se registra la desaparición de Luis Francisco García Castro y de Carlos Alemán Velásquez adjudicada a la Brigada Blanca, conformada por agentes selectos de la Dirección Federal de Seguridad y de efectivos de la policía judicial estatal y militar.

La CNDH hace una acotación importante en el sentido de haber encontrado fichas sinalécticas de Luis Francisco y de Carlos en idioma inglés y un apartado con las siglas "FBI No…" que contiene fotografías de frente y de perfil de los desaparecidos y la identificación del grupo guerrillero al que pertenecían. Sin embargo, el ejército siempre negó haberlos detenido. En el AGN existen también expedientes que demuestran que la FBI y la CIA intervinieron "mediante equipo avanzado", en la detención y desaparición de una célula de la Liga 23 de Septiembre.

Los antecedentes de ese intervencionismo se remontan a los tiempos del gobierno de Gustavo Díaz Ordaz, en que el general Marcelino García Barragán, secretario de la Defensa Nacional, le daba a conocer las consideraciones del Ejército acerca de las precisiones y sugerencias estadounidenses respecto a la cooperación militar mexicana que exigían, a partir de un informe entregado por el teniente coronel Adolfo Hernández Razo, relativo a los cursos que tomó en el colegio de Fort Leaventworth, en Kansas. Por su parte el general le informaba –según consta en el Archivo General de la Nación-, que en la jerarquía militar norteamericana existía la convicción de que "ha llegado el momento de que nuestras fuerzas armadas colaboren con sus fuerzas armadas fuera del continente", a pesar de la tradición y resistencia en contrario de los mexicanos.

El reporte está membretado como "acuerdo presidencial" con el secretario de la Defensa nacional radicado en el AGN, ahí se especifica que los cursos que recibían en aquel colegio estaban dirigidos a "lograr estrategias para enfrentar disturbios". Al respecto el general García Barragán informaba que los instructores norteamericanos sostenían que los militares de Latinoamérica "son incapaces para repeler una agresión extracontinental" y por tanto, que se tenían que aceptar sus intervenciones militares "en vista de que el material humano de Latinoamérica es de muy baja calidad". Pero que, sin embargo, confiaban mientras tanto, en que nuestro gobierno seguiría obedeciendo todas las indicaciones que recibiera de Washington. Por su parte general García Barragán fijaba su posición en el sentido de que las intervenciones armadas de los norteamericanos en otros países estaban justificadas "porque luchan contra sus enemigos potenciales: los comunistas." Esto demuestra que la violación de los derechos humanos en esa época estaba directamente vinculada a la geopolítica mundial norteamericana con el contexto de la "guerra fría" y la supuesta amenaza comunista.

La presencia de agentes norteamericanos en la sierra de Atoyac se confirma también con el reporte confidencial de la 27ª. Zona Militar dirigido al general García Barragán, en el sentido de que había irritación entre la tropa por la presencia de agentes estadounidenses en la sierra de Guerrero, con el pretexto del combate al narcotráfico. El general García Taboada, comandante de esta zona militar, atribuía el recelo de los campesinos hacia los militares por la presencia de estadounidenses en las acciones en que se violaban los derechos humanos de los indígenas y los campesinos[336] Para recuperar la confianza de los campesinos hacia los militares, el general Taboada sugería se permitiera la portación de armas a quienes vivían en las regiones más alejadas de la sierra.

Con todo lo anterior, se corrobora, primero: a) La actitud incondicional del gobierno mexicano a los designios del norteamericanos en flagrante violación al principio de soberanía y autodeterminación que señala nuestra Carta Magna; y, b) Que desde los inicios de la guerrilla de Lucio y de Genaro, los asesores extranjeros fueron determinantes en la violación de los derechos humanos, toda vez que se practicaron los mismo métodos de tortura que los aplicados en Centro y Sudamérica, durante las dictaduras militares en contra de los luchadores sociales aprendidos en las escuelas de contrainsurgencia norteamericanas.

Siguiendo el relato de Lucio Cabañas con respecto a una de las campañas militares que se desplegaron en la sierra de Atoyac en 1970, "el ejército inició un Tercer tipo de campaña que no sólo abarcaba el combate a la guerrilla sino que se generalizó en todos los frentes de lucha social" (...) Entonces sitiaban barrios , se metían a los montes y golpeaban gente y robaban todo lo que encontraban de valor en las viviendas y empezaron a matar, y mataron a un compañero en El Arrayán (no dio su nombre pero se logró saber que se trató de Luis Reyes Vargas) y se robaron todas sus cosas, y agarraron al compañero Julio Hernández, Comisariado de San Martín y lo mataron a puros golpes, y agarraron a los estudiantes y les golpearon las bolsas (testículos) y los colgaron y los soltaron vomitando sangre, (fueron a parar) derecho al hospital y así

---

[336]AGN. Expediente clasificado del CISEN.

torturaban a la gente. Esta fue otra etapa ya más dura, donde venían aporreando (golpeando) al pueblo, a pacíficos (..) Ya la persecución (se generalizaba) contra los dos grupos: el de Genaro y nosotros. Entonces ya se metió helicópteros y se metió avionetas, y ya el ejército nos puso emboscadas en los caminos y sitios en los pueblos, nos puso emboscadas en silos, en puntos donde les parecía que íbamos a pasar algún día. En el tercer tipo de campaña, esta gente del gobierno trajo la primera campaña de sanidad[337] (..) Y el ejército ya vino haciendo labor social: que cortando el pelo, que curando, uniformados, regalando alimentos[338]. Sin embargo, el Estado fracasó en sus propósitos de cazar a Lucio y a Genaro, lo que demuestra que no era lo mismo perseguir a simples maleantes que a guerrilleros. Evidentemente esta nueva "campaña", los grupos guerrilleros no las habrían superado sin el apoyo de los habitantes de la región y eso lo sabían perfectamente los responsables de la represión y por ello sembraron el terror entre la gente mediante la tortura, la desaparición forzada y/o el asesinar de cualquier ciudadano de la región tan sólo "por ser sospechoso" de colaborar de la guerrilla. En ese contexto, era guerrillero cualquier ciudadano que se apellidara Cabañas, Vázquez, Barrientos, Iturio, principalmente.[339]

En marzo de 1971 el Secretario Hermenegildo Cuenca Díaz (12/834) presentó un Plan de Operaciones que hoy se sabe la SEDENA lo denominó *Operación Telaraña*[340] cuya misión principal fue la "localización y captura o neutralización en su caso de los grupos de maleantes", materializada en la constante búsqueda de información. En este Plan se definió que la actuación de los elementos militares se regirían por la observancia y aplicación de procedimientos de "operaciones irregulares"[341] en su aspecto relativo a contraguerrillas. Durante la fase preliminar se ocuparían en la búsqueda de información, planeación del despliegue e infiltración de elementos idóneos que encubrirían sus verdaderos propósitos realizando otras actividades, entre las que podemos citar la de vendedores ambulantes, jóvenes que supuestamente deseaban incorporarse a la guerrilla asegurando tener un gran odio contra el gobierno, "ciudadanos combativos" que de manera abierta llamaban a atacar al ejército para ver quién caía en la trampa, entre muchas otras. De esa manera se oficializaba la creación de grupos paramilitares y de comandos para la eliminación selectiva de ciudadanos señalados como colaboradores de los guerrilleros; algunos de esos grupos se

---

[337] Significaba la aplicación de la denominada por el Ejército: *Operación Amistad.*
[338] Suárez, Luis. *Op. Cit.* p. 73
[339] Se anexa lista de desaparecidos.
[340] AGN. Expediente del CISEN. Plan de Operaciones de marzo de 1971 (97/286/2 a 11)
[341] Se refería en los hechos a acciones al margen de la ley.

autodenominaron: "Mano Blanca" y "Grupo Sangre" que posteriormente se convirtió en la "Brigada Blanca", misma que según archivos de la DFS se constituyó "con lo más selecto" del ejército, la Policía Militar Federal, la Judicial Federal, que hoy ha quedado probado, fueron comandados entre otros, por los hoy generales Arturo Acosta Chaparro y Francisco Quiroz Hermosillo procesado en el Campo Militar No. Uno, acusados de tener vínculos con el narcotráfico pero no por sus crímenes de lesa humanidad; al tiempo que se giran una tras otras órdenes de aprehensión en contra de Luis de la Barreda y Nazar Haro que hasta la fecha no se han cumplido, poniendo en entredicho las funciones y propósitos de la Femospp y la palabra empeñada del propio presidente de la república de llevar a juicio a los responsables de crímenes de lesa humanidad.

El Plan contemplaba una fase de labor social que "tendería a buscar el acercamiento entre tropas y población civil", mediante la reconstrucción de escuelas, corte de pelo, consultas médicas gratuitas y hasta barrían las calles; pero al mismo tiempo de manera discreta, recavaban información acerca del paradero de Lucio, Genaro y alguna otras personas que "anduvieran con los alzados"; hacían mapas de los caminos de acceso a los poblados y pequeñas comunidades , ubicación de los domicilio de sospechosos. Sin embargo, la situación militar en la zona cada vez se tornaba más difícil, como lo demuestra el hecho de que el 3 de marzo de 1971, por acuerdo del Secretario de la Defensa Nacional Hermenegildo Cuenca Díaz a través de un telegrama, negó el cambio de la partida militar[342] establecida el 22 de febrero anterior en El Quemado con tropas del 32° BI, ubicadas en toda la región de Tepetixtla y Coyuca de Benítez, tal y como lo había ordenado el 23 de febrero anterior[343] en que pretendían salir de la zona por los grandes peligros que corrían sus vidas. Ya la tropa no se sentía segura y prefería solicitar inmediatamente su reubicación; sin embargo, su petición les fue negada y en consecuencia, decenas de soldados del ejército empezaron a desertar, abandonando en los campos y caminos sus mochilas y armamento que de inmediato recogían los guerrilleros. Un mes después la SEDENA[344] solicitó la baja pero del pelotón de Defensas Rurales destacamentado en ese lugar, por considerarlo poco confiable, dado sus integrantes eran policías reclutados entre los campesinos y muchos de ellos simpatizaban con la guerrilla. Por su parte, el grupo de Lucio Cabañas hizo circular un volante en la sierra de Atoyac dirigido a los soldados, advirtiéndoles que si caían en

---

[342] AGN. Telegrama 10476 del 3 de marzo de 1971 del General de Brigada R. Yánez JEM a Cmte 27a. ZM (374/1249/1)
[343] AGN. Telegrama Informativo del 23 de febrero de 1971 del Jefe de Sección Tercera Sub Sec. OPS, Macario Castro Villarreal a la superioridad (374/ 1249/2)
[344] AGN. Expediente CISEN. Informe de Macario Castro al EMDN del 7 de abril de 1971 (79/236/231)

alguna emboscada, tiraran sus armas y levantaran las manos como señal de rendición y les respetarían su vida. Hay referencias de ex guerrilleros sobrevivientes que confirmaron tal aseveración.

Ante el recrudecimiento de la represión impulsada al amparo de la **Operación telaraña** por parte del ejército, la ACNR, pasó de la fase de 'autodefensa', es decir, a la 'ofensiva' en su modalidad de propaganda armada[345]. A partir de 1970, esta organización guerrillera procedió a realizar secuestros de caciques renombrados en la región "como medio de impactar políticamente a la población con sus acciones" incluyendo: Asaltos bancarios llamados "expropiaciones bancarias" y "ajusticiamiento de enemigos jurados del pueblo" que iban acompañadas de tareas de difusión en el campo y la ciudad a través de "Comunicados" que regularmente publicaba la revista **Por Qué?** En el otoño de 1970[346], se difundió una hoja mimeografiada denominada **El Rebelde**[347], donde Genaro anunciaba que ese medio informativo "lo hemos echado a andar[348] para el análisis político, económico y social del país- (entrevista hacha a Genaro Vázquez por la Revista **Por Qué?**)[349] En los archivos del CISEN está registrada toda esta información, lo que demuestra, que no hubo acción o declaración de Genaro que no fuera reportada a esa dependencia de inteligencia del Estado sea por delatores fortuitos o por agentes infiltrados en las zonas de operaciones.

El 14 de agosto de 1970, según datos del CISEN, Genaro en compañía de José Bracho, Santos Méndez Bailón, Benito Méndez Bailón y de Fausto Ávila Juárez (a) Alejandro' ó 'El maestro', pasaron a casa de Eleuterio Lugardo Benítez en El Papayo, para pedirle que participara como chofer en el secuestro de Salvador Cariño Morga en la población de Tecpan de Galeana, de Costa Grande. Se trataba del rico cafetalero señalado como partícipe directo en la matanza del 18 de mayo de 1967 en Atoyac. Diez días más tarde, el 25 del mismo mes y año, Genaro fallaba en su intento de secuestrar a esta a persona. De esos hechos la DFS reporta[350] que "unos desconocidos contrataron un taxi en Tecpan para que los llevara a Alcholoa, sus ocupantes subieron rifles M-1, sospechándose que se trataba de Genaro y su grupo". Esto refleja una gran psicosis dado que esa información resultó falsa, según aclararon los sobrevivientes. El 3 de septiembre de

[345] Miranda Ramírez, Arturo, *Op. Cit.* p. 70
[346] AGN. Expediente CISEN 199-10-16, legajo 4. p.214 -227
[347] AGN. Expediente CISEN 199-10-16, legajo 4. p. 199 -202 y 338-341
[348] AGN. Expediente CISEN 199-10-16, legajo 4. p. 203 -206
[349] AGN. Expediente CISEN 199-10-16, legajo 4. p. 228- 244
[350] AGN. Expediente CISEN 100- 10-16; legajo 2; p. 136

1970, Genaro Vázquez hizo llegar a la *Revista Por Que?* un mensaje fechado el 2 de agosto de 1970, en el cual denunciaba la campaña militar contra el grupo y la violenta represión del campesinado de la región de la Montaña" a quienes se acusaba de estarlo apoyando. [351]

Conforme a declaración de Justino Piza[352] arrancada mediante torturas en el Campo Militar No. Uno el 15 de noviembre de 1970, el grupo de Genaro estaba compuesto por José Bracho, Eliseo de Jesús, Trinidad Garay, Apolonio Benítez, Samuel Adame, Bernabé Garay y Cliserio de Jesús-, reconoció que estos lo visitaron en El Refugio para invitarlos a él, a su hermano Ángel Piza Fierro y a Agripino de Jesús a que se integraran a su grupo. Los Piza vieron esta oportunidad como medio para fortalecerse con miras a lograr "el ajuste de cuentas" contra la familia Morales de El Quemado con la cual tenían problemas de tierras. Genaro por su parte andaba en busca de un lugar donde establecer su campamento y los Piza le mostraron el paraje de Las Palmeras en el poblado de El Refugio donde estableció su campamento. Fue aquí donde se realizó la entrevista concedida a la revista *Por Qué*, según se corroboró con las fotografías ahí publicadas.

Conforme a la declaración de Eliseo de Jesús, arrancada también en el Campo Militar No. Uno, el grupo de Genaro lo componían José Bracho Campos, Samuel Adame Flores y Santos Méndez como combatientes permanente. Antonio Sotelo, Fausto Ávila y el Profr. Jorge Mota González como de apoyo y, a partir de diciembre de 1970 se incorporaron al grupo: Armado de Jesús de la Cruz, hermano de Eliseo, José Castro, Cliserio de Jesús y Justino Piza Fierro -quienes intervinieron en los secuestros de Donaciano Luna Radilla que se consumó el 29 de diciembre de 1970 y el de Agustín Bautista Cabrera el 11 de abril de 1971, mientras tanto, las famosas "operaciones militares" demostraban su total fracaso, en tanto que, entre más persecución se desplegaba en la zona más acciones guerrilleras se realizaban, tal y como lo corroboró Ángel Piza Fierro –según expediente del CISEN-, antes de ser desaparecido, al asegurar que participó en el secuestro de Agustín junto con Joel Padilla, Valentín Flores, Agripino de Jesús (muerto el 14 de julio de 1971 en el enfrentamiento con el ejército en El Refugio), Víctor Baltazar; Clemente Fierro; Bernabé Garay González y J. Trinidad

---

[351] Bellingieri, Marco. Op. Cit. P. 143
[352] AGN. Declaración del 12 de octubre de 1971. Expediente CISEN 199-10-16, legajo 4. p. Foto entre 247 y 248. Declaración p. 273 y 283 a 304. Fotos en que comparan la revista y al declarante pp. 275 y 278. Declaración 318 -323, de quienes el Estado niega haberlos detenido.

Garay González. Además, este grupo armado contaba con otros círculos de apoyo, los dispuestos a participar en acciones de logística y otro mucho más amplio que repartía propaganda, daba de comer a los combatientes y protegía sus movimientos. Adicionalmente Genaro contaba con apoyos en otras partes del Estado y de la República que mantenían contacto –según el CISEN-, a través de su cuñada en México Concepción Morales Solís.

A mediados de 1970 se empezaron a detectar algunos indicadores que hacen suponer el inicio de un proceso de deterioro de la guerrilla de Genaro y de expansión de la de Lucio. Ciertamente la simpatía se había incrementado de manera relevante a favor del primero, pero orgánicamente la ACNR evidenciaba un debilitamiento interno en tanto que no tuvo la capacidad de renovar sus cuadros y fortalecer su base social en el seno de la población. Conforme a los reportes de la DFS[353], el 15 de julio de 1970 el "Grupo Abastecedor" de Genaro Vázquez intentó un asalto a las oficinas del PRI en la ciudad de México, que fue frustrado apenas por el velador y la intervención posterior de la policía. En esa ocasión detuvieron a Alfredo de la Rosa Olguín (a) Alejandro de la Rosa Quijano ó José que trabajó como fotógrafo de la revista *Por Qué?* En su declaración[354] este último señaló que fue invitado a formar parte de la Asociación Cívica Nacional Revolucionaria como "grupo abastecedor" en el Distrito Federal por Arnulfo Salgado Salgado, que también era fotógrafo de la revista *Por Que?*, pero lo que se encontró fue que su única participación consistió en haber acudido a la sierra a tomar las fotografía que aparecieron de la entrevista, pero que mediante torturas aceptó todo los cargos que le imputaron. Aseguró que estaba en contacto con Mario Renato Menéndez Rodríguez, director de esa Revista y Demóstenes Onofre Valdovinos, ambos procesados y recluidos en la cárcel preventiva de la Ciudad de México. Que en el grupo también militaba la Profra. Concepción Solís Morales (a) Rosa María o 'Sofia', cuñada de Genaro Vázquez y maestra en el Edo. de México. Al investigar esas aseveraciones, se logró saber que los cargos a los comunicadores fueron falsos y tenían como propósito acallar a la revista para la cual trabajaban, por ser la única que se atrevió a ejercer su derecho constitucional de la "libertad de prensa". Finalmente su Director fue consignado por cargos similares hasta que salió exiliado a Cuba, como parte de las exigencias de canje impuestas por Genaro para liberar al ex rector Jaime Castrejón Díez que había sido

---

[353] AGN. Expediente CISEN 199-10-16, legajo 4. p. 17-26
[354] AGN. Expediente CISEN 199-10-16, legajo 4. p. 27-41 y 48-57

167

secuestrado, finalmente la propia maquinaria de impresión de la revista fue destruida "por desconocidos" que resultaron ser agentes policiacos de la DFS.

En los interrogatorios el periodista confesó mediante torturas –según declaró en entrevista exclusiva-, que se le acusó de haber participado en un asalto a la casa Comercial Azteca en que los asaltantes obtuvieron un botín de 78 mil pesos. En relación con este asalto fue detenido el grupo de 9 gentes que conformaban el "Comanda Urbana 22 de abril", (fecha de la liberación de Genaro Vázquez de la cárcel de Iguala), integrado por Blanca Luz Alvarado Vázquez, Alfredo de la Rosa Olguín (a) Alejandro de la Rosa Quijano' (a) 'José, Jesús Linares Olguín, Florencio Lugo Hernández (a) 'Oscar Torres Dávila', 'Luis, David Jesús Mendoza Gaytán (a) 'Miguel Ángel' ó 'Jorge', Juan Ramírez Rodríguez (a) 'Víctor', Pablo Martínez Pérez, Lourdes Rodríguez Rosa (a) 'Lula' o "Alicia', Armando Salgado Salgado -fotógrafo de la revista *Por Qué?* y la Profa. María Concepción Solís Morales, cuñada de Genaro Vázquez Rojas. Con lo que "el saldo" fue desfavorable para la causa guerrillera que enarbolaban.

Justino Piza Fierro en los interrogatorios declaró también de cómo se organizaba 'el grupo de Genaro' y cómo se disolvió en esa ocasión,[355] sin entender que se trataba de una estrategia de no dar blanco fijo al ejército dispersándose cada vez que se requería, según señaló José Bracho Campos en reciente entrevista. Declaró que las actividades del campamento eran las siguientes: se levantaban a las 06:00 y se acostaban a las 20.00. Cada 8 días realizaban prácticas de tiro dirigidas por Genaro Vázquez; diario hacían la limpieza cada quien de su arma; que había un Consejo de Vigilancia integrado por el declarante (Justino Piza Fierro), Eliseo y Cliserio que eran los encargados de la protección del campamento día y noche, en el que todos se turnaban; que había un grupo de "corredores" que recorrían la zona informando a Genaro Vázquez sobre los movimientos de la tropa. Este lo formaban un profesor al que le decían 'El güero' (trataba del profesor Jorge Mota González), Santos Méndez Bailón e Hilario Adame, hijo de Samuel Adame. Otro Consejo era el de Ordenanza y Disciplina, integrado por Genaro Vázquez y José Bracho, quienes aplicaban medidas correctivas y disciplinarias que consistían en sancionar al indisciplinado por el tiempo que juzgaran conveniente. Las casas a las que llegaban eran las de Trinidad Garay en Santiago de la Unión, de Apolonio Benítez en Las Trincheras, de Justino Piza Fierro en El Refugio y de Hilario Adame en El Quemado.

---

[355] AGN. Expediente CISEN 199-10-16, legajo 4. p. Foto entre 247 y 248. Declaración p.273 y 283 a 304. Fotos en que comparan la revista y al declarante pp. 275 y 278. Declaración 318 -323

El 29 de diciembre de 1970 Genaro realizó con éxito su primer secuestro de mayor impacto propagandístico para ese momento. La víctima fue Donaciano Luna Radilla (a) Chano, representante general del Banco del Sur. Genaro y José Bracho firmaron el comunicado como Comité Armada de Liberación Gral. "Juan Álvarez". Obtuvieron un rescate de 500 mil pesos que fue entregado el 5 de enero de 1971, después de lo cual el secuestrado fue liberado inmediatamente[356]. Al día siguiente, apareció un nuevo comunicado desde las "Montañas del Sur de México"[357], donde Genaro explicaba el por qué de esas acciones y los planteamientos políticos con los que justificaba su lucha.

El 11 de abril de 1971, Genaro secuestró a Agustín Bautista Cabrera, hijo de un cafetalero regional que fuera señalado como implicado en la matanza de Atoyac del 18 de mayo de 1967. Según la versión del CISEN, los escritos para pedir el rescate los escribió Genaro Vázquez desde Las Trincheras con el seudónimo de Francisco González. Genaro andaba con Samuel Adame. Al no pagarse su rescate, Agustín Bautista fue ultimado a la orilla de la carretera arriba del Río Santiago en momentos en que Lucio Cabañas se encontraba al otro lado, allí en La Pedregosa[358], según declaró Gabriel Barrientos, compañero de armas de Lucio en ese momento, quien aseguró que tuvieron que salir de la zona de manera precipitada, debido a que el ejército llegó de manera intempestiva a ese lugar poniendo en riesgo la seguridad de él y su grupo.

En el marco de la *Operación Telaraña fase II*, El ejército nuevamente emprendió acciones temerarias incluyendo detenciones masivas y selectivas con ejecuciones sumarias. Al analizar los datos encontrados, tanto en el CISEN como en las entrevistas hechas a sobrevivientes y las denuncias recibidas, queda demostrada la responsabilidad del Estado en la desaparición forzada de ciudadanos y la tortura de detenidos acusados de guerrilleros y sus familiares en el marco de esta segunda fase de la operación telaraña, a través de la cual buscaron sembrar el terror en la población para que delataran a Lucio y Genaro.

---

[356] Conforme a la declaración del campesino Hipólito N., desde la azotea de su casa, Donaciano Luna Radilla (a) "Chano" disparó con arma de alto poder el 18 de mayo de 1967 en el mitin de la plaza de Atoyac que provocó el inicio de la guerrilla de Lucio.
[357] AGN. Expediente CISEN 100- 10-16; legajo 2; p. 347-348
[358] Suárez, Luis. *Lucio Cabañas, el guerrillero sin esperanza.* Op. Cit. p. 62. Conforme a Lucio, refiriéndose al Grupo de Genaro aseguró, que "nunca combatieron y ellos no formaron grupo (..) y por aquí hay un compañero que dice también cómo después de secuestrar a un muchacho se salían de la zona" (...) "Genaro hizo el secuestro, nos informó Feliciano Radilla el 29 de diciembre de 1970, nosotros estábamos aquí y cuando ellos mataron a aquel secuestrado (arriba del Río Santiago el 25 de abril de 1971), nosotros estábamos al otro lado, allí en La Pedregosa, y con la persecución, pero es que traíamos la fe del pueblo desde allá; la fe la traíamos de nacimiento, que teniendo pueblo nos hace pura fregada el gobierno"

169

Como consecuencia del secuestro de Agustín Bautista fueron detenidas más de 10 gentes y se ampararon más de 50. El 23 de abril de 1971, detuvieron en El Paraíso a Juan Hernández Rivera y al siguiente día en Santiago La Unión, a Simplicio De Jesús de la Cruz, Francisco Garay González y Marcos Saldaña Nava. Conforme a los datos recabados de la Dirección de Investigaciones Políticas y Sociales encontrados en los expedientes del Archivo General de la Nación (AGN), Simplicio de Jesús de la Cruz, desaparecido hasta la fecha, fue sometido a interrogatorios el mismo día de su detención. Se asegura que fue aprehendido por elementos a cargo del Director de Seguridad Pública del Estado de Guerrero junto con Marcos y Francisco por órdenes del C. Gobernador Sustituto del Estado Israel Nogueda Otero, quien el 20 de ese mes asumió el mando de gobierno, tras el accidente aéreo en que perdió la vida el gobernador constitucional Caritino Maldonado.

En expedientes del AGN consta que el detenido declaró que en octubre de 1970 Samuel Adame llevó al municipio de Santiago a varios individuos "que exhortaban a los pobladores a que se unieran a la causa para quitarle a los ricos y darle a los pobres." Sulpicio identificó en fotografías a Genaro Vázquez. El 26 de abril se promovieron los amparos 691/971 y 132/71 a favor de Simlpicio por su hermano Juan Jesús de la Cruz Bautista y de inmediato también fue detenido del que se encontró una declaración en la DFS de fecha 14 de octubre de 1971, donde se asegura que en su casa pasaban a pernoctar y tomar alimentos "Francisco" (Genaro Vázquez), Eliseo de Jesús de la Cruz y 'Vicente' (José Bracho Campos)[359]. Sin embargo esta persona tampoco aparece y el Estado se niega a reconocer su responsabilidad en su desaparición.

Simplicio De Jesús de la Cruz, con domicilio en Los Llanos de Santiago de la Unión era originario de San Andrés de la Cruz y fue aprehendido por el ejército y entregado a la judicial federal, según declaración de testigos y así consta en los archivos consultados, donde la DFS lo relaciona en actividades conjuntas con Samuel Adame y Genaro Vázquez. Se conoció que en octubre de 1970, ya había sido detenido por el ejército en Santiago la Unión y el 14 de abril de 1971 nuevamente fue detenido, esta vez acusado del secuestro y homicidio de Agustín Bautista Cabrera, pero algunos días después fue

---

[359] AGN. Expediente del CISEN 100-10-16; legajo 1; p. 2. Aquí se asegura que Antonio Sotelo Pérez, Demóstenes Onofre, José Bracho Campos y Arturo Miranda Ramírez, entre otros, formaban parte del Núcleo de Acción Política de la organización de Genaro Vásquez.

liberado; los tres tenían su domicilio en Río Santiago. Francisco Garay González, originario de El Paraíso y con domicilio en Santiago de la Unión, el 23 de abril de 1971 fue consignado a las 22.00 hrs. del 30 de abril de 1971 en la penitenciaría de Chilpancingo[360] Se corroboró que el 8 de junio de 1971 la DFS reportó[361] que Francisco Garay fue consignado por la Procuraduría General de Justicia (PGJ), bajo el expediente 40/971 y se le dictó formal prisión el 3 de mayo de 1971. Con motivo de las condiciones para la liberación del Dr. Jaime Castrejón Díez, el 24 de diciembre de 1971 Genaro Vázquez Rojas exigió poner fin a su detención ilegal e indefinida en Chilpancingo. Demandó también al gobierno de Luis Echeverría, poner fin a su detención ilegal e indefinida en Chilpancingo, al considerar que estaba siendo sometido a torturas. Sin embargo, existe una denuncia posterior ante la CNDH donde se señala que en 1972, nuevamente fue detenido en Llano Largo, en Costa Grande y hasta la fecha no aparece.

A raíz del secuestro y homicidio de Agustín Bautista Cabrera se originó una serie de detenciones y desaparición de personas, entre otras: la de Marcos Marcelo Saldaña Nava. Con base en la información dada por el general Mario Acosta Chaparro[362], formaba parte de la ACNR[363]. Era originario de El Paraíso y fue detenido por el ejército en Santiago de la Unión el 23 de abril de 1971[364]. Conforme a queja presentada en la CNDH está desaparecido.[365]. Su declaración fue localizada en los expedientes del CISEN[366]. El 26 de abril de 1971, en San Vicente de Benítez, fueron detenidos por el ejército: Saúl Cabañas Martínez, Bertoldo Cabañas Ocampo, Agustín Flores Jiménez, Severiano Magaña Flores, Pedro Magaña Ruiz, entonces Comisariado ejidal del lugar. Raúl Cabañas Martínez, originario de San Jerónimo de Juárez, fue detenido acusado de pertenecer a la 'gavilla' de Lucio Cabañas.[367] El CISEN registra que tenía la edad de 26 años y estaba casado con Alejandra Valeriano Martínez. No se volvió a saber de su paradero. Bertoldo Cabañas Ocampo, originario de San Vicente de Benítez, conforme a la información de la DFS[368] del 1 de febrero de 1971, apoyaba a Lucio Cabañas

---

[360] AGN. Fotos en que comparan la revista y al declarante pp. 275 y 278, Declaración 318 - 323.
[361] AGN. Expediente CISEN, 100-10-16; legajo.2/ p. 319
[362] Acosta Chaparro, Mario Arturo Tesis, Op. Cit. P. 111
[363] AGN. Expediente CISEN 100-10-16; legajo 3; p. 3
[364] AGN. Expediente CISEN 100-10-16; legajo 3; p. 3
[365] AGN. Expediente CISEN 100-10-16; legajo 3; p. 130 – 237, En el expediente de J. Jesús Rebolledo Hipólito.
[366] AGN. Expediente CISEN 100- 10-16; legajo 3; p. 4-7 pp. 275 y 278. Declaración 318- 323
[367] AGN. Expediente CISEN 100- 10-16; legajo 3; p. 1
[368] AGN. Expediente CISEN 100-10-16-2/ L.2/ p.298

Barrientos y así lo ratifica Mario Arturo Acosta Chaparro[369] quien asegura que formaba parte del PdLP. Sin embargo, fue relacionado también con el secuestro y asesinato de Agustín Bautista Cabrera. Evidentemente el único delito de todos ellos era el de llevar los mismos apellidos de Lucio (Ver Anexo No. 5)

Agustín Flores Jiménez [370] y Pedro Magalia Ruiz, Comisariado ejidal de San Vicente de Benítez fueron detenidos en ese lugar el 26 de abril de 1971, igual suerte corrió Nicandra Romero Salgado al ser detenida el mismo día –según el CISEN-, porque en su casa se recibían los recados para la negociación. El 27 de abril de 1971, en Los Llanos, de Santiago de la Unión, detuvieron a Bartolo Bracamontes Patiño ó Bartolo Sánchez Patiño[371], por elementos de la Policía Judicial pero fue liberado. Esta persona sería nuevamente aprehendida el 1 de julio de 1974 y desde esta segunda detención, quedó reportado como desaparecido. Bartolo Bracamontes Patiño, era originario de Santiago de Los Llanos, Municipio de Atoyac, fue hijo de Camilo Bracamontes Perdón. Se amparó por los arrestos masivos que se efectuaban en abril de 1971 en relación con el secuestro y asesinato de Agustín Bautista Cabrera; sin embargo, a pesar de estar amparado, fue detenido y desaparecido.

Según archivos del CISEN, el 28 de abril de 1971, en El Quemado detuvieron a Raymundo Fierro Navarrete y el mismo día en El Cayaco a Eleuterio Lozano Lozano, ambos acusados de formar parte del grupo de Genaro y de tener en su poder café reportado como robado, según se asienta en archivos del CISEN.

Ante la inseguridad por la que atravesaban los habitantes de la región, el mismo día 26 de abril de 1971, Gumersindo Pino González promovió el amparo 132/71[372] a favor de las siguientes personas: Hilario Adame Hernández; Juan Argüello Jr.; Juan Argüello Martínez; Pedro Benítez, de Jesús; Evaristo Benítez Martínez; Bartolo Bracamontes; Javier Bracamontes; Juan Cabrera; Miguel Carrera; Nicanor Castro; Jesús Catalán; Juan de Jesús de la Cruz; Margarito De Jesús Hernández; Francisco De Jesús Pino; Dionisio De Jesús Santiago; Juan De Jesús Santiago; Albino Fierro Jiménez; Benjamín Fierro Navarrete; Silvestre Fierro Navarrete; Jesús Fierro Pino; José Fluís Flores; Marciano Flores; José Gómez, Refugio Morales; Pánfilo Ibares Loeza; Ramón Iturio de Jesús;

---

[369] Acosta Chaparro, Mario Arturo, *Los movimientos subversivos en México. Op. cit.* P. 98
[370] CNDH. Expediente 104-R
[371] AGN. Oficio D.F.S. 75108/08. En 038-R. Su nombre correcto, conforme a T-289 es Bartolo Sánchez Patiño. 137
[372] AGN. Expediente CISEN 100- 10-16; legajo 2; p.384

Jesús Leyva; José Leyva; Juan Leyva; Manuel Lugardo Fierro; Eladio Llanes; Guillermo Marcelo Nava; Fidel Martínez Vázquez; Juan Mata Llanes; Jacinto Máximo Argüello; Celestino Nava Santos; Domingo Pino Fierro; Eusebio Pino Fierro; Francisco Pino González; Ezequiel Pino Jacinto; Albino Pino Mendoza; Justino Pino; José Quintana González; Antonio Quintana; Agustín Saldaña Remigio; Pedro Saldaña Remigio; Delfino Vázquez. Fierro; Margarito Vázquez Fierro. En esa misma fecha, fue promovido otro amparo con el número 691/971 a favor de: Simplicio de Jesús de la Cruz, Marcos Saldaña González y Francisco Garay González[373] Todavía confiaban en que el derecho constitucional al amparo les serviría para detener las aprehensiones extrajudiciales. Al ver que no los protegía de la desaparición y la tortura, cientos de habitantes de la sierra empezaron a emigrar a la ciudad o se incorporaron a alguna de los dos grupos guerrilleros existentes.

En respuesta, apareció otro comunicado firmado por Genaro Vázquez y José Bracho, desde las "Montañas del Sur", México. Campamento Revolucionario José Ma. Morelos"[374] en el que denunciaban al "mal gobierno de Israel Nogeda Otero" y llamaban a combatir por la liberación y la instauración de un nuevo orden de vida social más justo en beneficio de las mayorías trabajadoras de México, con lo que, en el medio urbano se acrecentaba la simpatía por "la nueva revolución" y la guerrilla de Genaro, al demostrar su capacidad para eludir la persecución policiaca y militar, y al mismo tiempo actuar con su propaganda armada donde menos se lo esperaban.

El 26 de abril de 1971 como parte de una "redada" fue detenido Victorio Lozano, que había sido denunciado como el responsable de haberse robado café e igual suerte corrió Reynaldo Fierro Navarrete, acusado de cómplice[375].

El 28 de abril de 1971, el grupo de Genaro Vázquez pasó por El Encanto con dirección a Tierra Caliente pasando por Totolapan,[376] de allí Genaro se fue a México con su grupo. Conforme a la declaración del Profr. Jorge Mota[377], cuando Genaro pasó por México, el Profr. Vicente Iraís Sánchez le prestó su carro a Genaro para que se

[373] AGN. Expediente CISEN 100- 10-16; legajo 2; p.384
[374] AGN. Expediente CISEN 199-10-16, legajo 4. p. 12 -14
[375] AGN. Expediente CISEN 100-1016; legajo 3; p. 8
[376] Expediente CISEN 100- 10-16; legajo 3; p. 230 -237. en el expediente de J. Jesús Rebolledo Hipólita
[377] En el Reporte del *Plan Telaraña* del 11 y 15 de mayo de 1971, falta hoja de información, paginadas en que se ubicaría

transportara junto con José Bracho, Eliseo de Jesús y 'David' al Estado de Hidalgo al pueblo de Tianguistengo, cuyo propietario era Juan Campos familiar de la esposa de Genaro. (Ese vehículo posteriormente fue utilizado por Genaro para el secuestro del ex rector Jaime Castrejón Díez, hecho que provocó que el profesor Iraís fuera aprehendido y consignado a la penitenciaría en Chilpancingo, Gro.) Se trataba de eludir la persecución para luego retornar a la sierra, en mejores condiciones de seguridad. Se asegura que a su regreso por la ciudad de México, Genaro se entrevistó con Abelardo Velásquez Cabañas en la Catedral de México y con los Profesoros Joel Lima y 'Panchito', con quienes programaron diversas expropiaciones (asaltos bancarios).

Genaro se reunió también con Juan Gallardo, que le ayudó a trasladarse al Estado de Morelos a quien le encargó la compra del auto en que perdiera la vida el 2 de febrero de 1972. Esta persona, después de pasar algunos años en la penitenciaría de Jalapa y Perote, Ver., fue cooptada por el gobierno de Rubén Figueroa Figueroa y convertida en su guardaespaldas, a cambio de lograr su libertad.

En el grupo de Gallardo estaban Salvador Flores Bello (a) Fidel, Eliseo de Jesús (a) Raúl y Guillermo Sotelo "Enrique"; -este último, sobrino de Antonio Sotelo Pérez, quienes ante la falta de planes y de dinero, asaltaron un depósito de dulces en Atzcapotzalco, una panadería y una farmacia. Esto da pie a considerar que al amparo del auge guerrillero hubo quienes aprovecharon la situación para realizar acciones con fines diferentes a los de la guerrilla.

Esta información no deja de lado, que las personas antes referidas, se retiraron del grupo de Genaro por querer formar su propia guerrilla, a los que Genaro siempre les reconoció su arrojo y aparente determinación de participar en "las tareas de la revolución" pero que no se sujetaban a normas disciplinarias preestablecidas. En el momento de la separación para irse a "abrir otro frente" en Veracruz Genaro le dijo a Gallardo, "ni modo, prefieres ser cabeza de ratón que cola de león".

5. La violación de los derechos humanos durante el gobierno de Luis Echeverría Álvarez

El gobierno de Luis Echeverría se caracterizó por enarbolar un discurso y una práctica política ambivalentes: por una parte levantaba la bandera de la "apertura democrática", daba asilo a los perseguidos políticos de los países sudamericanos y por la otra –según consta en los expedientes del AGN-, ordenaba la aplicación de medidas policiacas y militares criminales en contra de sus connacionales similares a las aplicadas en Sudamérica, pero que hasta la fecha se niegan sistemáticamente para garantizarle impunidad.

El 1 de diciembre de 1970, se dio el cambio de administración pública federal en el que Luis Echeverría Álvarez asumió la Presidencia de la República en sustitución del Lic. Gustavo Díaz Ordaz y desde el inicio de su gestión enarboló en su discurso la bandera de "apertura democrática", como medio de recuperar el consenso social perdido a raíz de las matanzas del 2 de octubre de 1968 y del 10 de junio de 1971, pero encubría sus planes de "guerra de contrainsurgencia" que en colaboración con el gobierno norteamericano tenía concertada para garantizarles que en su "flanco sur"[378] no avanzaría el comunismo, "desechando a los grupos armados" recurriendo a todos los recursos represivos que fueran necesario, aunque estuvieran fuera de los marcos constitucionales, entre otras, como la de otorgarle funciones policiacas al ejército que legalmente no le corresponden y la violación sistemática a los derechos humanos de los disidentes políticos armados o no armados.

Con el arribo de Luis Echeverría a la presidencia de la república la represión se recrudeció e hizo explícita la estrategia del Ejército Mexicano de combatir a los grupos guerrilleros mediante la llamada "guerra sucia" a la que los manuales del Pentágono, denominaron "guerra contrainsurgente" o de "baja intensidad"; bautizada en México como: "procedimientos de operaciones irregulares en su aspecto relativo a contraguerrillas".

Gracias a la legislación norteamericana que permite que después de 30 años sea posible tener acceso a diversos documentos considerados en su tiempo como "clasificados", es decir, secretos, hoy podemos enterarnos de los compromisos contraídos por los gobiernos mexicanos de Gustavo Díaz Ordaz y Luis Echeverría Álvarez con aquel gobierno en torno a la puesta en marcha de la "guerra de contrainsurgencia o de "baja intensidad" hoy conocida como "guerra sucia"[379]. En un telegrama desclasificado del Departamento de Estado se especifica que Luis Echeverría Álvarez contrajo un compromiso secreto con Richard Nixon, de acabar con cualquier "amenaza comunista

---

[378] Lissardy, Gerardo. *Las huellas criminales de Echeverría*. PROCESO (México, D. F.), No. 1316 del 20 de enero de 2002, p. 8
[379]Lissardy, Gerardo. *Las huellas criminales de Echeverría*. Op. Cit. pp. 9 - 12

en el flanco Sur de los Estados Unidos". Se pretendió justificar la represión concertada con el imperio con la necesidad de hacerle frente a una supuesta amenaza "extracontinental", que escondía los verdaderos propósitos de evitar que la disidencia armada y no armada pusiera en riesgo la permanencia de los gobiernos autoritarios y dictatoriales existentes en la mayor parte de los países latinoamericanos entre ellos el de México. En ese contexto, en diciembre de 1973 el cónsul norteamericano M. J. Ortwein envió a Washington al menos tres documentos secretos: el A-81 del 27 de noviembre de 1973, el A-91 y el A-92[380], para informar sobre las acciones que se estaban llevando a cabo por el gobierno de Echeverría contra los grupos guerrilleros al margen de las leyes mexicanas. "Las órdenes son tomar medidas drásticas: hacer que los terroristas sean desechables (asesinados); el servicio secreto está trabajando inconstitucionalmente (sin el debido proceso legal) pero con el apoyo del gobierno". Lo anterior demuestra la responsabilidad directa de Echeverría.

Hoy podemos comprobar que el gobierno mexicano no sólo estuvo siendo asesorado por personal de la CIA y la FBI, para consumar los crímenes de lesa humanidad sino que el propio Luis Echeverría Echeverría según lo aseguró el ex agente de inteligencia Philip Agee "fue reclutado y aparecía su nombre en la lista de esa agencia", lo que demuestra que por su afán anticomunista servía a potencias extranjeras en su estrategia geopolítica continental, en flagrante violación a nuestra Constitución y al juramento hecho en su toma de posición ante el Congreso. Y es que desde 1969, aún en su calidad de candidato a la presidencia de la república en plática tenida con el entonces embajador de aquel país, Echeverría le solicitaba al embajador MacBride que podía comunicar a Washington que "con él tendrían a un buen amigo"[381], con el propósito de congraciarse y ganarse su reconocimiento y el apoyo de esa potencia extranjera. Lo que significa que se acusaba a los guerrilleros de recibir recursos del extranjero para encubrir la que los funcionarios mexicanos recibían para conservar el poder mediante el aniquilamiento de la disidencia. Sin embargo, desde el poder del Estado siempre se ha tratado de limpiar la imagen de Luis Echeverría para encubrir la responsabilidad jurídica e histórica de aquellos acontecimientos que sembraron de luto a miles de hogares, como ha quedado plenamente corroborado a través de las indagatorias que la CNDH y la propia Fiscalía Especializada de Movimientos Sociales y Políticos del Pasado (Femospp) han remitido a la Procuraduría General de la República para que sean juzgados los presuntos

---

[380] Lissardy, Gerardo. Con Nixon, el "romance". *Ibidem*
[381] Lissardi, Gerardo. Las huellas criminales de Echeverría, *Ibidem*

176

responsables por delitos de lesa humanidad, entre ellos, Luis Echeverría y sus más cercanos colaboradores.

Durante ese periodo, en las universidades públicas se dio paso a la masificación de la enseñanza sin importar la calidad; al Estado le era más barato tener a los jóvenes en las aulas universitarias aunque fuera recibiendo una educación de baja calidad, que perseguir en la sierra como guerrilleros si no se les daba alguna salida a sus demandas e inconformidad, provocada por la matanza del 2 de octubre de 1968 y del 10 de junio de 1971 y la falta de oportunidades de empelo[382] Así nació, entre otras, la Universidad Autónoma Metropolitana (UAM) con una orientación crítica, los "autogobiernos" en algunas facultades de la UNAM, los proyectos autodenominados "Universidad-pueblo" o "Universidad-democrática" en varias entidades de la república que aparecían como producto de la democratización de las universidades públicas durante aquel periodo. Los perseguidos políticos sudamericanos encontraron en esas universidades una excelente acogida y hospitalidad, donde influyeron con propuestas académicas emanadas de la "teoría de la resistencia", con Paulo Freire y su "Pedagogía de la Liberación", la "Teología de la Liberación" y la "Teoría de la Dependencia"[383], mismas que encontraron terreno fértil para fortalecer el sustento teórico al nuevo proyecto político insurgente y de los movimientos universitarios. Parecía que las prácticas de tortura, desaparición forzada, los *vuelos de la muerte,* etc., sólo se daban en aquellos gobiernos militares dictatoriales sudamericanos. Con todo ello, se fortalecía la aceptación de la juventud a los planteamientos teóricos y políticos de la "teoría de la dependencia" y de los Movimientos de Liberación Nacional armados y no armados a nivel continental y nacional. Desde esa perspectiva, se hacía notar que la alternativa en el campo de la educación no era destruir a la Universidad "por su carácter de clase" como lo llegaron a plantear algunos de los seguidores de la Liga 23 de Septiembre en Sinaloa a través del grupo mejor conocidos como "Los Enfermos", quienes caracterizaban a los estudiantes universitarios desde el "sexto inédito de El Capital de Carlos Marx" –decían-, como proletarios y a los funcionarios de la Universidad como burgueses al servicio del Estado "al ser responsables de la formación de los cuadros que le servirían al capital para su reproducción incrementando la explotación del trabajo asalariado".

---

[382] Núñez Ramos, Serafín, compañero de Lucio Cabañas en la etapa de lucha anterior a la guerrilla.
[383] Cfr. Cardoso, Fernando Enrique y Enzo Faletto. *Depnedencia y desarrollo en América Latina. Ensayo de interpretación sociológica.* 15ed. México, Ed. Siglo XXI, 1979 (c1969) 213pp.

Desde esa perspectiva, los "Enfermos" caracterizaban, -al igual que Bordieu y otros-, a la Universidad como "un aparato ideológico del Estado", que por lo tanto, habría que destruirla hasta en tanto triunfara la revolución socialista, lo que provocó hasta el asesinato de maestros universitarios que no compartieron sus planteamientos "ultraizquierdistas"[384]; pasaban por alto que el propio Marx advertía que no habría que esperar hasta que ésta triunfara para promover una educación crítica al interior del propio capitalismo, como lo llegaron a entender los teóricos de la "Pedagogía acrítica": Paulo Freire, Sneyder, Giroux, entre otros. Desde otra perspectiva, hubo universitarios que por el contrario sostuvieron que, de lo que se trataba era de fortalecerla para "formar ciudadanos críticos capaces de transformar su realidad sociohistórica" en los términos de la Onceava Tesis sobre Feuerbach, "para ganarle –como advertía Antonio Gramsci-, trincheras a las clases hegemónicas en la guerra de posiciones desde hoy"; por lo tanto, no habría necesidad de esperar a que triunfara la revolución para empezar a construir el futuro.

En las Universidades públicas de Guerrero, Oaxaca, Puebla, Zacatecas, Nayarit y algunas facultades de la UNAM, de una u otra manera asumieron el planteamiento de "Universidad crítica, científica y popular" o simplemente "Universidad-pueblo" o "Universidad democrática"[385]. Las fuerzas universitarias dirigentes promovieron diversas reformas académicas, sin dejar claro el modelo de ciudadano y profesionista que debían formar, por así corresponder a las necesidades sociales existentes; lo que desembocó que ni se formaran "los cuadros que requería la "revolución socialista", ni "los que requería el mercado laboral capitalista". En esas circunstancias, estas Instituciones de Educación Superior (IES) tendieron a convertirse en "fábricas de profesionistas desempleados" y no sólo por su supuesta orientación ideológica marxista sino también, por su deficiente formación científica, tecnológica y humanística; pero sobre todos, por la incapacidad del Estado para impulsar una política económica que permitiera la creación de empleos y el apoyo para el desarrollo de la investigación técnica y científica.

---

[384] Rodríguez Araujo, Octavio. *Izquierdas e izquierdismo. De la primera Internacional a Porto Alegre.* Ed. Siglo XXI Editores, 2002, p. 11. Se toma el concepto en los términos del autor, en el sentido de ".. las posiciones políticas o estratégicas, propia de mentalidades dogmáticas o de intereses creados casi siempre disfrazados con argumentos de principios teóricos o ideológicos, (que) conducen al rompimiento de proyectos incluso revolucionarios".
[385] Tecla Jiménez, Alfredo. *Universidad, burguesía y proletariado.* Ed. Taller Abierto, México, 1980, p. 18.

En ese contexto, se agudizaron las contradicciones Universidad-Estado que dieron pasó a una confrontación política permanente que sirvió a los gobiernos locales y al federal, para emprender la represión en contra de las universidades públicas y los universitarios, entre otras formas: a) Mediante el estrangulamiento de los subsidios; b) La persecución política y desaparición de dirigentes estudiantiles y magisteriales más destacados, acusados de comunistas, troskistas o simplemente de guerrilleros; c) Los obstáculos para realizar reformas académicas de fondo en el ámbito administrativo, académico y de investigación; en ese contexto, Jesús Reyes Heroles en su carácter de Secretario de Educación Pública anunció ante el Congreso de la Unión que para el caso de la Universidad Autónoma de Guerrero, procedía aplicarle la "eutanasia", es decir, "la muerte por necesidad" no proporcionándole los subsidios por considerarla, al igual que el gobernador en turno Rubén Figueroa Figueroa, "un nido de guerrilleros", decisión que provocó mayor indignación en la mayoría de la población que ponían en riesgo la gobernabilidad en el estado. "En Guerrero –decía Figueroa-, sobran estudiantes y faltan campesinos".

Durante ese periodo en Guerrero podemos enumerar cientos de universitarios desaparecidos, torturados o perseguidos. Entre los desaparecidos cabe enumerar al presidente de la Federación Estudiantil Universitaria Guerrerense (FEUG) Carlos Díaz Frías, secuestrado por la policía en abril de 1978; Victoria Fernández Brito, dirigente estudiantil de la Escuela Superior de Agricultura; los hermanos Penta y Floriberto Clavel de la preparatoria No. 7 de la UAG en Acapulco, Gro., entre otros. En consecuencia, las décadas de los años 60, 70 y la primera mitad de los 80 se distinguen, entre otras cosas: a) Por las grandes movilizaciones (marchas, mítines, tomas de dependencias gubernamentales realizadas por organizaciones independientes del control gubernamental, universitarios, obreros, campesinos, colonos; b) La conformación de coordinadoras de organizaciones sociales y sindicales a nivel nacional, tales como: la CMPA, la CNTE, el SUNTU, la COSINA, el CGCPA de Acapulco, entre otras) y, c) La desaparición forzada del mayor número de estudiantes, todos ellos acusados de guerrilleros. Se puede reconocer, que los inicios de la década de los 80, marcaron por una parte la derrota militar de las organizaciones guerrilleras y no sólo en Guerrero sino también en el resto de país y por otra, los inicios de nuevas formas de participación política no clandestina ni armada de cientos de excombatientes a través de esos organismos de masas.

En la noche del 30 de abril de 1971 se inició la *Operación telaraña*. Con base en la información que se encontró en el AGN, el Ejército Mexicano y la DFS, decidieron realizar una redada generalizada de todas las personas que consideraban que apoyaban el movimiento guerrillero de Genaro Vázquez y de Lucio Cabañas. Ese día, según datos del CISEN[386] arribó a Acapulco procedente de la Ciudad de México, en un avión militar el C. Secretario de la Defensa Nacional, Gral. de Div. Hermenegildo Cuenca Díaz, trasladándose de inmediato a la 27/a. Z.M., en donde permaneció unos minutos, para luego salir a Atoyac de Álvarez. Se logró conocer, a través de los mismos archivos, que el objetivo de esa visita fue la de recabar información con relación a la aplicación de la *Operación Telaraña* que se estaba realizando e hizo contacto, con el Presidente Municipal de Atoyac y con el Agente del M.P.F. Ahí se informó que "los elementos que venían a la *Operación Telaraña*, estaban al mando del Gral. de Brig, Vicente Fonseca Castro, Jefe de la Policía. Judicial. Fed. Militar", quien aseguró que se entrevistó con el Gral. Cuenca Díaz, a recibir las siguientes instrucciones: -Que se llamara al Corl. Venustiano Carranza Tijerina que se encuentra en Chilpancingo, por ser uno de los elementos conocedores de la región y que se incorporara al grupo. Que los elementos que comandaba el Gral. Fonseca Castro, salieran con rumbo a Atoyac para realizar dicha operación y hacer aprehensiones de varias personas en la Sierra de Atoyac, que los detenidos en Chilpancingo mencionaron como contactos directos de Genaro Vázquez Rajas y Lucio Cabañas Barrientos.[387]

De los otros reportes encontrados se reconstruyen lo siguientes: -El 1 de mayo de 1971, la 27a ZM reportó que "la partida de los militares de sus Bases, se inició durante la noche del 30 de abril de 1971 al 1 de mayo del mismo año", en el marco de la *Operación Telaraña*. Reportaron que durante ese día capturaron a Onésimo Barrientos en El Rincón de Las Parotas y a Agustín Barrientos Flores del mismo lugar. Ese día también, en las estribaciones del cerro del Tototepec, personal del 49ª. BI capturó a un individuo sospechoso que dijo llamarse Elías Gómez Álvarez, manifestando ir a ver a su madre enferma, lo cual resultó falso, por lo que ordenaron su traslado a Atoyac para investigarlo[388].

---

[386] AGN. Expediente (100-10-1-71/ L.38/ 81).
[387] NOTA: A uno de los reportes de la *Operación Telaraña*, le falta una hoja que correspondería a las Actividades del 48° BI en Cruz Grande de los primeros días del mes mayo de 1971).
[388] AGN. *Operación Plan Telaraña* del 1 de mayo de 1971 (93/279/40)

El informe de actividades del ejército[389] durante ese día señala que fueron capturadas en total nueve personas, entre ellas Onésimo Barrientos", pariente de Lucio que hasta la fecha sigue desaparecido y se niega que haya sido capturado.

En otro reporte de la *Operación o Plan Telaraña fases II* (OPT), se informa que la 27ª ZM efectuó reconocimiento aéreo en helicóptero realizado por el Jefe de Estado Mayor de esa Plaza y el Jefe de la S-3 EMS, con resultado negativo y que las operaciones terrestres de reconocimiento e investigación continuaban, habiéndose capturado a Delfino Vázquez Arreola, Marcial Pino Figueroa, Fidel Martínez Arreola, todos ellos de Santiago de la Unión; Leopoldo Valencia Milla, de Coyuca de Benítez; Salvador Valencia Gutiérrez de El Papayo y a Elías Gómez Álvarez de Atoyac de Álvarez Gro.[390]

El reporte anterior no registra que hubo una carta de la señora Blanca Soberanes de Vázquez, Madrastra de Genaro Vázquez, dirigida a Luis Echeverría, Presidente de la República, en la que "solicitó la liberación del señor Alfonso Vázquez Rojas, recluido en el CMI, "por el sólo delito de ser el padre de Genaro Vázquez Rojas". Fue aprehendido el 1 de mayo de 1971 por la Policía Judicial y Militares bajo el mando de la Procuraduría y de la 27ª. ZM y conducido al Campo Militar No. I, en Lomas de Sotelo. La carta estuvo fechada el 25 de mayo de 1971, casi un mes después de su aprehensión[391]. Se cumplían así las detenciones anunciadas al inicio de la *Operación Telaraña*.

Cuando investigamos en la región de El Quemado, el por qué no se denunciaban de manera inmediata esos atropellos contestaron, que se percibía un ambiente en el que parecía que no había poder al cual recurrir para pedir respeto a los derechos humanos y constitucionales sobre todo, que cuando alguien se atrevía a hacer alguna denuncia, inmediatamente era desaparecido[392]. Con dolor señalaban que cuando alguno de sus familiares era asesinado por el ejército nadie se atrevía a reclamar su cuerpo "para darle cristiana sepultura", porque luego eran detenidos, torturados y desaparecidos por considerarlos también parte de la guerrilla, como lo manifestó la señora Ernestina; cuando supo que su esposo Cesáreo Helguera fue asesinado en las cercanías del campo

---

[389]AGN. Informe actividades Plan Telaraña 28 fase del 2 de mayo de 1971 (97/286/14) 146 *Operación Plan Telaraña* del 2 de mayo de 1971 (93/279/41)
[390] AGN. Carta recibida No. 30638 del 25 de mayo de 1971 enviada por la Sra. Blanca Sobreira de Vásquez, madrastra de Genaro Vásquez Rojas a Luis Echeverría (79/ 236/ 351)
[391] AGN. *Operación Plan Telaraña* 3 de mayo de 1971 (93/279/42)
[392] Declaración hecha por sobrevivientes de aquellos acontecimientos.

militar de Iguala y entregado al SEMEFO donde estuvo expuesto durante más de 15 días, no se atrevió a reclamarlo por temor a ser detenida también, a pesar de que ella jamás participó en las actividades de su esposo Fue sepultado como desconocido.

Al enterarse Genaro de la aprehensión de su padre, mandó desde la sierra un comunicado a la Revista *Por Qué?* donde denunció el hecho como arbitrario y lo deslindó de cualquier relación con su lucha. Sin embargo, no fue liberado hasta después de cuatro meses de haber sido recluido en el CM1, para que al poco tiempo muriera en su domicilio de Atoyac de Álvarez. De todo lo anterior se conoció que, desde el primer día de la *Operación Telaraña*, el ejército capturó y se llevó como rehenes, por un lado, al padre de Genaro Vázquez y, por el otro, a familiares cercanos de Lucio Cabañas, como medio de presión, esperando que con ello doblegarían a ambos dirigentes guerrilleros.

El 26 de mayo de 1971, según consta en los archivos del CISEN, "una Columna volante efectuó reconocimiento en el poblado El Ocotal, con resultado negativo, encontrando sólo casas vacías y abandonadas". La emigración de la noche a la mañana de comunidades enteras con rumbo desconocido era inevitable, si se toma en cuenta el terrorismo de Estado impuesto a través del ejército y las policías.

Como parte de la *Operación Telaraña*, el C. Secretario de la Defensa Nacional Hermenegildo Cuenca Díaz ordenó al Comandante de la 27ª ZM "que trasladara la matriz del 32° Batallón de Infantería (BI) a la mayor brevedad posible a Atoyac al paraje denominado El Fortín y se estableciera en el alojamiento más apropiado", resultando elegidas las tierras de labor del lado oriente de la población de Atoyac, (donde según Tita Radilla su padre, el desaparecido Rosendo Radilla, construyó un local para el "Instituto de Protección a la Infancia de Guerrero") por ser la ruta de salida de la carretera que conduce a los pueblos de la sierra. Evidentemente las operaciones estaban siendo dirigidas personalmente por el propio Secretario de la Defensa Nacional; lo que demuestra la responsabilidad del Estado por las acciones represivas y violatorias de los derechos humanos y constitucionales, al sembrar el terror en las comunidades y someter a tortura y detenciones sin orden judicial a cientos de ciudadanos sólo por parecerles sospechosos.

El día 3 de mayo de 1971 se reportó a la SDN[393] que "no se capturó en esta fecha a ningún gavillero" Y al siguiente día,[394] que "continuaban los reconocimientos..." consistentes en rodear a las comunidades para capturar a cualquier ciudadano que se topara con ellos, ya no sólo porque les parecieran sospechosos, sino para obligarlos a servirles de guías y de delatores. Hecho que también podría considerarse ilegal, dado que equivale a someter a trabajo esclavo a gentes sin su consentimiento.

En relación con la investigación sobre el detenido que dijo llamarse Elías Gómez, el ejército concluyó que había estado mintiendo, ya que los lugareños y las personas que él mencionó como referencia manifestaron no conocerlo." Hecho que le valió fuera remitido a la 27ª. ZM y desaparecido. Lo que pasaba era que nadie se atrevía a declarar que conocía a alguno de los detenidos porque, para la lógica del ejército, significaba que también participaban en la guerrilla y se exponían a ser detenidos. De él tampoco se conoce su paradero. Fue entonces cuando detuvieron a Raymundo y Domingo Barrientos Reyes del Rincón de las Parotas y a Leopoldo Guerrero Adame de El Paraíso, Gro., entre otros.

Domingo Barrientos Reyes (T-O26) en su denuncia confirmó ante la CNDH (en 024-R) que "el 3 de mayo de 1971 fue detenido por elementos del ejército mexicano en el Rincón de las Parotas, cuando se dirigía al sepelio de un familiar suyo". Está casado con Leonarda de Jesús Onofre con quien tiene 8 hijos. Fue detenido junto con otros tres coterráneos a las 22:00 horas, del día 3 de mayo de 1971 por un militar de nombre José Sosa y conducido al Cuartel de Atoyac, a la siguiente noche fueron transportados al Campo Militar No. I donde los tuvieron por espacio de 4 meses. Al revisar los archivos se logró confirmar que llegaron en la mañana del día 5 de ese mes y año. El 27 de octubre de 1971, la DFS informó que Domingo estaba en el Campo Militar No. I y se sometía a la consideración de la superioridad dejarlo en libertad[395]. Oficialmente esta información siempre fue negada.

Fue acusado de ser "bastimentero" de la guerrilla (así llaman en la región a quien lleva alimentos a otra persona) Que lo condujeron al cuartel de Atoyac y más tarde al CMI de la Ciudad de México, por espacio de 4 meses. En su detención, mediante tortura se vio

---

[393] AGN. *Operación Plan Telaraña 2ª. Fase* del 4 de mayo de 1971 (97/286/65) yen (93/279/43)
[394] AGN. *Operación Plan Telaraña 2ª. Fase* del 5 de mayo de 1971 (97/286/65) yen (93/279/43)
[395] AGN. CISEN 100- 10- 16/ L.3/p.259.

obligado a involucrar a otros tres residentes de su comunidad que posteriormente también fueron desaparecidos.

La DFS el 27 de octubre de 1971 informó que Leopoldo estaba en el CMI y sometido a la consideración de la superioridad dejarlo en libertad.[396] Esta persona fue localizada en Atoyac y confirmó la información dada por Domingo Barrientos Reyes. Con ello, se va confirmando la información de que, efectivamente el Campo Militar Número Uno, fue un centro de tortura y de reclusión de desaparecidos, que la Secretaría de la Defensa Nacional se niega a reconocer[397].

Raymundo Barrientos Reyes. (026-R), en los expedientes del AGN está clasificado como del "Grupo 18 de Mayo BCA-PdIP" o sea de la Brigada Campesina de Ajusticiamiento del Partido de Los Pobres. Vivía con su esposa Reyna Villa Organes. Fue detenido por el ejército al inicio de la *Operación Telaraña* el 4 de mayo de 1971. El 27 de octubre de 1971, conforme obra en expediente relacionado con Genaro Vázquez, la DFS informó que Raymundo estaba en el Campo Militar No. I y sometido a la consideración de la superioridad dejarlo en libertad.[398] Oficialmente se negó toda información al respecto.

Leopoldo Guerrero Adame de El Paraíso. Casado con Concepción de León con quien procreó 6 hijos. Fue detenido el 4 de mayo de 1971 por el ejército al inicio de la *Operación Telaraña*. Fue visto en el Campos Militar No. I en mayo de 1971 por Domingo Barrientos Reyes cuando él también se encontraba detenido. No se ha vuelto a saber de su paradero.

Diosdado Mendoza, Antonio. Conforme al CISEN, fue detenido varias veces y liberado después de haber sido sometido a diversos interrogatorios. Ya consignado fue acusado de que el 7 de agosto de 1973 encabezó una huelga de hambre al interior del penal No. Uno de Acapulco junto con Fredy Radilla y Octaviano Santiago Dionisio, que habían sido presos por el delito de hacer pintas en contra del gobierno del estado[399] Está

---

[396] AGN. CISEN 100- 10- 16/ L.3/p.273
[397] Méndez Ortiz, Alfredo. *El Campo Militar Uno no fue centro de tortura, señala el titular de la SEDENA. Pide no acusar al ejército de las desapariciones durante la "guerra sucia".* LA JORNADA (México, D. F.) POLÍTICA del 23 de marzo de 2004, p. 15
[398] AGN. Foto CISEN 100- 10- 161 L.3/p.260.
[399] AGN. Expediente clasificado Cfr. DFS en 231-R)

desaparecido. El 3 de agosto de 1976, Fredy Radilla nuevamente fue detenido por la DFS y desde entonces está desaparecido[400].

Hay una carta en el archivo de la SDN del 27 de octubre de 1971, dirigida al Secretario de la DN. H. Cuenca Díaz[401] firmada por Onésimo Barrientos Martínez, Domingo Barrientos Reyes, Raymundo Barrientos Reyes y Ezequiel Barrientos, antes de ser detenidos por segunda ocasión, en la que le manifestaban que fueron detenidos el 1 de mayo de 1971 en sus domicilios por tropas federales y conducidos a la Ciudad de México, donde estuvieron presos hasta septiembre del mismo año. Además le manifiestan que nuevamente estaban siendo acosados por el Ejército. Esta carta les fue contestada a los firmantes por el Comandante de la 27. ZM, General Joaquín Solano Chagoya[402] quien les informó que el ejército no los perseguía y podían dedicarse con tranquilidad a sus actividades. Sin embargo, posteriormente, fueron detenidos y desaparecidos.

Sorprende el contenido de la carta, ya que, no se encontró ninguna otra correspondencia de los comandantes de zona dirigida a los campesinos en los términos descritos. Lo que para algunos significa que de su primera detención salieron condicionados a colaborar con el ejército. Al respecto no se encontraron elementos para confirmar o refutar tal sospecha. En la misiva no se desmienten las afirmaciones de que hubieran sido detenidos y trasladados a la ciudad de México durante dicho cautiverio de más de tres meses y al contrario, a lo que el general afirmó en su misiva, Raymundo Barrientos Ramos fue uno de los siete detenidos el 1 de octubre de 1974 en Rincón de las Parotas[403] y, desde entonces, se le reportó como desaparecido.

El 5 de mayo de 1971 el ejército reportó que "no hubo detenciones de gavilleros[404]" aunque, conforme a la DFS, ese día si fue detenido Zacarías Barrientos Peralta (025-R) acusado de ser miembro de la Brigada Campesina Ajusticiamiento del Partido de los Pobres (BCA-PP), y quedó a disposición de la ZM en esa entidad. Sin embargo, fue liberado y nuevamente aprehendido el 26 de septiembre de 1974. Existen elementos para suponer, que esta vez fue cooptado por el ejército para que le sirviera de delator, toda vez que participaba en los retenes colaborando en la identificación de sus antiguos

---

[400] CNDH. (Cfr. DFS en 231-R)
[401] AGN. Carta del 27 de octubre de 1971. (91/276/316)
[402] AGN. Oficio 3747, del 3 de noviembre de 1971 (91/276/216)
[403] AGN. Radiograma 12434 del 74/ 10/01 (100/298/68)
[404] AGN. En (93/279/44)

compañeros, originando que muchos fueran desaparecidos. Esta persona en el 2002, manifestó disposición a colaborar con la FEMOSPP para declarar todo lo que sabía sobre los desaparecidos, pero solicitaba protección porque temía por su vida, sin embargo, se la negaron y fue asesinado por desconocidos unos días antes de la fecha señalada para que declarara; los organismos defensores de derechos humanos independientes sospechan que fue ultimado por agentes policiacos involucrados en la "guerra sucia".

El 6 de mayo de 1971, la 27ª. ZM informó[405] que "se capturó a los individuos: Jesús Hipólito Rebolledo, de Atoyac, Gro., Delfino Juárez Adame de El Paraíso y a Ambrosio Castro de Jesús (a) 'La Plaga' de El Edén, Gro., así como a Julián Vázquez Macedo de El Molote, Gro." Conforme a denuncia presentada al Presidente Luis Echeverría mediante carta girada el 7 de junio de 1971, por los familiares de Juan Justos Torres, vecino de Marquelia (recibida con matasellos de la SEDENA No.32771), esta persona fue capturada por el teniente Leonardo Soto Ruiz y sus soldados sin que hasta la fecha se sepa de ella. A pesar de que hubo muchos testigos cuando fue detenido, el ejército negó siempre que lo tuviera en su poder. En la carta se asentaba que "Ya tiene más de un mes y no lo entregan". Esta detención no está registrada en el *Plan Telaraña 2ª fase* (PT-2), lo que nos plantea la hipótesis de que la detención de esta persona no formó parte del plan de "contraguerrilla" y, por lo mismo no fue reportado en estos operativos o porque fue asesinado *in situ*, sin descartar que se trate de un caso más de los "desaparecidos que no dejaron huella." De ser lo primero, es un indicio de que las detenciones ilegales por parte del ejército no sólo se practicaban en su "funcionamiento ordinario", sino que podían además ser muy prolongadas, sin que dieran parte a nadie, por lo que el utilizar esta misma práctica en un plan de "contraguerrilla" no les resultaba nada novedosa. Esta persona, no aparece en ninguna de las largas listas de desaparecidos.

El 7 de mayo de 1971,[406] continuaron las operaciones *Telaraña* en contra de los denominados por el ejército "maleantes", habiéndose detenido a Santiago Méndez Bailón hermano de Santos Méndez Bailón, que fue mandado a Cuba como resultado de la negociación del rescate en el secuestro del ex rector de la UAG Jaime Castrejón Díez,

---

[405] AGN. Expediente del CISEN. *Operación Plan Telaraña 2ª. fase* del 6 de mayo de 1971 (97/286/67) y en (93/279/45)
[406] AGN. Expediente del CISEN. *Operación Plan Telaraña 23 fase* del 7 de de mayo de 1971 (97/286/68) y (93/279/46)

el 19 de noviembre de 1971, por el grupo de Genaro Vázquez Rojas. El 8 de mayo de 1971, la 27ª ZM informó[407] que "en esta fecha no hubo detenidos.", sin embargo, el Gral. Div. D.E.M. Secretario Hermenegildo Cuenca Díaz informó "al C. Presidente de la República lo siguiente:[408] Que se detuvo a Sixto Flores, colaborador inmediato de Genaro Vázquez'," lo que demuestra que Echeverría sí estaba siendo enterado de esta detenciones ilegales[409]. Y sin embargo hoy, ante las acusaciones hechas en su contra por la Fiscalía Especializada (Femospp), asegura en su defensa que jamás se enteró de nada. En otros términos, que "El Comandante Supremo del Ejército y la Armada" no se enteraba de los que hacía su tropa en los tiempos del autoritarismo, en que nada se movía sin el conocimiento del "señor presidente".

El 9 de mayo de 1971, la 27ª. ZM informó[410] que continuaban los reconocimientos en forma minuciosa en las zonas de operaciones, habiéndose detenido en esa fecha a Arturo Martínez Galindo, de Los Valles, Gro., y el 11 de mayo de 1971 nuevamente la 27ª. ZM informó[411] que al efectuar la revisión de unas bolsas encontradas (en un paraje) localizó dos cargadores de pistola Cal. 38 (súper) asegurando que "fueron enviados al Sr. Carmelo Cortés Castro de Chilpancingo, desde Pekín, por lo que ordenó la captura y el traslado a esta Capital de dicho individuo". Con ello, se pretendía vincular el movimiento con "el comunismo internacional" para justificar la represión, arguyendo una cuestión de "seguridad nacional". Lo cierto fue que el guerrillero Carmelo Cortés Castro, egresado ciertamente de la Universidad "Patricio Lumumba" de Moscú, ese día había sido capturado en Atoyac, después de haber asaltado el Banco de Comercio en Acapulco – según José Arturo Gallegos Nájera- por haberse relajado la disciplina.[412]

---

[407] AGN. Expediente del CISEN. *Operación Plan Telaraña 23 fase* del 8 de mayo de 1971 (93/279/47)
[408] AGN. Expediente del CISEN. *Operación Plan Telaraña 2ª. fase* del 8 de mayo de 1971 (97/286/15)
[409] AGN. Expediente del CISEN. [100- 10- 16/ L.3/p. 133] Consta que Sixto Flores Vázquez fue detenido por el ejército en la Operación Telaraña el 71/ 05/08 y conducido a la Base Aérea de Pie de la Cuesta y luego Trasladado al CMI el 71 /05/21 por elementos del 273 BI. Esta detención ilegal fue notificada al Presidente de la República. El 27 de octubre de 1971, la DFS informa que Sixto está en el CMI y somete a la consideración de la superioridad dejarlo en libertad. Foto CISEN 100- 10- 16/ L.3/p.262. Procesado en Chilpancingo el 27 de diciembre de 1971. En su declaración informa que GVR llegó a Tlacalixtlahuaca el 20 de abril de 1970 con José Bracho que se hacía llamar Vicente García y otro de nombre Alejandro. Que estuvieron 2 meses en el pueblo e invitaron a la gente a unirse a su grupo. Que sólo se les unió Antonio Espinobarros que poco después fue asesinado. Con motivo a las exigencias de liberación del Dr. Jaime Castrejón Diez, GVR pidió, el 24 de noviembre de 1971, poner fin a su detención ilegal e indefinida.
[410] AGN. Expediente del CISEN. *Operación Plan Telaraña 23 fase* de 9 de mayo de 1971 (97/286/70) y (93/279/48
[411] AGN. Expediente del CISEN. *Operación Plan Telaraña 23 fase* del 11 de mayote 1971 (97/286/72) y (93/279/49)
[412] Ver Gallegos Nájera, José Arturo *La guerrilla en Guerrero*. México. 2004. pp. 61 – 70.

La "orden de captura y traslado a esta Capital" se refería al Campo Militar No. 1 en la ciudad de México en lugar de haber sido puesto a disposición de las autoridades del fuero común o federal pero en el mismo estado de Guerrero. Sin embargo ello no fue así. Posteriormente, a los implicados en el asalto: Carlos Ceballos Loya (a) Julián, Carmelo Cortés Castro (a) Cuauhtémoc y Gabriel Barrientos Reyes (a) Fernando, después de haber sido torturados en el Campo Militar No. 1, fueron consignados a la penitenciaría general del estado en Chilpancingo, acusados del secuestro del Dr. Castrejón Díez, a pesar de que éste fue secuestrado cuando ellos ya estaban detenidos. Sin embargo, los dos primeros se fugaron de ahí el 20 de agosto de 1972 a través de un boquete que abrieron en la pared del lado sur de la Penitenciaría, donde también se encontraban los presos políticos: José Bracho Campos Arturo Miranda, Cliserio de Jesús, Justino Piza, Jorge Mota, Fausto Ávila, José Gutiérrez Iraís Sánchez, Pedro Contreras, el Dr. Martínez y Gabriel Barrientos.

El mismo día 11 de mayo de 1971 se informó que "llegó el Secretario de la defensa a la 27ª ZM para supervisar personalmente la *Operación Telaraña*"[413]. Al tiempo que al día siguiente se informaba que en el transcurso de la noche, por instrucciones del Secretario de la Defensa Nacional, Gral. de Div. Hermenegildo Cuenca Díaz serían trasladados, a bordo de un transporte DINA de la SEDENA, 13 detenidos que se encontraban en la Base Aérea Militar No.7 de Pie de la Cuesta, con motivo de la *Operación Telaraña* hacia la Ciudad de México al Campo Militar Número Uno. Firmaba el documento No. 37, el comandante de la policía Judicial en el estado de Guerrero Wilfrido Castro Contreras[414]. Esto demuestra el papel que estaba jugando la base militar de Pie de la Cuesta y el Campo Militar Número 1 en las tareas de tortura y desaparición forzada.

El 12 de mayo de 1971, la 27ª ZM informó que el Comandante del 148° BI le comunicó que capturó a Marcial Juárez,[415] colaborador de Genaro Vázquez, quien fue interrogado y confirmó que Genaro Vázquez merodeaba la región de Tlaxacalistalhuaca, Mpio. de San Luis Acatlán desde julio de 1969, que se conocieron los nombres y direcciones de

---

[413] AGN. Expediente CISEN 100- 10-16; legajo 3; p.113
[414] AGN. Expediente CISEN 100- 10- 16/ L.3/p. 136
[415] AGN. Expediente del CISEN. Casado con Ma. Guadalupe Martínez Bravo. 2 hijos. Detenido el 12 de mayo de 1971 por el EM en la Operación Telaraña (100-10-16/ L.3./ p.133) Interrogado en la Base Aérea 7 el 14 de mayo de 1971, donde estuvo nueve días [100- 10- 16/ L.3/p. 144] La DFS informa el 27 de octubre de 1971 que Marcial está en el CMl y somete a la consideración de la superioridad dejarlo en libertad. Liberado el 15 de septiembre de 1971. Foto CISEN 100- 10- 16/ L.3/p.274. Informa que a fines de 70/04/, GVR llegó acompañado de 4 gentes a su pueblo que sólo conoció por nombre a José Bracho que se hacía llamar Vicente García invitando a los vecinos a que se unieran a su grupo, pero nadie lo siguió y se retiró del lugar el 27 de julio de 1970.

188

sus colaboradores, los que se hicieron del conocimiento del Gral. Vicente Fonseca para efectos de su captura. Detenidos los citados, les ordenó sean conducidos a esa plaza[416]. El día 19 de mayo de 1971, el personal que se encontraba en la Base Aérea Militar No.7 detuvo a Macario Bruno Mejía, y Profesor Romualdo Navarro López en Iliatenco, Mpio. de Malinaltepec, Gro.[417] También fue detenido Enrique López de Iliatenco. Todos ellos fueron llevados a Pie de la Cuesta, Acapulco y liberados dos días más tarde. Se reconoce que también fue detenido en el lugar Andrés Moctezuma Gracida, de quien se negaba toda información a sus familiares.

El 21 de mayo de 1971, el Jefe de la S-3 EMS informó telefónicamente lo siguiente:[418] que llegaron dos personas que mandó el Sr. Secretario para una información confidencial con una tarjeta firmada por el Tte. Corl. Tapia. -Que aprehendió como a las 09.30 a una de las personas cuyo nombre venía en la tarjeta, se trataba de Juan Ponce Fierro, dicho individuo tenía ligas con la gente del lugar, debido a que había orden de aprehensión en la Agencia del Ministerio Público por homicidio.

Esta persona –señalaba el parte militar- era muy amigo del procurador del estado de apellido Villalpando, con quien se le vio platicando algunas ocasiones. Lo que significa que se estaba cooptando a delincuentes comunes como informantes. El referido Ponce Fierro, confiando en la amistad que tenía con el funcionario o como parte del papel que le asignaron desde la procuraduría del estado, se dedicó a chantajear a conocidos caciques y gentes acaudaladas, exigiéndoles importantes sumas de dinero en nombre de Genaro, como condición para no ser secuestrados. Finalmente este individuo también fue a parar al Campo Militar No. 1, quedando al descubierto su proceder. Esa conducta ya había sido reportada a Genaro, quien dispuso que fuera aprehendido por la propia guerrilla para que respondiera por sus actos pero se les adelantó el ejército.

En los archivos consultados de la SEDENA, extrañamente por más de un mes, en estas fechas hubo un vacío de información, comprendidas entre el 21 de mayo de 1971 y el 28 de junio de 1971 en relación con el tema que nos ocupa; lo que permite establecer algunas hipótesis: que los expedientes clasificados de ese periodo fueron sustraídos de manera premeditada para ocultar información comprometedora o que se hayan

---

[416] AGN. Expediente CISEN 100 *Operación Plan Telaraña 2a fase* del 12 de mayo de 1971 (97/286/73) y (93/279/50)
[417] AGN. Expediente CISEN *Operación Plan Telaraña 2ª. Fase* del 19 de mayo de 1971 (97/286) 55 y 84
[418] AGN. Expediente CISEN *Operación Plan Telaraña 2a fase* del 21 de mayo de 1971 (93/279/62)

189

extraviado de manera circunstancial. No se puede creer que durante este periodo de persecución intensa no haya habido acciones represivas, si se toman en cuenta las declaraciones de los sobrevivientes consultados y los datos encontrados en otros archivos. Por el contrario, fue el periodo más complejo por la represión. Efectivamente, así lo corrobora la nota del Ejército donde reconoce que continuó con sus detenciones ilegales tanto de personas vinculadas a la actividad guerrillera, como de otras, cuyo motivo no resulta claro, como en el caso de la detención de Juan Justos Torres realizada precisamente el 6 de mayo de 1971, vecino del pueblo Azoyú, en la Costa Chica, por parte del Tte. Leonardo Soto Ruiz y sus soldados y que, a pesar de que mucha gente del lugar, fue testigo de cómo era trasladado por el EM, ellos siempre negaron que lo tuvieran.

La información encontrada en los archivos del AGN confirma su aprehensión de parte del ejército.[419] La referencia a este caso se debe a que se localizó una carta enviada[420] por sus familiares al Presidente Echeverría, un mes después, denunciando la detención por el ejército mexicano que seguía negando que lo tuvieran pero tampoco lo entregaban. O el caso de otras 4 personas detenidas en el Km. 76 de la carretera Acapulco - Zihuatanejo, "por no respetar el alto que les marcaron en la revisión del retén establecido inesperadamente en la carretera federal[421].

Conforme a reportes de la Dirección General de Investigaciones Políticas y Sociales, Abelardo Morales Gervasio (194-R), y otras siete personas fueron detenidas el 28 de mayo de 1971 por el Ejército Mexicano y quedaron a disposición de la 27ª ZM. A las 07.30 horas de ese día, trasladaron del poblado de San Martín de las Flores a 7 detenidos, y uno del poblado de La Vainilla a la Base Aérea Militar Número Siete de Pie de la Cuesta de este Puerto. Entre los detenidos estuvo Abelardo Morales Gervasio de la Sierra de Atoyac de Álvarez, donde el ejército venía realizando la *Operación Telaraña*. En los interrogatorios que se les practicaron, la mayoría de ellos manifestó conocer a Lucio Cabañas pero no a Genaro. Para los planes de contrainsurgencia, el aceptar que conocieran a cualquiera de ellos, era razón suficiente para someterlos a interrogatorios mediante tortura y desaparición forzada.

---

[419] AGN. Expediente CISEN véase oficio 183566 del 6 de julio de 1971 (71/276/27)
[420] AGN. Expediente CISEN Carta con matasello de recibida número 32771 del 6 de mayo de 1971 (91/276/33)
[421] AGN. Expediente CISEN del 21 de junio de 1971 (97/286/19) y (122 Plan Telaraña fase 2)

190

Los detenidos en San Martín de las Flores fueron los siguientes:[422] Alfonso Bataz García, Magdalena De la Cruz Navarrete, Abelardo Morales Gervasio (a) Rammel (194-R) y Lorenzo Morales Gervasio. (194-R) de Los Tres Pasos, ejido de Los Valles, Diego Serafín Gómez, José Rosalío Serafín Gómez y Camerino Serafín Gudiño. En el interrogatorio, Camerino manifestó conocer a los que acompañaban a Lucio Cabañas Barrientos señalando a las siguientes personas: Teodoro Ledezma, del poblado de Ixtla; Clemente Barrientos, Isabel Chávez Morales o Isabel Morales Velásquez, Obdulio Morales Gervasio, Alejandro Serafín Barrientos y Luis Serafín Gudiño. Todos ellos seguidores de Lucio.

En relación con Genaro, durante el mes de mayo de 1971 habían sido detenidos: en Atoyac, Santiago Adame González de Izotepec, de 36 años, con domicilio en El Paraíso; Profr. Ismael Bracho Campos; Eufrosina Gómez Peñaloza; Leonardo Guerrero Adame; Efrén Gutiérrez Borja, de Ayutla; Delfino Juárez Adame; Marcial Juárez Castro de Tlaxcalixtlahuaca; Santiago Méndez Bailón; Santos Méndez Bailón; el Dr. Rafael Olea Castañeira, (a) 'Dr. Roca'; Marcial Pino Figueroa; J. Jesús Rebolledo Hipólito; Delfino Vázquez Baltasar; Alfonso Vázquez Rojas; padre de Genero, entre otros.

En el mes de Mayo de 1971 el grupo de Genaro se trasladó nuevamente al estado de Guerrero. Entró al poblado El Refugio por Alcholoa, estableciendo durante un mes su campamento en 'Las Palmas'. En entrevista con algunos de los sobreviviente de la guerrilla señalaron que "uno de los compañeros de la dirección tomó la determinación de casarse con una joven del lugar, por lo que acordaron hacer una discreta fiesta acorde con las circunstancias: un violín y una guitarra acompañado de unos tragos de tuba, una bebida que extraen de la palma del Cocoyul al cortarse el retoño. Guerrilleros y colaboradores se dieron cita en el lugar y sólo Genaro, con algunos de sus elementos, decidieron alejarse al monte, como presintiendo algo."

Conforme a información dada por 'Chave' Piza, el novio fue José Bracho. Al amanecer del día siguiente, el 14 de mayo de 1971, el ejército ya los tenía rodeados debido a que no faltó informante infiltrado que le avisara que se encontraban ahí. Agripino (a) 'Pino', cuñado de Justino y de Ángel Piza Fierro, fue acribillado al tratar de salir del cerco. Las viviendas fueron quemadas por el ejército y de sus moradores unos quedaron muertos, otros detenidos y los demás heridos. En correspondencia con esos hechos, el mismos

---

[422] AGN. CISEN Expediente clasificado: (100- 10- 16/ L.3/p. 226):

día 14, el Jefe de la S-3 EMS informó que a las 09.45 horas, elementos del 32° B1, al aproximarse al poblado El Refugio fueron recibidos con disparos, repeliendo la agresión, habiendo resultado muerto el Sr. Pino de Jesús González."[423] Esta versión fue refutada por el propio José Bracho, quien aseguró que de parte de la guerrilla no se hizo ningún disparo. Extrañamente -aseguró-, Pino salió caminando sin tomar precauciones hacia la salida oriente del lugar, a pesar de que los militares le disparaban intensamente hasta que lograron asesinarlo. Yo en cambio salí del cerco únicamente tirándome al suelo cuando ellos me disparaban y en el momento que dejaban de disparar, yo les apuntaba aparentando que les iba a hacer fuego, obligándolos a agazaparse; momento que aprovechaba para salir corriendo. La verdad, nadie le disparó al ejército como aseguraron[424].

Cuando el grupo salió huyendo del cerco, se reencontraron en el campamento que tenían previsto, donde estuvieron ocho días más; sin embargo, el ejército ya tenía noticia de este lugar. "Genaro tenía un oído privilegiado" –aseguró Bracho-, oyó antes que nadie cuando el helicóptero se dirigía hacia donde estábamos", por lo que les ordenó dejar todo y salir a toda prisa. Otro sobreviviente señala que "un helicóptero nos andaba buscando y Genaro Vázquez gritó: ¡Los Federales! y dio órdenes de abandonar el campamento rumbo al monte para cubrirse con las copas de los árboles, teniendo que abandonar todo". El helicóptero llegó a bombardear el campamento. Se elevaba y bajaba cada vez que arrojaba sus bombas. Esta maniobra la realizó varias veces. Como lo establece el Manual de contrainsurgencia del ejército norteamericano, puesto en marcha por los militares mexicanos, se trataba de aniquilar, no de detener ni someter a juicio a los "infractores de la ley".

Aseguraron los entrevistados que, en las laderas del cerro había algunas vacas que quedaron totalmente destrozadas por el bombardeo. Cuando terminó, llegó el ejército cercando la zona. Probablemente creyeron que habían acabado con la guerrilla, debido a que encontraron pedazos de carne y cantidad de sangre pero era de los animales que ese día estuvieron en el lugar equivocado. Mientras tanto, el grupo había logrado escapar y de allí se dirigieron a El Posquelite -aseguraron los entrevistados-.

---

[423] AGN. Expediente CISEN. *Operación Plan Telaraña 2a fase* del 14 de mayo de 1971 (93/279/52) 171
[424] Entrevista exclusiva hecha a José Bracho Campos, (compañero de armas de Genaro Vázquez Rojas), Guerrero, 20 de abril de 2002. 2 cassettes de 60 minutos.

De El Posquelite, Genaro y su grupo se dirigieron a La Remonta hasta llegar a La Peineta, donde establecieron su campamento en tierras propiedad de Juan Javier de Jesús. En ese lugar, el 28 de junio de 1971, se vieron obligados a presentar combate con el ejército por haber sido localizados nuevamente. La 27ª ZM reporta que el 28 de ese mes y año, al dirigirse "rumbo a La Peineta, el subteniente Florencio S. Sánchez del 32° B1, con personal a su mando, sostuvo encuentro armado con maleantes, habiendo resultado herido un soldado de Infantería y muertos 5 maleantes de quienes se desconocen sus nombres." Este informe resultó ser falso, según datos emitidos por algunos sobrevivientes, dado que no hubo ningún muerto de parte de Genaro, quien personalmente rompió el cerco con ráfagas de metralleta, mientras sus compañeros se bañaban en un arroyo cercano. Por el contrario, en el lugar quedó muerto el referido teniente. Esta información aparece reportada en el *Plan Telaraña, fase 2*[425]. Sin embargo, no se ha podido localizar todavía la información primaria de los radiogramas. Contrasta la información que se obtuvo en relación al reporte del 1 de mayo de 1971 al 21 del mismo mes y año, con la escueta información de junio.

Conforme a la información de "Chave" Piza: En La Peineta, el campamento tenía vista para todos los lugares, falló el vigilante porque se durmió, los soldados aparentemente andaban de cacería. Corrió Tirso Ríos Cruz y el Ejército lo siguió. Genaro Vázquez y Samuel Adame lograron fugarse. Eliseo de Jesús y José Bracho estaban bañándose en un arroyo cercano a unos 200 metros y tuvieron oportunidad de huir trasladándose nuevamente a El Refugio. Al escuchar el combate salieron corriendo del arroyo creyendo que su dirigente habría muerto por el desigual combate y porque no lo encontraban en ninguna parte. Samuel lloraba de pena. Al hacerse el balance del incidente, se advirtió que los demás habían huido en desbandada en lugar de tratar de acudir en ayuda de su comandante.

En el enfrentamiento en La Peineta, Genaro dejó un portafolios con fotos que cayeron en manos del gobierno. El Procurador del estado reportó que subió a La Peineta y recuperó lo que Genaro tenía en el campamento: bombas molotov, armas, una mochila, fotos, una hamaca fina que cabía en una bolsa pequeña. Las gentes del lugar donde se encontraba Genaro el día del combate, fueron detenidas por el ejército, entre ellas, según archivos de la CNDH: Eusebio Arrieta Memije (014-R), Miguel Cadena Diego (047-R), Crescencio Calderón Laguna (048-R), José Ramírez Samaycón (235-R) e

---

[425] AGN. Expediente CISEN. *Plan Telaraña 2ª. fase* 28 de junio de 1971 (97/286/19 y 124)

Inocencio Calderón (407-R). Chave Piza asegura haberlos visto cuando estaban detenidos en el retén militar, porque fueron a protestar por el atropello, los habían llevado a El Paraíso y un oficial del ejército les confirmó que efectivamente ahí los llevaban detenidos. Hasta la fecha no aparecen.

Es altamente probable que el ejército haya ejecutado a estas personas al reportarlas que "murieron en combate" Al respectos se encontraron dos reportes que nos permiten inferir tal posibilidad. En primer lugar el ya referido reporte del *Plan Telaraña 2ª. Fase* del 28 de junio de 1971 en el sentido de que "murieron 5 maleantes"[426] de los cuales no se encontraron sus cadáveres en el lugar. Además en otro reporte del 23 de julio en que el General De Brigada J. M. Henríquez informa[427] a la Defensa Nacional UNO, que en el enfrentamiento en el paraje de El Calvario, hubo cinco gentes abatidas del lado enemigo y un cabo herido. Evidentemente fueron ejecutados en venganza, cuando se encontraban indefensos, por haber sido detenidos en el lugar del combate con Genaro, pero ellos ni siquiera formaban parte del grupo, sólo eran vecinos del lugar donde circunstancialmente pasó Genaro y su grupo. La sospecha se corroboró, en el sentido de que los capturaron vivos por el mismo reporte militar[428] donde – según la CNDH-, se señala la detención de las siguientes personas: Eusebio Arrieta Memije (014-R), Miguel Cadena Diego (047-R), Crescencio Calderón Laguna (048-R), José Ramírez Samaycón (235-R) e Inocencio Calderón (407-R) que el informe oficial sostiene que "murieron en el enfrentamiento"

Los testimonios recabados por la CNDH coinciden con los datos del lugar de la detención, y con el combate armado. El ejército ubicó que Genaro Vázquez estaba en la casa de Eusebio Arrieta Memije y lo quiso detener. Genaro se escapó, disparando al ejército. Conforme a T -014 (en 407-R) se enteró por terceras personas que Inocencio (407-R), Eusebio (014-R), y Miguel (047-R) "fueron muertos y sepultados en el mismo lugar donde fueron capturados. Sin embargo, esa información no se pudo corroborar en tanto que los familiares jamás han tenido la oportunidad de conocer el lugar donde se encuentran sus restos

A Eusebio Arrieta Memije (014-R), se le vinculó con el Partido de los Pobres. En reporte del DFS aparece como Eusebio Arrieta Armijo. Originario de San Vicente de

---

[426] AGN. Expediente CISEN. En 97/286/19 y 124
[427] AGN. Expediente CISEN. En telegrama 3704 del 23 de julio de 1971 (91/276/18)
[428] AGN. Expedientes clasificados especificados anteriormente.

Jesús. Ahí se asienta que, el 28 de junio de 1971, el ejército ubicó a Genaro Vázquez en La Peineta; Genaro escapó pero detuvieron a Don Eusebio. Tenía como 70 años de edad. Conforme a la información dada por J. Isabel Chávez Piza, de allí se los llevaron a El Paraíso y posteriormente a Atoyac. Su hijo Raúl Arrieta Armenta señala que su padre fue detenido cuando tenía un niño en brazos, por lo que fue falso que muriera en combate; y también aseguró que posiblemente su padre fue ultimado el 30 de junio de 1971 en La Peineta. Sin embargo, Zohelio Jaimes Chávez aseguró que lo reconoció durante su cautiverio en el Campo Militar No. Uno.

Como condición para liberar al Dr. Jaime Castrejón Díez, Genaro Vázquez Rojas el 24 de noviembre de 1971, exigió al gobierno poner fin a su detención ilegal e indefinida.[429] Lucio Cabañas Barrientos también lo enlistó entre sus desaparecidos por el Ejército y reivindicó su memoria en la emboscada al Ejército Mexicano del 25 de junio de 1972[430]. Ello demuestra que hubo campesinos que colaboraban tanto con Lucio como con Genaro.

Miguel Cadena Diego, según expediente (047-R) era miembro del PdlP, José Ramírez (tenía 13 ó 14 años) e Inocencio Calderón (El IPS lo reportó como Crescencio Calderón Lagunas Crescencio Calderón Laguna (048-R) fueron capturados el 28 de junio de 1971. Eran originarios de San Vicente de Jesús.

Conforme a referencias de Mario Acosta Chaparro aparecida en su trabajo de tesis, Crescencio formaba parte de la ACNR. Reconoce que fue detenido el 28 de junio de 1971 en San Vicente de Benítez por el EM y la PJE junto con Eusebio Arrieta Memije, Miguel Cadena Diego expediente (407-R) y José Ramírez Samaycón, expediente (235-R), originario de Zapotitlán Tablas, Municipio de Atlixtac de la Región de La Montaña.

La gente del pueblo creyó que en este encuentro con el ejército habían matado al militar pero el reporte, señaló que a las 14.15 hrs. el soldado de Infantería Agustín Arizmendi quedó herido y no muerto. En relación con el resto de los que se encontraban en la casa, todos fueron detenidos incluyendo el menor José Ramírez.[431]

---

[429]AGN. Expediente CISEN, FI, IPS, PGR, DP, T-016 y T-015 en San Vicente de Jesús, T-069 y T-014 en Chilpancingo.
[430] Suárez, Luis. *Lucio cabañas, el guerrillero sin esperanza.* Op. cit. P. 82
[431] AGN. Expediente CISEN *Operación Plan Telaraña* del 28 de junio de 1971 (93/279/ 115)

El ejército por lo general, no cargaba con cadáveres que no fueran de su propia gente, sobre todo en un encuentro en poblado incomunicado, por lo que, al no encontrarse los cadáveres de "los maleantes reportados", se corrobora el testimonio en el sentido, de que el ejército quemó las nueve casas y que a los detenidos se los llevaron vivos. En tal circunstancia, forman parte del número de desaparecidos. Queda abierta la demanda ante la Femospp para que investigue a los militares implicados en este hecho represivo, entre ellos a Florencio Salvador Sánchez Garduño que iba al mando del operativo y Agustín Arizmendi que fue herido, con ello se sabría la verdad sobre el paradero de las gentes señaladas.

El 6 de julio de 1971, -según datos de los expedientes del AGN-, el Secretario de la Defensa, General Hermenegildo Cuenca Díaz le señaló al Comandante de la 27ª ZM[432] que en el cerro de la estación de microondas de Acapulco y en el camino a La Sabana, "existen elementos del Movimiento Armado Revolucionario, refiriéndose al de Genaro". Dos días después, a las 22:00 horas del jueves 8 de julio de 1971, Genaro junto con Eliseo de Jesús, Samuel y José Bracho "Vicente" se encontraban ya en el El Refugio y se hospedaron en la casa de Jesús Fierro Baltasar; los lugareños les mataron un marrano para darles de comer. Al día siguiente visitó todas las casas invitando a que se unieran a su lucha. De allí se fue a Las Trincheras rumbo a El Paraíso (Se le conoce así porque aún se localizan vestigios de lo que al parecer, fueron trincheras construidas por Don José María Morelos y Pavón durante la guerra de Independencia, al tiempo que otros, perciben que más bien son bases de algunas pirámides prehispánicas).

Conforme a declaración de Santos Méndez Bailón hecha en el Campo Militar No. Uno, Genaro Vázquez salió de la sierra y el 22 de julio de 1971 y se hospedó en la parroquia con el padre Ángel, en la colonia La Laja, del puerto de Acapulco con quien tenía amistad desde hacía mucho tiempo. Ese día apareció en la Revista *Por Que?* la primera parte de un amplio reportaje hecho a Genaro Vázquez, donde confirmaba la existencia de la guerrilla en Guerrero, misma que la Secretaría de la Defensa había negado sistemáticamente su existencia. Ese reportaje con fotografías de los integrantes de la guerrilla sin pasamontañas se permitió, porque partían de la premisa de que la guerrilla era un camino sin retorno. O se triunfaba o se moría. Ese mismo día el Secretario de la Defensa Hermenegildo Cuenca Díaz le informó[433] al Procurador General de la Republica, Julio Sánchez Vargas, que en el poblado de El Refugio, de la sierra de

[432] AGN. Expediente CISEN Mediante telegrama 29155 (91/276/12)
[433] AGN. Expediente CISEN Oficio datado el 22 de julio de 1971 (91/276/ 16)

Atoyac se encontraron armas en casas abandonadas, así como revistas *Por Que?* y **'Sucesos para Todos'**, conteniendo el diario del Che Guevara.

Conforme a la queja presentada ante la CNDH por Villaldo Martínez Rojas (183-R) fue detenido por el Ejército Mexicano el 14 de agosto de 1971, en Acapulco. Sin embargo, en el expediente T-014, registra que ello sucedió en Atoyac. Efectivamente en la denuncia presentada el 15 de junio de 1976 ante la PGJ se indica que fue detenido en Atoyac y conducido al "Instituto de Protección a la Infancia en Guerrero" convertido por el ejército en cuartel; ahí fue interrogado y sometido a tortura. Como se puede entender, el Estado habilitaba cualquier local público o privado como cárcel clandestina para someter a vejaciones a los detenidos.

La mamá y la esposa de Villaldo enviaron una carta[434] al Presidente Echeverría solicitando su intervención. En respuesta remitió el caso al Oficial Mayor quien a su vez la remitió[435] al Secretario de Estado Mayor. Por su parte el Estado Mayor de la Defensa Nacional (EMDN) por su parte remitió la solicitud al Comandante (Cmte.) De la 27ª ZM[436], quien contestó negando que tuviera al detenido Villaldo Martínez "toda vez que nuestras tropas toman parte en aprehensiones en auxilio de las policías y los detenidos son de inmediato puestos a disposición de las autoridades correspondientes[437]. Con ello pretendían darle una apariencia legal a sus operaciones represivas que realizaban en violación flagrante de la Constitución, que no le confiere funciones policiacas como las que realizaba el EM, cuyos detenidos invariablemente iban a parar al Campo Militar No. 1. Firmaba el parte militar, el Gral. Francisco Solano Chagoya, Comandante de la 27ª ZM dirigida al Secretario de la DN. Evidentemente se daban órdenes de no informar acerca del paradero de los detenidos con el pleno conocimiento del presidente de la república y los altos mandos del ejército mexicano.

El 19 de agosto de 1971, el Secretario de la Defensa Hermenegildo Cuenca Díaz envió otro telegrama cifrado al Comandante de la 35ª Zona Militar en que le informaba[438]: "Tengo conocimiento de que Genaro Vázquez encuéntrase localizado Cerro Tlacotepec,

---

[434] AGN. Expediente CISEN Carta con registro de matasellos número 16648 del 17 de abril de 1972 (94/ 281/ 328 y 329) de Francisca Rojas Fierro y Gregoria Arrieta Armenta de San Vicente de Jesús, Atoyac
[435] AGN. Expediente CISEN Oficio 1284 del 27 de junio de 1972 (94/281/327
[436] AGN. Expediente CISEN AGN. Expediente CISEN Oficio 36046 del 30 de junio de 1972 (94/281/323)
[437] AGN. Expediente CISEN Oficio 8097 del 20 de julio de 1972 (947281/322)
[438] AGN. Expediente CISEN Telegrama cifrado 36547 del 19 de agosto de 1971 de H. Cuenca Díaz al Cmte 358 ZM (91/276/106

entre Camotal y Jaleaca de Catalán, cerca cerro Teotepec (sic) (Se llama Teototepec).

El 1 de septiembre de 1971 las dos zonas militares suspendieron la operación coordinada que realizaban en Citlacatepec, Camotal y Jaleaca de Catalán ante su fracaso al no encontrar a Genaro como lo corroboraron las instrucciones del General Secretario de la Defensa Nacional, Hermenegildo Cuenca Díaz del 9 de agosto de 1971.[439]

Después del bombardeo y del incidente de La Peineta el grupo de Genaro anduvo un mes más en la región, pero algunos de sus compañeros ya andaban inquietos y comenzaron a pedir permisos para atender asuntos familiares. Lo cierto es que, muchos estaban temerosos por el bombardeo, ante tal situación el 20 de agosto de 1971, los invitó a retirarse del grupo a quienes así lo quisieran aclarándoles que él continuaría en la lucha, pero que ellos lo debían pensar muy bien, estar conscientes de que en la lucha en la que andaban, en cualquier momento podrían perder la vida. Algunos se quedaron callados y decidieron permanecer con Genaro Vázquez, José Bracho, Eliseo de Jesús, Samuel Adame y Cliserio de Jesús, este último se fue al poblado de Las Tunas donde finalmente fue detenido y desaparecido. Los demás decidieron regresar a sus pueblos, entre ellos: Justino Piza Fierro a El Quemado, Bernabé, Trinidad Garay González y Luis Saldaña a Santiago de la Unión; Apolonio Benítez a Las Trincheras, Cecilio 'N', Valentín al Refugio, Pedro Calderón a Acapulco, de Carmelo 'N' no se sabía a dónde se había ido, como tampoco el paradero de Clemente Bernal y Miguel Rodríguez[440]. Al parecer estos dos últimos habían desertado y los demás también fueron detenidos.

El 10 de octubre de 1971 fue detenido Ángel Piza Fierro, en La Ceniza, Mpio. De Cuajinicuilapa, en la Costa Chica, según comunicado del Cmte. de la 27ª Zona Militar (ZM) al existir una orden de aprehensión por homicidio y desde entonces se desconoce su paradero. Se logró saber que los hermanos Piza Fierro antes de ingresar a la guerrilla habían tenido un enfrentamiento a balazos en El Quemado, resultando muertos dos campesinos de apellido Morales por conflictos de tierras y motivos familiares mas no por negarse a unirse con Genaro como lo aseguraron algunos delatores. Dos años después, el 27 de abril de 1973, el General Alberto Sánchez envió una relación de "maleantes" que formaban parte de la gavilla de Lucio Cabañas en la cual aparecían

---

[439] AGN. Expediente CISEN. Telegrama 4850 del 1 de septiembre de 1971 (91/276/118)
[440] AGN. Expediente CISEN. 199-10-16, legajo 4. p. Foto entre 247 y 248. Declaración p.273 y 283 a 304. Fotos en que Comparan la revista y al declarante pp. 275 y 278. Declaración 318 -323

muchas personas de apellido Fierro.[441] A partir de aquí todo ciudadano con ese apellido fue objeto de detención y desaparición, como se puede comprobar con las listas de desaparecidos que se contabilizaron y que se anexan en este trabajo (Ver cuadro No. 4)

Conforme al expediente del la CNDH: (T-327), Ángel Piza Fierro (426-R) desapareció cuando salió de la comunidad de El Refugio y se trasladaba con rumbo a Costa Chica. Ahora se sabe que lo detuvo el ejército en la comunidad de Loma de Romero, en la época de Genaro Vázquez. Esa información fue corroborada con los expedientes del AGN, por la Defensa Nacional.

Después del supuesto "licenciamiento" del grupo de Genaro en la sierra de Atoyac, éste realizó sus últimas acciones con repercusiones nacionales e internacionales. De la sierra salió para las inmediaciones de Iguala; estuvo unos días en el poblado indígena de Maxela en la casa de Cutberto Policarpo; de ahí pasó a Mayanalán y luego a Xalitla. En octubre de 1971, José Bracho se dirigió al poblado de Cacahuamilpa a invitar a integrarse al grupo de Genaro a los profesores Arturo Miranda Ramírez y Gregorio Fitz García, quienes "ubicaron como secuestrable a Jaime Castrejón Díez" y se responsabilizaron de conseguir una "casa de seguridad en Cuernavaca" a donde se trasladaría Genaro después del secuestro", habiendo escogido la casa marcada con el número 214 de la calle Humbolt a doscientos metros al sur de las instalaciones del hospital del ISSSTE y del antiguo Palacio de Gobierno del Estado de Morelos. Genaro se propuso realizar acciones que obligaran al gobierno de la república a poner en libertad a sus compañeros detenidos y llevara ante tribunales a los desaparecidos.

En el contexto de las diversas acciones de secuestro del grupo de Genaro y de Lucio, no faltaron maleantes, que a nombre de ellos extorsionaran a personas de la región haciéndose pasar como sus enviados o a través de anónimos para exigirles dinero. Se encontraron evidencias de que algunos de esos maleantes contaron con la anuencia de órganos gubernamentales de nivel estatal y nacional; todo ello con el propósito de sembrar el desconcierto en el seno de la sociedad para generar repudio en contra de la guerrilla de Genaro y de Lucio.

---

[441] AGN. Expediente CISEN. Tarjeta Informativa del 27 de abril de 1973 en que responde el oficio 3717 del 9 de abril de 1973 en que el EMDN le remite la queja dirigida por Apolonio Fierro Salazar, de Cacalutla, Atoyac, denunciando la detención desaparición de su sobrino Ángel Piza Fierro. En (92/277/ f.)

El mes de agosto de 1971 a nombre de Genaro, el conocido extorsionador Juan Ponce que se hacía pasar como abogado, pidió a Ernesto Galloso de Atoyac, que hiciera efectivo el impuesto que la guerrilla le ha asignado por la cantidad de 250 mil pesos para lograr la liberación de México y no recurrir con él a la fuerza[442]. Lo grave del caso fue, que en algunas ocasiones trató de extorsionar a nombre de Genaro, a personas cercanas a Lucio con el propósito de provocar contradicciones que podrían llegar al enfrentamiento armado. En ese contexto, la guerrilla tuvo que combatir a esa clase de extorsionadores. El 8 de septiembre de 1971 supuestamente Genaro le pidió a Pantaleón Gómez Mesino cinco mil pesos y una pistola. La investigación aportó datos que demuestran que eso fue falso.

El 13 de septiembre de 1971, conforme a versión de Acosta Chaparro, detuvieron al Comando Armado del Pueblo de la ACNR -que había sido formado en los primeros días de 1971-, que supuestamente era dirigido desde la cárcel preventiva de la Ciudad de México por Pablo Alvarado Barrera y Florentino Jaimes Hernández. A este grupo se le atribuyeron los siguientes asaltos: Tintorería Italia, zapatería Canadá, dulcería Larín, Farmacia J. J., Camisería La Holandesa y panadería San Javier.

El grupo supuestamente estaba formado por Pablo Alvarado Barrera, Ramiro Bautista Rojas, Macrina Cárdenas Montaño, Herón Teodoro Flores Aguilar, Antonio García González, Aurora González Meza, Florentino Jaimes Hernández, Gladis, Guadalupe López Hernández, Jerónimo Martínez Díaz, María de Jesús Méndez Alvarado, Carlos Pascal Todd, Juan Francisco Ramírez Estrada, Roque Reyes García, Enrique Téllez Pacheco y Mario Arturo Trejo Cancino. (Esta información policiaca fue desmentida en entrevista por separado con algunos de los referidos y se deduce que más bien se atribuyó a Alvarado la responsabilidad de la formación de este grupo para justificar su asesinato dentro de Lecumberri, donde se encontraba preso y supuestamente pretendía fugarse). La incapacidad de los aparatos policiacos en la ciudad de México para dar con los autores de esos asaltos los "aclaraban de inmediato", atribuyéndoles su autoría a los presos políticos recluidos en Lecumberri se encontraba preso y supuestamente planeaba fugarse. La incapacidad de los aparatos represivos para dar con los autores de esos asaltos los "aclaraban de inmediato" atribuyéndoles su autoría a los presos políticos.

---

[442] AGN. Expediente CISEN. 199-10-16, legajo 4. p. 266 -268

El 2 de noviembre de 1971 se reportó al ejército que, en la zona de Los Corales (LQ 140246), al repeler agresión de maleantes, resultó muerto Eugenio Sagrero Ramírez.[443] A partir de esta época, se intensificaron los asesinatos de luchadores sociales bajo el argumento de que "murieron en enfrentamientos con el ejército, las policías o por ajuste de cuentas entre ellos".

El 18 de noviembre de 1971, un día antes del secuestro de Castrejón, Genaro manifestó a sus compañeros su deseo de buscar la posibilidad de unir su movimiento con el de Lucio Cabañas, una vez que éste no estuviera supeditado a las decisiones del mal llamado Partido Comunista Mexicano.

El 19 de noviembre de 1971, Genaro secuestró al rector de la Universidad Autónoma de Guerrero Jaime Castrejón Díez a la altura de la desviación de "Casa Verde" en la Cañada de El Zopilote, cuando se trasladaba de su domicilio de Taxo de Alarcón a la ciudad de Chilpancingo. Poco después aparecieron las condiciones para su liberación en un Comunicado del 24 de noviembre de 1971 que firmó el Comité Armado de Liberación "General Vicente Guerrero". Se pedía la liberación de las siguientes personas: Ismael Bracho, Ceferino Contreras, Florentino Jaimes, Santos Méndez, Mario Renato Menéndez, Rafael Olea, Demóstenes Onofre Valdovinos, Concepción Solís Morales y Antonio Sotelo. Todos ellos fueron liberados el 28 de noviembre de 1971, una vez que el ejército y las policías que lo perseguían, agotaron las posibilidades de localizarlo y aprehenderlo o asesinarlo para liberar al ex rector.

En el comunicado de Genaro dirigido a la familia del Dr. Castrejón, también exigía poner en manos de tribunales legales de justicia a todos los campesinos que padecían detención indefinida y la incomunicación en distintos cuarteles del ejército y en especial a: Eusebio Armenta, Crescencio Calderón Laguna, Cliserio De Jesús Argüelles, Juan De Jesús de la Cruz, Hilda Flores Solís, Sixto Flores Vásquez, Francisco Garay González, José Garay González, Efraín Gutiérrez Borja, Hilario Martínez, Miguel Javier Martínez, Ángel Piza Fierro, Justino Piza Fierro, José Ramírez, y Marcos Saldaña[444]. De la lista únicamente fueron consignados: Cliserio de Jesús, Marcos Saldaña (posteriormente desaparecido) y Justino Pizá

---

[443] AGN. Expediente CISEN. Radiograma 6717 del 3 de noviembre de 1971 de Joaquín Solano Chagoya (comandante de la 27ª. Zona militar con sede en Acapulco) a ON 1, HCD (91/276/218
[444] ACNR. *COMUNICADO*. Archivo privado. 23 de noviembre de 1971, distribuido como volante de manera clandestina.

Ese mismo día 19, el Jefe de S-2, Tte. Corl. CCMO pidió instrucciones a la superioridad[445] debido a que: 1. El reportero RCZ (nombre clave del informante, al parecer un comunicador de un periódico de circulación local y locutor de la XEKJ), dijo tener información de que en los límites de Mezcala e Iguala se estaba llevando a cabo un tiroteo entre el Ejército y gente de Genaro; 2. Que en Iguala es del dominio público que el secuestro del rector de la UAG lo realizó Genaro; 3. Que la 35ª ZM solicitó aviones caza y helicópteros de la Fuerza Aérea Mexicana (FAM) para bombardear y ametrallar la zona donde creyeron que se encontraba la mencionada "gavilla". En el caso referido, Genaro y los demás miembros del comando que realizaron el secuestro ciertamente se encontraban en una pequeña zona boscosa en la parte alta de las montañas localizadas al sur de la comunidad indígena de Maxela con dirección al pueblo de Balsas, Gro.

El 21 de noviembre de 1971 se reportó la detención en Atoyac de Álvarez de Julián González, de Fernando Pérez, y del ex-oficial Humberto Espinobarros Ramírez, éste último detenido en el Cuartel General de la 27ª ZM y remitido a la capital, como presuntos gavilleros que operaba en ese Estado.[446] Se trataba de Carmelo Cortés Castro "Cuauhtémoc", Grabriel Barrientos Reyes "Fernando" y Carlos Ceballos Loya "Julián", miembros del Partido de los Pobres del grupo de Lucio. Esta información corrobora una vez más el destino que tenían los detenidos relacionados con los grupos guerrilleros: el Campo Militar No. Uno.

El General Cuenca Díaz en oficio del 23,[447] le remitió al Cmte. de la 35ª. ZM con sede en Chilpancingo, una relación de las personas que se consideraban conectadas con Jenaro [sic] Vázquez Rojas, con anotación de sus domicilios y demás datos necesarios para su localización. En virtud de que podían estar relacionados con el secuestro del rector de la UAG. A este respecto, el Procurador General de la República Pedro Ojeda Paullada, contestó mediante oficio[448] a la información proporcionada por la 35ª ZM,[449] los pormenores sobre el secuestro del Dr. Jaime Castrejón Díez, rector de la UAG ocurrido el 19 de noviembre de 1971. El 27 de noviembre de 1971, fue entregado el

---

[445] AGN. Expediente CISEN. Tarjeta Informativa del 19 de noviembre de 1971 (122/371/4).
[446] AGN. Expediente CISEN. Tarjeta Informativa del 21 de noviembre de 1971 (91/276/233) del Jefe de Estado Mayor a la Superioridad
[447] AGN. Expediente CISEN. Oficio número 51597 del 23 de noviembre de 1971 (121/370/233)
[448] AGN. Expediente CISEN. Oficio 2379 cdl. Del 25 de noviembre de 1971 (121/370/234)
[449] AGN. Expediente CISEN. Oficio 51456 del 20 de noviembre de 1971, localizado.

rescate a través del Obispo de Cuernavaca don Sergio Méndez Arceo y, por primera vez, el gobierno de la república se vio obligado por la guerrilla a liberar presos políticos y al día siguiente, en un avión de la Fuerza Aérea Mexicana fueron trasladados a La Habana y el 1 de diciembre de 1971 y el rector fue liberado.

Por su parte el Comandante de la 35ª ZM, Gral. Joaquín Solano Chagoya, informó[450] a la Defensa Nacional (DN UNO), el 2 de diciembre de 1971, sobre el operativo que realizaría para capturar a Genaro Vázquez, el Secretario de la Defensa Hermenegildo Cuenca Díaz, le contestó ese mismo día en los siguientes términos: "Estimárele envíe informe diario manifestando situación tropas su jurisdicción encuéntranse operando contra bandolero Genaro Vázquez Rojas" [451]. En acatamiento a esa disposición, al día siguiente, mediante radiograma cifrado,[452] se señalaba la posición en que presuntamente se encontraba Genaro Vázquez, así como las operaciones que instruyó para capturar o "destruir a la gavilla"; se recomendaba vigilancia de poblados donde (supuestamente) vivían familiares de Genaro, de carreteras y vehículos. Dos días después hubo otro radiograma[453] con información de la 27ª ZM sobre el operativo para capturar a Genaro Vázquez. El 3 de diciembre de 1971, Rubén Figueroa afirmó: "A lo mejor yo soy el próximo secuestrado"; palabras que ya reflejaban que los caciques se sentían nerviosos e inseguros. En referencia a Genaro Vázquez opinó: "Es un hombre orillado por las circunstancias a delinquir", al tiempo que externaba improperios contra Lucio quien dos años después lo secuestraría.

El 5 de diciembre de 1971, el Secretario de la Defensa Hermenegildo Cuenca Díaz se quejó ante el Presidente de la República Luis Echeverría Álvarez, el Procurador General de Justicia del Estado de Guerrero, el Secretario de Gobernación y el MP[454] debido a que "el Sr. Cutberto Policarpo del poblado de Maxela, fue puesto en libertad después de haber sido detenido en Xochipala y consignado en Chilpancingo". Como pruebas adujo que había fotografías en esa Secretaría a su cargo, donde aparecía "ese individuo con Genaro Vázquez" y que tenía antecedentes de que había participado en hechos delictivos. A lo que se entiende, que la SEDENA no aportó ni las fotos ni los antecedentes dejando a la PGJ sin fundamentos para poder proceder contra Policarpo y

---

[450] AGN. Expediente CISEN. Radiograma número 7607 del 2 de diciembre de 1971 (94/281/1 y 2)
[451] AGN. Expediente CISEN. Telegrama 53421 del 2 de diciembre de 1971 (121/370/241)
[452] AGN. Expediente CISEN. Radiograma 7664 del 3 de diciembre de 1971 de J, Solano Ch. a ONI, HCD (88/267/36)
[453] AGN. Expediente CISEN. Radiograma 7538 del 5 de diciembre de 1971 de J. M. Henríquez (comandante de la 35ª. Zona militar con sede en Chilpancingo) a ON UNO, HCD (91/276/295)
[454] AGN. Expediente CISEN. (91/276/297 y otros ff)

lo tuvieron que dejar libre por no haber ningún delito grave que mereciera la prisión. El señor Cutberto Policarpo murió recientemente y ya no fue posible esclarecer el enigma); sin descartar también que su liberación estuviera condicionada a lograr su colaboración como informante como fueron los planes de la contrainsurgncia. Hay opiniones también en el sentido de que el propio Rubén Figueroa intervino para que fuera liberado por tratarse de un líder natural entre los indígenas de la región y lo consideraba un aliado en potencia en sus aspiraciones electorales para la gubernatura del estado. Sin embargo, se pudo conocer que Cutberto Policarpo fue colaborador de Genaro y que en su casa de Maxela se ocultó unos días antes del secuestro del Dr. Castrejón Díez.

El 23 de diciembre de 1971, fue detenido en Poza Rica Ver., Eliseo de Jesús de la Cruz, de San Andrés de la Cruz[455] cuando trataban de secuestrar a un ganadero de la región junto con Juan Gallardo y Guillermo Sotelo Rabiela. Eliseo de Jesús se separó de Genaro Vázquez en agosto de 1971 y se dirigió al D.F. con el propósito de hacer contacto con elementos que le fueron presentados por José Bracho para organizar con estos una guerrilla urbana en el Distrito Federal, hasta que fue contactado por Juan Gallardo.

En la capital estableció contacto también con Guillermo Sotelo Rabiela, sobrino de Antonio, en cuyo domicilio le fueron presentados: José y Antonio Campos, con quienes asaltó una panadería, planearon asaltar la Panificadora Bimbo y posteriormente cometieron el secuestro del agricultor José Nogueira Valdez, a quien le exigieron $60,000.00. Se logró saber que el Dr. Rafael Castaneyra guardó el dinero del recate de Donaciano Luna Radilla y era quien le enviaba armas y cartuchos a Genaro, así como otros menesteres que le solicitaba. Al ser detenido Eliseo de Jesús, durante los interrogatorios en el Campo Militar aseguró que la Guerrilla de Genaro la componían: Samuel Adame; Víctor Baltasar; José Bracho; José Castro; Cliserio De Jesús; Clemente Fierro; Valentín Flores; Bernabé Garay; J. Trinidad Garay; Jorge Mota González; Joel Padilla; Ángel Piza Fierro, y Justino Piza Fierro.

El profesor Vicente Iraís Sánchez fue aprehendido el 20 de diciembre de 1971 junto con el Jorge Mota González en enero de 1972, quienes fueron también sometidos a tortura mediante la cual el segundo delató a uno de sus hermanos que nada tenía que ver con la

---

[455] AGN. Expediente CISEN, 100-10-16/ legajo.5/ p 52 aparece la foto de Eliseo golpeado y vendado

guerrilla; le siguieron: el Dr. Eugenio Martínez Bravo el 20 de enero de 1972, el Dr. José Gutiérrez Martínez, Arturo Miranda Ramírez, el 10 de febrero de 1972. Todos ellos fueron conducidos al Campo Militar No. Uno donde los sometieron a tortura durante nueve días o más. Ambos galenos fueron los responsables de contactar al Obispo Sergio Méndez Arceo para que sirviera de intermediario con la familia del Dr. Jaime Castrejón Díez para el pago del rescate, que hicieron llegar a Genaro a través de Gregorio Fernández Brito que fue detenido en 1973. En esta cadena de detenciones, tortura y confesiones ubican las casas de seguridad número 416 de la colonia Carolina en Cuernavaca, Mor., donde Genaro estuvo a punto de ser detenido junto con José Bracho el 29 de enero de 1972 ; ese mismo día salió rumbo a Tlalnepantla, estado de México a la casa del Lic. Mario Padilla, para luego continuar rumbo a Morelia donde finalmente perdió la vida.

El 28 de diciembre de 1971, Genaro grabó el siguiente mensaje dirigido a estudiantes, obreros y campesinos, mismo que fue leído en la Radio Universidad de la UNAM el 29 de enero de 1972: "Hay algo que deseo comunicar a los compañeros que se agrupan en las diferentes escuelas, fábricas o el campo: Es necesario hacer conciencia de lo que está padeciendo el pueblo de México. Bajo el régimen priista y burgués, el campesino, el obrero y todos los sectores que se unifican para lograr una independencia económica de la oligarquía pro - yanquis, se encuentran hoy bajo una represión de parte del Gobierno y se deben formar cuadros que los haga resurgir de este atraso en que nos mantienen, no importa cuantos caigamos, si en realidad los hijos de nuestros hijos llegan a sentir ese don que es el sentirse libres. Que solo mediante una acción conjunta estaremos en proporción de responderle al león, que en verdad, y está de mostrado, es de papel (…) Tenemos un compromiso histórico con el pueblo; no debemos de permitir que el pueblo continúe siendo explotado y asesinado (..) Se debe actuar, se debe de combatir en todos los niveles y en todos los campos (…) Vaya esto como un saludo a todos los estudiantes, campesinos, obreros y demás revolucionarios". Terminaba declarando a 1972, "El año del pueblo asesinado."[456] Seguramente que jamás se imaginó que el asesinado sería precisamente él.

El 30 de diciembre de 1971, la revista *Por Que?* publicó el artículo "Las Guerrillas de Guerrero", en el que se justificaba el movimiento guerrillero y proponía un método de

---

[456] AGN. Expediente CISEN. 11-4- 72/ legajo 159/ p. 349

lucha y de organización.[457] Conforme a reportes de la DFS[458], el 30 de diciembre de 1971, fue detenido Miguel Castro Cuevas, en relación con el secuestro del Dr. Jaime Castrejón Díez, sin haber tenido nada que ver. El 31 de diciembre de 1971, Genaro y su grupo ocuparon la casa de seguridad en Cuernavaca donde pretendían estar del 23 de diciembre de 1971 al 23 de febrero de 1972 mientras bajaba la intensidad de la persecución motivada por ese secuestro, pero únicamente fue utilizada durante dos días. El 4 de enero de 1972 la DFS informó que Consuelo Solís, esposa de Genaro, junto con sus hijos, su suegra Cándida Morales Vda. de Solís tramitaban sus documentos para viajar a Cuba. Esta información la proporcionó Cristina, hermana de Consuelo Solís. Lo que evidenciaba la intención de Genaro de sacar del país a su familia para protegerla de la represión.

El 30 de diciembre de 1971, conforme a queja presentada en la CNDH, fue detenido en Puebla Elpidio Ocampo Mancilla (210-R), quien fuera comandante de la policía urbana en 1962, cuando la ACG logró que el cívico Salmerón quedara en la presidencia municipal de Iguala. Fue detenido por la PJF y puesto a disposición de la DFS. Jorge Mota asegura que lo vio recluido en el Campo Militar No. Uno cuando también lo tuvieron a él en ese lugar. Hasta la fecha no aparece ni vivo ni muerto. El 1 de febrero de 1972, Genaro decidió regresar a la Sierra de Guerrero vía México-Morelia, dando la vuelta por la sierra de Michoacán. Salieron del domicilio del Lic Mario Padilla a las 20.00 horas. El chofer que consiguió para realizar este trayecto fue Salvador Flores Bello, estudiante de Economía del Instituto Politécnico Nacional (IPN). Era una persona inexperta para conducir, pero no había más en quien confiar esa tarea. Viajaban en el vehículo: Genaro, José Bracho, Sabina Ledesma Javier, María Aguilar Martínez (a) Araceli. Salvador Flores Bello declaró que se quedó dormido por tantos días de no dormir debido a las tareas dadas por Genaro. Esa versión quedó en entredicho por José Bracho al refutarla y explicar con lujo de detalles las circunstancias del accidente ocurrido a la 01:30 AM del 2 de febrero de 1972, en el kilómetro 226.7 de la carretera 15 México Nogales, cerca de Bajúmbaro, Mich. El automóvil en que viajaba Genaro Vázquez se estrelló contra el alero de un puente; conforme a la versión de Luis Suárez,

---

[457] Otros artículos que se pueden consultar en torno a las operaciones guerrilleras y declaraciones de GVR publicadas en la revista *POR QUÉ?*: "Genaro Vázquez rechaza el diálogo", del 26 de agosto de 1971; "Guerrero: imperio del terror oficial" del 23 de agosto de 1971; "Seguiremos en la lucha" del 16 de septiembre de 1971 y del 21 de octubre de 1971.
[458] AGN. Expediente CISEN. 100-10-16/ legajo.5/ pp 75 -78

ya venía siendo perseguido[459]. Genaro murió 20 minutos después de llegar al hospital de la Cruz Roja en Morelia, según reporte de esa institución. En nota periodística se informaba que Genaro Vázquez Rojas murió en el Hospital Civil "Doctor Miguel Silva" después de que se le practicaron las primeras curaciones. Las dos mujeres que lo acompañaban fueron transportadas por la Cruz Roja al hospital Militar del D.F. en calidad de detenidas al tiempo que Bracho (herido también) intentaba escapar por el monte, cuando Flores Bello había sido detenido. Según el parte médico la causa de la muerte de Genaro "fue provocada por fractura de cráneo". Hay más de una versión. Que la fractura fue resultado del accidente, otra, que fue capturado vivo y asesinado por el ejército. Mientras tanto, José Bracho Campos, lugarteniente de Genaro capturado el día 4, presentaba algunas heridas de cierta gravedad en el rostro y el 10 de febrero, la policía de la DFS lo trasladó de la ciudad de México a la penitenciaría de Chilpancingo (Ver Anexo No. 3)

Conforme a la declaración de José Bracho Campos, en el vehículo llevaban armas, propaganda, parque y dinero. A Genaro le encontraron su diario con nombres y direcciones de muchos compañeros que a partir de ese momento empezaron a ser detenidos y desaparecidos. El 3 de febrero de 1972, el Partido Nacional Independiente Campesino le envió una carta[460] de pésame a la Profesora Concepción Solís, viuda de Vázquez, por la muerte donde decía que "el día de ayer en Morelia, Michoacán" del guerrillero Genaro Vázquez Rojas en los siguientes términos: "A Genaro jamás lo pudieron localizar vivo sino hasta que cayó en aquel accidente automovilístico", precisamente cerca de un parque denominado "José María Morelos", nombre que siempre llevó su "Campamento guerrillero".

El Comandante de la 27ª ZM, Joaquín Solano Chagoya, informó a la DN UNO[461] sobre el trayecto del cuerpo de Genaro Vázquez Rojas hacia San Luis Acatlán, Guerrero, su tierra natal donde fue sepultado. El velatorio se llevó a cabo en casa de su primo Alberto Vázquez Domínguez. La policía reportó minuciosamente las placas de los carros que acompañaron al último viaje de Genaro a su tierra natal y las filiaciones de la

---

[459] Suárez, Luis. *Lucio Cabañas, el guerrillero sin esperanza.* Op. Cit. p. 24. "Genaro murió en evidentes condiciones de debilitamiento y acoso en un accidente automovilístico, a las 2.55 horas del 2 de febrero de 1972, el kilómetro 226 de la carretera México-Morelia, cuando los disparos de sus perseguidores reventaron los neumáticos de su vehículo. Tenía 35 años".
[460] AGN. Expediente CISEN. Carta sellada de recibida en la Defensa con matasello número 7019 (94/281/ 86)
[461] AGN. Expediente CISEN. Radiograma 1438 del 4 de febrero de 1972 (94/281/90 y 91)

gente que asistió al velorio y entierro. Ello significa que ni muerto lo dejaron de vigilar para identificar a sus seguidores.

Entre los homenajes que en diferentes partes de la república le hicieron a Genaro, se señala el del 20 de febrero de 1972, en la Universidad de Chapingo donde su esposa Consuelo declamó una poesía titulada, "La Heroína de Tixtla", dando a entender que los hijos de Genaro Vázquez Rojas darán su sangre y su vida para seguir la causa por la que su padre encontró la muerte[462].

En la caracterización que Genaro hacía de su movimiento, en más de una ocasión dijo: "no nos caracterizamos ni como pro-soviéticos, ni como pro-chinos ó como pro-cubanos. Somos pro-mexicanos." Con ello pretendió sacudirse los estigmas de quienes se definían a favor de una u otra corriente de pensamiento y para desactivar las campañas mediáticas del Estado, en el sentido de que los guerrilleros eran simples "agentes" de Rusia, Cuba o China. No hacía falta importar héroes, -decía-, tenemos los nuestros que le dan fortaleza a nuestra lucha y nuestra propia historia. Sin embargo, como lo señaló en la entrevista en la sierra de Atoyac, "saludaba con respeto y admiración las revoluciones triunfantes de todo el mundo".

El 21 de febrero de 1972, la Brigada Campesina de Ajusticiamiento del Partido de los Pobres (PdlP), emitió un comunicado en donde reconocía la trayectoria de Genaro Vázquez Rojas, vinculando su recuerdo al de Arturo Gámiz, Oscar González y Pablo Alvarado. Los dos primeros caídos en el asalto al Cuartel Madera en Chihuahua y el tercero asesinado en Lecumberri, terminaba condenando los crímenes del 2 de octubre y 10 de junio y envía su cariño y apoyo a la familia de Genaro.[463]

Ya muerto Genaro, el Dr. Jaime Castrejón renunció a la rectoría de la UAG dejando un vacío de poder al interior de esa máxima Casa de Estudios en el estado de Guerrero, lo que dio paso a un proceso de elección diferente al tradicional en tanto que, por primera vez, la comunidad universitaria elegía a su rector mediante el voto directo y secreto que favoreció al doctor Rosalio Wences quien, por exigencia de las fuerzas "emergentes" como las llamara Gramsci, llevaría a cabo reformas y el experimento de lo que posteriormente se conocería como "Universidad-Pueblo" pero que terminara quedando

---

[462] AGN. Expediente CISEN. 11-4-72/ legajo 164/ p. 54
[463] AGN. Expediente del CISEN: 100-10-16-4/ L.4/ p.365

inmersa en un enfrentamiento continuo con los poderes del Estado: por una parte, toma de edificios a través de "porros" y agentes policiacos que evidentemente contaban con la complacencia de las autoridades gubernamentales locales y federales; retención de subsidios, detención arbitraria y desaparición forzada de universitarios, entre otras agresiones a la Universidad y los universitarios; y otra, éstos se vieron obligados a recurrir a movilizaciones permanentes a nivel estatal y nacional. Los planteamientos políticos e ideológicos de la guerrilla de Lucio y Genaro parecían haber penetrado profundamente en el pensamiento de miles de jóvenes dentro y fuera de la Institución y daban lugar al Estado para que la acusara de ser "nido de guerrilleros" como preludio a la detención y desaparición de dirigentes estudiantiles y magisteriales.

Durante 1972 no faltaron intentos para reestructurar a la ACNR de Genaro Vázquez; particularmente algunos de los sobrevivientes de la guerrilla intentaron a mediados de ese año, realizar una acción espectacular para liberar a sus principales cuadros detenidos. Parece que la operación debía efectuarse en Oaxaca; sin embargo, el grupo ya estaba infiltrado toda vez que en septiembre de 1972[464] fueron detenidos sus integrantes. Con motivo del secuestro del cónsul estadounidense Therrance Leonhardy el 6 de mayo de 1973, en Guadalajara por las Fuerzas Armadas Revolucionarias Pueblo (FARP), se pidió la liberación de 30 presos políticos entre los que se incluía a Salvador Flores Bello que se creía se encontraba en el penal de Morelia por haber sido el conductor del vehículo donde se accidentó Genaro; sin embargo, para esa fecha Salvador ya estaba libre. Las FRAP tuvieron que sustituir su nombre por el de otro guerrillero detenido. Al respecto se logró información clasificada del AGN en el sentido de que ese secuestro fue investigado directamente por agencia de inteligencia norteamericanas".[465] Lo que quedaba de la ACNR entró en reflujo, sin por esto desaparecer del todo [...] De los pocos cuadros que quedaron libres, algunos se incorporaron a otras organizaciones, aportando sus experiencias y sin embargo, el proyecto de la ACNR, para la segunda mitad de 1972 parecía que se había agotado[466]. Sin embargo, a mediados de 1973 cayó otro grupo de esa misma organización, sospechándose también que fue infiltrado. Conforme a Fernando Pineda Salvador Flores Bello "le puso el dedo a varios militantes cívicos de la vieja guardia a quienes detuvieron y encarcelaron en distintas prisiones del país. Flores Bello fue detenido el 21

---

[464] Bellingeri, Marco. Op. Cit. P. 158
[465] Lissardi, Gerardo. *Las huellas criminales de Echeverría*. PROCESO (México, D.F.) No. 1316, del 20 de enero de 2002. p. 8
[466] Bellingeri, Marco. Op cit. P. 158

de junio de 1973 junto con otras 12 personas a los que señaló como integrantes del Movimiento Armado de la Revolución Socialista (MARS). Los detenidos fueron José Ayala Agüero, Ezequiel Estrada Aguirre, Gregorio Fernández Brito, Roberto García Rivera, Ramiro Gómez Juárez, Pedro Hipólito Salgado, Raúl López Ayala, Sabino Marino Maldonado, Javier Padilla Mejía, Cutberto Policarpo López, Norberto Ramírez García, y Justino Villegas Zúñiga" [467]. El presunto delator posteriormente fue electo presidente municipal de Petatlán promovido por el PRD, pero ya en la presidencia se subordinó a las órdenes del gobierno de Rubén Figueroa Alcocer provocando su destitución de parte de los ciudadanos de ese municipio, al considerarlo "traidor".

6. Concentrado de desaparecidos por el Estado durante la "guerra sucia"

Después de más de 30 años de que el Estado mexicano recurriera a la violación de los derechos humanos como arma fundamental para el exterminio de la disidencia política, no es fácil registrar con precisión algunas de las fechas en que fueron torturadas, asesinadas o desaparecidas cientos de personas. Sin embargo, se tuvo que recurrir al AGN, denuncias aparecidas en libros, revistas y a entrevistas con familiares de las víctimas. En el anexo del presente trabajo se incluye un listado de 680 casos de desaparecidos, de los cuales se hace el siguiente concentrado (Ver Cuadro No. 3 y Anexo No. 5)

Cuadro No 3

Concentrado de 680 desaparecidos durante la "guerra sucia" en el estado de Guerrero: 1969 - 2003

AÑO	CASOS	%	AÑO	CASOS	%	AÑO	CASO	%
1969	2	0.20	1977	27	3.97	1994	4	0.58
1970	2	0.29	1978	21	3.08	1995	6	0.88
1971	52	7.64	1979	3	0.44	1996	7	1.02
1972	14	2.05	1981	1	0.14	1997	6	0.88
1973	17	2.50	1982	2	0.29	1998	2	0.29
1974	262	38.52	1985	1	0.14	1999	3	0.44
1975	38	5.58	1990	5	0.73	2000-3	3	0.44
1976	66	9.70	1993	5	0.73	s/f*	131	19.26

FUENTE. Redilla Martínez, Andrea, Op. Cit. pp. 90-107, AGN, documentos privados y entrevistas.

* s/n. Se usa para referirse a los casos en que no se conoció con precisión la fecha de su desaparición.

---

[467] Pineda, Fernando, *En las profundidades del mar (El oro no llegó de Moscú)*. Ed. Plaza y Valdés, México, 2003. p. 88

De los 680 casos registrados no se precisa la fecha en que fueron desaparecidas 131 personas, lo que equivale al 19.26 %, evidenciándose que corresponden mayoritariamente al periodo 1971 - 1974. Cabe agregar que esta cantidad no se consideran agotada, toda vez que aún están pendientes de incluir la mayoría de los desaparecidos durante la década de los 60 y algunos otros de la de los 70, sobre todo que continúan llegando reportes de casos pendientes; los datos obtenidos al respecto corresponden a aquellos que se encontraron en el Archivo General de la Nación, publicaciones y entrevistas a familiares de las víctimas, de los cuales se excluyeron aquellos relacionados con las personas que fueron liberadas después de más de cuatro meses de permanecer en el Campo Militar Número Uno. Se encontró un caso que pidió se le siguiera considerando desaparecido por temor a sufrir alguna represalia policiaca o militar.

1971 significó el año en que por primera vez se dio un alto índice de desaparecidos, fundamentalmente de seguidores de Genaro Vázquez Rojas, al menos se pudieron precisar 52 casos (7.64 %), al tiempo que los casos aparecen a partir de 1974 corresponden a personas vinculadas con Lucio Cabañas Barrientos.

Como podrá apreciarse, de 1972 a 1978 fueron desaparecidas 445 personas, que equivalen al 65.44 % del total de casos. Y si analizamos únicamente los años: 1974 y 1975, nos encontramos con que en sólo dos años fueron desaparecidas 300 personas (el 44.11 %) que corresponden al periodo en que Rubén Figueroa Figuera fue secuestrado por Lucio Cabañas o recién había sido liberado; ello nos indica que fueron desaparecidas evidentemente como venganza, toda vez que en su mayoría las acusaron de haber estado involucradas en el secuestro o habían tenido contacto directo con Figueroa durante su cautiverio (con algunos de ellos hasta se tomó fotografías); por lo que al ser capturados, inmediatamente fueron torturados y desaparecidos, en cumplimiento de las instrucciones de Figuera –se dijo-, en el sentido de que "ninguno de sus secuestradores debería ser llevado a juicio ante los tribunales, porque para él, "el único guerrillero bueno era el guerrillero muerto". Su extrema intolerancia política quedó demostrada cuando pistola en manos llegaba a las escuelas a desalojar a los maestros disidentes a quienes les daba tres opciones: "encierro, destierro o entierro". Con ello, obligó a muchos de ellos a salir de la entidad, a renunciar a sus exigencias sindicales o a replegarse a la clandestinidad.

De 1981 a 1989 se dio una baja significativa del número de desaparecidos, para repuntar nuevamente a partir de 1990, ello podría tomarse como un "termómetro" de la situación política imperante que nos permiten comprender las condiciones que se fueron presentando para el resurgimiento de la guerrilla. Si tomamos en cuenta la irrupción del Ejército Popular Revolucionario (EPR) en junio de 1997 "como respuesta a la matanza de Aguas Blanca"[468] -según lo afirmaron en sus comunicados-, se estaría confirmando la hipótesis, de que la violencia no tiene su origen en la disidencia política sino en las formas despóticas de gobierno; significa también que al no existir voluntad política del Estado para evitar la impunidad, los abusos de poder, las violaciones a los derechos humanos, la falta de democracia y de solución a las demandas más sentidas de la población continuarán las manifestaciones de inconformidad políticas.

Y aunque el presente trabajo sólo se propuso investigar los casos de violaciones de los derechos humanos durante la "guerra sucia": décadas de los 60 y 70, cabe señalar que la tortura y desaparición forzada de personas –según reportes de organismos nacionales e internacionales – no terminaron en aquel periodo. Al respecto el Centro de Derechos Humanos de La Montaña, "Tlachinollan reporta que tiene documentados 20 casos"[469] de desaparecidos en lo que va de 1990 al 2005 y lo mismo denuncia Amnistía Internacional[470] que el gobierno mexicano no hace los suficiente para garantizar el respeto a los derechos humanos. Si a ello agregamos que continúan las denuncias de casos de tortura y asesinatos[471] de dirigentes políticos[472] y sociales en la entidad, podemos inferir que el Estado no ha renunciado a la violación de los de esos derechos y a la eliminación física de la disidencia, tal como lo asegura el EPR[473] y aún así no se ha

---

[468] Díaz, Gloria Leticia *Los combates en Olinalá y Atoyac: el EPR desafía al Ejército,* LA JORNADA (México, D. F.) No. 1074 del 1 de junio de 1997, pp. 7- 16
[469] Habana de los Santos, Misael. *Persisten tortura y desaparición forzada en Guerrero. Al menos 20 casos no han sido localizados.* LA JORNADA (México, D. F.) del 12 de marzo de 2005, p. 33. Cfr. Vallinas, Víctor. *Persisten tortura, detenciones arbitrarias y desapariciones.* LA JORNADA (México, D. F.) del 6 de junio de 2005, p. 10
[470] Ruiz Abrazola, Víctor. *Incumplen su función las comisiones mexicanas de derechos humanos: IA. Sirven de cortina de humo para gobernantes, señala.* LA JORNADA (México, D. F.) del 18 de junio de 2005, p. 20
[471] Magaña, Francisco. *Asesinan al expreso político Miguel Ángel Mesino en el centro de Atoyac.* EL SUR (Acapulco, Gro.) del 19 de septiembre de 2005, p. 5
[472] Contreras, Karina. *Asesinan de un balazo en la cabeza a un comunero opositor a la Parota.* EL SUR (Acapulco, Gro.) del 19 de septiembre de 2005, p. 3
[473] Cfr. Esteban, R. Agustín *Luchadores sociales son torturados en cuarteles militares clandestinos. Revela informe del EPR.* VÉRTICE (Chilpancingo, Gro.) del 29 de agosto de 2003, p. 8. "La comandancia militar de zona del Ejército Popular Revolucionario (EPR) reveló que en algunos cuarteles militares se encuentran varias personas cautivas que llevan ahí días, meses y años sin ser presentadas ante la autoridad correspondiente".

legislado al respecto tal y como lo reconoce Rómulo Reza, presidente de la Comisión de Derechos Humanos del Congreso local, en el sentido de que existen "cuatro iniciativas para la prevención y sanción de la desaparición forzada y de tortura (pero) es una vergüenza que en Guerrero no haya una ley, si desde 2003 están las propuestas"[474] se confirma también que la entidad, sigue siendo una de las dos de la república donde aún no se ha legislado al respecto, evidentemente, debido al gran peso que aún tienen los grupos caciquiles tradicionales al interior de las fuerzas políticas hegemónicas y el gobierno estatal.

7. La muerte de Lucio Cabañas Barrientos a manos del ejército como intento de acallar a la disidencia armada en Guerrero y el país

El 2 de diciembre de 1974, cae en combate Lucio Cabañas Barrientos en la sierra de Santa Lucía del municipio de Tacpan de Galeana víctima de la traición que le hicieran los hermanos Anacleto e Isabel Ramos (Ver Anexos 6, 8 y 9)

Existen diversas versiones de cómo se consumó su muerte, entre otras las que tomamos las siguientes: en expedientes del CISN se asegura que Lucio se suicidó al verse acorralado: "Cabañas y 13 de sus acompañantes habían logrado romper el cerco militar en dos ocasiones, el 14 de octubre y el 30 de noviembre de 1974 (..) Lucio escapaba con tres heridas en la pierna. A una distancia descubrieron entre la maleza en (El Otatal) a la tropa y comenzó el tiroteo (..) Del bando guerrillero los primeros que cayeron por los disparos fueron *René* y *Arturo*. Del lado de los militares, dos soldados fueron alcanzados por los disparos: Luis García y Vicente Díaz Flores (...) En medio de la balacera Lucio gritó –según la versión del militar Benito Tafoya Barrón-, ¡hasta que se les hizo, pero no les voy a dar el gusto de que me maten ustedes! Él mismo se disparó en el maxilar con su rifle M2 "[475]. En la versión del capitán Pedro Bravo Torres, él fue el primero que le disparó a Lucio y la bala le entró por el maxilar causándole una herida "mortal por necesidad". Según este militar los hechos sucedieron a las 9:00 hrs. del día 2 de diciembre de 1974. Por "su hazaña" reclamaba alguna condecoración y se quejaba de los reconocimientos que les hicieron a los comandantes y no a la tropa.

---

[474] Magaña, Francisco. *No hay interés en el Congreso en la ley contra la desaparición forzada, dice Rómulo Reza*. EL SUR del 7 de marzo de 2005
[475] Velediez, Juan. *La historia oficial: el capitán que mató a Lucio*. PROCESO (México D. F.) del 20 de octubre de 2002, p. 11

Tafoya Barrón desmiente esa versión en una carta a su familia que obra en los archivos del CISEN, donde asegura que "murieron muchos, y a los que agarramos vivos (fueron varios), a mi me tocó subirlos a un helicóptero, amarrados de pies y manos, y atados a dos barras de fierro e irlos a tirar al mar, y entre ellos iban dos muchachas" (Esta declaración aporta elementos para confirmar que, al igual que en Sudamérica, aquí también hubo los famosos "vuelos de la muerte"[476]. El parte militar del general Eliseo Jiménez Ruiz, en su carácter de comandante de la 27ª Z.M. con sede en Acapulco, aclara que "las tropas iniciaron la marcha hacia el campamento de Lucio Cabañas a las 2:00 de la madrugada del día 2 de diciembre, para encontrarse cinco horas más tarde con Isabel Ramos, delator del grupo guerrillero". Las columnas que la parte militar reporta como las que les tocó matar a Lucio fueron: "La Vallecitos", "La Lasso", "La Avispa I" y "La Henríquez"[477], nombres que identifica a los militares que dirigieron a la tropa desde distintos frentes. (Ver Anexo No. 8)

Por su parte los sobrevivientes señalan que, efectivamente Isabel Ramos, era un destacado dirigente campesino que decía simpatizar con el movimiento guerrillero de Lucio; se ignoraba que tuviera nexos con el narcotráfico, con los altos mandos del ejército y el gobierno estatal. Constantemente hacía llegar a Lucio cartas invitándolo a que se trasladara a la sierra de Santa Lucía cuando tuviera problemas en la de Atoyac. Tres meses después de haber sido rescatado Figueroa por el ejército en las inmediaciones de El Quemado, una parte del grupo se dirigió a la sierra de Santa Lucía donde vivían los hermanos Anacleto e Isabel Ramos, quienes lo delataron al encontrarse en ese lugar junto con el reducido número de guerrilleros que lo acompañaban debido "al repliegue táctico" que acordaron Se cree que los delataron para evitar que fueran consignados por sus nexos con el narcotráfico o porque de por sí ya venían colaborando como informantes desde tiempo atrás.

Efectivamente –comentaron los entrevistados-, "cuando llegamos a las tierras de Isabel Ramos, nos atendió muy amablemente, sin saber la traición que estaba fraguando; nos recomendó un paraje de el Otatal donde había un pequeño manantial y unos arbustos que nos daban sombra. Todos llegamos sumamente cansados y nos tiramos a dormir y hasta las botas nos quitamos. (Se confirmó que efectivamente Lucio iba herido pero no de gravedad). Anacleto también aparentó que se nos unía y se quedó acostado en una

---

[476] AGN. Expediente CISEN. Legajo 38 del paquete de la DFS clasificado como 11-235
[477] Díaz, Gloria Leticia. *El suicidio de Lucio. No les voy a dar el gusto*. PROCESO (México, D. F.) No.1355 del 20 de octubre de 2002, pp. 8 – 11.

hamaca hasta el siguiente día; como a las 6:00 hrs., inexplicablemente se retiró sin avisar, al tiempo que Isabel había salido desde el día anterior, con el pretexto de que una de sus hijas había sido detenida por el ejército y deseaba comunicarse con su familia para saber su paradero. Después se supo que en realidad había salido a informar la ubicación precisa de Lucio". Coincidiendo con el parte militar, los entrevistados señalaron que "alrededor de las 10:00 hrs. del día 2 de diciembre de 1974, empezaron a llegar paracaidistas por toda la región, estableciendo un gran cerco que poco a poco se fue cerrando sin darnos esperanzas de poderlo romper, hasta que se produjo el combate totalmente desigual en el que Lucio, al sentirse herido nos ordenó que tratáramos de salir de la zona mientras él nos cubría la retirada. Nadie lo quiso obedecer porque queríamos morir junto con él. Sin embargo, ya no se pudo hacer nada, porque los militares disparaban intensamente en contra de él hasta que lo mataron. Eso nos permitió que se descuidaran y dos lográramos escapar arrastrándonos entre la maleza y ocultándonos en unas grietas que circunstancialmente encontramos".[478] Al entrevistar a otro ex militar que participó en la persecución y en el combate en que murió Lucio Cabañas aseguró que "ese día 2 de diciembre de 1974, desde la madrugada nos ordenaron avanzar en dirección al Otatal sin decirnos con qué propósito, porque jamás nos lo decían; pero suponíamos que era algo serio. Efectivamente tendimos seis cercos concéntricos en torno al lugar, siendo los paracaidistas los últimos en llegar. Los de infantería avanzábamos lentamente. Éramos tantos (más de 2 mil), que a pesar de lo amplio del cerco, nos alcanzábamos a ver uno con otro. De lo que se trataba era de que esta vez, no se nos volviera a escapar Lucio y sus compañeros, porque era muy astuto, varias veces estuvimos a punto de atraparlo, pero inexplicablemente se nos escapaba. Cuando murió Lucio de plano sentimos alivio, porque llevábamos mucho tiempo persiguiéndolo y ya nos sentíamos cansados y temerosos, ya que no sabíamos ni en qué momentos nos podía atacar; queríamos estar con nuestra familia. Nuestros oficiales constantemente nos hacían tenerle más odio a Lucio, porque nos decían que si no fuera por él estaríamos muy tranquilos en nuestras casas; que entonces, acabáramos con él lo más pronto posible si no nos pasaríamos otra navidad entre el monte. Sin embargo, nos anduvieron trayendo dos años más en la sierra, porque, nos decían que teníamos que acabar con todos los seguidores de Lucio que quedaban si no pronto habría otro que lo sustituiría".

---

[478] Entrevista con sobreviviente que pidió no dar su nombre.

Las versiones de la muerte de Lucio no coinciden en cuanto a que si se suicidó o lo asesinaron los militares; ello implica emprender una investigación donde participen médicos legistas y especialistas en balística, para conocer la trayectoria de las balas que recibió. Al analizar las fotografías que el propio ejército dio a conocer después de su muerte, se aprecia un disparo que recibió entre ceja y ceja, equivalente a una "tiro de gracia", medida que en ningún código penal lo señala para los casos de la persecución del delito; igualmente se aprecia otro disparo abajo de la barbilla y muchos impactos más en el cuerpo (Ver Anexo No. 9).

No se descarta que los militares, queriendo reclamar ante sus superiores condecoraciones o ascensos por "el mérito de haber matado a Lucio" le hayan disparado en repetidas ocasiones cuando ya estaba muerto. Lo que implica que, para que la historia recoja esos hechos con apego a la verdad y dado que no se conoce los resultados de alguna autopsia que se le haya practicado, quedaría pendiente una nueva exhumación, para tener una explicación más creíble. Cuando sus restos fueron llevados para depositarlos en un "mauseolo" en la plaza central de Atoyac, una serie de peritos dieron fe de que los restos ahí expuestos pertenecían a Lucio. Cualquiera que sea la versión real de la muerte de Lucio, el hecho confirma la estrategia de "aniquilamiento de los gavilleros" que se propuso el Estado y no su enjuiciamiento en violación flagrante del Derecho Internacional (Ver Anexo No. 4)

Para 1977 los sobrevivientes del Partido de los Pobres y la ACNR habían logrado conformar una "Coordinadora Nacional Guerrillera" con pretensiones de continuar la lucha de Lucio y de Genaro en coordinación con los sobrevivientes de otras organizaciones también desarticuladas, tales como las Fuerzas Amadas Revolucionarias (FAR), el Partido Proletario Unido de América (PPUA), el Partido Revolucionario Obrero y Campesino "Unión del Pueblo" (PROCUP), el Movimiento Armado Revolucionario (MAR) y otras, pero el intento no se consolidó al ser amnistiados muchos de los dirigentes encarcelados o perseguidos, por lo que solamente una parte decidió continuar con el proyecto guerrillero que al parecer desembocó en la constitución del EPR y sus diversas escisiones: ERPI y otros grupos más, como se infiere de sus propios comunicados.

Cabe señalar que en el contexto de la "reforma política" de José López Portillo y la expedición de la Ley de Amnistía, muchos de los sobrevivientes de la guerrilla fueron amnistiados y se incorporaron a la lucha política legal a través de organizaciones de masas: sindicatos de obreros, de catedráticos universitarios, de campesinos, colonos, etc., desde donde arribaron a diversas organizaciones sociales que se empeñaron en promover movilizaciones en demanda de mejoras salariales, de la libertad de los presos políticos, la repatriación de los exiliados en Cuba, la solución de problemas sectoriales y por la democratización de los sindicatos; aquella coyuntura culminó con la fundación de algunos partidos políticos, tales como: el PMT, el PSUM, el PRT, el PFCRN[479]. Una de sus acciones más relevantes fue el paro cívico nacional de 1982, que en Guerrero prácticamente paralizó la vida económica y administrativa en la mayor parte de la entidad y el inicio de una intensa participación en los procesos electorales federales y locales. Por su parte, los grupos guerrilleros de Lucio y Genaro fueron derrotados militarmente, pero algunos de sus seguidores junto con los del PROCUP continuaron en la clandestinidad y se fueron fusionando con otros proyectos hasta culminar en la constitución del Ejército Revolucionario del Pueblo (EPR) que hizo su aparición el 28 de junio de 1996, un año después de la matanza de Aguas Blancas, misma que para muchos se justificaba su aparición por la indignación por tales hechos; al tiempo que el gobierno de Ernesto Zedillo coincidió con Cuauhtémoc Cárdenas al caracterizarlo como "pantomima" y no como un real resurgimiento de la guerrilla, mientras algunos escépticos, señalaron que "podría ser un grupo de provocadores organizados por el propio Estado".

Sus acciones militares fueron ampliamente impactantes, lo mismo atacaban en la región de La Montaña que en la Tierra Caliente; la sierra de Atoyac que en ambas Costas. Su estrategia militar tuvo como punto distintivo respecto a la guerrilla de Lucio y de Genaro, entre otros, el que aparecieron siempre con el rostro cubierto con "paliacates" y jamás dieron un flanco fijo al ejército, eso les brindó mayor capacidad de ataque porque no le permitían al ejército concentrar sus fuerzas, viéndose obligado a un desplazamiento constante que le hacía vulnerable a las emboscadas.

El EPR, poco tiempo después de su aparición entró en graves contradicciones internas, lo que provocó se escindiera (según los eperritas hubo una depuración) y se conformaran nuevos grupos, entre otros, el Ejército Revolucionario del Pueblo

---

[479] Rodríguez Araujo, Octavio. *Los Partidos Políticos en México, Origen y Desarrollo.* Op. Cit. pp. 85 - 95

Insurgente (ERPI), cuyo máximo dirigente fue el Comandante "Antonio"[480] (Jacobo Silva Nogales y la Coronela Gloria Arenas Ajís (a) Aurora, hoy presos en La Palma), las Fuerzas Armadas Revolucionarias del Pueblo (FARP), el Ejército Villista Revolucionario del Pueblo (EVRP), el Comando Justiciero 28 de Junio (CJ), que esporádicamente aparecen, lo mismo en las goteras del Distrito Federal que en otros estados del país[481]. Según Jacobo Silva la escisión tuvo diversas causas pero la de fondo tiene que ver con la estrategia de lucha: el EPR sigue planteando la Guerra Popular Prolongada, al tiempo que el ERPI optó por la guerra insurreccional "para hacerle frente al gobierno represivo de la república"[482]. Como quiera que sea, nuevamente la represión alimentaba el resurgimiento de la guerrilla.

Al respecto el EPR reconoce que "es la continuación histórica del PROCUP-PDLP" como lo demuestran con "documentos y escritos públicos que desde hace más de 30 años circulan en comunidades, barrios, escuelas y ciudades (…) desde su llegada, Fox fortaleció los aparatos policiacos y militares e intensificó la guerra de baja intensidad en todo el país, bajo el supuesto combate al narcotráfico y la delincuencia organizada (..) El actual gobierno es favorecido con el asesoramiento de la inteligencia israelí y gringa, así como la de los kaibiles guatemaltecos y algunos ex revolucionarios centroamericanos y mexicanos (…) para perseguirnos. Hay suficientes elementos para confirmar que la "guerra sucia" impuesta por el Estado sigue siendo aplicada, a partir de la guerra psicológica en el seno del pueblo"[483].

En informe clasificado y confidencial de la Sección Segunda del Estado Mayor de la Secretaría de la Defensa Nacional fechado el 16 de diciembre de 1998 y titulado "Resumen de muerto, heridos y detenidos en las agresiones del EPR y el ERPI" donde se reconoce que en enfrentamientos han resultado muertos 10 efectivos del Ejército, cuatro de la armada, 24 policías, tres civiles: 41 en total, frente a 17 agresores del EPR y 11 del ERPI. Por su parte las fuerzas armadas y de seguridad reportaron: 37 muertos del

---

[480] Preso político recluido en el penal de máxima seguridad de La Palma acusado de rebelión. Igual suerte corre la Coronela "Aurora", por quienes diversos organismos de derechos humanos reclaman su inmediata libertad.
[481] Gil Olmos, José. *El corazón de nuestro ejército sigue palpitando.* PROCESO (México, D. F.), No. 1295 del 26 de agosto de 2002. pp. 12 y 13
[482] López, Julio César e Isaías Mandujano. *El comandante Antonio decía al EPR: Nuestras acciones sólo fortalecen al PRD.* PROCESO (México, D. F.) No. 1200, del 31 de octubre de 1999. pp.9-12
[483] Gil Olmedo, José. *Viene la guerra de guerrillas. El EPR cambia de táctica.* PROCESO No.1295 del 26 de agosto de 2001.. pp. 2-17

Ejército, seis de la armada, 18 policías, cuatro civiles, frente a 12 del EPR y del ERPI.[484] Ello demuestra que el resurgimiento de la guerrilla no era una pantomima.

Durante la década de los 80, más allá de algunas acciones guerrilleras esporádicas, principalmente en zonas urbanas, parecía que estos grupos se habían extinguido, hasta que el 1 de enero de 1994, irrumpe el Ejército Zapatista de Liberación Nacional (EZLN) en Chiapas con "un nuevo paradigma" en su concepción de la "nueva revolución" que no se propone tomar el poder como se lo planteaban las guerrillas de los 70. Es hasta entonces en que se conocieron a través de algunos medios de comunicación acciones de sabotaje del PROCUP-PdlP en apoyo a aquella organización, sin que al parecer tuvieran algún acuerdo previo, "para contrarrestar la ofensiva militar" en contra de los zapatistas. A partir de aquí se conocería de la existencia de "una guerrilla buena", la zapatista y "una mala", la del PROCUP-PdlP, según Zedillo y sus voceros.

En torno a la aparición de estos nuevos grupos en Guerrero, el Lic. Juan Alarcón Hernández, Presidente de la CODDEHUM en entrevista exclusiva señaló:: Yo no hablo de que los grupos armados tengan o no razón, las cusas de su surgimiento ya las conocemos: la pobreza, la ignorancia, la falta de oportunidades, de democracia plena (..) Todo eso constituye un problema que debe atenderse [485]. Sugirió para el caso de Guerrero, la conformación de una comisión de intermediación similar a la COCOPA que estableció el diálogo con el EZLN en Chiapas y una COMISIÓN DE LA VERDAD, ello confirma que la violencia no ha tenido su origen en las formas de lucha de la disidencia, sino que ésta es su resultado.

---

[484] Marín, Carlos. *Reporte de inteligencia militar: 69 muertos y 77 heridos en enfrentamientos del EPR y ERPI; hay 169 detenidos.* PROCESO No. 1157 de enero de 1999., p. 13
[485] Entrevista al Lic. Juan Alarcón Hernández, presidente de la CODDEHUM donde habla en torno a los grupos guerrilleros, asegurando que son producto de la falta de democracia y de solución a problemas económicos ancestrales.

Las "cuentas con el pasado": Denuncias y testimonios de crímenes de lesa humanidad

1. Introducción

A pesar de haber transcurrido más de 30 años en que el Estado mexicano incurrió en crímenes de lesa humanidad en el contexto de la llamada "guerra sucia", la sociedad y en particular los familiares de víctimas de tortura, juicios sumarios y desaparición forzada, siguen levantando la voz en demanda del esclarecimiento de la verdad histórica y jurídica de aquellos acontecimiento, con el propósito de tener acceso a la justicia y a la reparación del daño que hasta hoy les ha sido denegadas, lo que implicaría reivindicar el papel reformador de los miles de jóvenes disidentes de las décadas de los 60, 70 y 80 que se proponían construir "una patria nueva", pero que el Estado los combatió acusándolos de delincuentes comunes, enemigos de la patria, terroristas, subversivos, agentes de potencias extranjeras. Al respecto surgen las siguientes preguntas: ¿Cómo saber la verdad? Y ¿Cómo lograr justicia y reparación del daño a las víctimas de la "guerra sucia"?

2. Denuncias y testimonios de torturados y desapariciones forzadas durante la "guerra sucia"

Cabe adelantar, que sólo se presenta un extracto de las grabaciones de testimonios y denuncias, ya que abarcarían mucho espacio; sin embargo, se hizo el esfuerzo de registrar lo que a nuestro entender fue lo más significativo para los propósitos de la presente investigación.

_ *Testimonio No. 1 del Dr. Apolinar Arquímedes Morales Carranza*[486]

En su carácter de rector en turno de la Universidad Autónoma de Guerrero (UAG), denunció la desaparición de los Universitarios: Marina Texta, Margarito Roque Texta y Romana Ríos de Roque secuestrados por la Policía Judicial Federal y la Policía Judicial del estado, el 19 de abril de 1976.

El 6 de diciembre de 1976 la (UAG)[487], denunció a través de un periódico mural denominado VANGUARDIA, la desaparición de universitarios que hasta la fecha

---

[486] Morales Carranza, Apolinar Arquímedes.Rector de la UAG durante el periodo 1975-1978.
[487] *Cartel.* Datos tomados de las denuncias hechas por el rector de la UAG, en diciembre de 1976

siguen sin aparecer ni vivos ni muertos, al tiempo que el general de brigada Jorge G. Grajales Velásquez, comandante de la 35ª Zona Militar (con sede en Chilpancingo) aseguraba que en Guerrero "no hay ningún síntoma" de que se viva un régimen militar. Sin embargo, -reconoció-, que "el ejército controla el tránsito en las carreteras y los accesos a la sierra, cerca pueblos enteros y cotidianamente efectúa cateos y detenciones". Los retenes militares, a pesar de ser inconstitucionales se pusieron a la orden del día a lo largo y ancho de todo el estado y ningún reclamo de la ciudadanía en contra de ese "estado de sitio" tuvo eco. Todo ciudadano que por diversas razones tenía que transitar por carreteras y caminos, constantemente se topaba con la revisión minuciosa de parte de los militares y policías judiciales federales. No pocas veces fueron ametrallados algunos conductores "por tratar de pasarse el alto", debido a que algunos de los "retenes volantes" aparecían de un momento a otro donde menos se lo esperaban. De tal manera que al viajar a determinada velocidad, no se detenían de inmediato, lo cual era suficiente razón para que los militares supusieran que "trataban de huir". Los retenes también les servían para aprehender a todo ciudadano señalado por los delatores que tenían a su servicio vestidos con uniforme al considerarlos sospechosos de ser miembros o colaboradores de la guerrilla. Si entre ellos había quien no delatara a nadie empezaba a tornarse también sospechoso.

Los partidos políticos de oposición estimaron que las personas desaparecidas en ese momento ya sumaban 800, al tiempo que el entonces rector de la Universidad Autónoma de Guerrero, Arquímedes Morales Carranza denunciaba que "vivimos en un estado de guerra auténtica" (..) Solamente en el régimen que acaba de terminar, (se refería al de Rubén Figueroa Figueroa), el número de campesinos, estudiantes y obreros desaparecidos llegan a 257" (hoy sabemos que rebasaron los 1 300), datos que aparecen en un documento enviado por el propio rector a la Procuraduría General de Justicia del Estado. El documento está firmado por Celia Piedra de Nájera, esposa del desaparecido Jacob Nájera Hernández, Tomás Jardón de Zamora y Fidencio Bello de Tabáres.

En ese contexto, el ex rector de referencia aseguró que en una ocasión el gobernador Rubén Figueroa Figueroa reconoció "públicamente" que "vivimos en un estado de hecho y no de derecho"; por lo que los ciudadanos no tenían en qué ley apoyarse para protestar contra el estado de sitio que se vivía. Por su parte el general Grajales Velásquez, insistió en que lo que pasa (en Guerrero) es que "de acuerdo con la Constitución, tenemos que conservar la paz y la tranquilidad en todo México. Aquí en mi jurisdicción no existe represión contra nadie, cuando aprehendemos a alguien, lo ponemos inmediatamente al cuidado (sic) de la autoridad civil". Los expedientes clasificados del Archivo General de la Nación, demuestran todo lo contrario, nadie era entregado a alguna autoridad civil sino remitido inmediatamente al Campo Militar No. Uno en la ciudad de México o alguna otra instalación militar para ser interrogado.

Y cuando le recordaron al referido militar la larga lista de desaparecidos hecha llegar a la Procuraduría por diferentes organizaciones independientes de derechos humanos, respondió: "Estos señores siempre ven moros con tranchetes. Cuando se les detiene es porque han cometido algún delito. Quien está dentro de la ley, no tiene que temer y no tiene por qué ser molestado". Al parecer, los únicos facultados para violar la ley eran ellos con sus retenes militares, la tortura, las detenciones ilegales y las desapariciones forzadas. En general, para los militares las personas detenidas pertenecían siempre a "grupos de bandoleros conectados con el comunismo internacional o el narcotráfico". El término guerrilleros, había sido suprimido de su vocabulario; para ellos todos eran "gavilleros", "facinerosos", o "maleantes".

Por su parte la señora *Celia Piedra de Nájera* desmintió al militar asegurando que su esposo Jacob Nájera Hernández, era un distinguido profesor de secundaria, que "fue sacado con lujo de violencia de su domicilio, en la calle Progreso No. 62, de San Jerónimo, el 2 de septiembre de 1974, a 80 kilómetros de Acapulco, sin orden judicial y refiere como testigos a su padre, su hermana, a José Eugenio, Rosendo Piza y un grupo de ciudadanos que en ese momento jugaban dominó frente a su casa". No aparece hasta la fecha.

El rector de la Universidad también refutó al militar asegurando, que personalmente fue testigo de que el ejército mexicano cercó la población de El Treinta, municipio de Acapulco, cateó las casas y puso al pueblo en tensión. A lo que el general Grajales lo único que contestó fue que "esa población no estaba dentro de su jurisdicción, por que corresponde a la 27ª Zona Militar", sin refutar la veracidad de lo señalado. "Y lo mismo aconteció –siguió diciendo el rector-, en la población de La Sabana y Xaltianguis (…) La permanencia del ejército en el estado, en lugar de mejorar las cosas las complica, genera mayor inseguridad (…) La lista de los desaparecidos fue presentada ante el procurador de justicia del estado, Carlos Ulises Acosta Víquez, quien hizo hincapié en que ciertamente los universitarios se quejaron de que en el gobierno de Israel Nogueda Otero la fuerza pública había entrado a los planteles universitarios, pero que en el gobierno del Ingeniero Figueroa eso no sucedería (promesa que fue incumplida al registrarse un gran número de ataques a las instalaciones universitarias de parte del gobierno figueroista a través de grupos de policías y militares encapuchados mejor conocidos como "porros").

El militar se comprometió a investigar las denuncias de las desapariciones y dijo que "algunos agentes están trabajando en varios estados, así como en San Luis Potosí y en Perote, lo mismo que en el Campo Militar No. Uno, pero no nos consta que algunos estén en el Campo Militar Número Uno". Las investigaciones que se proponía realizar serían en cualquier otra parte menos en el estado de Guerrero. Total, puras evasivas para ocultar la información que con base en los postulados del Derecho Internacional estaba obligado a proporcionar.

En esa oportunidad se denunció la desaparición de Marina Texta, Margarito Roque Texta y Romana Ríos de Roque "secuestrados por la Policía Judicial Federal y la Policía Judicial del estado, el 19 de abril de 1976. Y se dio una lista de los poblados donde el Ejército, la Policía Judicial Federal, del Estado actuaron de manera arbitraria: El Paraíso, San Vicente de Jesús, Tecpan, Acapulco, Atoyac de Álvarez, Tenexpan, El Tigre, Santa Lucía, Santiago de la Unión, Agua Fría, Las Trincheras, Xaltianguis, La Sabana, El 30, El Quemado, Zacualpan, Laguna de Escorpión y otros más. Ello demuestra que después de la muerte de Lucio el Estado siguió violando los derechos humanos de los habitantes de la sierra de Atoyac.

Cuando se reclamaba al gobierno de Figueroa la liberación de los presos políticos contestaba que en realidad lo que había eran "políticos presos no presos políticos". Actualmente el ex preso político Antonio Hernández, fue comisionado por el Rector de la UAG Nelson Valle López, para que elabore los expedientes de todos los universitarios desparecidos y los presente a la Femospp; mientras tanto, en la presente investigación ya se logró documentar varios de ellos.

_ *Testimonio No. 2 de Andrés Nájera Hernández*[488]

---

[488] Catedrático universitario, hermano del desaparecido Jacob Nájera Hernández.

En entrevista exclusiva declaró que su hermano Jacob Nájera trabajaba como maestro de secundaria cuando fue secuestrado en el poblado de Nuxco, Gro., de la Costa Grande, donde tenía su domicilio. Presentó documentos de felicitaciones y evaluaciones satisfactorias por su labor docente. "Mi hermano fue detenido el 12 de septiembre de 1974 en pleno día, a las 2 de la tarde, fue sorprendido en la casa de sus suegros, allá en San Jerónimo de Juárez Guerrero, en la calle Progreso No. 72, todavía está allí la casa de don Florentino Piedra. Fue secuestrado en presencia precisamente de su suegro, de la esposa de él, doña Agripina, también de su suegra de mi hermano, de su esposa Celia Piedra, y de sus hijos pequeños, entraron aproximadamente cuatro personas armadas vestidas de civil al domicilio, obviamente primero preguntaron por él, don Florentino les abrió la puerta; él sabía que Jacob no tenía ningún antecedente delictivo, de tal suerte que no tuvo ningún problema en decir que ahí estaba. Mi hermano estaba sentado en una hamaca, -así nos refiere don Florentino y doña Agripina-, y llegaron los hombres armados, lo encañonaron, le pidieron que los acompañara sin presentar ninguna orden judicial, mi hermano inicialmente, intentó oponerse, pero ante la acción violenta de las personas que lo fueron a sacar, mis sobrinos empezaron a llorar, la mayorcita en ese tiempo tenía seis años, Melina, que ahora es maestra, Jacob, 4 años (..) acto seguido lo sacaron, lo introdujeron en un carro, un Ford Galaxi, color negro sin placas, y según los testigos: los suegros de mi hermano y vecinos que presenciaron el secuestro de mi hermano aseguraron que los agentes enfilaron hacia la carretera Acapulco-Zihuatanejo, desde esa fecha no hemos tenido razón de mi hermano. A mi hermano lo desapareció el grupo de la policía judicial al mando del tristemente célebre Isidro Galeana "El Chiro", que actuaba bajo las órdenes del hoy general Mario Arturo Acosta Chaparro, sometido a juicio en el fuero militar, por sus nexos con el narcotráfico, pero plenamente protegido para no ser enjuiciado por su responsabilidad directa en la desaparición comprobada de más de seiscientos luchadores sociales.

"Por su acción violatoria de los derechos humanos "El Chiro" se mereció un gran reconocimiento de los altos mandos del ejército, la policía política y el gobierno estatal y federal, al haberse distinguido por sus métodos sanguinarios que aplicaba a los detenidos acusados de pertenece a alguna de las organizaciones guerrilleras. Con él, -decían sus compañeros-, no había detenido que no terminara delatando hasta a su madre por las crueles torturas a que los sometía. Sus propios compañeros le tenían admiración y a la vez temor; porque tampoco les iba bien a quien se negara a entrarle al maltrato y la tortura despiadada. El mismo Figueroa (se refiere al gobernador) le tenía en alta estima y con frecuencia lo presentaban como un policía ejemplar y patriota, por haber librado a la patria de la "amenaza comunista". Lo que pasa es que mi hermano perteneció a la corriente sindical del SNTE: Movimiento Revolucionario del Magisterio (MRM) fundado por Otón Salazar, agrupación a la que también había pertenecido Lucio antes de irse a la sierra; sin embargo, al parecer eso fue suficiente delito para perseguirlo y desaparecerlo.

"En diciembre de 2003, el Fiscal Ignacio Carrillo Prieto, al conocer el caso, encontró elementos suficientes para solicitar al juez competente orden de aprehensión en contra de ese policía, pero al igual que en el caso de Nazar Haro, extrañamente no lo localizaban para llevarlo a juicio, mientras se paseaba tranquilamente por las playas del puerto de Acapulco, hasta que la prensa informó que había muerto de infarto y, por tanto, se llevaba a la tumba toda la información que guardaba acerca de las cientos de desapariciones forzadas de las cuales él fue corresponsable.

"En su sepelio hicieron acto de presencia, destacados ex funcionarios de la época de la llamada "guerra sucia", quienes lo reivindicaron como un gran amigo personal y no faltó quien asegurara que su único delito fue haber cumplido órdenes superiores y eso demostraba un alto mérito por su lealtad a las instituciones legalmente constituidas. "Imagínense, -dijeron otros-, de no haber sido por esta clase de hombres, hoy nuestro país estaría sometido al comunismo y tampoco gozaríamos de la paz social de que disfrutamos".
"Actualmente estamos demandando al Fiscal Especial, proceda en contra de los colaboradores de "El Chiro", toda vez que él no actuó solo, están vivos muchos de sus colaboradores y son elementos claves para que den datos del paradero de mi hermano. ¿O a caso esperan que los demás responsables de la desaparición de mi hermano estén próximos a morir para que se solicite orden de aprehensión en su contra y ya tampoco sean llevados a juicio?

"Aseguró que durante muchos años participó activamente en el Frente de Defensa de los Desaparecidos y Perseguidos Políticos encabezado por la luchadora social Rosario Ibarra de Piedra (…) El comandante de la policía judicial (a) El Chiro, años después de la desaparición de mi hermano le confirmó a su esposa Celia, que efectivamente había llevado a Jacob hacia Atoyac y que lo entregó a los miembros del ejército mexicano del retén militar que estaba en la "Y" Griega en el entronque de la carretera federal de San

Jerónimo y Atoyac de Álvarez; que estaba dispuesto a declarar acerca de aquellos hechos.

"Después de la desaparición de mi hermano, nos dirigimos originalmente al Lic. Israel Nogueda Otero, en ese tiempo Gobernador interino del estado; al Gral. Eliseo Jiménez Ruiz, Comandante de la 27ª Zona Militar, a Hermenegildo Cuenca Díaz, secretario de la Defensa Nacional; se enviaron documentos por parte de campesinos, por vecinos de San Jerónimo, nosotros los familiares al presidente de la república don Luis Echeverría Álvarez, pidiendo su intervención para que se liberara a mi hermano o que se le juzgara por los posibles delitos que supuestamente o eventualmente hubiera cometido; pero no tuvimos jamás respuesta (..) Después nos entrevistamos con José López Portillo, Miguel de la Madrid, hasta Carlos Salinas De Gortari, incluso con Ernesto Zedillo Ponce de León; en fin, a través de la señora Ibarra de Piedra hemos entrevistado a varias personalidades y se ha hecho el planteamiento al presidente Fox que creó la Fiscalía Especializada encabezada por el Dr. Ignacio Carillo Prieto, pero hasta la fecha, nada se sabe cerca de mi hermano.

"El expediente de mi hermano le está dando seguimiento el Lic. Ignacio Ponce de León por parte de la Fiscalía y citó a declarar a Isidro Galeana, pero se reportó enfermo, fueron a su domicilio y se negó a dar toda clase de información relacionada con la desaparición de mi hermano, evidenciándose que estaba amenazado.

- *Testimonio No. 3 de Hilario Mesino*[489]

Fundador de la Organización Campesina de la Sierra del Sur (OCSS), denunció la desaparición de su hermano Alberto Mesino Acosta y la muerte por golpes de su papá Ramón Mesino Castro y padre del expreso político Miguel Ángel Mesino Mesino, recientemente asesinado por desconocido a 200 metros de la comandancia de la policía de Atoyac de Álvarez.

"Conocimos la represión desde niños, crecimos en ella. Conocimos a Genaro Vázquez pero sentimos e interpretamos más a Lucio Cabañas. Después de su muerte fue necesario fundar la Organización Campesina de la Sierra del Sur (OCSS) para nuestra lucha y defensa. Tuve la suerte de conocer a Lucio cuando él hacía mítines allá en la

---

[489] Fundador de la Organización Campesina de la Sierra del Sur (OCSS) que aglutinaba a los campesinos de todos los municipios de la Costa Grande y la sierra desde Atoyac hasta Coahuayutla en los límites con el estado de Michoacán. Esta organización sufrió la matanza de campesinos en el Vado de Aguas Blancas el 28 de junio de 1995

plaza de Atoyac, no estuve en la matanza del 18 de mayo porque yo bajaba de la sierra y a veces se me hacía muy difícil madrugar para llegar a pie, porque no había comunicación pero yo sentía simpatía por su lucha; bueno, me gustaba como él hablaba, cómo invitaba a los campesinos para luchar por sus demandas.

"En esos tiempos de los 60 nos dimos cuenta de cómo fue la represión, yo tengo un hermano desaparecido que se llama Alberto Mesino Acosta (hablaba como si supiera que aún vive), tenía 18 años cuando se lo llevó el gobierno[490], se lo llevó cuando se trasladaba a su comunidad, a la casa. Un general que se lo llevó le dijo a mi mamá que nada más lo iba a entrevistar y luego lo iba a devolver y hasta la fecha no sabemos nada de él, fue en el año del 74, el 18 de julio, se lo llevaron después de una reunión que se hizo en el Ejido para solicitar apoyo, era una reunión del Instituto Mexicano del Café que en ese entonces se nos aseguraba que se fundó para apoyar a los campesinos en algunos programas rehabilitación de cafetales, se conformaban centros de acopio en las comunidades más remotas, pero que después nos dimos cuenta que ésta era una forma del gobierno para poder detectar a la gente que apoyaba a Lucio Cabañas; porque en cada comunidad formaban la dichosa UPC, hacían una relación de cada ejidatario y así detectaban a cada compañero que participaba con el Prof. Lucio Cabañas. "Después que mataron a Lucio y a Genaro, se acabó el famoso Instituto Mexicano del Café y el famoso apoyo. Eso demuestra que todo era parte de su estrategia de contrainsurgencia.

"Yo sufrí la represión más fuerte, mi papá murió de los golpes que el gobierno le propinó, porque le halló un rifle cal. 22 que casi todos los campesinos de esa época portaban y le dijeron: "no pues tú eres guerrillero", ya mi papá tenía 88 años, ¿Usted cree que a esa edad iba a andar de guerrillero? Él murió de los golpes, de las torturas que le propinó el ejército, mi papá se llamaba Ramón Mesino Castro y mi mamá muere de tristeza y del cáncer que padeció; ella desde que se perdió mi hermano anduvo en México, en distintas cárceles, habló con (Rubén Figueroa) Figueroa, habló en ese entonces con Luis Echeverría y bueno, anduvo por todos lados pero nunca lo encontró.

"Un año después de haber sido desaparecido, mi hermano le mandó una carta a mamá, en un papelito, en un periódico donde le decía (..) No se acongoje, estoy en el Campo Militar No. 1, ya pasé todo el tormento, todas las torturas, pero ya pronto voy a estar con ustedes y bueno, el que trajo el papelito fue un militar. Yo pienso que lo asesinaron

---

[490] Cada vez que hablaba de "el gobierno" se refería al Ejército.

o lo mandaron a echar en el Pozo Meléndez que era muy famoso en ese tiempo, o lo arrojaron al mar o tal vez el papelito lo llevaron sólo para que nosotros ya no lo siguiéramos buscándolo y tuviéramos confianza en que iba a regresar.

"Entonces veíamos cómo la judicial y el ejército extorsionaban a los campesinos y bueno yo no sufrí tanto, porque me encontraba no tan desprotegido como los demás compañeros, porque yo tenía mi huerta de café, tenía mis vaquitas, pero mira yo estuve como encargado de un beneficio húmedo[491], vi cómo explotaban a nuestros compañeros en la pesa, en el dinero que les daban, (debido a que) no sabían leer. Y en vez de ponerles escuelas, ponían cantina en cada centro de acopio y bueno, lo que quería el gobierno era que todos los campesinos anduvieran idiotizados por el alcohol y a veces les pagaban su café bien, pero de qué servía, otra vez volvían a dejar su dinero en las cantinas; ahí les quitaban todo su dinero.

"También participé en la Unión de Ejidos, después en la Coalición de Ejidos, pero también nos dimos cuenta que el gobierno infiltra gente y desbarata el movimiento de las Uniones de Ejidos y que se meten licenciados, maestros, pero no con el fin de asesorar a los campesinos, sino de meterse y dividirlos y seguirlos explotando y engañando. Cuando nuestra organización llegó a movilizar a más de cinco mil campesinos de toda la sierra y la Costa Grande hasta Coahuayutla, buscó la manera de destruirnos, por eso llevó a cabo la matanza de Aguas Blancas el 28 de junio de 1995, donde murieron 17 campesinos y hubo muchísimos heridos.

"La matanza de Aguas Blancas tiene como antecedentes la toma del palacio municipal de Atoyac por la OCSS, donde la señora María Luisa Núñez Ramos se comprometió a tramitarnos una audiencia con Salinas de Gortari para que dijera dónde estaban los desaparecidos de los años 70 y ella nos dijo que sí que nos iba a apoyar, pero no cumplió después de un año de espera. La señora es muy astuta, primero logró ser presidenta municipal, luego diputada local y finalmente diputada federal, creemos que efectivamente como presidenta municipal en turno también tuvo que ver con la matanza de Aguas Blancas y por eso se ganó los cargos.

"Ella avisó al gobernador Rubén Figueroa Alcocer, ¿Por qué no nos avisó de la emboscada? Bien le hubiéramos avisado a los compañeros para que no se hubieran venido y no fueran asesinados. Ahora sabemos que desde antes habían mandado

---

[491] Así llaman los campesinos al lugar donde secan el café y lo preparan para su venta.

desalojar el hospital de Atoyac porque ya sabían que iba haber muertos y heridos. Entonces no descartamos que María de la Luz y Figueroa hayan estado de acuerdo en lo que iba a pasar.

Respecto a la liberación de los policías y funcionarios que estaban presos como presuntos responsables de la matanza de Aguas Blancas el señor Mesino comentó: "Apenas nos enteramos que los sacaron del penal como a las 12 ó una de la mañana del día 19 de octubre. Se asegura que su salida es legal porque el Tribuna Federal los absolvió, pero no se hace lo mismo con nuestros compañeros presos; mejor los asesinos están siendo liberados y quienes fuimos víctimas de la emboscada se nos deja presos".

"Cuando nos entrevistamos con el presidente del Tribunal Superior de Justicia, nos ponía en las manos la Constitución para asegurar que él en esa se basaba para dar sus fallos y nosotros no lo entendíamos. El director de gobernación Esteban Ramos que estaba preso aseguró desde tiempo atrás que él iba a salir porque hizo un compromiso con el gobernador Rubén Figueroa Alcocer, para que después de que la gente se calmara por la indignación que causó la matanza, los dejaría en plena libertad a todos los implicados. Así es de cochina la política del gobierno aquí en Guerrero. Nosotros pensamos que la justicia la tiene un grupo de caciques que nos están gobernando. Exijamos la libertad de todos los presos políticos no sólo de mi hijo Miguel Ángel Mesino[492], también exigimos la libertad de Javier Ventura, Salomón Aguirre y Jerónimo Hernández por ser presos de conciencia, no cometieron ningún delito, en el fondo se les tiene presos porque son miembros de la OCSS. Finalmente, en septiembre de 2005, su hijo, después de recobrar su libertad también fue asesinado por desconocidos a escasos metros de la comandancia de la policía en Atoyac.

El señor Mesino señaló que desde 1994 la OCSS) ha sufrido diversas agresiones policiacas:
1) Fueron ejecutados y desaparecidos cuarenta miembros y decenas de detenidos arbitrariamente, torturados y encarcelados
2) El 24 de mayo de 1995 fue desaparecido Benito Bahena y Fredy Nava.

---

[492] Quien después de un año de haber obtenido su libertad, fue asesinado en Atoyac en septiembre de 2005, a escasos metros de la comandancia de la policía municipal. Se reivindicó el crimen el autodenominado grupo "La Patria es primero", al que los dolientes identifican como "paramilitares al servicio del gobierno".

3) Que a pesar de que organismos nacionales internacionales defensores de derechos humanos han exigido al gobierno mexicano se investigue y procese a Rubén Figueroa Alcocer por su presunta responsabilidad en la matanza de Aguas Blancas, no se ha hecho justicia.

4) Después de la matanza se ha desarrollado una constante persecución en contra de sobrevivientes de la OCSS, entre ellos Jerónimo Hernández Refugio detenido y desaparecido y torturado durante tres días y después de un año fue dejado en libertad "por falta de pruebas" pero quedó claro que su detención estuvo dirigida a intimidarlo para abandonar palucha campesina.

5) Miguel Ángel Mesino Mesino antes de haber sido asesinado ya había sido detenido en su pueblo natal "El Escorpión" de la sierra de Atoyac; el 19 de marzo nuevamente es detenido hasta que se puso en huelga de hambre por ser inocente y diez meses después fue liberado por falta de pruebas.

6) A pesar del cambio de gobierno la persecución a nuestros compañeros no termina. De la investigación hecha al respecto, se encontró que el asesinato de Miguel Ángel se lo atribuyó un comando guerrillero autodenominado Comando Popular Revolucionario "La Patria es primero"; al tiempo que hay señalamientos de que los responsables fueron los aparatos policiacos del Estado. Compañeros del asesinado no descartan que el referido grupo guerrillero pudiera estar conformado por elementos de inteligencia militar o se trata de un grupo infiltrado por este organismo. De ser un desprendimiento del EPR los responsables del asesinato de Miguel Ángel, se estaría reflejando una profunda confrontación entre miembros de esa organización guerrillera que estarían reciclando las "prácticas de ajusticiamientos" que fueron muy comunes en el PROCUP durante la década de los 70 en contra de quienes disentían de aquella organización. La hipótesis adquiere relevancia si se considera que el propio Jacobo Silva Nogales (a) "Comandante Antonio" ex dirigente máximo del ERPI, también fue condenado a muerte por sus antiguos compañeros del EPR, por escindirse y conformar el ERPI por las profundas diferencias tácticas y estratégicas que se manifestaron a su interior.

- Testimonio No. 4 de un policía que participó en la matanza de Aguas Blancas

Por separado se entrevistó a un ex soldado del ejército y ex policía del estado (que pidió omitir su nombre), en relación a la matanza de Aguas Blancas aseguró que por necesidades de empleo se dio de alta en la policía motorizada del estado de Guerrero después de haber sido militar retirado y comentó de "manera informal" lo siguiente: que no quería que lo graváramos ni filmáramos porque su vida correría peligro.

Aseguró que él estuvo en la matanza de Aguas Blancas y que le consta que los campesinos fueron emboscados sin haber disparado ningún arma. Que al empezar la balacera él se tiró debajo de uno de los carros de la policía y desde ahí presenció todo lo sucedido; que vio cuando por órdenes de Acosta Chaparro les andaban colocando armas de fuego en las manos de los muertos para filmarlos y fotografiarlos y hacer creer que ellos las habían disparado. "Después de que el periodista Ricardo Rocha presentó en Televisa el video que dejó al descubierto la verdad de los hechos, -aseguró-, a él y a varios de sus compañeros los llamaron directamente ante el gobernador Rubén Figueroa Alcocer para pedirles que se echaran toda la culpa y que no se preocuparan si iban a la cárcel, que no durarían mucho tiempo, porque las consignaciones se harían de tal manera que cualquier aprendiz de abogado lograra demostrar su inocencias y que durante el tiempo que estuvieran presos, recibirían "doble sobre". Al preguntarle qué significaba eso, contestó que a cada policía le pagan su salario en efectivo en un sobre; lo que querían decir que les pagarían doble salario sin hacer nada dentro de la cárcel. Y quienes no tuvieran casa donde se quedara su familia el tiempo que estuvieran presos, se las construirían de parte del gobierno del estado. Total, que tendrían todas las garantías a su favor para que él quedara exonerado. Dio una lista de las personas que le consta estuvieron involucradas en la matanza de Aguas Blancas, entre quienes mencionó a Héctor Vicario Castrejón, hombre de confianza de Figueroa, a Robles Catalán, a Acosta Chaparro y al Secretario de Gobierno del estado en turno.

_ Testimonio No. 5 de Antonio Hernández Hernández[493]

Fue colaborador del PdlP. Sufrió la persecución y la desaparición forzada. Estuvo preso en el penal de Acapulco. Hoy exige a la Fiscalía Especializada (Femospp) cumplir con su cometido. Denuncia la desaparición de varios universitarios que vio en una cárcel clandestina y no aparecen. En entrevista exclusiva declaró: "En 1975 fui detenido en el retén militar de Las Cruces a las afueras de Acapulco y bajado con violencia del autobús en que viajaba, afortunadamente un estudiante universitario presenció todo y fue quien puso la denuncia de mi desaparición, eso me salvó la vida; fui trasladado a un centro

---

[493] Catedrático universitario de la UAG, defensor de la autonomía universitaria durante el primer periodo rectoral del Dr. Rosalio Wences Reza de 1972 a 1975.

militar ubicado en un lugar próximo al mar (al parecer la base militar de Pie de la Cuesta), oía el quebrar de las olas; ahí fui torturado durante siete días: me propinaban golpes, pero sobre todo me sumergían en un tambo de agua y luego me aplicaban toques eléctricos en diferentes partes del cuerpo, esto se repetía hasta que perdía el conocimiento".

"Finalmente, esta vez fui dejado en libertad, -me dijo el subprocurador de justicia-, porque se habían desvanecidos los cargos que me imputaban, pero me advirtió que tenía que permanecer en el estado. Esto es, que tendría al estado de Guerrero como cárcel (…) En 1978, nuevamente fui detenido junto con mi ex compañera Alejandra Cárdenas por la Brigada Blanca, a ambos nos torturaron de muy diversas formas, a golpes, inmersiones en agua, toques eléctricos, etc. "Debido a aquella tortura padezco diversas secuelas físicas, tengo problemas en todo el sistema óseo, fundamentalmente en la columna vertebral, según pudo constatar el Instituto Nacional de Rehabilitación".

"Cuando estuve recluido en una cárcel clandestina yo vi con vida a los universitarios **Luis Armando Cabañas Dimas, a Fredy Radilla Silva, a Jaime López Sollano, a Carlos Díaz Frías**, reconocí a otros desaparecidos como **María Concepción Jiménez Rendón**, a una persona que le decían **Tío Peñaloza**, eran un total de 40 personas ahí recluidas de manera ilegal. De todos ellos únicamente fuimos presentados ante las autoridades competentes mi entonces compañera Alejandra Cárdenas y yo, todos los demás siguen desaparecidos".

En el Archivo General de la Nación se corroboraron las declaraciones de Antonio y prácticamente de todos los desaparecidos que fueron aprehendidos por la Dirección Federal de Seguridad, incluso existen informes firmados por Nazar Haro y Luis de la Barreda Moreno que los incriminan. Pero evidentemente existe la intención de parte del Estado Mexicano a dejar impunes los sucesos relacionados con las graves violaciones de los derechos humanos en la década de los 70. Será interesante que declare un soldado que está refugiado en Canadá, porque reconoce que él participó en pelotones de fusilamientos de civiles que estaban detenidos en el Campo Militar Número Uno.

Antonio Hernández agregó: "Yo ya venía colaborando con la señora Rosario Ibarra de Piedra cuando dirigía el Frente Nacional Contra la Represión (FNCR). Reconozco que existe una gran desconfianza hacia la Femospp por parte de los familiares de los desaparecidos, debido a que en muchas ocasiones se presentaron denuncias que nunca prosperaron ante la Procuraduría General de la República, las Procuradurías del los Estados y del Distrito Federal. Esperan resultados concretos que eviten la impunidad. Habrá que presionar a la Fiscalía para que dé resultados, que realice su labor, lleve a cabo las investigaciones".

"La represión durante la década de los 70 y los 80 mejor conocida como de la "guerra sucia", se da en el contexto de la "Guerra Fría" que influía en los políticos de alto nivel y sobre todo en los cuerpos policiacos y militares cuyos jefes fueron entrenados en los Estados Unidos, lo que les hacía justificar la represión argumentando que se trataba de "una conjura extranjera" (..) En la "guerra sucia" se habla de complots rusos, soviéticos, chinos, etc., que se proponían desestabilizar a México, nunca se aceptó que existían condiciones sociales, políticas, económicas en el país que motivaron el surgimiento de movimientos sociales más o menos radicalizados.

"Hoy, de lo que se trata es de que se reivindique el carácter de luchadores sociales en varios de los casos de los desaparecidos que fueron detenidos por la policía o el ejército, incluso sin tener participación política, simplemente por los apellidos, por las relaciones de parentesco o bien porque pertenecían a alguna institución que era mal vista, como lo era la Universidad Autónoma de Guerrero por parte del gobierno".

_ *Testimonio No. 6 de Tita Radilla. Presidenta de la AFADEM[494]*

"El 25 de agosto de 1974, mi papá fue detenido y desaparecido y hasta la fecha no sabemos nada de él. Al parecer su principal delito fue el haberle hecho varios corridos a Lucio y Genaro que el pueblo cantaba con mucho entusiasmo.

"A mi papá siempre lo ví luchando, la lucha social para mí es como una costumbre, algo muy natural que yo viví desde niña, en mi casa con mi papá siempre había campesinos, reuniones, movimientos, salían marchas de la casa. Él siempre fue partidario del socialismo. Fue fundador junto con Genaro de la Asociación Cívica Guerrerense (ACG), quien iba a la casa a platicar con mi papá. Frecuentemente se hacían

---

[494] Hija del desaparecido Rosendo Radilla Pacheco que compusiera corridos a Lucio y a Genaro. Hoy funge como presienta de la Federación Latinoamericana de Asociaciones de Familiares de Detenidos y Desaparecidos (AFADEM), organización fundamentalmente de mujeres defensoras de los derechos humanos que lucha por la presentación de desaparecidos políticos.

movimientos de campesinos, protestas, salían con antorchas a la calle, entonces a mí me gustaba ir, yo de niña me pegaba a la bola de gente.

Conocimos a Lucio porque él era maestro de la escuela Modesto Alarcón y también él de estudiante iba a las manifestaciones con los campesinos, o sea, que Genaro y Lucio anduvieron juntos.

"Nos tocó ver a los militares y policías trayendo así amarrados con cuerdas a una hilera de campesinos, entre jóvenes, niños, ancianos. (En cada dato que externaba lo acompañaba de una mímica que ilustraba su indignación y tristeza). Atados, vendados y caminando los llevan así con una cuerda, un militar por acá, otro militar por allá, otra cuerda por acá y otro grupo de militares por allá. Yo recuerdo que por el mercado (de Atoyac), cuando estaba el cuartel en el lugar que le dicen el Calvario, que mi papá desafortunadamente fue quien ahí lo colocó cuando fue presidente municipal y por allí yo en algunas ocasiones vi esas cuerdas (hileras) de personas, unos eran mayores, otros eran casi niños, y personas de diferentes edades y la gente lloraba, yo me acuerdo, era terrible verlos, pero nadie se atrevía a hacer nada, nadie, todo mundo tenía miedo, porque en ese tiempo si alguien se atrevía a decir, yo apoyo se estaba consciente de que, pues también me podían llevar; "porque van a decir que somos de los mismos (..) Hasta la familia, los amigos eran reprimidos. Frente a eso (..) en ese momento ya no tienes amigos, cada quien quería tratar de salvarse como pudiera de esa situación tan gravísima.

"Recuerdo el toque de queda en Atoyac (a pesar de que no estaba decretado el estado de sitio oficialmente), que lo mismo aterrorizaba a los ricos que a los pobres. Yo vivía en una calle que quedaba en frente de lo que era el Instituto de Protección a la Infancia o algo así, pero luego llegaron los militares y se apoderaron del lugar y ya no se dieron los desayunos a los niños, a partir de ese momento seguido aparecían personas muerta en el lugar cruelmente torturadas (..) recuerdo el caso del señor Julio Hernández, le dieron una muerte horrible, ha de haber sido como en el año 70 más o menos. Ahora ya existe una Fiscalía y nos están recibiendo denuncias y dicen que están investigando, pero ¿Cuáles son los resultados? (Y se contesta ella misma). Hasta el momento ninguno. Solo promesas. Que sí que ya está avanzando, pero realmente no vemos nada, la gente está muy desencantada, ya no cree en promesas.

"Nosotros empezamos a luchar por la presentación de los desaparecidos desde mediados de los 70 con el Dr. Felipe Martínez Soriano (Fundador del Frente Nacional Democrático de Defensa de los Perseguidos y Desaparecidos Políticos (FNDP), que actuaba de manera paralela al Frente Nacional Contra la Represión (FNCR) que fundara la señora Rosario Ibarra de Piedra. Nuestra consigna fue y sigue siendo: "Vivos se los llevaron y vivos los queremos".

Cuando se le preguntó si no tiene miedo a algún atentado contra su vida contestó: "Ante la posibilidad de algún atentado existen Brigadas Internacionales de Paz que gustosas decidieron brindarme acompañamiento, pero en mi caso no tengo miedo, no me gusta estar vigilada. Seguiré luchando; tal vez aquí a nivel nacional no podamos conseguir el objetivo de saber la verdad, conocer la verdad y que haya justicia, pero sabemos que hay instancias internacionales a las que pudiéramos tener acceso en otros países y pues todavía hay esperanzas, muchas gentes tienen la esperanza de encontrar a su familiar, incluso vivas. Hay mamás que dicen: "Es que yo siento en mi corazón que él vive"; entonces, por eso estamos y vamos a seguir hasta donde nuestras fuerzas nos puedan sostener".

La denuncia de Tita Radilla ha sido considerada por la Femospp como válida por haber suficientes elementos que permiten presumir la responsabilidad del Estado en su desaparición; razón por el cual, el general Francisco Quiroz Hermosillos forma parte de la lista de altos jefes militares por quienes la fiscalía solicita órdenes de aprehensión.

Recientemente el Congreso del estado aprobó una ley para prevenir y sancionar la desaparición forzada de personas; sin embargo, Tita Radilla advirtió de la necesidad de "fortalecer la ley" y se logre una amnistía general para los presos políticos"

_ *Denuncia-testimonio No. 7 de* **Jaime Enrique Segismond Pérez**[495]

. Con fecha 9 de febrero de 1979 denunció que agentes policiacos vinculados al gobernador del estado le exigían asesinara a cuatro presos políticos: Juan Islas, Arturo Gallegos, Aquilino Lorenzo y Octaviano Santiago Dionisio a cambio le otorgarían su libertad; aseguró que le ofrecieron una suma elevada de dinero sin precisar cuánto y un empleo como paramilitar. Reconoció que no estaba preso "por ser santito" pero que no

---

[495] *Testimonios.* Primer Encuentro de Abogados Democráticos (Chilpancingo, Gro.) p. 75. (Sudamericano preso en el penal de Acapulco, Gro., en la misma celda donde se encontraban varios presos políticos del Partido de los Pobres acusado de narcotráfico.

por ello estaba dispuesto a asesinar a gente sin mediar motivo personal alguno." Señaló como las personas que lo presionaban para asesinar a los cuatros presos políticos a los policías: Crescenciano Barrera Soberanis, jefe de guardias personales del Procurador General del Estado Carlos Acosta Ulises y Crisanto Pinzón.

El denunciante advertía que su vida corría peligro, pero prefería "sufrir las consecuencias de su denuncia antes que atentar en contra de cuatro personas que luchan por denunciar y solucionar un sistema de cosas podridas". Efectivamente el Estado también recurría a delincuentes del orden común para provocar a los presos políticos y justificar cualquier atentado a su integridad física o moral.

_ *Testimonio No. 8* de **Pedro Helguera Jiménez**[496]

Antes de que lo asesinaran denunció que fue aprehendido el 5 de agosto de 1975 y sometido a torturas crueles a manos de la Policía Militar, la Policía Judicial Federal, la Policía del Estado de Morelos y del Estado de Guerrero, para obligarlo a que se declara culpable del asalto a un banco en la ciudad de Cuernavaca. Que fue aprehendido en la casa de la calle Paricutín No. 10 Colonia Los Volcanes de Cuernavaca, Mor., donde asistió a asesorar al ex preso político Valentín Ontiveros Abarca que había sido preliberado.

"Fui humillado al obligarme a desnudarme para ser golpeado cruelmente y luego aplicarme toques eléctricos en los testículos y demás partes nobles de mi cuerpo. Durante más de siete días me estuvieron torturando obligándome a beber cantidades de agua mediante "cubetadas" que me arrojaban a la nariz. Era reiterativo el que me dijeran que no tenía caso que le hiciera al fuerte porque más temprano que tarde confesaría todo, "porque la tortura ablanda al más machín". La prepotencia y arrogancia de los torturadores era la tónica del interrogatorio para obligarme a aceptar haber participado en el asalto bancario y sólo tuve que aceptar los cargos cuando ordenaron a sus agentes aprehendieran a mi familia para torturarla en mi presencia. Finalmente tuve que aceptar firmar el documento con mis supuestas declaraciones donde me inculpaba de los hechos que ni siquiera idea tenía de cómo habían sucedido. El lugar donde consumó la tortura fue el mismo domicilio donde me aprendieron y que luego lo convirtieron en cárcel clandestina.

---

[496] Fundador de los Bufetes Jurídicos Gratuitos de la UAG, preso político en Cuernavaca, Mor., al salir libre fue asesinado en la Colonia "Jardines del Sur", cerca de su domicilio en Chilpancingo, Gro.

Finalmente Pedro Helguera fue asesinato a 200 metros de su casa por un sicario al servicio del gobierno del estado. La versión oficial fue, que lo asesinaron "por cuestiones de faldas" Fue licenciado en derecho, fundador de los bufetes jurídicos gratuitos de la Universidad desde donde brindaban asesoría a cientos de personas de escasos recursos que los requerían.

_ *Testimonio No. 9 de la señora López*[497]

"Mi hermano Ignacio de la Cruz López estudió para maestro en la Escuela Normal de Ayotzinapa, Gro., donde egresó Lucio Cabañas. Tal pareciera que por ese hecho ya era acreedor a ser señalado como delincuente y subversivo. Una mañana, cuando se dirigía a su escuela, con lujo de violencia fue aprehendido sin orden judicial y llevado a diferentes cárceles clandestinas localizadas en varias partes de la Costa Chica y en Pie de la Cuesta en Acapulco, lo acusaban de haber secuestrado y asesinado a un hijo del señor Velasco de Ometepec, Gro. Nunca le comprobaron nada, pero en aquellos tiempos, ni falta hacía que le comprobaran a los detenidos los delitos que les imputaban, desde el momento de ser aprehendidos ya eran juzgados y hasta sentenciados; no había posibilidad de presentar pruebas de descargo ni que les fueran comprobadas las acusaciones, bastaba que otro torturado te señalara de cualquier cosa y ya eras culpable, toda vez que todos los detenidos a través de la tortura, eran convertidos en guerrilleros o en delatores, aunque nada tuviera que ver con el movimiento; pero si te apellidabas Vázquez, Rojas, Cabañas, Barrientos, Iturio, etc., ya no tenías escapatoria Al ser detenido mi hermano mi madre, mi padre y algunos de mis hermanos fueron cruelmente goleados y humillados. La desaparición primero y el encarcelamiento prolongado después de mi hermano, provocó la desintegración familiar, mi padre murió de tristeza y como consecuencia de los golpes que le propinaron mi madre poco a poco se nos fue "como marchitando" y peor cuando mi hermano fue llevado a las Islas Marías durante varios años, por un delito que no cometió. Mi hermano perdió su plaza de maestro y hasta su hogar, porque cuando regresó de las Islas Marías no le quedó otro recurso que irse del país a los Estados Unidos para rehacer su vida. Para nosotros fue otra forma más de sufrimiento y martirio que no logramos superar hasta la fecha.

_ *Testimonio No. 10 de la profesora R. M. T. R.*[498]

---

[497] Hermana mayor del profesor Ignacio de la Cruz López
[498] Hermana de María Teresa Torres Ramírez, detenida por la policía judicial del estado de Guerrero al mando de Wilfredo Castro Contreras y Mario Arturo Acosta Chaparro.

"Mi hermana María Teresa Torres Ramírez, su esposo Guillermo Mena Rivera y Alejandro Rivera Olvera, fueron desaparecidos. Participaban como estudiantes en las actividades de democratización de la vida académica y administrativa de la Universidad Autónoma de Guerrero. Nuestro domicilio lo teníamos en una colonia humilde del puerto de Acapulco. En ese tiempo yo trabajaba como Educadora en el Jardín de Niños de la Base Militar de esa ciudad y sabía que todo estudiante, maestro, campesino o colono que se expresara mal del gobierno, inmediatamente se convertía en sospechoso de ser guerrillero y candidato a ser desaparecido. Una mañana del mes de septiembre de 1975, llegaron a nuestro domicilio unos agentes de la policía preguntando por mi hermana que al parecer ni siquiera la conocían, porque cuando salió de su cuarto la más chiquita de mis hermanas, inmediatamente se le fueron a golpes acusándola de guerrillera, a todos nos empezaron a golpear, mi padre intentó defenderla y también lo sometieron a golpes; ante todo esto, mi hermana, a quien buscaban, con tal de que ya no nos golpearan se identificó y procedieron a esposarla y se la llevaron sin que hasta la fecha hayamos vuelto a saber de su paradero; lo único que sabemos es que quien dirigía al grupo que la secuestró fue el Mayor Acosta Chaparro.

"A mi hermana la buscamos en las procuradurías, las agencias del ministerio público, las cárceles públicas y hasta en Pie de la Cuesta donde se sabía que tenían a algunos de los desaparecidos. A su esposo y su primo nos dijeron algunos conocidos que saben que después que los secuestraron, los policías los fueron a matar a la sierra. Una tarde, cuando llegábamos a la bases militar de Pie de la Cuesta a preguntar por mi hermana, escuchamos mucho ruido, gritos y lamentos, balazos y golpes; creíamos que los policías se estaban peleando entre ellos; pero no, pronto nos dimos cuenta de que varios civiles habían sido asesinados y sangrando todavía estaban siendo metidos en costales para llevarlos a tirar desde una avioneta y un helicóptero en alta mar.

"El trauma y la indignación familiar perduran después de más de 30 años de aquellos hechos, pero la impotencia por evitar esa clase de violaciones a los derechos humanos nos ahoga. Mi padre murió llevándose el dolor y la pena por la desaparición de su hija, siempre se opuso a que denunciáramos ante la Fiscalía los hechos que se dieron cuando desaparecieron a mi hermana y a su esposo; porque no quería –decía-, que por eso nos desaparecieran a otro de nosotros y nos llamaba a la resignación "después de todo, -decía-, a tu hermana ya no la volveremos a ver". ¿Para qué se meten en problemas?

¿Ustedes creen que realmente el gobierno se va a atrever a reconocer sus crímenes y a pedir disculpas a los afectados o reparar el daño moral que nos hicieron? No lo creo.

"Esa desconfianza se incrementó cuando yo me atreví a recurrir por mi cuenta a escondidas de mi papá y mi esposo a denunciar la desaparición de mi hermana ante la Fiscalía Especializada para los Movimientos Políticos y Sociales del Pasado y lo único que provoqué, que fueran interrogados mis hermanos como si los delincuentes hubiésemos sido nosotros; fuimos sometidos con mucha arrogancia a interrogatorios intimidatorios, insinuando que estábamos mintiendo, pretendían que cayéramos en contradicciones para desestimar nuestra denuncia; a mi hermano menor, que en ese tiempo estaba aún muy chico y por ello ya no recuerda muchas cosas, lo ponían como ejemplo de que estábamos mintiendo en la descripción de cómo mi hermana fue sacada con lujo de violencia de nuestro domicilio por las huestes de Acosta Chaparro; exigían que les dijéramos en qué lugar del domicilio estaba cada uno de los miembros de la familia en ese momento, en qué posición estaba cada uno etc. No volvimos a denunciar los hechos, ni lo volveremos a hacer, porque sólo nos hace revivir aquellos sufrimientos y ya tampoco creemos en que realmente se nos aclare dónde está mi hermana y menos que se nos hagan justicia. Conocemos a otras familias que se niegan a denunciar la desaparición de sus familiares por estas mismas razones.

_ *Testimonio No. 11 de Moisés Ocampo Delgado*[499]

Moisés Ocampo Delgado dio referencias de su padre desaparecido Elpidio Ocampo Mancilla, originario del pueblo de Huiztac, Mpio. de Taxo de Alarcón, Gro. Por la falta de medios de vida emigró a la ciudad de Iguala para dedicarse al oficio de sastre. La inconformidad social en contra de la política represiva del gobierno del Dr. Raimundo Abarca Alarcón, primero, lo llevó a simpatizar con el movimiento cívico encabezado por el profesor Genaro Vázquez Rojas. "El 26 de julio de 1966, en nuestro domicilio localizado en la calle Abasolo No. Uno de esta ciudad, se llevaban a cabo las reuniones de ciudadanos para organizar manifestaciones pacíficas frente a Palacio Municipal convocadas por el profesor Genaro Vázquez Rojas.

---

[499] Hijo del señor Elpidio Ocampo Mancilla, quien fue detenido por la DFS el 20 de enero de 1972 en Atencingo, Pue., en presencia de su esposa e hijo, fue visto por última vez en el Campo Militar No. Uno de la ciudad de México en 1972; hasta la fecha no aparece.

En correspondencia, el gobierno estatal y municipal ordenaba a sus huestes policiacas reprimir con saña a los manifestantes. En una de esas reuniones fue rodeada mi casa por cientos de policías para detener a todos los dirigentes, entre ellos a mi papá y a Genaro Vázquez Rojas por considerarlos dirigentes del movimiento. La mayoría de los asistentes lograron salir ilesos pero mi hermanito Delfino, que tenía no más de seis años, se escondió dentro del ropero por temor a los policías que con lujo de violencia irrumpieron al interior de la casa. Los agentes lo acribillaron a balazos cuando intentó moverse, al parecer para ver si ya se habían ido".

"Nadie se responsabilizó de ese cruel asesinato, por el contrario, la persecución y la represión se incrementó a pesar de que Genaro Vázquez aún no se iba a la sierra a iniciar la guerrilla. Mi padre consideró que ya no había condiciones para seguir viviendo en Iguala y nos trasladamos a Atencingo, Puebla, pero hasta allá fue la Dirección Federal de Seguridad al mando de Rocha Cordero y otros más a detener a mi padre. El 20 de enero de 1972 lo fueron a aprehender sin orden judicial ni aclaración de los delitos que le imputaban.

"Fue visto por última vez en el Campo Militar No. Uno, por el profesor Jorge Mota González, donde al igual que él estaba siendo sometido a crueles torturas. Desde entonces no aparece ni vivo ni muerto. De nada ha servido que hayamos recurrido a todas las dependencias policiacas y militares buscando información de su paradero. Ya denunciamos la desaparición de mi padre ante la Femospp pero hasta la fecha no hemos visto ningún resultado que nos permita ubicar su paradero. Estamos totalmente convencidos de que fue desaparecido por el gobierno a través de sus aparatos policiacos y no descansaremos en seguir denunciando su desaparición forzada, incluso en organismos internacionales, por considerarse un delito de lesa humanidad y más ahora que la Suprema Corte ha reconocido que la desaparición forzada es un delito que no prescribe (…) Ya son más de 30 años de espera y de dolor por no saber el paradero de mi padre, pero no nos van a detener para seguir reclamándole al gobierno su presentación".

_ *Testimonio No. 12 de Gregorio Fernández Brito*[500]

---

[500] Hermano de la desaparecida Victoria Hernández Brito, militante de la ACG y de la ACNR desde mediados de la década de los 60. Formó parte del grupo guerrillero que operó en la Región de la Montaña y siguió participando hasta la muerte de Genaro; actualmente continúa siendo miembro de esa organización.

"Mi hermana Victoria fue desaparecida el 11 de noviembre de 1976; era dirigente estudiantil de la Escuela Superior de Agricultura en 1975 localizada en Tuxpan, Mpio. de Iguala, en que el gobernador Rubén Figueroa Figueroa despojó a la Universidad Autónoma de Guerrero de las instalaciones de esa escuela y decretó su desaparición. Junto con la mayoría de sus compañeros no dejaron de luchar por la vía jurídica y política para obligar al gobernador a la restitución del inmueble. Un día antes de su secuestro, asistió a realizar un mitin a las afueras de la Secretaría de Gobernación y de las instalaciones de la Suprema Corte de Justicia en la ciudad de México para exigir la devolución de su escuela; al regresar a Iguala notó que personas no identificadas la seguían a prudente distancia; al amanecer del día 11, con lujo de violencia, un grupo de agentes policiacos comandados por el hoy General Mario Arturo Acosta Chaparro, irrumpieron en nuestro domicilio de Ignacio López Rayón de Iguala, Gro., y después de golear a mi madre, a mi padre e incluso a otra de mis hermanas que es monjita, se la llevaron con rumbo desconocido sin que hasta la fecha sepamos su paradero.

"En esa misma ocasión secuestraron también a mi hija María, pero a ella luego la soltaron. No conocemos los cargos que le imputaron, sólo deducimos que fue aprehendida para aterrorizar a los estudiantes que demandaban a Figueroa la devolución de las instalaciones de la Escuela Superior de Agricultura. Hoy, después de haber sido recuperada en su memoria por acuerdo del Consejo Universitario lleva su nombre. Mis padres murieron con el dolor de no haber vuelto a ver a mi hermana Victoria y eso me duele hasta el alma, por eso seguiré denunciando su desaparición y exigiendo al gobierno su presentación.

_ *Testimonio No. 13 de un ex dirigente estudiantil de la FEUG que denunció la desaparición de Carlos Díaz Frías, entre otros*[501]

"En el mes de abril 1978, Carlos Díaz Frías, mejor conocido entre los estudiantes como "El Chilango", por haber nacido en la ciudad de México, fungía como presidente de la Federación Estudiantil de la Universidad Autónoma de Guerrero (FEUG). En aquella ocasión fueron desaparecieron también otros dirigentes estudiantiles, tales como Dimas Cabañas y Floriberto Clavel, de quienes jamás se ha vuelto a saber nada de su paradero; otros más, sí volvieron a aparecer, pero convertidos en informantes de la policía política y promotores de los designios del gobernador del estado Rubén Figueroa, tales como

---

[501] Pidió que no se mencionara su nombre.

Miguel López Sotelo, Rafael López Maravillas, Jesús Wences, entre otros; a cambio éste les dio casa y placas para taxi en Acapulco.

"A diferencia de la época en que la Universidad funcionaba como trampolín político de personeros del partido oficial (PRI), en que el máximo dirigente de la FEUG casi de manera automática pasaba a ocupar un "puesto de elección popular", como reconocimiento a su capacidad de tener "bajo control" a la comunidad estudiantil universitaria, esta vez, el dirigente hacía causa común con las fuerzas universitarias que luchaban por tomar distancia de los designios del gobierno, en el contexto del principio de Autonomía Universitaria estipulada en su Ley Orgánica.

"En consecuencia, no era del agrado del gobierno del estado y con frecuencia se hacía correr el rumor de que sería aprehendido "por ser agitador profesional y rojillo"; a través de otros universitarios aprehendidos por la policía judicial, se pudo saber que, el Lic. Carlos Ulises Acosta Víquez constantemente les manifestaba que pronto iría personalmente a la Universidad por "El Chilango" por ser un peligroso trotskista, amenaza que éste jamás creyó las amenazas hasta que fue desaparecido.

El día que lo detuvieron salía del Cine Jacarandas de la ciudad de Chilpancingo, Gro., junto con su novia y otros universitarios, en ese momento un grupo de agentes policiacos, con lujo de violencia lo aprehendió y desde entonces, jamás se ha vuelto a saber de él. Se tiene conocimiento que fue visto en cárceles clandestinas con muestras de haber sido cruelmente torturado, como lo declara la catedrática universitaria Alejandra Cárdenas y su ex compañero Antonio Hernández, quien también fue secuestrada y encarcelada en Acapulco, acusados de pertenecer al Partido de los Pobres". Se logró saber que lo anduvieron trayendo en varias partes de la república, entre ellas Huitzilan, de la Sierra Norte de Puebla para que delatara a otros guerrilleros, sin que hubiera delatado a nadie".

Oficialmente la rectoría y los universitarios de la UAG, por varios años reclamaron legal y políticamente su presentación y que fuera consignado ante juez competente si hubiera cometido algún ilícito, pero de nada sirvió, sigue sin aparecer.

_ *Testimonio No. 14 de la esposa del profesor Inocencio Castro Arteaga*[502]

---

[502] Sirvió de enlace entre el Ing. Rubén Figueroa Figueroa, entonces candidato del PRI a la gubernatura del estado de Guerrero y Lucio Cabañas Barrientos para realizar una reunión en la sierra derivada de la cual, fue retenido hasta que fue liberado por el ejército mexicano en las cercanías de El Quemado.

Mi esposo estudió en la escuela Normal de Ayotzinapa y junto con Lucio Cabañas participó en el movimiento cívico de 1960, en el que la mayoría del pueblo guerrerense participó en repudio del entonces gobernador del estado Raúl Caballero Aburto hasta lograr su caída y la desaparición de poderes, en enero de 1961. Inocencio nació en Apaxtla de Castrejón, Gro., e ingresó al seminario en Chilapa porque sus padres querían que fuera sacerdote: sin embargo, sus inquietudes políticas provocaron su salida de esa institución, para luego ingresar a la Normal de Ayotzinapa donde se graduó de profesor de primaria. Ya como maestro ingresó a la corriente sindical del SNTE denominada Movimiento Revolucionario del Magisterio fundado por el profesor Otón Salazar, en el que también participaba Lucio. Fueron muy buenos amigos, pero cuando él se fue a la sierra huyendo de la persecución policiaca y de los caciques de Atoyac después de la matanza del 18 de mayo de 1967, mi esposo ya no siguió su camino pero de alguna manera siempre tuvieron comunicación amistosa.

"En 1974 el Ing. Rubén Figueroa Figueroa, entonces senador de la república y candidato a la gubernatura del estado, al tener conocimiento de la relación que había entre "Chencho" y Lucio, le pidió que sirviera de enlace entre ambos, porque quería hablar con él para buscar que dejara las armas y se incorporara a la lucha política legal en aras de la paz social en el estado. Ante esa petición, "Chencho" accedió y viajó por muchos pueblos y montañas tratando de establecer contacto con Lucio para informarle de las intenciones del Ing. Figueroa.

"Cuando legró comunicarle las intenciones de Figueroa le dio instrucciones para que acompañara al senador hasta un lugar que le indicó y de ahí se regresó a la casa para no faltar a su trabajo de maestro aquí en el pueblo de Nuxco. Poco tiempo después nos enteramos que Lucio había decidido retenerlo en la sierra por no haber llegado acuerdos y que exigía muchas cosas que ya no recuerdo. A partir de ese momento mi esposo empezó a vivir horas de angustia porque la policía y el ejército donde quiera lo andaban buscando y así ya no podía seguir asistiendo a trabajar a la escuela (Ver anexo No. 12, 13 y 14).

"Una tarde decidió hablar a través de un teléfono público al noticiario de Televisa: "24 Horas" que dirigía Jacobo Sabludovsky, para informar que él no tenía nada que ver en el secuestro del Ingeniero Figueroa y que sólo sirvió de enlace con Lucio por petición del

243

propio senador. Le pareció raro que Sabludovsky le hiciera plática más tiempo de lo que él se esperaba, sin sospechar que eran las instrucciones de Inteligencia Militar, para darle tiempo a su localización telefónica y pudiera ser aprehendido.

Esa misma noche fue secuestrado por la policía judicial y desde entonces jamás hemos vuelto a saber de él. He participado con todos los organismos defensores de los Derechos Humanos del país, me han entrevistado organismos internacionales y junto con la señora Ibarra de Piedra hemos recorrido oficinas y más oficinas del gobierno y mi esposo no aparece ni vivo ni muerto. Para mí es un martirio no saber si vive o muere. Es como si llevara más de 30 años de tortura de parte del gobierno.

_ *Testimonio No. 15 de la señora Trinidad López acerca de la aprehensión y tortura de Guillermo Bello López*[503]

"Mi esposo fue asesinado por órdenes de los caciques Torreblanca de San Jerónimo por haber participado en la lucha que encabezó Genaro Vázquez Rojas en Costa Grande, para que fuera el propio pueblo quien eligiera a sus presidentes municipales y gobernadores y no los que imponían los caciques.

"Temerosa de que mis hijos cuando crecieran también los asesinaran como era la costumbre, en que los caiques seguían asesinando a los hijos de sus víctimas como medida preventiva para evitar al llegar a grandes alguno de ellos vengara la muerte de su padre, me trasladé a Chilpancingo con mis cuatro hijos: dos hombres y dos mujeres. Con frecuencia en la casa muchos luchadores sociales de aquellos tiempos visitaban a mi mamá Amadita, que en realidad era mi tía, pero me crié con ella y por eso siempre la reconocí como mi madre. Ahí conocí a Lucio Cabañas, a Genaro Vázquez, a Carmelo Cortés, a Pedro Helguera Jiménez, a Pablo Sandoval, a Antonio Sotelo Pérez, a José Bracho Campos y a muchos más cuando andaban en la lucha legal haciendo mítines y manifestaciones en contra del gobierno.

"Y es que mi mamá había militado en "la vieja guardia del Partido Comunista Mexicano" y conservaba su espíritu de lucha, pero después renunció a ese partido para apoyar a los nuevos movimientos que desde la década de los 60 estaban surgiendo en Guerrero y el país. Recuerdo que mi mamá Amadita era muy valiente, iba a la sierra con el pretexto de cultivar el café, pero aprovechaba para llevarle información a Lucio.

---

[503] Madre del ex preso político Guillermo López Bello, luchadora social desde su juventud al lado de su madre adoptiva Amadita Bello, quien fuera colaboradora tanto de Lucio como de Genaro.

Nuestra participación política era pública y legal, sin embargo, siempre estábamos vigilados por la policía judicial del estado. Y cada vez que había alguna manifestación de parte de los compañeros, a mi mamá y a mí siempre nos detenían y nos llevaban a interrogar a los separos (oficinas) de la policía judicial.

Pero en lugar de amedrentarnos, más coraje nos daba y más colaborábamos en lo que podíamos con los compañeros. Te puedo contar muchas anécdotas pero no tiene caso, sólo te diré que mi hijo Memo, tal vez por vivir esas injusticias, fue creciendo con el odio hacia quienes nos reprimían sin causa justificada y al llegar a grande, decidió colaborar con un grupo guerrillero del Partido de los Pobres que dirigió el profesor Lucio Cabañas. Sin embargo, pronto fue aprehendido, torturado y encarcelado por varios años en la cárcel de Acapulco hasta que López Portillo decretó la Ley de Amnistía.

Y si cuando la lucha se daba a nivel legal no nos dejaban en paz los policías judiciales, ya en la época de la guerrilla fue peor, cada vez que la guerrilla del grupo que fuera realizaba alguna acción de propaganda armada o le tendía emboscadas al ejército en la sierra, inmediatamente mi mamá y yo éramos aprehendidas y sometidas a terribles interrogatorio; pero todavía nos fue peor cuando acusaron a mi hijo Memo de haber participado en el secuestro del maestro universitario Jaime Farill Novelo de Acapulco.

A mi hijo, después de que logré verlo, francamente ya no lo reconocía por los golpeado y torturado que sufrió. No entiendo el por qué si el gobierno siempre ha hablado de que vivimos en un estado de derecho, por qué tiene que recurrir a esos actos represivos y vengativos en contra de quienes con razón o equivocados se rebelaban en contra del gobierno. Creo que deben ser los primeros en ajustarse a la ley para que otros también la respeten. Porque si ellos ponen el mal ejemplo, pues por ahí se justifican otros para no obedecerla. Si mi hijo era culpable de algún delito, el gobierno estaba obligado a consignarlo para que se le juzgara sin incurrir en esa clase de violaciones a los derechos humanos.

_ Testimonio No. 16: De Alejandra Cárdenas[504]

Oficio: Catedrática de la Universidad Autónoma de Guerrero desde 1972.

---

[504] Investigadora universitaria de la UAG, egresada de la Universidad "Patricio Lumumba" de Moscú. Colaboradora de la guerrilla de Lucio Cabañas Barrientos.

"Yo sabía de la existencia de estos movimientos guerrilleros (de Lucio Cabañas y Genaro Vázquez Rojas) desde que era estudiante en la Universidad Patricio Lumumba en Moscú, Rusia, porque eran tiempos de guerrilla en América latina; había varios movimientos armados que pugnaban por la liberación de América Latina y eran los tiempos de El Che Guevara, y eran los tiempos de los movimientos en Guatemala y en muchos otros países latinoamericanos, así es que eran tiempos de discusión porque se discutía bastante sobre qué tipo de revolución se necesitaba, si el camino eran las elecciones o el camino era la lucha armada; eran los tiempos de Regis Debrey, y de la "Revolución en la Revolución" que se llamaba su texto, entonces eran tiempos de insurgencia y yo obviamente conocía lo que pasaba en el estado de Guerrero; fue justamente porque estaba interesada en entablar algún contacto con la guerrilla de Lucio Cabañas que era ya para aquellos tiempos famosa en el mundo; entonces, no fue un acto fortuito digamos, si tuve la oportunidad de venirme a trabajar aquí (a Guerrero) por algunas amistades personales que se gestaron en Moscú, específicamente con Luis Sandoval, hermano de Pablo Sandoval entonces si, había esto, pero en mi scrip secreto y a lo mejor no tan secreto estaba el entablar una relación con el movimiento de Lucio Cabañas, nosotros en aquel tiempo sentíamos que teníamos como una especie de deber ético, participar de alguna forma en la revolución pues yo creía en la utopía, sigo creyendo en la utopía aunque de otra manera y era una forma de entrar en contacto y de participar en la construcción de lo que creíamos.

"En ese tiempo la represión nos hacía desesperar, vivíamos con el miedo instalado en el cuerpo (..) pasaban muchos convoyes llenos de soldados, permanentemente éramos registrados, mi pareja (Antonio Hernández Hernández) había sido detenido y nuestra casa saqueada, muchos muchachos (de la Universidad) fueron detenidos en mi casa en aquel tiempo, entonces varios de nuestros compañeros fueron golpeados o baleados y en realidad vivíamos en un ambiente tal, incluso para salir a cenar había que pensarlo dos veces, eran tiempos muy difíciles y tiempos de mucho temor también, yo creo que toda la gente siente miedo en situaciones agudas, lo que pasa es que a veces, a pesar del miedo haces lo que tienes que hacer, esa es la única diferencia yo creo, que todos nos "maniqueamos".

"Conocí a Rosendo Radilla, está desaparecido, yo tenía el propósito de entrevistarlo y de gravar unos corridos que él había compuesto (a Lucio Cabañas y a Genaro Vázquez) cuando lo detuvieron y lo desaparecieron, él venía incluso a Chilpancingo. Nosotros fuimos constantemente amenazados, recibíamos anónimos, yo recuerdo especialmente

uno que en una hoja con manchas de tinta roja, salpicada, y que lo firmaba un tal
"Grupo sangre", que decía: Antonio y Alejandra: "comunistas hijos de puta, si ustedes
no se van del estado de Guerrero los vamos a matar a ustedes y a sus hijas(…) entonces
yo, ¿sabes? tomé a mis hijas y las saqué de Guerrero y dije, pongo a mis hijas a salvo,
eso sí era importante, claro que tuve la certeza del peligro (..) fuimos adquiriendo
conciencia del peligro que corríamos cuando la primera vez que detuvieron a Antonio,
la forma en que lo torturaron, él hasta la fecha tiene lesiones en la columna vertebral
debido a eso y cuando nos agarraron a los dos, a mi me amolaron los riñones, .. Me
golpearon muchísimo los riñones"

_ *Testimonios No. 17: De José Arturo Gallegos*[505]

- Moisés Perea Cipriano. Militante de la FAR. "Entregó generosamente su vida el 23 de
septiembre de 1974 cuando fue sacado de la cárcel clandestina de Pie de la Cuesta por
agente (..) al mando "del mayor Mario Arturo Acosta Chaparro Scápita (actualmente
condecorado "por sus destacados servicios a la patria" a pesar de haber sido procesado
en el fuero federal por presuntos vínculos con el narco tráfico y haber arrojado al mar a
más de 120 detenidos acusados de vínculos con la guerrilla) y Wilfredo Castro
Contreras". Lo presentaron como muerto en enfrentamiento en un paraje denominado El
Rincón, cerca del poblado de El Ocotito, Mpio. De Chilpancingo, Gro.

Gallegos, al igual que otros de los participantes en diversos grupos guerrilleros
coinciden en asegurar que muchos de los desaparecidos no se puede dar su verdadero
nombre porque, aunque hubo testigos presenciales de su detención sólo se les conocía
por su seudónimo como en el casos de:

- *Adela: esposa de Martín Narío (a) Samuel.* Desaparecida a altas horas de la noche de
su domicilio en San Andrés de la Cruz por el ejército en 1974. Hasta la fecha no
aparece.

- *Francisco Encinas.* Detenido en Oaxaca el 14 de julio de 1974 por el comandante
Wilfredo Castro Contreras a la salida del IMECAFE y remitido después al puerto de
Acapulco y recluido en las cárceles clandestinas ubicadas en oficinas de la SAHOP
donde fue visto por última vez.

---

[505] Expreso político. Inició su participación en la guerrilla del PdlP; pero luego se adhirió a las Fuerzas
Armadas Revolucionarias (FAR) fundadas por Carmelo Cortés, después de haber sido expulsado por
Lucio Cabañas al haber infringido las normas disciplinarias internas de su organización.

- Matías Perdón Iturio (a) Élfego. Fue detenido en septiembre de 1974 y convertido en "madrina" por el Mayor Acosta Chaparro. Tiempo después fue liberado para luego ser detenido nuevamente en el mercado de Atoyac en presencia de su madre y hasta la fecha no aparece.

- Óscar: (se ignora su verdadero nombre). Gallegos asegura que le consta que fue detenido y desaparecido, se tienen referencias de que se trata de Rodolfo Molina Martínez. Desparecido en 1974

- Francisco Colín Cerda (a) Chicolín y Rosalío. Fueron asesinados y sepultados en Tepetixtla en calidad de desconocidos, debido a que su familia no se atrevió a reclamar su cadáver por temor a ser desaparecidos.

- Guadalupe Castro Molina. El 23 de abril de 1972 bajaba por la calle 13 de Acapulco acompañada por su hermana Julieta con dirección a su trabajo, cuando de pronto tres hombres salieron de la casa de unos matanceros de marranos, quienes la señalaron para que fuera detenida. Nunca más se supo de ella.

- Petronila Castro Hernández. De 73 años, padre de Guadalupe. En la revolución alcanzó el grado de Teniente en las filas zapatistas. Fue detenido en su domicilio en Acapulco. Gallegos asegura que él fue testigo de la detención de don Petronila, que se lo llevaron en un Volkswagen blanco con rumbo al centro de la ciudad de Acapulco. Su hija menor Miriam, lo vio por última vez el 25 de abril de 1972 en la calle 10 de la colonia Cuauhtémoc cuando era conducido en el mismo vehículo por los agentes judiciales que lo detuvieron. Nunca más se supo de él. El ex policía Pedro Valdovinos en 1977 aseguró que él entregó a don Petronila y a su hija Guadalupe en una cárcel clandestina ubicada en el fraccionamiento "Las Américas" por el rumbo de Caleta.

De los testimonios anteriores, se puede demostrar que durante la "guerra sucia" los aparatos policiacos y militares al servicio del Estado, recurrieron de manera sistemática a mecanismo extrajudiciales para acallar las voces disidentes armada y no armada en flagrante violación de los derechos constitucionales consagrados en la Declaración Universal de los Derechos Humanos de 1948 de la Organización de las Naciones Unidas (ONU): detenciones sin orden judicial y con lujo de violencia en presencia de varios testigos; prácticas de tortura en cárceles clandestinas, cuarteles militares y el propio Campo Militar No. Uno; juicios sumarios al no permitir a los detenidos "el derecho al debido proceso", al permanecer incomunicados de manera indefinida y no permitirles conocer los cargos por los que se les detenía, antes por el contrario, desde el momento de su detención ya estaban juzgados de delincuentes y ninguna defensa legal para demostrar su inocencia tenía posibilidades de ganar alguno de esos juicios, en virtud de que los procesos se seguían por consigna. Muy pocos abogados se atrevían a litigar contra las consignas del Estado y a quienes lo hacían, quedaban expuestos a diversas formas de intimidación y represalias.

-*Testimonio No. 18 de la señora María Victoria Juárez Serrano. Perdió tres hijos*

Originaria de San Juan de las Flores Mpio. de Atoyac de Álvarez. Desde 1974 denunció la desaparición de tres de sus hijos: Cutberto, Ascensión y Marcelo Serafín Juárez y hasta la fecha nadie le da información de su paradero. Aseguró que: "Fresquerito, recién ocurrida la desaparición de mis hijos hicimos una huelga de hambre en Acapulco, pero de nada sirvió".

En el centro de la fotografía tomada por el propio ejército a Lucio Cabañas Barrientos en el Otatal donde fue asesinado, aparece Marcelo cuando fue capturado vivo (Ver Anexo No. 5, 6 y 7) Aún contaba con 15 años de edad. Sin embargo, doña María ya no quiere dar información porque tiene miedo "a lo mejor vienen a agarrarnos" – dijo con temor-. "Yo ya no creo en *naiden*" y aseguró que le han tomado declaración tras declaración pero ya no puede más. "Ya tenemos hartito tiempo ¿Y todavía andan removiendo eso? Han venido a decirme del gobierno: le vamos a pagar a sus hijos; ¿pero para que jijos de la chingada me los va a pagar? ¡Los quiero vivos! *Naiden* sabe, que lo digan claro, ¿dónde están mis hijos? Por eso, cuando vienen a verme yo les digo: nosotros no sabemos nada, estamos ciegos, mudos. Ya ahí de ese pelo que quede. ¿Qué va a estar uno removiendo cosas? Estoy mala y, con esto, caigo". Y agrega: "Cabrón, yo me andaba trastornando (enloqueciendo) en ese tiempo por la pena de no encontrar a mis hijos, por eso ya no quiero saber nada. En aquellos tiempos viví la pena negra por la desesperación de no encontrar a mis hijos".

Casos como los de la señora María Victoria se encontraron muchos, quienes por temor o por no querer revivir su sufrimiento, prefirieron callar y piden que se les respete su decisión de no hablar de sus casos y ello, obviamente dificulta aún más poder ubicar con precisión las fechas de la desaparición y hasta los verdaderos nombres de cientos de desaparecidos.

Existen declaraciones de combatientes del EPR detenidos que demuestran que las prácticas de tortura por elementos militares continúan hasta la fecha, para prueba basta registrar los siguientes testimonios:

_ *Testimonio No. 19 de Andrés Zompaxtle Tecpile, combatiente del EPR*

Soy combatiente del EPR, tengo 27 años, de origen náhuatl y originario de la sierra de Zongolica, Ver. Fui secuestrado el 25 de octubre de 1996 en Zumpango del Río, Gro., por elementos de Inteligencia Militar (IM) y desaparecido durante casi cuatro meses hasta que me les escapé (…) Tanto en Chilpancingo, Acapulco y Teotihuacan donde estuve desaparecido eran torturados otros prisioneros, incluyendo mujeres y ancianos. Yo conducía a un grupo de periodistas hacia un campamento donde se realizaría una entrevista pero al parecer algunos de ellos les dieron seguimiento para ubicar a la Comandancia de Zona con quien se proponían entrevistarse(…) IM montó un operativo de captura con por lo menos 25 hombre, cuatro vehículos y comunicaciones por radio y teléfonos celulares (…) Inicié así un vía crucis; durante los dos primeros meses fui sometido a 30 ó 40 sesiones de toques eléctricos en todo el cuerpo, incluyendo en cabeza y genitales; colocación frecuente de bolsas de plástico en la cabeza dentro de un camión de mudanzas para presionarme durante los recorridos por diferentes lugares para que entregara a compañeros (…) era tanto el martirio que me causaban que constantemente les pedía que mejor me mataran (…) Intenté suicidarme en cinco ocasiones colgándome de la cadena en que me tenían atado pero me advertían que ellos decidirían cuando me matarían (…) El que se identificaba como el "Patrón" me decía que llevaba 20 años tratando gente como yo (es decir torturando) y que sabía como hacer hablar hasta a los más resistentes (…) El torturador "bueno" aseguraba que pronto vendrían las matanzas masivas y que por el momento actuarían de manera selectiva (…) Me exigían que en conferencia de prensa acusara a los del EPR de asesinos, que reclutaban gente a cambio de sumas importantes de dinero y que a cambio me perdonarían la vida. Ante mi oposición reiterada me propusieron que declarara que Cuauhtémoc Cárdenas es quien nos abastece de armas; que Andrés López Obrador, Ranferi Hernández y Félix Salgado Macedonio nos asesoran y están atrás del EPR. Si aceptaba declarar en su contra me darían dinero, liberarme, mandarme a estudiar al extranjero y poner a salvo a mi familia. Me preguntaban también por los comandantes

"Antonio", "Arnulfo" y Rocío Mesino; así como de la señora Rosario Ibarra y la corresponsal de La Jornada en Acapulco Maribel Gutiérrez y el periodista Juan Angulo. Los torturadores aseguraban: Somos de la vieja guardia, nosotros respetamos a Lucio, porque daba la cara, pero a Genaro no y lo mismo hacían al referirse a Fierro Loza y Camelo Cortés (…) Uno de los torturadores se jactaba de él le había roto la columna vertebral durante la tortura al compañero Zambrano que se encuentra recluido en el penal de Almoloya y que esa misma suerte me esperaba. Después de tanto tiempo, en un descuido me les escapé. Agradezco a gentes de buen corazón que ya fuera me brindaron apoyo para que pudiera alejarme del lugar.

_ **Testimonio No. 20 de Domingo Ayala, combatiente del EPR**

Fui detenido a las dos de la tarde del 26 de junio de 1997 en Puerto Marqués de Acapulco junto con Benito Bahena. Tengo 24 años y vivo en Atoyaquillo del municipio de Coyuca de Benítez. Estábamos muy entretenidos platicando y observando a los pececitos que había en un estanque junto al parque y no advertimos el operativo que Inteligencia Militar montó a nuestro alrededor. De repente un grupo de seis jóvenes se nos echaron encima sin darnos tiempo de nada. Traían pistolas y radios envueltos en sus playeras (…) Nos llevaron al areopuerto y nos subieron a un avión chiquito. Durante el vuelos nos tiraron al piso teniendo encima sus botas (…) Al llegar a la ciudad de México a mí me metieron a un cuarto y al compa Rogelio en otro (…) Ahí me vendaron los ojos y en ningún momento me desataron las manos. Empezó entonces el martirio por la tortura. Sin embargo, a cada rato me decías: no te queremos chingar siempre y cuando nos entregues por lo menos a tres de tus compañeros y casas de seguridad. Al mismo tiempo pretendían convertirme en enemigo de mis compañeros asegurando: a ustedes los hacen pendejos con tantito todos ellos son extranjeros que sólo los están utilizando (…) Queremos a Aníbal, a Miguel y a Fermín. La voz que me hablaba era gruesa, como encabronada, pero entraba otra más delgada diciéndome: ubícate, ubícate acompañado de golpes por todas partes de mi cuerpo. Me hablaba cerquito de la cara, lo sentía muy cerca (…) DE Rogelio sólo oía los quejidos que daba por tanto que lo estaban torturando. De pronto uno de los torturadores ordenó: encuérenlo y entonces me empezaron a dar toques eléctricos en los testículos, en el estómago. Para qué quieres que te quebremos unas costillas, una pata, unos dedos o la columna vertebral mejor canta. Apenas alcanzaba a decir que no cuando ya me estaban otra vez jodiendo cada vez más recio; ante cualquier cosa que decía me daban más golpes hasta que me

251

obligaron a comprometerme a entregar lo que ellos denominaban "buzones" o sea escondites nuestros de armas y otros implementos (…) Toda una noche me tuvieron desnudo y puesto de pie; tenía mucho frío sobre todo por ser de un lugar cálido, no me dejaban ni acostarme ni sentarme y al mismo tiempo me echaban un líquido en el cuerpo que me provocaba más frío al haberme colocado toda la noche junto a un ventilador; si me recargaba en la pared con la cabeza por el cansancio me retiraban inmediatamente y constantemente me seguían advirtiendo que violarían a mi mujer en mi presencia porque junto con mi hija ya las tenían detenidas. Cuando reanudaron los toques eléctricos y los golpes me advirtieron que no tenía que escupir en el piso porque me pondrían a recoger la saliva con la boca y es que por la tortura se me estaba secando la boca. Reconozca que la tortura psicológica fue tan fuerte como la física (…) Finalmente me ví obligado a entregar tres "buzones" y a hacerles creer que serviría de delator. Fue así como me dejaron libre con el compromiso de asistir a determinados lugares cada vez que me lo indicaran para darles la información que requerían; esto lo aproveché para ponerme en manos de mis compañeros para que me juzgaran conforme lo consideraran procedente.

Con fundamento en los principios del Derecho Internacional expuestos en capítulos anteriores, procede el reclamo –si así lo determinan-, de cientos de personas que fueron víctimas de los delitos de tortura y desaparición forzada de parte de los agentes del Estado y/o sufrieron cárcel prolongada injustificada, al haber tenido que aceptar por ese medio, cargos imputados pero no comprobados; sin embargo, por desencanto o desinformación muy pocos dan muestras de recurrir a tribunales internacionales. Existen casos plenamente documentados, incluso por parte de la Fiscalía Especializada para los Movimientos Sociales y Políticos del Pasado (Femospp), en el sentido de que, los detenidos por razones políticas durante la llamada "guerra sucia" de las décadas de los 60, 70 y principios de los 80, además de haber sido torturados, desaparecidos y asesinados, fueron lanzados desde helicópteros y aviones al mar a la altura de Pie de la Cuesta, zona localizada al poniente del puerto de Acapulco; otros fueron obligados a beber gasolina, para luego prenderles fuego, como fue el caso del profesor universitario Juan Báez, secuestrado por los aparatos policiacos y militares ya mencionados, quien apareció incinerado en un basurero cercano a Puerto Marqués, ubicado al lado oriente de esa misma ciudad portuaria, prácticas criminales similares a las que hacían los aparatos del Estado en Sudamérica durante el mismo periodo.

En ese contexto, fue común que se pusieran a la orden del día los llamados "levantones policiacos", consistentes en la detención de personas cuando transitaban por las calles de alguna ciudad o población, que luego eran desaparecidas o asesinadas por órdenes de algún alto funcionario estatal o federal o de los altos mandos, al considerarlas "un peligro para la estabilidad política", habiendo casos en que también eran detenidos en cumplimiento de solicitudes de caciques regionales para la eliminación física de personas no afines a sus intereses, tal y como lo aseguró orgullosamente y sin ambages en entrevista a *La Jornada Morelos*[506] el ex comandante de la policía judicial del estado de esa entidad Apolo Bernabé Ríos, quien señaló con lujo de detalles de cómo desaparecían disidentes políticos, entre ellos José Ramón García, que según él, lo arrojaron en un despeñadero en la sierra de Zihuatanejo, Gro., y de otros crímenes similares que consumó "en cumplimiento de las indicaciones" del entonces gobernador de ese estado, Antonio Rivapalacios López que le hacía llegar a través de Antonio Nogueda Carvajal, ratificado como Subprocurador General de Justicia en el estado de Guerrero durante los primeros meses de gobierno del CP. Carlos Zeferino Torreblanca Galindo como gobernador constitucional del estado de Guerrero (periodo 2005-2011), a pesar de las recomendaciones en contrario hechas por la CNDH y la CODDEHUM de violaciones a los derechos humanos en Guerrero en su paso por gobiernos anteriores. La ratificación en el cargo de ese funcionario fue tomada por muchas personas, como "un mensaje a la sociedad guerrerense, de que a pesar del arribo de un gobernador proveniente de un partido distinto al PRI nada cambiará".[507]

Las prácticas ilegales referidas bien se pueden considerar paradigmáticas si se toma en cuenta que en la entidad, ese tipo de acciones se dieron de manera frecuente durante la "guerra sucia", sin que hasta la fecha haya sido posible llevar a juicio a ningún responsable. La colocación de personas como Antonio Nogueda Carvajal al frente de instancias responsables de la procuración de justicia, a pesar de sus antecedentes como violador de los derechos humanos plenamente documentados, lleva a suponer a luchadores sociales aglutinados en diversas organizaciones sociales disidentes, que esa conducta delictiva no se reduce a una responsabilidad personal sino institucional del Estado y que por tanto, procede: a) Demandar el esclarecimiento de aquellos hechos; b) Exigir justicia para las víctimas de violaciones a sus derechos humanos; c) Demanda la

---

[506] Gimeno, Eusebio. *En la desaparición de José Ramón García se violan no sólo mis garantías, sino también a la Constitución.* Entrevista al ex comandante de la policía judicial del estado de Morelos, Apolo Bernabé Ríos LA JORNADA MORELOS (Cuernavaca, Mor.) del 3 de julio de 2005, p. 8 y 9.
[507] Contreras Karina. *Condenan organizaciones la represión de Zeferino contra luchadores sociales.* EL SUR (Acapulco, Gro., POLÍTICA, del 26 de septiembre de 2006, p. 12

253

reparación del daños; y, d) Llevar a juicio a los presuntos responsables como una medida precautoria en contra de la impunidad que evite la repetición de aquellos hechos; todo ello, como un recurso necesario para lograr la conciliación nacional; ello implica superar el debate entre quienes evidentemente han pretendido garantizar la impunidad y quienes desde hace más de 35 años, siguen reclamando justicia y castigo a los presuntos responsables de aquellos crímenes, como es el caso de la señora Rosario Ibarra de Piedra presidenta del Comité EUREKA, quien desde principios de los 70 ha venido demandando la presentación de los desaparecidos; pero ante la falta de resultados de la Femospp, ha reiterado no sólo escepticismo sino también su desconfianza hacia ese organismo, porque considera que el Fiscal Ignacio Carrillo Prieto, no ha demostrado de manera satisfactoria su acciones concretas para llevar a juicio a los presuntos responsables por delitos de tortura y desaparición forzada durante la "guerra sucia" y menos a los del presente.

Al respecto se pregunta. ¿Esperarán que pasen otros 30 años para intentar llevar a juicio a los responsables actuales para luego argumentar que ya prescribieron esos delitos? Asimismo agregó, que no se puede esperar nada de quien desde cuando fue miembro de la Junta de Gobierno de la UNAM se distinguió como un personaje sumiso e incondicional al sistema. Para ella, la supuesta intención del Fiscal de someter a juicio a los responsables de los crímenes de lesa humanidad durante la "guerra sucia", es "una farsa del gobierno derechista de Vicente Fox, porque hasta la fecha ni uno sólo de ellos está en la cárcel y tampoco ha sido capaz de contar con información actualizada acerca de los más de 500 desaparecidos" [508].

En cambio "puntualmente se han aprobados leyes y acuerdos que les aseguran impunidad; por una parte, al considerar la no retroactividad de leyes que el DI tipifica como imprescriptibles y por otra, por la reforma al artículo 55 del Código Penal Federal que protege a los acusados de crímenes de lesa humanidad durante la "guerra sucia", por rebasar los 70 años de edad, protección que hasta la fecha aparece muy selectiva, en tanto que a cientos de casos del fuero federal que rebasan esa edad no se les brindan los mismos beneficios, pues sólo se los aplican a estos presuntos criminales, por lo que ya sólo falta –dicen los integrantes del "Comité del 68"-, que "se despliegue una gran campaña mediática para que terminemos aceptándolos como héroes de la patria". Y mientras hay quienes rechazan el fallo de la magistrada Velasco

---

[508] Ballinas, Víctor. *Carrillo y Fox no quieren castigo*: *Rosario Ibarra*. LA JORNADA (México, D. F.). 27 de julio de 2005, p.7.

Villavicencio a favor de Echeverría y coacusados, otros lo aplauden por considerar que ni él ni Moya Palencia ni nadie de los implicados en las matanzas durante la "guerra sucia" deben ir a la cárcel, debido a que actuaron así "obligados por las circunstancias".

3. La justicia para las víctimas de la "guerra sucia" parece lejana

A diferencia de otros países en que se están llevando a juicio a involucrados en prácticas de tortura y desaparición forzada, como en los casos de militares represores de Argentina y Chile; en África y el sur de Asia, donde optaron por crear COMISIONES DE LA VERDAD. Para el caso de México pareciera que esa posibilidad no está cercana, toda vez que entre más órganos oficiales responsables de garantizar los derechos humanos menos se protegen. Existen: la CNDH, la FEMOSPP y para el caso del estado de Guerrero la CODDEHUM; pero además, una Comisión de Derechos Humanos en la Cámara de Diputados Federal y otra en cada Congreso local y hasta en la propia Procuraduría General de la República, sin contar las constituidas por Organizaciones No Gubernamentales (ONG). Cabe preguntarse entonces ¿Cuáles son los obstáculos que se interponen para lograr el esclarecimiento de los crímenes consumados "durante la guerra sucia" y garantizar el respeto pleno de los derechos humanos por parte del Estado? Al respecto conviene abordar los compromisos contraídos por el Ejecutivo Federal y la posición de los principales actores políticos del país, que para el caso que nos ocupa, se han dado elementos de juicio para deducir que el Estado mexicano ha tendido una serie de redes que conduzcan a garantizar la impunidad de los presuntos criminales de la "guerra sucia". Al respecto Loretta Ortiz Ahif, especialista en tratados internacionales aseguró que "es el único país donde se ha dicho (de parte de la SCJN) que el genocidio prescribe (…) Los delitos de lesa humanidad entre ellos el genocidio, sí pueden aplicarse de manera retroactiva en la nación"[509]

En junio de 2004 la Suprema Corte de Justicia de la Nación (SCJN) aprobó un acuerdo que para muchos era histórico, donde se asienta que, "el delito de desaparición forzada permanece vigente, en tanto no aparezca la víctima, viva o muerta"; y caracterizó ese delito como "un delito continuado" en los términos del Derecho Internacional y, por tanto "no prescriptible".

---

[509] Méndez Ortiz, Alfredo. *Ignoró la SCJN tratados al fallar sobre genocidio. México, único país donde ese delito prescribe.* LA JORNADA (México D. F.) POLÍTICA del 31 de octubre de 2005, P. 17

El acuerdo de la Corte parecía que abría las posibilidades de que los presuntos responsables de aquellos crímenes, tanto de los más altos niveles del gobierno civil como del ámbito militar, fueran llevados a juicio. Sin embargo, muchas voces se levantaron: unos para manifestar su júbilo y reconocimiento a ese máximo órgano del Poder Judicial, al tiempo que otros, para rechazar tal posibilidad. En ese contexto, el 30 de junio de 2004, compareció en conferencia de prensa el general **Ricardo Vega García**, Secretario de la Defensa Nacional haciendo un "llamando al perdón y la reconciliación[510]", que dio lugar a ser interpretado de diferente manera y obligó a representantes del poder Ejecutivo a salirle al paso para aclarar las ambigüedades que generaban sus palabras.

Al respecto la posición del Ejecutivo quedó definida un día después de aquellas declaraciones a través del **Lic. Luis Santiago Vasconcelos**, titular de la Subprocuraduría de Investigaciones Especializada contra la Delincuencia Organizada (SIEDO), quien declaró ante la prensa, que de las palabras del general se desprende que estaba planteando ".. una amnistía para los responsables de las graves violaciones a los derechos humanos perpetradas en los años 70 y 80 (porque) es muy difícil ahora tratar de juzgar a alguien que tuvo otras circunstancias, que en su momento fue forzado casi materialmente, a realizar acciones de contención respecto de algunas manifestaciones y que ahora los estemos juzgando. Hay que saber perdonar"[511]. Tácitamente interpretaba las palabras del general, en términos de otorgarles el perdón a los presuntos responsables de aquellos crímenes en consideración de que "se vieron obligados por las circunstancias como medio de contención de manifestaciones."

Cada representante de los partidos políticos y ONG interpretaron las palabras del general de distinta manera. El **PRD** y **PT** consideraron que fue "un llamado al presidente de la república Vicente Fox a moderar sus ataques en contra del Poder Legislativo y demás corrientes de opinión discordantes a la suya, porque ello estaba creando tensiones sociales y políticas "peligrosas". Eran momentos de gran beligerancia del Ejecutivo en contra de quienes externaban opiniones diferentes a las suyas con respecto a sus reformas propuestas y en especial en contra de Andrés Manuel López Obrados. Es por ello quizá por lo que ambos partidos coincidieron en que se

---

[510] *"Desvanecimiento de la justicia"*. LA JORNADA. (México, D. F.). EDITORIAL. (s-a) del 9 de julio de 2004, p. 2
[511] Castillo García, Gustavo. *Propuso Vega punto final sobre "guerra sucia": Santiago Vasconcelos*. LA JORNADA POLÍTICA. (México, D. F.) POLÍTICA. del 2 de julio de 2004, p. 3

interpretaran las palabras del general "como un rechazo a los ataques extralimitados del Ejecutivo en contra de Jefe del Gobierno del Distrito Federal"; mientras otros las interpretaban como una autocrítica ante la sociedad, porque se comprometía a que nunca más se debía involucrar al Ejército en asuntos que le competen al gobierno civil como lo establece la Constitución Política. Sin embargo, el general no dejó de advertir, que esa Institución Armada, tiene la responsabilidad de garantizar la paz social y la integridad de las instituciones, argumento similar al que blandieron sus antecesores para emprender la feroz persecución en contra de las guerrillas rurales o urbanas y terminaron consumando las peores violaciones de los derechos humanos durante la "guerra sucia". Tanto para el PRD como para el PRT, "El 10 de junio se cometió genocidio por el ejército y requieren ser esclarecidos aquellos hechos"[512]

Otros interpretaron las palabras del general, como una amenaza y una advertencia de que no permitirían que los altos mandos del ejército fueran sometidos a juicio; entre ellos, a su "comandante en jefe" durante la primera mitad de la década de los 70, Luis Echeverría Álvarez y quienes ocuparon la secretaría de la Defensa Nacional y las comandancias de zonas militares plenamente identificadas. "Es necesario saber perdonar en estos momentos", -dijo el general-; al tiempo que otros más, haciéndose eco de ese llamado, aprovecharon para plantear que "si los presos políticos de aquella época fueron amnistiados, ¿Por qué no sus perseguidores?" En otras palabras, que debería recurrirse al "olvido" en tanto que los militares de aquellos tiempos arguyen a su favor, que tuvieron que torturar, desaparecer, asesinar de manera extrajudicial, etc., "debido a las circunstancias" y en el "cumplimiento de órdenes", sin precisar si tampoco procede llevar a juicio a quienes les dieron esa órdenes.

Para muchos las palabras del general fueron interpretadas también como un intento de garantizar la impunidad de los responsables de aquellos crímenes de la misma manera que lo pretendieron los nazis en la Segunda Guerra Mundial, cuando fueron sometidos a juicio en Nüremberg; sin embargo, el Derecho Internacional precisa que nadie está obligado a cumplir órdenes que atenten contra los derechos humanos. Por lo que ya nadie puede escudarse con el argumento de "la obediencia debida" para ser exonerado de los cargos.

---

[512] Méndez Enrique y José Galán. *Bien fundamentado, el expediente del halconazo, dice Pablo Gómez.* LA JORNADA, (México, D. F.) POLÍTICA del 28 de junio de 2004, p. 5

Una vez más la señora **Rosario Ibarra de Piedra**, incansable defensora de los derechos humanos durante más de 30 años, puntualmente cuestionó las palabras del general, asegurando que "Ni perdón ni olvido en lo relativo a la "guerra sucia". ¿Acaso ellos fueron amables en el trato con los desaparecidos? ¿A caso ellos sí tuvieron compasión por los detenidos por razones políticas cuando en el Campo Militar No. Uno y las cárceles clandestinas los sometieron a tortura y desaparición forzada sin ninguna consideración humanitaria?"

Otros analistas coincidieron en señalar que: "Es oportuno recordar que en aquellos años se perpetró, desde el poder presidencial, y por medio de cuerpos policiacos, militares y paramilitares, una matanza de opositores –no sólo de guerrilleros- y un quebranto sistemático de las leyes nacionales que prohíben (y que ya prohibían en aquel entonces) prácticas como la privación ilegal de la libertad, las lesiones, las torturas, el homicidio, las inhumaciones clandestinas, el robo a mano armada, el allanamiento de morada, las detenciones y las condenas sin que mediara juicio, entre muchos otros delitos cometidos por servidores públicos (…) Seguramente que si se hubiera investigado –señalaron-, procurado justicia y castigado a los responsables en los casos del 2 de octubre de 1968, el 10 de junio de 1971 y los numerosos crímenes desde el gobierno que les siguieron a esos sucesos, es posible que el poder público no hubiese tenido la idea de impunidad garantizada que resultaba indispensable para cometer posteriormente los asesinatos de cientos de gentes de oposición durante el gobierno de Salinas de Gortari, los crímenes políticos de finales de ese sexenio y las matanzas de Acteal, Aguas Blancas, El Charco y El Bosque". [513]

Leonardo Rodríguez Alcaine, máximo líder de la CTM recientemente fallecido, aseguró que "se actuaba contra bandidos" y "para garantizar el respeto a la ley." [514] Por lo que justificó la represión gubernamental que se dio, -según él-, "porque se trataba de vándalos comunistas de una dizque guerrilla."

Pablo Gómez (Diputado federal por el PRD) aseguró que "para que México transite verdaderamente a la democracia es preciso hacer un análisis minucioso del pasado y deslindar aquellas responsabilidades institucionales y personales que se deriven de la

---

[513] Bolaños Sánchez, Ángel. *Pide Vega el perdón que no se dio a activistas: Ibarra. ¿Con cuánta amabilidad trataron a nuestra gente?* LA JORNADA. (México, D. F.) de 30 de junio de 2004. p. 9
[514] Martínez, Fabiola. *Se actuaba contra bandidos: Rodríguez Alcaine.* LA JORNADA (México, D. F.) del 15 de julio de 2004. p. 8

comisión de violaciones a las garantías individuales (..) Cuando el poder asesina no debe haber olvido"[515].

Y en ese mismo sentido se pronunció la **Asamblea Legislativa del Distrito Federal** mayoritariamente de filiación perredista, al exhortar al fiscal Ignacio Carrillo Prieto "a determinar la consignación del expediente y ejercitar acción penal contra quienes resulten responsables de actos delictivos contra los manifestantes del 10 de junio de 1971"[516]. Al tiempo que el PRI, anunció que "integrará un grupo de juristas para defender a los acusados por la Fiscalía"[517].

En su turno **Cuauhtémoc Cárdenas Solórzano** declaró, que "no debe haber impunidad; hay que juzgar a individuos, no a instituciones"[518]. Es decir, que está en contra de la impunidad, pero exonera de antemano al Ejército y demás instituciones. Evidentemente que no se puede llevar a la cárcel a ninguna de las instituciones del Estado, pero sí a quienes las representaban y por acción u omisión incurrieron en responsabilidad de aquellos ilícitos. Se han documentado pruebas en el sentido de que militares del más alto rango participaron en la detención sin orden judicial de hombres, mujeres y ancianos durante la "guerra sucia", que constituyen elementos de juicio para responsabilizar al Estado.

Por su parte **La Comisión Mexicana de Defensa y Promoción de los Derechos Humanos (CMDPDH)** consideró que "Una ley de amnistía para los responsables de la "guerra sucia" que impida la investigación y sanción de quienes incurrieron en violaciones a los derechos humanos no sólo es aberrante, sino inadmisible, pues únicamente el acceso a la verdad, la justicia y la preservación de la memoria histórica puede generar un proceso de reconciliación nacional y de consolidación del estado de derecho"[519]

---

[515] Ballinas, Víctor y Andrea Becerril. *Cuando el poder mata no debe haber perdón: Pablo Gómez*. LA JORNADA (México, D. F.) del 22 de julio de 2004. p.10
[516] Romero Sánchez, Gabriela. *Exhorto de la ALDF a la fiscalía*. LA JORNADA (México, D. F.) del 22 de julio de 2004. p. 10
[517] Pérez Silva, Ciro. *Sale el PRI en defensa de los responsables de la "guerra sucia"*. LA JORNADA (México D. F.) del 13 de julio de 2004 p. 7
[518] Dávalos, Renato. *Faltó claridad al secretario de la Defensa, considera Cárdenas. Debe prevalecer la aplicación recta de la justicia*. LA JORNADA (México D. F.) del 2 de julio de 2004. p.8
[519] Poy Solano, Laura. *Demandarán ONG a la FEMOSPP por obstruir acción de la justicia."inadmisible, amnistía a represores de "guerra sucia"*. LA JORNADA (México, D. F.) del 17 de julio de 2004. p. 10

Raúl Álvarez Garín, integrante del "Comité del 68", en torno a las palabras del general Vega García consideró que, una ley de amnistía para los responsables de hechos como los del 2 de octubre de 1968, el 10 de junio de 1971 y la "guerra sucia", significaría dejar en el olvido algo que no debe volver a ocurrir.

En ese mismo sentido se pronunciaron **Salvador Martínez Della Roca y Cristina Portillo Ayala** quienes señalaron que: **"**Para quienes cometieron crímenes contra estudiantes no debe haber perdón, sobre todo después de que la Suprema Corte de Justicia de la Nación ratificó que esos delitos no prescriben. Lo anterior porque el Estado persiguió, torturó, encarceló, enjuició y en algunos casos asesinó a quienes participaron en los movimientos estudiantiles y sociales. Estos momentos son de reconciliación y perdón, pero no implica olvido a los crímenes de la "guerra sucia".

Emilio Álvarez Icaza, presidente de la Comisión de Derechos Humanos del Distrito Federal (CDHDF), señaló que "el tema del perdón a quienes participaron en los crímenes de la "guerra sucia" tiene que ir esencialmente de la mano con la justicia para no generar un mensaje de impunidad"[520]. Agregó que "resulta extraño que el Dr. Ignacio Carrillo Prieto, sabiendo el significado del concepto "genocidio" que proviene de "genes", "genos" en su averiguación y alegatos, lo haya utilizado para demandar la aprehensión de Luis Echeverría y demás miembros de su gabinete que tuvieron responsabilidad directa "por acción u omisión" en las matanzas de estudiantes del 2 de octubre de 1968 y del 10 de junio de 1971, toda vez, que jurídicamente es difícil hacer valer ante la Corte la acusación en el sentido de que, aquellas matanzas no pueden cuadrar estrictamente dentro del concepto "genocidio", si se toma en cuenta que éstos están tipificados así en el Derecho Internacional cuando se trata de matanzas en contra de personas por razones étnicas, es decir, de raza, color, religión u origen (…) Esa deficiencia, como era de esperarse, ha servido para la defensa de Echeverría y coacusados para que no sean consignados hasta la fecha, con el argumento legal de que, "los estudiantes no constituían una etnia, raza, no lanzaban demandas unificadas, etc".

Un año después el fiscal Carrillo Prieto reconocía que efectivamente había cometido algunos errores en la cosignación que hiciera en contra del Echeverría y coacusados. Lo que incrementa aún más la duda respecto al real interés del Estado a "ajustar cuentas con el pasado" como lo ha declarado reiteradamente el presidente Vicente Fox.

---

[520] Gómez Flores, Laura y Mirna Servin. *Álvarez Icaza: perdón en la "guerra sucia", sólo si se acompaña de justicia.* <u>LA JORNADA</u> (México, D. F.) del 3 de julio de 2004, p. 10

Organizaciones No Gubernamentales (ONG,) defensoras de derechos humanos advirtieron que una "ley de punto final y obediencia debida para exculpar a los militares que participaron en la llamada "guerra sucia", similar a la que operó en Argentina, es contraria a las normas internacionales que protegen las garantías básicas".[521]

En torno al debate el **Lic. Roberto Madrazo Pintado** [522] en su carácter de dirigente nacional de PRI, fijó su posición en términos de que: "nosotros en el PRI pensando que se está lastimando una institución muy importante, que es el Ejército Nacional. Si vemos, hay varios generales que están mencionados en la investigación y eso es delicado para un país cuyas instituciones están tan lastimadas, tan vulneradas, que vamos ahondar un problema todavía más profundo en el Ejército". O sea, ¿que sólo por ser miembros del ejército deben ser intocables? Tácitamente se pronunció en contra de que se lleven a juicio a los presuntos responsables de los crímenes de la "guerra sucia". Ello resulta lógico si se considera que los gobernantes acusados, pertenecieron y/o siguen siendo miembros destacados de ese partido. Aseguró a manera de advertencia que "De persistir el clima de confrontación e inseguridad no hay posibilidades de que el país crezca". Querer sancionar los crímenes de lesa humanidad para él significa "persistir en el clima de confrontación e inseguridad"; por lo tanto, procede la impunidad.

Coincidentemente en esa misma dirección se pronunció **Diego Fernández de Cevallos** (senador por el PAN), cuando "calificó de conveniente el llamado del secretario de la Defensa en la medida en que está convocando al trabajo, a la reconciliación y a pensar por México". Quien se atreva a pedir esclarecer los crímenes del pasado, desde esa óptica, seguramente que no piensa por México.

Oficialmente el **PRI se pronunció a favor** de los presuntos criminales de la "guerra sucia" a través de su Consejo Político Nacional quien aseguró que "las acciones que emprendió el gobierno foxista, (a través de) un grupo de aventureros políticos sin historia que ignoran el pasado, al crear la Fiscalía Especializada para los Movimientos

---

[521] Martínez, Fabiola. *Improcedente, una ley de amnistía, señalan ONG.* LA JORNADA (México, D. F.) del 3 de julio de 2004, 17
[522] Bañuelos, Claudio. *Demanda Madrazo "olvidar la guerra sucia". Niega que haya pruebas contra Echeverría; es una "argucia electorera".* LA JORNADA (México, D. F.) del 9 de julio de 2004, p. 16

Sociales y Políticos del Pasado para castigar a los responsables de la llamada "guerra sucia", carecen de fundamento político y legal"[523]

Por su parte la **Universidad Iberoamericana (UIA)** advirtió que "la amnistía e indulto violan el derecho. Debe indagarse qué pasó en la "guerra sucia" antes de hablar de perdón"[524]

Gustavo Carvajal Moreno (Ex presidente del PRI durante la "guerra sucia") Expresó que la intención de sancionar a quienes se vieron involucrados en la defensa de las instituciones durante los años 60 y 70 (obviamente entre ellos él) "para garantizar la seguridad social" es una incongruencia que se tiene que replantear, porque buscar el encarcelamiento de personajes como Luis Echeverría Álvarez, ex presidente de la república; Mario Moya Palencia, ex secretario de Gobernación y los generales involucrados en esos hechos, es un enfrentamiento innecesario de la sociedad mexicana". Luego entonces por "la seguridad nacional y la defensa de las instituciones", todo se vale, hasta la violación de los derechos humanos. Expresiones similares encontramos en responsables de crímenes de lesa humanidad durante los juicios seguidos en otros países registradas por las COMISIONES DE LA VERAD que se conformaron en El Salvador, Uruguay, entre otros, con los mismos propósitos que los de la Femospp,

Para **Carlos Gelista González,** dirigente del PAN en el Distrito Federal, las declaraciones del general Vega García se justifican, al tiempo que **Sami David,** diputado del PRI, en su carácter de legislador en San Lázaro también apoyó sus declaraciones.

Humberto Roque Villanueva (Senador priísta) de amplia trayectoria política como funcionario público, legislador y dirigente de su partido, interpretó las palabras de Vega García como "un llamado de atención a la clase política" y rechazó también cualquier intento de llevar a juicio a los presuntos responsables de crímenes durante la "guerra sucia". Al tiempo que el diputado perredista **Alfonso Cuéllar** interpretó que el llamado de Vega García estaba dirigido a parar las campañas mediáticas de Vicente Fox en contra Andrés Manuel López Obrador y no como la advertencia de que el Ejército no permitirá algún juicio a sus elementos.

---

[523] Pérez Silva, Cirio. *Sale el PRI en defensa de los responsables de la "guerra sucia".* LA JORNADA (México, D. F.) POLÍTICA, del 13 de julio de 2004, p. 7
[524] Galán, José. *Amnistía e indulto violan el derecho: UIA.* LA JORNADA POLÍTICA, del 15 de julio de 2004, p. 8

Jesús Ortega (Senador perredista) Respecto de las declaraciones de Vega García señaló que: "Si no se toman medidas urgentes se puede llegar a una situación de crisis política y de ingobernabilidad" Evidentemente que también interpretó las declaraciones del general no en el sentido de la oposición a que miembros del ejército sean sometidos a juicio, sino como un llamado a la unidad en la coyuntura en que Vicente Fox arreciaba su campaña en contra de López Obrador. **Francisco Garrido Patrón.** (Gobernador panista de Querétaro) Avaló el discurso del general en cuanto a que "la función del ejército es defender las instituciones y no defender asuntos o posturas políticas".

En ese mismo sentido, **Arturo Montiel** (Gobernador priísta del Edo. de México), aseguró que "El discurso del militar fue oportuno porque habla de que en este momento de reconciliación todos debemos trabajar para salir adelante" y tampoco dejó claro quién o quiénes se reconciliarán y con quiénes; porque, desde la óptica de los familiares de torturados, desaparecidos y asesinados durante la "guerra sucia" la reconciliación va en el sentido histórico en el que aquellos luchadores sociales se les reivindique como tales y no como "maleantes", "gavilleros", etc., cómo fueron los calificados por el Estado; "significa sentar las bases para que nunca más se permita la violación de los derechos humanos y que se aclare el paradero de los desaparecidos".

José Natividad González Parás (Gobernador panista de Nuevo León) Coincidió con el del Edo. De México y añadió que "el llamado del general, representa el prestigio y compromiso de las fuerzas armadas con las instituciones y el Estado de derecho (que) califican al general para poder hacer un planteamiento de esa naturaleza". Evidentemente la búsqueda de congraciarse con los jerarcas del ejército y la armada refleja no tanto el respeto moral, sino en el fondo al poder que esas instituciones representan por encima de las instituciones civiles.

Al fijar su posición respecto al perdón planteado por el secretario de la SEDENA, **Andrés López Obrador** señaló que: "El Ejército Mexicano nunca más deberá ser utilizado para suplir las incapacidades de los gobernantes y mucho menos para reprimir al pueblo como se hizo en el pasado".

Carlos Monsiváis, al referirse a las dificultades para enjuiciar a los presuntos responsables de crímenes de lesa humanidad, manifestó que "El poder, ya se demostró, es la santificación de la condición impune de los políticos y los empresarios y ratificado en el caso de los crímenes del Estado (..) Creo que hay que insistir en que nos toca inconformarnos ante una decisión tan irracional."[525]

En su turno, el **Lic. Ignacio Carrillo Prieto**, titular de la Fiscalía Especial para Movimientos Sociales y Políticos del Pasado (Femospp), declaró que "No hay que dejar caer en el olvido el pasado", consideró que no encontraba contradicción entre los propósitos de la **Fmospp** y las palabras del general "eso es lo que efectivamente estamos haciendo (..) Por ello las pesquisas (..) No se debe permitir que caiga en el olvido una lección de la historia de México y que hechos semejantes vuelvan a ocurrir y se afecte a la nación". Y en enero de 2002 había declarado, que "no habrá punto final (como en Sudamérica) ni impunidad bajo el argumento de la obediencia debida (…) Al ejército es mejor limpiarle el rostro con la fuerza de la ley, pues ésta nunca ofende", palabras que en esencia, sí estarían en contradicción con las del general Vega. Al fracasar su intento de enjuiciar a Echeverría aseguró que llevará el caso a las Cortes internacionales, sin que hasta la fecha se conozca ninguna gestión al respecto.

Por su parte **José Luis Soberanes** presidente de la CNDH fue más radical en su intervención, propuso que "en la investigación sobre la llamada "guerra sucia" se encuentre a los responsables y que éstos vayan a la cárcel".[526]

Con base en lo dicho por el general Clemente Vega, se puede anticipar que el compromiso de Vicente Fox Quesada el 28 de noviembre de 2001, en su calidad de presidente de la república, en el sentido de que "hacer justicia no desacredita a un ejército que es del pueblo y para el pueblo" y de crear la Femospp para que investigara y sancionara a los responsables de actos de tortura y desaparición por motivos políticos de las décadas de los 70 y 80, está quedando en entredicho a pesar de que aseguró: "Aspiro no sólo a conocer las conductas y omisiones del pasado sino también sancionarlas". Los datos empíricos están demostrando que se camina en sentido contrario para no llevar a juicio a los presuntos responsables de la "guerra sucia". Las posiciones de los diversos actores en torno a las declaraciones del general Vega García, demuestran fehacientemente la necesidad de encontrar los mecanismos adecuados para lograr la conciliación política a través de alternativas consensuadas, que permitan

---

[525] Vargas Ángel. *La negativa, golpe a la credibilidad de los procesos legales en México: Monsiváis* LA JORNADA (México, D. F.) del 25 de julio de 2004, p. 7
[526] Méndez Enrique. *Ni perdón ni olvido en la guerra sucia: Soberanes.* LA JORNADA (México, D. F.) del 13 de julio de 2004 p. 5

esclarecer los crímenes de lesa humanidad cometidos durante la "guerra sucia", hacer justicia a las víctimas y en lo posible llevar a juicio a los presuntos responsables.

Después de aquel gran debate, que parecía poner en crisis política al gobierno de Vicente Fox, los intentos de la Femospp de llevar a juicio a los presuntos responsables de crímenes de lesa humanidad, extrañamente empezaron a pasar a segundo plano, lo que hace suponer -según algunos críticos-, que hubo "negociaciones en lo oscurito" para que los legisladores del PRI y el PAN aprobaran en el Congreso las diversas reformas que al ejecutivo le interesan a cambio de la impunidad. Y como si fuera poso, el propio Fiscal está sometido a investigación por presuntos malos manejos de recursos sin descartarse que se víctima de los interesados porque los crímenes que investiga queden impunes.

4. Igual que en Sudamérica, los niños de madres desaparecidas se convirtieron en botín de guerra

Cabe hacer un análisis comparativo entre las prácticas represivas de los militares de Sudamérica para demostrar, que lo sucedido en México sus similares siguieron iguales patrones delictivos.

Ha quedado demostrado que el golpe de Estado perpetrado por Augusto Pinochet en Chile el 11 de septiembre de 1973 en contra del gobierno socialista de Salador Allende, fue orquestado desde el gobierno norteamericano en contubernio con "la clase empresarial chilena, de los partidos de derecha y del centro derechista Partido Demócrata Cristiano. Parte de la jerarquía eclesiástica católica también lo apoyó".[527] Ello da pie a deducir, que el camino al socialismo no podía darse ni por la vía democrática electoral ni por la armada, porque implicaría una derrota a los intereses geopolíticos norteamericanos. Eso explica la puesta en marcha de los golpes de Estado en toda Sudamérica, donde los militares sometieron a un estado de terror a la mayoría de la población. En el caso de México no había necesidad de un golpe de Estado, porque vivíamos gobiernos autoritarios, que según la caracterización que hiciera el peruano Mario Vargas Llosa, padecíamos "una dictadura perfecta", que recurría a los mismos métodos represivos de aquellas dictaduras para acallar la disidencia política.

---

[527] Ortúzar, Ximena. *Pinochet, culpabilidad indiscutible.* LA JORNADA (México, D. F.) del 14 de diciembre de 2004

No podemos entonces considerar que se dio una simple coincidencia en la aplicación de los métodos de tortura que organismos policiacos y militares practicaron allá y aquí en cuarteles, cárceles clandestinas; *los vuelos de la muerte,* la incineración en vida de detenidos por razones políticas, obligándolos a beber gasolina para luego prenderles fuego y demás métodos por demás crueles.

Después de más de 30 años, diversos investigadores que han podido tener acceso a numerosa información acerca de las actividades ilegales de la CIA y el Pentágono, demuestran la ingerencia de esos organismos en los asuntos internos de los países latinoamericanos entre ellos México. Con el descubrimiento de los "archivos del terror" en Paraguay, en diciembre de 1992, también se pudo establecer el papel jugado por personajes como el secretario de Estado Henry Kissinger y el director de la CIA Vernon Walters, el ex presidente George Bush padre, entre otros, en la promoción y patrocinio de golpes militares en los países latinoamericanos. Desde esa información, "se logró conocer el papel de los grupos anticastristas de Miami que colaboraron activamente con las dictaduras y muy específicamente en esta operaciones de tortura, desaparición forzada, asesinatos extrajudiciales".[528]

Antiguos miembros de esos organismos militares confesos confirman los crímenes cometidos durante aquel periodo, como es el caso del general Manuel Contreras, responsable de la temible policía política, la Dirección de Inteligencia Nacional (DINA), equiparable a la Brigada Blanca en México, quien reconoció su responsabilidad en actos de tortura, desaparición forzada de personas, el asesinato masivo y selectivo de disidentes en Chile durante la dictadura de Augusto Pinochet, aseguró que esa política del terror se desarrolló en toda América del Sur bajo el nombre de *Operación Cóndor,* misma que contó –según sus propias declaraciones-, con la asesoría de agentes de inteligencia norteamericanos (y en el caso de Bolivia con motivo del combate a la guerrilla en contra de El Che Guevara en 1967, participaron hasta con militar en el combate directo a través de los "Boinas Verdes") .

En el juicio que se le sigue al general Contreras, responsabilizó de aquellos hechos a la Junta Militar dirigida por el general Pinochet. Con lujo de detalles señaló que fueron responsables de 596 víctimas, de las cuales: "134 asesinatos con desaparición del

---

[528] Callón, Stella. *Crea desafuero de Pinochet en Argentina esperanzas de que termine la impunidad. Tiene pendiente en Buenos Aires un proceso en el contexto de la Operación Cóndor.* LA JORNADA (México, D.F.) del 30 de mayo del 2004 Pág. 22

cuerpo correspondieron al cuerpo del ejército; a la armada 35; fuerza aérea, 53; carabineros, 92; DINA, 80; Investigaciones, 35; Central Nacional de Inteligencia (heredera de la DINA), 10; comando conjunto 94; inteligencia militar seis (…) unos fueron lanzados al mar frente al balneario de Pichilemu, al puerto de San Antonio, a la caleta de pescadores de los Molles, el río Maipú, al lago Ranco y en el mar frente al puerto de Valparaíso, también sepultados el cementerio general de Santiago como desconocidos o enviados con nombres falsos al Instituto Médico Legal"[529]

El general Contreras reconoció también, que efectivamente fue la CIA y la FBI fueron quienes instruyeron a los militares chilenos, argentinos, uruguayos, etc., para la ejecución de luchadores sociales durante la década de los 70 en cualquier país donde se refugiaran, tal y como lo confirman los asesinatos del general Prats en Argentina y Lettelier en los propios Estados Unidos, Secretario de la Defensa Nacional y de Relaciones exteriores respectivamente, entre cientos más durante el gobierno de Salvador Allende.

El general retirado, "fue procesado y condenado por la detención y desaparición de 200 opositores y por haber sido responsable de la tortura a cerca de 7 mil chilenos de todas las edades".[530] Muchos de aquellos militares represores creyeron que jamás serían llamados a juicio y hasta se atrevieron a vanagloriarse de sus "hazañas" represivas que hoy, en algunos casos están sirviendo de base para ser procesados en organismos internacionales, como es el caso del general argentino Adolfo Scilingo, que ya fue sentenciado en España, por su responsabilidad confesa de haber arrojado al mar a cientos de los desaparecidos de aquel país, entre ellos a algunos europeos por cuyos crímenes la Audiencia Nacional española, lo sentenció a más de 460 años de prisión y Cavallo, extraditado por el gobierno mexicano, está sometido a proceso también en ese mismo país europeo. Con ello los familiares de las víctimas manifestaron su satisfacción porque "en España sí se hizo justicia"; al tiempo que Amnistía Internacional se congratuló por el veredicto y a manera de advertencia señaló "La Audiencia Nacional (española) confirmó una norma fundamental del derecho internacional, según la cual

---

[529] Gutiérrez, Enrique. *Aclara ex jefe militar el destino de 596 víctimas de la dictadura chilena. Los asesinatos por órdenes de Augusto Pinochet.* LA JORNADA (México, D. F.) del 14 de mayo de 2005. p. 22
[530] DPA y AFP. *Ex represores chileno admite vínculos entre la DINA y la CIA. La inteligencia estadounidense instruyó a militares sobre métodos de persecución.* LA JORNADA (México, D. F.) del 6 de diciembre de 2004. p. 28.

todos los estados gozan de jurisdicción universal para procesar a responsables de crímenes contra la humanidad"[531]

Al ser procesado el ex general uruguayo Óscar Pereira admitió, que hubo tortura cruel en su país, en la cual él participó; ese reconocimiento le mereció la expulsión del "club de militares" de su país y quedó al descubierto un acuerdo tomado en Washington durante la década de los 90 al interior de la Junta Interamericana de Defensa, en el sentido de "no aceptar ningún juicio de militares por violaciones a los derechos humanos durante las dictaduras impuestas durante el periodo 1973-1985."[532] El militar admitió que las torturas, asesinatos y desapariciones de personas fueron un "procedimiento bestial" aceptado de "buen agrado" por las fuerzas armadas uruguayas.

El 3 de abril de 2004, en conferencia de prensa el general Luis Garfias Magaña salió en defensa del también general José Domingo Ramírez Garrido Abreu para que no fuera sometido a juicio, por su presunta responsabilidad en la desaparición forzada de cientos de detenidos durante la "guerra sucia". Reconoció también que efectivamente en la década de los 70 "los militares incurrieron en actos fuera de la ley, como detenciones arbitrarias, allanamiento de morada e incluso se habla de asesinatos y de campesinos que fueron tirados al mar"[533]. Pero argumentó en su defensa que esos crímenes no los consumaron por su voluntad sino en cumplimiento de órdenes superiores, tratando de ignorar o pasar por alto, que a raíz de los juicios en contra de los nazis en Nürenberg por su responsabilidad en crímenes de guerra, el Derecho Internacional de los Derechos Humanos prevé sanciones precisas, al no aceptar como válida "la obediencia debida" como medio de justificar los crímenes de lesa humanidad.

Luego entonces, los militares, tanto de aquellos países como los de México, actuaron de manera consciente en la consumación de crímenes de lesa humanidad, con la complicidad y asesoría de órganos de inteligencia y de espionaje del gobierno norteamericano tales como: la CIA y la FBI y en el marco de acuerdos militares internacionales secretos e ilegales. De aquí que, si existe un acuerdo a nivel continental a través del TIAR para evitar que los responsables de tortura, desaparición forzada, juicios sumarios no sean llevados ante los tribunales, podemos presuponer, que en México tampoco se permitirá llevarlos a juicio y que todo lo que se diga, podría

---

[531] AFP y DPA. *Comenzó histórico juicio a Adolfo Scilingo en Madrid. Es el primero en el extranjero contra un represor argentino.* LA JORNADA (México, D. F.) del 20 de abril de 2005, p. 35
[532] AFP. *Expulsa club de ex militares a general uruguayo retirado. Admitió que hubo tortura.* LA JORNADA (México, D. F.) del 25 de septiembre de 2004. p. 28.
[533] LA JORNADA (México, D. F.) del 4 de abril de 2004. p. 8

268

corresponder a una estrategia del Estado para crear distractores que alejen la atención de los mexicanos hacia otros asuntos nacionales menos relevantes.

Por lo que, ante la falta de confianza en los tribunales militares porque hasta la fecha no han garantizan justicia para las víctimas, la organización defensora de los derechos humanos Tachinollan en la Región de La Montaña de Guerrero, demanda una urgente reforma legislativa "que establezca candados que impidan la práctica expansiva del fuero de guerra en agravio de las víctimas y, por tanto, se garantice, de acuerdo con el estándar internacional más alto, que sean las instituciones civiles las encargadas de investigar y sancionar los actos violatorios cometidos por personal castrense."[534]

De lo anterior se desprende una pregunta: ¿Cuándo serán llevados a juicio los presuntos responsables de crímenes de lesa humanidad durante la "guerra sucia" en México en nuestro propio país?

Existen diversas evidencias y denuncias de casos concretos respecto a que en México, al igual que en Sudamérica, los niños que nacían de madres en cautiverio durante la "guerra sucia", se convirtieron en "botín de guerra", al haber sido distribuido de manera arbitraria entre los militares y agentes o personas allegadas a ellos. De lo anterior se deduce que para los regímenes dictatoriales y autoritarios de la época de la "guerra sucia", no había distinciones: los niños también fueron desaparecibles, como en los casos de Pastor y Justino Romero Flores, de 12 y 13 años de edad, que fueron secuestrados el 9 de septiembre de 1976 en Cuernavaca, Morelos, por agentes de la Brigada Blanca, para forzar con ello la entrega de su padre que había sido miembro del Partido de los Pobres. "Eran los métodos (favoritos) utilizados durante de la "guerra sucia", por parte de los represores que hoy quieren hacernos olvidar sus crímenes"[535] en la "guerra sucia" que desataron los aparatos del Estado mexicano con el pretexto de la "seguridad nacional", "la defensa de las instituciones" y para hacerle frente al supuesto "peligro comunista". Se tiene conocimiento de al menos 30 menores de edad que fueron desaparecidos en los años setenta en distintos estados del país. Se tienen datos de que el Distrito Federal, Jalisco, Morelos, Baja California, Oaxaca y el estado de Guerrero,

---

[534] Tlachinollan. ONG: *Urge una reforma legislativa sobre el fuero de guerra.* LA JORNADA (México D. F.) 12 de junio de 2004. p. 9
[535] Jorge, Carrasco, Araizaga. *LOS NIÑOS QUE EL ESTADO DESAPARECIÓ.* PROCESO (México, D. F.) No. 1472 del 16 de enero de 2005, p. 56.

fueron las entidades donde la detención y desaparición de niños y adolescentes estuvieron a la orden del día, aparentemente para presionar y obligar a sus padres a que se entregaran a los cuerpos policiacos y/o militares, en violación flagrante de la propia Constitución y el Derecho Internacional.

Contrariamente a lo que estableció la Convención Interamericana sobre Desaparición Forzada de Personas y respecto a la tortura, en nuestro país no se juzga a los militares responsables de crímenes de lesa humanidad en tribunales civiles, lo que deja en entredicho la real disposición del Estado a combatir la impunidad, en virtud de que los Consejos de Guerra hasta la fecha no han demostrado imparcialidad en los procesos, al exonerar[536] de manera reiterada a los militares indiciados Francisco Quiroz Hermosillo y Mario Arturo Acosta Chaparro y han pasado por alto también las acusaciones que se les hacen al mayor Francisco Barquín, Enrique Cervantes Aguirre, Antonio Riviello Bazán[537], Mario Guillermo Fromow García[538], entre otros, por violaciones a los derechos humanos durante la "guerra sucia" y a algunos de ellos por otros delitos del orden común y hasta de haber estado involucrados en hechos de narcotráfico; lo que da pie a considerar, a la luz de los postulados del Derecho Internacional, que esos tribunales se han constituido en "juez y parte" para garantizar la impunidad a los presuntos delincuentes al no permitir que sean juzgados en tribunales civiles, por los más de 680 casos de desaparecidos políticos plenamente documentados, de los cuales 23 fueron reconocidos hasta por los propios tribunales militares, de que fueron arrojados al mar mediante la versión mexicana de *los vuelos de la muerte* sudamericanos (pareciera que ese número es muy pequeño como para tomarse en cuenta), por militares que estaban bajo las órdenes de los indiciados, así como la

---

[536] Aranda, Jesús. *Exculpan de vuelos de la muerte a Acosta Chaparro. "Desvanecimiento de datos. El juez desechó declaraciones de testigos presenciales.* LA JORNADA (México, D. F.) del 9 de julio de 2004, p. 16
[537] AGN. Expediente CISEN. Según oficio No. 15971, del 22 de octubre de 1975, el General Hermenegildo Cuenca Díaz, Secretario de la Defensa Nacional, a través del general Eliseo Jiménez Ruiz, entonces Jefe de la Sección Primera del Estado Mayor giró instrucciones a los generales Antonio Riviello Bazán y Enrique Cervantes Aguirre para que "realizaran el primer curso de operaciones en la jungla" donde participaron los batallones 17, 19 32, 48 y 56 cuyos instructores fueron "cinco instructores oficiales que participaron en cursos en el Canal de Panamá". Se les capacitó para realizar interrogatorios a detenidos de los poblados de la sierra; realización de patrullajes de reconocimiento; selección y empleo de guías; aislamiento de áreas críticas; búsqueda, ubicación y contacto con grupos enemigos; estrechamiento de cercos; empleo de la fuerza de reacción; persecución; establecimiento de emboscadas; custodia y conducción de detenidos, entre otras tareas. Para la instrucción se les proporcionó el *Manual de guerra irregular.* Con todo ello, se demuestra la responsabilidad de ambos militares en los crímenes de lesa humanidad durante la "guerra sucia" en tanto que, durante el tiempo que fungieron como comandantes de la 27ª. Zona Militar con sede en Acapulco, se pusieron en práctica esas enseñanzas como lo prueban las diversas desapariciones de campesinos y universitarios.
[538] AGN. Expediente CISEN. Aquí se prueba que fungió como Agente del Ministerio Público Militar durante ese periodo y, por tanto, corresponsables de los hechos.

desaparición forzada y la tortura durante la "guerra sucia", delitos que no prescriben.

Entre los casos de personas documentadas que fueron arrojadas al mar a través de un avión *Arava* que despegaba de la base militar de Pie de la Cuesta cerca de Acapulco, podemos señalar entre otros, a: Ruperto y Vicente Adame de Jesús, Eusebio Arrieta, Anastasio, Justino y Emiliano Barrientos Flores, Emiliano Barrientos Martínez, Raymundo Barrientos Reyes, Luis Armando Cabañas Dimas (estudiante universitario), Miguel Ángel Cabañas Vargas, Roberto Castillo de Jesús, Rosalío Castrejón Vázquez, Artemio Chávez, Esteban y Jesús Fierro Valadez, Antonio Flores Leonardo, Marcelino Flores Zamora, Flavio Morales Legideño, Juan Onofre Ocampo, Lucio Peralta Santiago, David Rebollo Martínez, Mariano Serrano Zamora y Perla Sotelo Patiño.

Recientemente los medios masivos de comunicación dieron cuenta de la localización en Nueva York del niño Lucio Antonio Gallangos Vargas desaparecido desde hace más de 30 por parte de su hermana Aleida, lograda de según la Femospp gracias a su apoyo, pero que según el dicho de ella, la logró gracias a que procedió a investigar el caso por sus propios medios, debido a los obstáculos que los primeros le imponían. La relación que aquí se presenta no agota la totalidad de los casos, sino sólo son algunos que bien pueden tomarse como "botón de demuestra" para identificar "el patrón criminal" en que se movían aquellos personajes siniestros de la represión. (Ver cuadro No. 4)

CUADRO No. 4

NIÑOS DESAPARECIDOS DURANTE LA "GUERRA SUCIA": 1974 - 1981

No. Ord.	Nombre y apellidos	Edad	Lugar de desaparición	Fecha de detención	Responsables de detención
1	Emilio Delgado Jiménez	14	San Vicente de Benítez	25 abril 1974	Militares
2	Jacinto Iturio de Jesús	14	San Andrés de la Cruz	22 de agosto de 1977	Militares
3	Fermín Barrientos Reyes	15	El Rincón de las Parotas	1 de octubre de 1974	27 Batallón del Ejército
4	José Abel Ramírez	14	El Paraíso	28 de junio de 1971	Militares
5	Marcelino Serafín Juárez	16	San Juan de las Flores	2 diciembre 1974	Militares
6	Inés Castillo Ley	16	Kilómetro 21 (Acapulco)	2 de diciembre 1974	Militares
7 y 8	Dos hermanos de apellido López Sánchez:	de 7 y 6	Lugar no especificado	1 de enero de 1971	Militares
9	Israel Romero Dionisio	16	El Ejido, Opio. De Atoyac	1 de marzo de 1974	La Brigada Blanca
10	Margarito Castillo Iturio	17	El Camarón, Opio. De Atoyac	18 de noviembre de	La Brigada Blanca

271

				1974	
11	Armando Iturio Barrientos	17	El Camarón, Opio. De Atoyac	18 de noviembre de 1974	Brigada Blanca
12	Jacinto de Jesús Vázquez	16	Del mercado de Atoyac	21 de agosto de 1977	PJE: Wilfredo Castro Contreras
13	Pastor Romero Flores	12	Detenido, Kilómetro 21 en Cuernavaca, Mor.	9 de septiembre de 1976	Brigada Blanca
14	Justino Romero Flores	13	Detenido Kilómetro 21 en Cuernavaca, Mor.	9 de septiembre de 1976	Brigada Blanca
15	Luis Francisco García Castro	17	Culiacán, Sin.	19 de agosto de 1977	Dirección Federal de Seguridad
16	Felipe Millán	17	Culiacán, Sin.	19 de agosto de 1977	Judicial del Estado y DFS
17	Juan Germán Flores Carrasco	17	Culiacán, Sin.	25 de agosto de 1977	Brigada Blanca
18	Jorge Guillermo Flores Valenzuela	17	Culiacán, Sin.	26 abril de 1977	DFS, Judicial del Edo. Y Ejército.
19	Rigoberto Rodríguez Rivera	17	Culiacán, Sin.	5 de enero de 1979	Policía municipal de Culiacán, Sin.
20	Héctor Arnoldo León Díaz	16	Culiacán, Sin.	25 de abril de 1977	Ejército
21	Miguel Ángel Sánchez Vázquez	17	Guadalajara, Jal.	7 de abril 1974	Brigada Blanca
22	Guillermo Bautista Andalón	17	Guadalajara, Jal.	14 de abril de 1974	Brigada Blanca
23	Miguel Ángel Arámbura García	15	Guadalajara, Jal.	27 febrero de 1981	Brigada Blanca
24	Rolando Ramírez Naranjo	16	Mexicali, B.C.	27 de febrero de 1981	Brigada Blanca
25	Lucio Antonio Gallangos Vargas (Aparecido)	4	México, D.F.	Junio de 1974	Brigada Blanca
26	Adolfo Tecla Parra	15	México, D.F.	1 de enero de 1978	Brigada Blanca
27	Violeta Tecla Parra	14	México, D.F,	1 de enero de 1978	Brigada Blanca

FUENTE: Datos tomados de la Afadem, **Proceso** (México, D. F.) No. 1472 de 16 de enero de 2005, pp. 7 -11.

En 2003, la LVI Legislatura local donde la mayoría de los legisladores eran del Partido Revolucionario Institucional (PRI), se decretó una Ley de amnistía que no benefició a los preso político o de conciencia, bajo el argumento "legal" de que no podía beneficiar a quienes hubiesen "cometidos delitos graves", dejando de lado que el Derecho

Internacional sí considera a quienes hayan incurrido en "delitos asociados a motivaciones políticas".

Dado que los presos políticos fueron detenidos por gobiernos anteriores emanados de ese partido, se percibe que ello dificulta la aprobación de una ley de amnistía porque aparecería como un mentís a sus aseveraciones de que "en la entidad no existen presos políticos ni de conciencia", a pesar de que, como es el caso de los ecologistas presos, de quienes organismos defensores de derechos humanos demostraron su situación, no eran liberados. En tal situación, la ley que fue aprobada por la anterior Legislatura, evidentemente sólo se dio con fines propagandísticos más que para hacerle justicia a quien padecen cárcel y persecución por sus ideas y acciones políticas correspondientes. Los legisladores de la LVII Legislatura reconocen que "fue absolutamente limitada" pero que tampoco hicieron lo suficiente para cambiar el sentido de dicha Ley, excepto que fuera ampliada su vigencia de seis meses a un año más, pero los resultados fueron los mismos, es decir, nulos.

En su oportunidad, el diputado del PRD David Jiménez Rumbo sostuvo que oficialmente la Ley de amnistía nació muerta, debido a que "lo que pasa es que hay delitos que se consideran graves (la violación, el secuestro y el homicidio); no se puede plantear que la violación es un mecanismo idóneo para lograr beneficios políticos, lo mismo pasa con el homicidio y el secuestro" –declaró el legislador-, sin proponer ninguna alternativa. (Sus palabras son similares a las que se externaron en 1978 en contra de la Ley de Amnistía del gobierno del presidente José López Portillo por gentes vinculadas a la represión). Sin embargo, convocó a que, "aquel que alega, sostiene y asegura que no cometió el delito y que se le tiene de manera injusta, debe ir a los tribunales, (dado que) eso no le compete a la ley de amnistía".[539] Desde esa lógica, la misma ley de amnistía no se justifica si de ante mano se descarta el beneficio a cualquier luchador social preso, consideraron las ONGs.

Al respecto fueron entrevistados dos diputados que durante la "guerra sucia" sufrieron la represión porque se vieron involucrados como colaboradores del Partido de los Pobres (PdlP): Heriberto Noriega Cantú del Partido de la Revolución del Sur (PRS) y Félix Bautista Matías del Partido Convergencia. Ambos coincidieron por separado, en

---

[539] Castorena Noriega, Miguel Ángel. *Ley de amnistía insuficiente.* VÓRTICE. Entrevista. (Chilpancingo, Gro.) del 23 de noviembre de 2003 p. 17.

que esa Ley "nació muerta". Sin embargo, pidieron "una segunda oportunidad para los luchadores sociales". En particular el diputado Félix Bautista Matías, que durante la década de los 70 fuera víctima de la represión y amnistiado durante el sexenio de López Portillo, señaló que "se debe involucrar al Congreso de la Unión y al Poder Ejecutivo Federal, para poder concretar un instrumento conciliador, en Guerrero tenemos muchos diputados federales para poder impulsar un amnistía general, no debemos renunciar a la posibilidad de profundizar en la pacificación del estado y del país (..) Todavía no debemos renunciar a la posibilidad de ver libres a los comandantes "Aurora" y "Antonio" del Ejército Revolucionario del Pueblo Insurgente (ERPI), eso nos va a permitir atraer a otros que como ellos, creen que sólo las armas pueden forzar los cambios, cuando en realidad vivimos tiempos mejores, tiempos en los que ya se puede hacer política, en los que ya no se persigue sólo por razón de discrepar". Su partido elaboró una iniciativa para sancionar la tortura y la desaparición forzada, sin embargo, no ha sido siquiera sometida a discusión por la actual legislatura

Al analizar las resistencias a llevar a juicio a los presuntos responsables por los crímenes que se les imputan a los agentes del Estado mexicano, se encontró que existen "patrones" comunes con los que se dieron en otros países que vivieron circunstancias similares: Terrorismo de Estado que se manifestó al sembrar el terror por parte de los aparatos policiacos y militares en contra de los familiares de luchadores sociales y habitantes de comunidades enteras, en las zonas de influencia guerrillera, desaparición, tortura, juicios sumarios, pérdida de identidad de niños, entregados de manera ilegal en adopción a personas sin rostro por los agentes del Estado.

Son muchas las dificultades legales para llevar a juicio a los responsables de crímenes de lesa humanidad "por lo inadecuado del marco jurídico" o por la legislación de leyes que protejan la impunidad. Tanto allá como aquí, se practicaron choques eléctricos en partes sensibles del cuerpo, quemaduras con cigarrillos, colocación de la mano o el pie debajo de una silla o mesa del detenido, en donde se sentaba el interrogador que les propinaba patadas usando pesadas botas militares, puñetazos en la cabeza, en las espinillas y torso; inmersión o sumergimiento en agua fétida o aguas residuales por periodos largos y algunas veces por días; amenaza de muerte; simulacro de ejecución; heridas deliberadas con armas de fuego; suspensión en el aire atados de los pies; aislamiento, privación de alimentos y del sueño. Habría que agregar, los "vuelos de la muerte", los juicios sumarios, los "tehuacanazos", introducción de alfileres o agujas debajo de las uñas; violaciones de hombres, mujeres y niños. Por todo ello, existen voces en el sentido de promover la conformación de una Comisión de la Verdad en México que sea capaz de alcanzar mejores resultados que la Femospp.

Conclusiones: ¿Fiscalía Especializada o "Comisión de la Verdad"?

1) Escepticismo por el funcionamiento de la Femospp

Desde la conformación de la Fiscalía Especializada para los Movimientos Políticos del Pasado (Femospp) en 2002 por el gobierno de Vicente Fox, se generaron muchas expectativas, dudas y hasta escepticismo entre los familiares de desaparecidos, torturados y asesinados durante la "guerra sucia" en torno a si realmente el Estado estaría dispuesto a acabar con la impunidad y a hacerles justicia. Hubo sin embargo quienes rechazaron su creación y proponían una "Comisión de la Verdad", al tiempo que otros optaron por otorgarle al presidente "el beneficio de la duda", en el sentido de no juzgarlo a priori sino que habría que darle la oportunidad de demostrar, que realmente se proponía arribar a una nueva época en que se haría valer el estado de derecho violentado durante la "guerra sucia".

Son muchos los casos de personas entrevistadas que se manifestaron decepcionadas, escépticas y hasta indignadas por la falta de resultados de la Femospp, pero que, tal vez cambiarían de opinión cuando ésta llegara a presentar pruebas de que realmente está cumpliendo con los objetivos para los cuales fue creada. Entre quienes se manifestaron decepcionados sugirieren: unos, la creación de una "Comisión de la Verdad, pero reconocieron su falta de información respecto a sus alcances y características; al tiempo que otros, francamente consideraron que el problema no es el tipo de organismo que se forme, sino qué tan autónomo e independiente del Ejecutivo sea y qué legislación le respalda; qué tanta voluntad política existe de parte del Estado y las fuerzas políticas hegemónicas para que sea posible conocer la verdad histórica y jurídica de aquellos crímenes consumados durante la "guerra sucia"; in faltar quienes sostuvieron que sólo el avance de la democratización de las estructuras políticas, económicas y culturales del país harán posible la justicia a las víctimas y sentar las bases para erradicar la impunidad y cerrar las puertas a los intentos de volver a violar los derechos humanos como se dio en aquel periodo.

Después de más de tres años de creada la Femospp, se consideró pertinente conocer la opinión de diversos actores políticos e interesados acerca del funcionamiento de la Fiscalía. Al respecto se transcriben algunas opiniones obtenidas a través de entrevistas "cara a cara" o recurriendo a diversos medios escritos que se tuvieron al alcance:

277

- Rosario Ibarra de Piedra: Presidente del Comité EUREKA

Para ella la Fiscalía Especializada para Movimientos Sociales y Políticos del Pasado (Femospp) es un vil engaño mediático del presidente Fox porque "No hay avances, la fiscalía es un fraude y no hace más que servirle al presidente Fox en sus intenciones de querernos engañar de la manera acostumbrada, como una medida propagandística". Aseguró que la Femospp protege a los implicados en la "guerra sucia" ocurrida en los años 70 y la detención de quien fuera jefe de la Dirección Federal de Seguridad Miguel Nazar Haro, "ha sido un circo, una farsa, pues duerme tranquilamente en su casa". El lema del Comité EUREKA es: "vivos se los llevaron, vivos los queremos"; por lo que de antemano rechaza cualquier tipo de indemnización que la Femospp pretenda cubrir por cada desaparecido, encarcelado o torturado, sobre todo si con ello se busca cancelar la posibilidad de que el Estado garantice la justicia demandada. "No se puede hablar de indemnización o reparación del daño antes de llevar a juicio a los responsables de la "guerra sucia" –aseguró la señora Rosario Ibarra de Piedra y muchos de sus seguidores-.

- Adela Gayangos Vargas, hermana de Lucio Antonio localizado recientemente en Nueva York

Asegura que localizó a su hermano gracias a la intensa búsqueda que ella misma emprendió por su cuenta, a pesar de los obstáculos que le impuso la propia Femospp, por lo que llegó a la conclusión de que: "Al parecer todas las familias (de desaparecidos) tienen que hacer igual que yo para saber de su gente, pues la fiscalía no está haciendo el trabajo para el que fue creada".

- Gregorio Fernández Brito, hermano de la desaparecida Victoria de los mismos apellidos declara.

Que ha acudido a la fiscalía "infinidad de veces" a presentar pruebas de la desaparición de su hermana Victoria y hasta la fecha sólo ha encontrado puras evasivas y promesas incumplidas; "pero eso sí he ganado que a mi hija María la estén interrogando como si ella fuera la delincuente; prácticamente ha sido intimidada por los agentes que le envía la Fiscalía, por lo que ya no le quedan a uno ganas de seguir acudiendo a exigir la presentación de mi hermana Victoria". Fernández Brito rechazó terminantemente cualquier indemnización, si ello implica renunciar a seguir demandando la desaparición de su hermana.

- Tita Radilla, hija del desaparecido Rosendo Radilla.

Reiteradamente ha puesto en duda la seriedad de la función de la Fiscalía debido a que "hasta la fecha, después de tres años no ha demostrado resultados; ni existe ningún implicado en la "guerra sucia" que esté tras las rejas. Ha recurrido a tribunales internacionales para demandar justicia por la desaparición de su papá Rosendo Radilla.

- R. M. T. R.

"Cuando acudí a la Femospp a denunciar la desaparición de mi hermana María Teresa Torres Ramírez, de su esposo Guillermo Mena Rivera y de su primo Alejandro Rivera Olvera, parecía que nosotros éramos los delincuentes, no nos quedaron ganas de seguir insistiendo en demandar a la Fiscalía su intervención, sobre todo que a mi papá lo visitaron unos desconocidos para amenazarlo si delataba a los agentes que reconoció. Antes de morir nos recomendó que ya no insistiéramos en demandar la aparición de nuestra hermana y su esposo porque no quería que corriéramos la misma suerte que ellos".

Frente a la falta de resultados satisfactorios de la Fiscalía Especializada para los Movimiento Políticos del Pasado (Femospp) fue necesario analizar las fortalezas y debilidades de lo que significa una Comisión de la Verdad, tomando como referencia, lo que se ha hecho en otros países que también sufrieron violaciones a los derechos humanos durante las dictaduras militares y gobiernos autoritarios en el sur de Asia, África y América Latina. Al respecto se procedió a analizar el contexto en que fueron creadas, sus características, los objetivos y los resultados para poder dar respuesta a la pregunta de si en lugar de una Fiscalía conviene crear una Comisión de la Verdad en México que pudiera superar las limitaciones de la Femospp.

Pero ¿Qué son las Comisiones de la Verdad? Al respecto Rodolfo Mattarollo nos dice que "son organismos públicos de carácter no jurisdiccional. Su función es la investigación - generalmente referida a un periodo pasado y a lo ocurrido en un solo país- de graves abusos cometidos contra la dignidad humana (..) Junto con la investigación tienen como objetivo primordial la preservación de la prueba de tales hechos".[540] Se reconoce que los aportes de las Comisiones son relevantes, en cuanto "demuestran que es posible encontrar responsables; contribuyen al establecimiento de

---

[540] Mattarollo, Rodolfo. *Las comisiones de la verdad*. et al. En Verdad y justicia. Homenaje a Emilio F. Mignone, Ed. IIDH y CELS, 2002, p. 127

la confianza social; su acción es preventiva de repeticiones (de crímenes de lesa humanidad) porque -entre otras cosas- demuestra que la impunidad no es inexorables y, finalmente, puede dar sustento y fortaleza a la acción judicial ordinaria, a la que reemplaza".[541] Para Patricia Valdez también, el objetivo de una Comisión de la Verdad es "investigar los hechos, conocer las causas que los motivaron y establecer las responsabilidades de los diversos sectores involucrados".[542] Se destacan las formas de organización, estrategias de acción y los resultados obtenidos, lo que implica que las Comisiones de la Verdad "pueden ser entre otras de sus funciones, instrumentos para investigar, perseguir y castigar a los autores de violaciones a los derechos humanos y dar respuesta a la verdad requerida por las víctimas; servir de enlace con los tribunales ordinarios; aportar elementos para el debido proceso y formular recomendaciones a las instituciones del Estado, promover la reparación del daño a las víctimas a nivel individual o social, de depuración de las fuerzas armadas y de seguridad, de modificaciones en el funcionamiento de las instituciones políticas". Patricia Valdez agrega que las Comisiones de la Verdad (en América latina) "han sido posibles en un mundo unipolar. Esto es, cuando la historia demostró que los regímenes opresivos no combatieron al enemigo extra-continental, sino a sus propios ciudadanos."[543]

Los procesos de descolonización emprendidos al concluir la Según da Guerra Mundial se caracterizaron por la presentación de guerras civiles y de liberación nacional al interior de los Estados nacionales en América Latina, el sur de Asia, el Medio Oriente y en mayor medida en África, provocadas por la implantación de *gobierno de facto* impuestos a través de golpes de Estado o por los intentos de las antiguas potencias coloniales de conservar el poder a través de gobiernos subordinados; parecía que éstos se habían declarado en guerra contra sus propios pueblos al poner en marcha, medidas represivas extremas en contra de la disidencia política interna, mismas que a la luz de la Declaración Universal de los Derechos Humanos de la ONU configuran un crimen de lesa humanidad. Con ello, "el fantasma que recorría Europa" del que hablaba Carlos Marx en su tiempo, se creyó que se materializaba en aquellos movimientos de liberación nacional y/o social que alcanzaban hasta el interior de las grandes potencias capitalistas, en su modalidad de combate en contra del racismo, como el encabezado por Martin

---

[541] Mattarollo, Rodolfo. *Las comisiones de la verdad.* En Verdad y justicia. Homenaje a Emilio F. Mignone, Op. Cit., p. 128
[542] Valdez, Patricia *Las comisiones de la verdad.* En Verdad y justicia. Homenaje a Emilio F. Mignone, Op. Cit., p. 123
[543] Valdez, Patricia. *Las comisiones de la verdad,* en Verdad y justicia. Homenaje a Emilio F. Mignone, Op. Cit., p. 125

Luther King y las autodenominadas "Panteras Negras" en los Estados Unidos o de movimientos estudiantiles como el del 68 en Francia, Alemania, México, entre otros, de entre los cuales, algunos desembocaron en movimientos guerrilleros que se proponían la liberación nacional y social.

En síntesis, las Comisiones de la Verdad tienen como características, entre otras, la de:

1) Estudiar el pasado.
2) Analiza el patrón de violación a los derechos humanos en un determinado periodo de tiempo.
3) Son organismos con un plazo determinado para sus trabajos

La conformación de **COMISIONES DE LA VERDAD** constituidas por los gobiernos y pueblos en Asia, África y América Latina también fortalecen la hipótesis de que la violaciones a los derechos humanos en México no fue un hecho aislado sino concertado a nivel mundial, como producto, por una parte, de las contradicciones "Este-Oeste" materializadas en la llamada "guerra fría" y, por la otra, las aspiraciones de los pueblos de esas naciones por liberarse del colonialismo e instaurar gobiernos de corte nacionalista y hasta "pro socialistas". En cada país la represión y la resistencia adquirieron características particulares y el desenlace de aquel periodo se diferencia en cuanto a que, en algunos países la impunidad a los responsables de crímenes de lesa humanidad ha sido garantizada, al tiempo que en otros, ya fueron sometidos a juicio político o jurídico y hasta económico; sin dejar de lado que en otros, pareciera que únicamente se trató de aparentar la aplicación de la justicia al dejarla circunscrita al nivel del "laberinto de los procesos legales previamente determinados" como es el caso de nuestro país.

Cabe entonces analizar las experiencias vividas por aquellos pueblos en torno a la manera en que arribaron a la conformación de comisiones de la verdad u otro tipo de organismos similares para lograr "justicia, verdad y memoria" como medio de "ajustar cuentas con su pasado". No se puede obviar que el funcionamiento en aquellos países no ha sido fácil ni suficiente para enjuiciar a sus respectivos criminales, pero representan avances en esa materia, que sólo han sido posibles en el contexto de los procesos de transición democrática internos alcanzados por la sociedad civil. Derivado de todo ello, fue necesario analizar algunas de aquellas experiencias tales como la de Ghana, Sierra Leona, Timor Oriental, Perú, Uruguay, Argentina, Brasil, Guatemala, El

Salvador, Honduras, entre otras, para establecer coincidencia y diferencias respecto al accionar de la Femospp en México.

_ República de Ghana[544]

En Ghana el conflicto tuvo una connotación de violencia étnica y política derivado de los procesos de descolonización regional. Al término de aquel periodo el 7 de enero de 2002 fue creada una Comisión Nacional de Reconciliación de Ghana, que se instaló el 6 de mayo del mismo año. La Característica de la Comisión más relevante es que fue constituida con "nueve ghaneses distinguidos" por su integridad, imparcialidad y capacidad cuyos propósitos de la ley fueron: a) Buscar y promover la reconciliación nacional entre el pueblo de Ghana, recomendando las reparaciones apropiadas para las personas que sufrieron cualquier daño, lesión, perjuicio, agravio o que han sido afectadas negativamente por violaciones y abusos a sus derechos humanos. b) Establecer un registro exacto y completo de las violaciones a los derechos humanos y abusos infringidos a las personas por parte de las instituciones públicas, funcionarios públicos o personas que declaraban o aseguraban haber actuado a nombre del Estado durante los periodos de gobierno inconstitucional; c) Dirigir recomendaciones al presidente para reparar los daños cometidos durante los periodos específicos. La Comisión tuvo como plazo, un año para lograr sus propósitos y se rige por una ley que le faculta independencia con respecto a los poderes policiacos en sus investigaciones, para citar, catear; tiene facultades de un tribunal en sus audiencias públicas. Sin embargo, ninguna persona puede ser demandada ante algún tribunal como resultado de las investigaciones de la Comisión. Ésta puede recomendar al Presidente la reparación del daño de manera colectiva o individual de tipo monetaria o no monetaria por razones de tortura: erigir monumentos y nombrar calles en memoria de los desaparecidos y establecer becas para los hijos de las víctimas de tortura y ejecución.

_ Sierra Leona[545]

El origen del conflicto se contextualiza en la lucha de liberación nacional para terminar con el del antiguo poder colonial que duró once años. Aquí se creó la Comisión de la

---

[544] A. Attafuah, Kenneth, *La experiencia de Ghana. Visión global de la Comisión Nacional de reconciliación* (Ponencia) en Comisión de la verdad: Tortura, reparación y prevención), MEMORIAS. Ed. Comisión de Derechos Humanos del Distrito Federal (CDHDF), México, 2002, pp. 237 -262.
[545] Christian Humper, Joseph *La experiencia de Sierra Leona* (Ponencia) En Comisión de la verdad: Tortura, reparación y prevención), MEMORIAS. Ed. Comisión de Derechos Humanos del Distrito Federal (CDHDF), México, 2002, pp. 263 - 267

Verdad y Reconciliación el 22 de febrero de 2002 y comenzó sus funciones hasta el 5 de julio del mismo año. Entre sus objetivos cabe mencionar que se propone:

1. Crear un registro histórico de las violaciones y los abusos a los derechos humanos y al derecho internacional humanitario.
2. Realizar trabajo respecto a la impunidad.
3. Responder a las necesidades de las víctimas.
4. Promover la reconciliación y medidas para sanar las heridas de las víctimas.
5. Prevenir la repetición de violaciones o abusos sufridos en el pasado.
6. Investigar e informar sobre las causas, la naturaleza y la extensión de las violaciones y los abusos en el mayor nivel posible.
7. Trabajar para ayudar a restaurar la dignidad humana de las víctimas y promover la reconciliación (..) creando un clima entre las víctimas y los perpetradores.

_ **Timor Oriental**[546]

El 13 de junio de 2001 fue creada la Comisión de Recepción, Verdad y Reconciliación en Timor Oriental, cuyas funciones y propósitos fueron: Investigar las violaciones a los derechos humanos, realizar audiencias (públicas o privadas); requerir a los testigos que asistan a las audiencias y presente evidencias a la Comisión; Organizar la exhumación de cuerpos con el permiso de la Oficina del Procurador de Justicia; solicitar información a las autoridades gubernamentales y agencias en otros países; organizar audiencias especiales para grupos de víctimas en particular, como mujeres y niños; y, realizar investigaciones adicionales para la presentación de un informe por escrito.

Aquí el conflicto se inició después de la decisión del gobierno portugués de otorgarle a sus antiguas colonias la independencia. La lucha por el poder generó una guerra civil que fue aprovechada por Indonesia para invadir ese país e imponer un gobierno subordinado durante más de 24 años, tiempo en que consumó diversas medidas represivas violatorias de los derechos humanos. Al igual que en todos los países inmersos en conflictos armados y políticos como en México y Sudamérica, aquí los invasores recurrieron los mismos métodos de tortura: choques eléctricos en partes sensibles del cuerpo, quemaduras con cigarrillos, colocación de la mano o el pie debajo de una silla o mesa del detenido, en donde se sentaba el interrogador que les propinaba patadas usando pesadas botas militares, puñetazos en la cabeza, en las espinillas y torso;

---

[546] Guterres, Isabel. *La experiencia de Timor Oriental.* (Ponencia) En MEMORIAS. Comisión de la verdad: Tortura, reparación y prevención), Ed. Comisión de Derechos Humanos del Distrito Federal (CDHDF), México, 2002, pp. 269 - 276

inmersión o sumergimiento en agua fétida o aguas residuales por periodos largos y algunas veces por días; amenaza de muerte; simulacro de ejecución; heridas deliberadas con armas de fuego; suspensión en el aire atados de los pies; aislamiento, privación de alimentos y del sueño. Frecuentemente los familiares no conocían el paradero del detenido. Como parte de la reconciliación, se convocaría a las víctimas, victimario y miembros de la comunidad para arribar a sanciones, entre ellas: que el responsable de delitos realice trabajo comunitario, se disculpe públicamente o dé una compensación.

_ Perú.[547]

En Perú las violaciones de los derechos humanos se dieron en el marco de la confrontación armada del Estado contra los grupos guerrilleros: Sendero Luminoso y el Movimiento Revolucionario "Tupac Amaru" que se proponían establecer un gobierno socialista. A diferencia de otras comisiones de la verdad, aquí se legisló para sancionar por igual a agentes del Estado que a miembros de las guerrillas, caracterizadas por éste como "organizaciones terroristas". Con la particularidad de que no se conocen casos de agentes del Estado que hayan sido sometidos a juicio a la luz de la ley que creó la Comisión, pero sí de ex combatientes capturados. La Comisión respectiva fue creada el 4 de junio de 2001 con la denominación: Comisión de la Verdad y Reconciliación, cuyos objetivos fueron: enfocar su trabajo sobre hechos imputables a las "organizaciones terroristas", a los agentes del Estado o grupos paramilitares que hayan cometido: a) Asesinatos y secuestros; b) Desapariciones forzadas; c) Torturas y otras lesiones graves; d) Violaciones a los derechos colectivos de las comunidades andinas y nativas del país, e) Otros crímenes contra los derechos de las personas, f) Analizar y establecer en el plano nacional la práctica habida en relación con la desaparición forzada, la tortura, la violación, los asesinatos, etcétera. El decreto establece que el deber de la Comisión es determinar el paradero de las víctimas, elaborar propuestas de reparación y dignificación de éstas y de sus familiares.

_ Uruguay[548]

---

[547] Mecher, Sofía. *La experiencia de Timor Oriental.* (Ponencia) en MEMORIAS. Comisión de la verdad: Tortura, reparación y prevención). Ed. Comisión de Derechos Humanos del Distrito Federal (CDHDF), México, 2002, pp. 277 - 290
[548] Peralta, Ariela. *La experiencia de Uruguay.* (Ponencia) En MEMORIAS Comisión de la verdad: Tortura, reparación y prevención). Ed. Comisión de Derechos Humanos del Distrito Federal (CDHDF), México, 2002, pp.291 - 304

La confrontación del Estado uruguayo en contra de la disidencia armada y no armada encabezada por el Movimiento de Liberación Nacional "Tupamaros", surgió como respuesta al golpe de Estado consumado por los militares el 27 de junio de 1973 para frenar el avance de la disidencia que amenazaba con tomar el poder. Eran los tiempos de los golpes militares en Sudamérica asesorados por los emisarios del gobierno norteamericano. Con el Pacto del Club Naval de 1984 los militares trataron de asegurarse en forma implícita o explícita cierta impunidad ante cualquier intento de revisar sus crímenes cometidos. Sin embargo, el 9 de agosto de 2000 se creó la Comisión para la Paz, como un esfuerzo de contrarrestar los efectos del plebiscito del 16 de abril de 1989 que se propuso aprobar una ley a favor de la impunidad a pesar de los cuestionamientos en contrario de la Comisión Interamericana de Derechos Humanos. En 1999 el poeta Juan Gelman emprendió una campaña internacional para recuperar a su nieta desaparecida que sabía, que vivía en Montevideo, lo que permitió arribar a la creación de la Comisión para la Paz cuyos objetivos fueron: recibir, analizar, clasificar y recopilar información sobre detenidos desaparecidos. Sin embargo, la Comisión careció de facultades para obligar a alguien a declarar, aportar datos, documentos o pruebas de cualquier tipo.

_ El Salvador y Honduras[549]

Los crímenes de lesa humanidad se dieron durante la confrontación armada entre el ejército salvadoreño y las fuerzas guerrilleras encabezadas por el Frente Farabundo Martí de Liberación Nacional (FMLN) en el periodo de 1980 a 1991. Durante la década de los 80 "los gobiernos tanto de El Salvador como de Honduras, Nicaragua y Guatemala se caracterizaron por estar bajo la influencia de la institución militar, que a su vez estaba activamente comprometida en su apoyo a la política norteamericana de buscar evitar "el avance del comunismo" en América Central "por la vía militar"[550] a través de una estrategia similar a la de las dictaduras sudamericanas. Así, Honduras fue convertida en cabeza de playa" de las fuerzas contrarrevolucionarias ("contras") al servicio de los norteamericanos para derrotar la experiencia sandinista en Nicaragua y combatir a la guerrilla en El Salvador y toda la región, donde los gobiernos se distinguieron por el gran número de desapariciones, ejecuciones extrajudiciales, tortura

---

[549] Forti, Alfred W. *Las experiencias de El Salvador y Honduras en la búsqueda de la verdad.* (Ponencia) En MEMORIAS. Comisión de la verdad: Tortura, reparación y prevención. Ed. Comisión de Derechos Humanos del Distrito Federal (CDHDF), México, 2002, pp. 208 - 218
[550] Forti, Alfredo W. *Las experiencias de El Salvador y Honduras en la búsqueda de la verdad.* Op. cit. p. 216

y detenciones arbitrarias. En El Salvador se aceptó que las investigaciones fueran aplicables lo mismo a militares que a guerrilleros, acusados de ser presuntos responsables también de violaciones a derechos humanos, sin que se conozca tampoco de casos concretos de agentes militares y policiacos que hayan sido juzgados y sentenciados. Con ello al parecer los representantes del Estado buscaron neutralizar cualquier intento de llevar a juicio a los militares, señalados como responsables de asesinatos de monjas, universitarios, dirigentes políticos, de Monseñor Arnulfo Romero, entre otros miles más. Los objetivos de la Comisión fueron: a) Esclarecer el destino de millares de detenidos-desaparecidos, la autoría material e intelectual de magnicidios, matanzas de población civil, ejecuciones sumarias y la ubicación e identificación de cientos de niños, hijos de disidentes y víctimas de la represión que fueron ilegalmente entregados en adopción por sus captores; b) Investigar y dilucidar la verdad; c) Propiciar el concepto de "Nuca Más" a través de medidas específicas para evitar el olvido y la repetición de los eventos que caracterizaron el periodo de la barbarie; d) Promocionar la reconciliación nacional; y e) Elaborar recomendaciones de medidas destinadas a prevenir la represión de tales hechos, así como iniciativas orientadas hacia la reconciliación nacional. Evidentemente en esta materia, México sigue a la saga.

_ Guatemala[551]

Los crímenes de lesa humanidad se dieron en el contexto de una confrontación entre el ejército y paramilitares al servicio del Estado que incurrieron en actos de genocidio en contra de indígenas mayas del Petén y El Quiché por una parte y por la otra, la Unión Revolucionaria Guatemalteca (UNRG), quienes firmaron en diciembre de 1996 un acuerdo de paz que puso fin a una violencia que duraba más de 30 años. Aquí fue creada la Comisión de Esclarecimiento Histórico de Guatemala (CEHG) cuyo propósito fue: Esclarecer con toda objetividad, equidad e imparcialidad las violaciones a los derechos humanos y los hechos de violencia que han causado sufrimientos a la población guatemalteca, vinculados con los enfrentamientos armados. Cabe señalar que los logros han sido mínimos por la resistencia que imponen los militares implicados en crímenes de lesa humanidad que aún conservan un gran poder en los aparatos del Estado.

---

[551] Popkin, Margaret. *La búsqueda de la verdad y la justicia después de la Comisión de la Verdad en Centroamérica. Verdad.* (Ponencia) En MEMORIAS. Comisión de la verdad: Tortura, reparación y prevención. Ed. Comisión de Derechos Humanos del Distrito Federal (CDHDF), México, 2002, Op. Cit., pp. 223 - 258

_ **Argentina y Chile**[552]

Las violaciones de los derechos humanos en Chile y Argentina pueden ser consideradas paradigmáticas por su magnitud y crueldad que se dieron en el contexto de la ofensiva militar y policiaca del Estado en contra de la disidencia armada y no armada, que luchaba en contra de las dictaduras militares y el autoritarismo imperantes. "Las violaciones a los derechos humanos eran justificadas por el Estado al igual que en México, mediante la doctrina de la seguridad nacional alentada por los Estados Unidos de Norteamérica en el marco de la confrontación en la región "Este – Oeste, dada a fines de la segunda guerra mundial, durante el periodo mejor conocido como de la *guerra fría*"[553]. Argentina, Uruguay, Chile, Bolivia, Brasil, Paraguay, entre otros, desarrollaron acciones coordinadas a través de la *Operación Cóndor* para la eliminación física de opositores y disidentes; el avasallamiento del derecho a la vida y la seguridad personal, restricciones a las libertades políticas y civiles, la detención y la prisión arbitraria, la falta de recursos administrativos y judiciales efectivos contra los abusos del poder, la cárcel o el confinamiento, el exilio y el destierro, la desaparición forzada o el asesinato político estuvieron a la orden del día.

Las violaciones a los derechos humanos en estos países no fueron homogéneas a pesar de haber sido concertadas; en algunos de ellos le dieron mayor énfasis a la desaparición forzada, otros a la tortura al tiempo que en otros a las ejecuciones extrajudiciales. En esta región fueron creadas sendas Comisiones de la Verdad cuyos objetivos fueron: desarrollar medidas activas en pos de la realización de la justicia, la averiguación de la verdad, la construcción de la memoria, la compensación a las víctimas, la depuración de los cuerpos de seguridad e intentar reconciliar a una sociedad dividida. De los dos países de referencia, se ha sometido a juicio apenas a algunos militares de alto, rango al tiempo que en Chile, Pinochet invariablemente ha sido exonerado de los crímenes de lesa humanidad por el poder que aún conservan y hasta hoy únicamente se le ha sometido a juicio por otros delitos derivados de sus prácticas de corrupción. Sin embargo, cabe reconocer que son los pocos países donde se han atrevido a enjuiciar a varios de los militares de alto rango involucrados en aquellos crímenes.

---

[552] Michelini, Felipe. *La Experiencia del Cono Sur en materia de Comisiones de la Verdad.* (Ponencia) en MEMORIAS. Comisión de la verdad: Tortura, reparación y prevención. Ed. Comisión de Derechos Humanos del Distrito Federal (CDHDF), México, 2002, Op. Cit., pp. 174 - 204
[553] Michelini, Felipe. *La Experiencia del Cono Sur en materia de Comisiones de la Verdad.* (Ponencia) en MEMORIAS. Comisión de la verdad: Tortura, reparación y prevención. Ed. Comisión de Derechos Humanos del Distrito Federal (CDHDF), México, 2002, Op. Cit., p. 175

_ **El caso de México.**

En el caso del Estado mexicano existe un gran número de comisiones defensoras de los derechos humanos: la CNDH, la Femospp, la CODDEHUM, en la Cámara de Diputados Federal y de los Congresos Estatales, así como al interior de algunas Organizaciones no Gubernamentales, pero las violaciones siguen presentándose y hasta la fecha no se ha llevado a juicio a ningún presunto responsable de crímenes de lesa humanidad. Al conocerse que en otros países ha habido avances importantes surge la pregunta: ¿Por qué aquí no se ha avanzado en esa materia?

Según datos de archivos "clasificados" de la CIA y la FBI (por sus siglas en inglés), existen elementos probatorios en torno a los nexos que Díaz Ordaz y Luis Echeverría Álvarez tuvieron con organismo de inteligencia norteamericanos, para consumar la represión en México al amparo de la teoría de la seguridad nacional frente a las supuestas amenazas del comunismo internacional. Ambos se comprometieron a garantizarle al imperio, que su "frente sur estaría garantizado, libre de cualquier influencia comunista"[554] Si a ello sumamos la cantidad de datos clasificados encontrados en el Archivo General de la Nación, podemos concluir, que tuvieron una responsabilidad directa en la consumación de dichos crímenes, por el seguimiento que le dieron a la matanza de estudiantes del 2 de octubre de 1968, del 10 de junio de 1971 y la persecución, tortura, desaparición forzada de personas, los juicios sumarios en contra de los seguidores de las guerrillas de Lucio y Genaro y demás, durante la llamada "guerra sucia".

En México se creó la Femospp con características normativas específicas que le limitan atender la demanda social para esclarecer la verdad histórica de los crímenes de lesa humanidad, porque centra más su atención en procedimientos judiciales, al tiempo que en otros países que conformaron COMISIONES DE LA VERDAD centralmente se orientaron a desentrañar esa verdad histórica pero también a promover la reconciliación nacional, con aplicación de sanciones de tipo moral y social y económicas a los responsables de crímenes de lesa humanidad.

Por todo lo anterior, cabe hacer un análisis comparativos entre los fundamentos y logros de las Comisiones de la Verdad puestas en marcha en otros países con los de la

---

[554] Lissardi, Gerardo. *Con Nixon, el "romance"*. PROCESO (México, D.F.) del 20 de enero de 2002. No. 1316 pp. 8 y 9

Femospp para poder dar respuesta a las preguntas: ¿Dadas las marcadas deficiencias que ha demostrado la Femospp para someter a juicio a los responsables de crímenes de lesa humanidad, la alternativa será la creación de una Comisión de la Verdad? ¿El problema se resuelve con la creación de un organismo legal o bastará con que haya voluntad política del Estado para arribar al conocimiento de la verdad histórica y sometimiento a juicio a los responsables? Al respecto cabe analizar también los alcances y limitaciones que han tenido los otros organismos defensores de los derechos humano en México: Comisión Nacional de Derechos Humanos (CNDH), la Fiscalía Especializada para los Movimientos Sociales y Políticos del Pasado (FEMOSPP) y la Comisión de Defensa de los Derechos Humanos en el estado de Guerrero (CODDEHUM).

_ La creación de la CNDH[555]

La Ley que creó en 1990 la Comisión Nacional de Derechos Humanos (CNDH) está fundamentada en el apartado "B" del artículo 102 constitucional y en su artículo 2° señala, que "es un organismo descentralizado, con personalidad jurídica y patrimonio propios que tiene por objeto esencial la protección, observancia, promoción, estudio y divulgación de los derechos humanos previstos por el orden jurídico mexicano". La CNDH tiene como antecedentes la existencia de dos organismos no gubernamentales defensores de los derechos humanos surgidos durante la etapa más cruenta de la "guerra sucia" de la década de los años 70, tales como: El Frente Nacional Contra Represión (FNCR) dirigido por la luchadora social Rosario Ibarra de Piedra (Esta organización se transformó posteriormente en el Comité EUREKA), cuyo método fundamental de lucha fue la denuncia, huelgas de hambre, movilizaciones de familiares de desaparecidos, encarcelados y exiliados por motivos políticos, etc., y el Frente Nacional de Defensa de Presos Políticos (FNDP), ya desaparecido como producto de la represión y encarcelamiento de su fundador el Dr. Felipe Martínez Soriano, ex rector de la Universidad Autónoma de Oaxaca, cuyo método fundamental de lucha fue: la toma de embajadas de gobiernos acreditados en México, de Iglesias, de oficinas gubernamentales, bloqueo de calles y denuncias en foros y organismos internacionales, donde se enumeraban las violaciones constantes a los derechos humanos. Sus miembros con frecuencia fueron desaparecidos o encarcelados bajo el supuesto de que pertenecían

---

[555] Constitución Política de los Estados Unidos Mexicanos. Edición 2003, pp. 143-161

a la organización guerrilleras denominada Partido Revolucionario Obrero Campesinos "Unión del Pueblo" (PROCUP.)

En el marco de la globalización económica mundial y del neoliberalismo como ideología dominante en el país, el gobierno de Lic. Carlos Salinas de Gortari firmó el Tratado de Libre Comercio entre los países de América del Norte (TLCAN): México, Canadá y los Estados Unidos de Norteamérica, que implicaba, la puesta en marcha de nuevas relaciones comerciales, supuestamente para impulsar un libre comercio en igualdad de circunstancias entre las tres naciones firmantes. La directriz era promover la "modernización" de las instituciones, reformas a las leyes y de la propia Constitución, el "adelgazamiento del Estado", la "desincorporación" (privatización) de las empresas para-estatales, entre otras reformas, "para hacer más competitiva nuestra economía y con ello, arribábamos al Primer Mundo".

Para efectos de la aplicación de ese tratado, los organismos financieros internacionales, tales como el Banco Mundial (BM) y el Fondo Monetario Internacional (FMI), entre otros, demandaron al gobierno mexicano, una serie de reformas estructurales que garantizaran al gran capital un amplio margen de ganancias, la debida estabilidad política y jurídica; lo que implicaba, cambiar la imagen de los gobiernos autoritarios realmente existentes que ya duraba más de 60 años, por otro con rostro "más democrático" y con ello, evitar convulsiones políticas en el país; eran condiciones indispensables para salir del atraso que después de 15 años se profundiza. Y es que en la época de la globalización económica mundial "el Estado-nación adquiere nuevas funciones (..) Como conducto entre el capital y el mercado global (..) para preservar la disciplina laboral, ampliar la movilidad del capital mientras suprime la de la mano de obra"[556].

Desde esa perspectiva, los derechos laborales, prestaciones, salarios y las conquistas históricas de la clase obrera en general, empezaron a cancelarse. Avanzábamos aceleradamente, como lo advierte Isidro H. Cisnero, a la conformación de los "nuevos esclavos del capital". A partir de aquí, el modelo económico del país tuvo que quedar subordinado a la estrategia global de acumulación y de "la dictadura de las leyes del mercado mundial" donde se privatiza la ganancia y se socializa la pobreza"; en consecuencia, los índice de crecimiento de la pobreza y la pobreza extrema, ya rebasan

---

[556] Aguilar Monteverde, Alonso. *Globalización y capitalismo*. Ed. Plaza Janés. México 202. p. 226

el 64 % de la población mexicana, al tiempo que las ganancias para el capital se incrementan en más del 100 % en muchos de los casos.

En cumplimiento de aquellas exigencias, se pusieron en marcha diversas reformas constitucionales estructurales que hasta la fecha no concluyen. En ese contexto, se decretó la creación de la Comisión Nacional de Defensa de los Derechos Humanos (CNDH), originándose un gran debate político y jurídico, en cuanto que hubo quienes sostenían que las tareas que a ésta se le asignaban eran competencia de la Procuraduría General de la República (PGR), y provocaba una duplicidad de funciones también con la comisión que ya existía en la Secretaría de Relaciones Exteriores; por lo que –según algunos analistas jurídicos-, su creación significaba el reconocimiento a su incapacidad de los órganos de procuración de justicia, para garantizarle a los mexicanos la seguridad y el respeto a sus derechos humanos y constitucionales; al tiempo que para otros, no era más que una medida orientada a satisfacer las condiciones que los organismos financieros internacionales le impusieron al gobierno mexicanos para aprobar el TLCAN y, hasta hubo quienes encontraron evidencias de que la fundación de la CNDH, sólo creaba las condiciones "para burocratizar las quejas de violaciones a los derechos humanos en el país para no resolverlas" ; sin que faltara también quiena asegurara, que sólo fue creada como una instancia "coadyuvante" de la PGR para perseguir a los responsables de las violaciones más graves de los derechos humanos, pero reduciendo su papel apenas a realizar "recomendaciones" de casos menos relevantes como los que atiende la Comisión de Defensa de los Derechos Humanos (CODDEHUM) del estado de Guerrero, que al parecer, apenas ha servido para alertar a los presuntos responsables de las acusaciones que en su contra se levantaban para garantizarles la impunidad, por los hechos de desaparición forzada, juicios sumarios, torturas, etc.

Esta hipótesis tiende a tener sustento, debido a que desde 1990 en que fue creada hasta la fecha, no encontramos acciones relevantes para llevar a juicio a los responsables de la "guerra sucia", al tiempo que las desapariciones de personas y acciones de tortura se siguen consumando tal y como se demuestra en el presente trabajo (Ver Cuadro No. 5)

Los primeros responsables de la (CNDH), en algún momento aparecían cuestionando el comportamiento de la Procuraduría General de la República respecto a la violación de los derechos humanos y al poco tiempo se convertían en sus titulares como fueron los casos de Jorge Carpizo y Jorge Madrazo Cuellar, para luego continuar con las mismas políticas de encubrimiento de aquellos ilícitos desde ese alto cargo. Sin embargo, el

Estado logró que a partir de ese momento, los grandes organismos financieros aprobaran la incorporación de México al Tratado de Libre Comercio de América del Norte (TLCAN), desde donde deciden de manera determinante el rumbo de nuestra economía y la política.

- Fundación de la Femospp

La declarada promesa del presidente Vicente Fox de llevar a juicio a los responsables de violaciones a los derechos humanos durante la "guerra sucia", pero sobre todo, cuando creó la Fiscalía Especializada para Movimientos Sociales y Políticos del Pasado (Femospp) aunque posteriormente argumentara que jamás se comprometió a llevarlos a juicio porque el problema ya no está en sus manos sino en los tribunales.

Al asumir la presidencia Vicente Fox Quesada, José Luis Soberanes, presidente de la CNDH procedió a entregarle una serie de expedientes relacionados con los crímenes de la "guerra sucia" para que fundamentara la creación de lo que hoy conocemos como la Femospp; pero que, a criterio de los familiares de las víctimas de aquel periodo, muy poco hizo para denunciar las violaciones a los derechos humanos durante los gobiernos anteriores, quizá por su filiación partidista. Hoy Soberanes considera que su responsabilidad terminó con la entrega de los expedientes a la Femospp, consciente de que ni en la Constitución Política ni en el Código Penal, existe la figura jurídica del "fiscal" que apenas tiene facultades para ser una instancia de "coadyuvancia" del Ministerio público.

El mismo Ignacio Carrillo Prieto presidente de la Femospp, a pesar de sus declaraciones optimistas de que "ya es tiempo de que la sociedad conozca la verdad histórica y se lleve a juicio a los responsables de la "guerra sucia", reconoce que hasta en la Procuraduría General de la República (PGR) "existen conflictos de intereses que impiden detener a todos los involucrados contra quienes ya existen órdenes de aprehensión". Mas no obstante esos obstáculos, anunció que ya la Femospp elabora un proyecto que contempla la entrega de 200 millones de pesos para pagar indemnizaciones a 500 afectados por aquellos hechos y que "antes de que termine 2005 pondrá a consideración de jueces federales acusaciones contra los responsables de al menos 200 desapariciones".[557]. Sin embargo, familiares de 350 víctimas de desaparición forzada de inmediato rechazaron tal oferta asegurando que "en vez de que el gobierno y

---

[557] Méndez Ortiz, Alfredo. *Indemnizarán a víctimas de la "guerra sucia"*. LA JORNADA (México D. F.) del 7 de abril de 2005, p. 23

al Femospp ofrezcan indemnización, deberían castigar a los responsables de las ejecuciones y desapariciones"[558].

La desaparición de mi hermana –dijo Gregorio Fernández Brito, hermano de la desaparecida Victoria de los mismos apellidos-, no se paga con ningún dinero. El rechazo tiene como fondo la desconfianza de que al aceptar la indemnización, se deje sin castigo a los culpables de desaparición forzada y sea cancelada la posibilidad de esclarecer los crímenes de lesa humanidad consumados durante la "guerra sucia". Al parecer se desconoce que con base en el Derecho Internacional la indemnización no sería una canonjía sino una obligación del Estado al "pleno reconocimiento de la responsabilidad por parte de los perpetradores y la aplicación de la justicia y medidas de reparación a las víctimas y sus familiares"[559]

Mientras tanto, sigue sin haberse logrado comprobar que en los casos de violaciones recientes de los derechos humanos más relevantes en el estado de Guerrero, tales como las matanzas de Aguas Blancas del 28 de junio de 1995 y El Charco de 1998 o de Acteal en Chiapas, la Comisión Nacional de Derechos Humanos (CNDH) haya intervenido de manera relevante para proceder en contra de los presuntos responsables. Al parecer, como lo señala Amnistía Internacional durante el periodo de "la guerra sucia", se sacrificaron los derechos humanos en nombre de la seguridad nacional", sin que hubiera autoridad que se atreviera a cuestionar la impunidad. Esto incrementa la desconfianza de parte de los familiares de las víctimas, que en el fondo, el Estado realmente no tiene disposición de que se haga justicia y se cierre esa herida que afecta a toda la sociedad desde aquellos acontecimientos.

* Fundación y competencias de la CODDEHUM en Guerrero.

La Comisión de Defensa de los Derechos Humanos en el Estado de Guerrero (CODDEHUM), se fundó por decreto el 28 de septiembre de 1990, que "Reforma y adiciones el artículo 76 con un artículo 76 Bis" que a la letra dice: "Existirá una Comisión de Derechos Humanos del Poder Ejecutivo, para la defensa y promoción de las garantías constitucionales, vinculada directamente a su Titular. Una Agencia del Ministerio Público estará radicada a esa Comisión, quien conocerá de toda violación a los derechos humanos que se presuma cometan servidores públicos (…) El presidente

---

[558] Ocampo, Sergio. *Familiares de víctimas de la "guerra sucia" rechazan indemnización del gobierno.* LA JORNADA (México, D. F.) del 6 de septiembre de 2005, p. 15
[559] Forti, Alfred W. En *MEMORIAS.* Ed. Comisión de Derechos Humanos del Distrito Federal (CDHDF

de la Comisión será nombrado por el Poder Ejecutivo, pero ese nombramiento deberá ser aprobado por el Congreso. El Presidente será inamovible hasta su jubilación, y sólo podrá ser removido conforma al régimen de responsabilidades de los servidores públicos" [560]

En el estado de Guerrero, desde principios de los 60 hasta la fecha, con frecuencia se da cuenta a través de la radio, la televisión y la prensa escrita, de diversas denuncias de violaciones a los derechos humanos, fundamentalmente de ciudadanos que habitan en las zonas montañosas apartadas de los centros urbanos, tales como: la sierra de Atoyac, la Alta y Baja Montaña; así como las zonas indígenas de Costa Chica, al tiempo que en los discursos del Lic. René Juárez Cisneros, en su momento gobernador en turno, sostenía que "uno de los grandes logros de su sexenio fue el pleno respeto a los derechos humanos en el estado", ocultando que las denuncias de violaciones a mujeres en el medio indígena y el sometimiento a tortura de detenidos estaba a la orden del día.

- Entrevistas en torno al funcionamiento de los organismos defensores de derechos humanos

En entrevista "informal" con el presidente de la CODDEHUM en el estado de Guerrero, Licenciado Juan Alarcón Hernández, reconoció las limitaciones legales que tiene para investigar los casos de desaparecidos; por las siguientes razones, entre otras: por la falta de una real autonomía de la CODDEHUM; por lo que considera que la mejor alternativa para esclarecer los crímenes del pasado, no le parece suficiente ni siquiera la creación de la Femospp sino la conformación de una **COMISIÓN DE LA VERDAD** que implicaría, la "ciudadanización" del organismo, es decir, una comisión totalmente independiente del Ejecutivo local y federal.

Basta con analizar los discursos del presidente en cada informe de labores dada por la CODDEHUM, para identificar la actitud complaciente y subordinada ante todo lo que haga o deje de hacer el Ejecutivo y sus representantes a nivel estatal y nacional que podría cambiar ahora que en el estado de Guerrero empieza a gobernar un partido diferente al PRI, al igual que con Soberanes y en su momento con De la Barreda en el Distrito Federal, se empezará a ver una actuación más denunciativa de las violaciones de los derechos humanos de parte de la CODDEHUM, dada la filiación política de su

---

[560] CODDEHUM. *Ley que crea a la Comisión de Defensa de los Derechos Humanos del Estado de Guerrero y establece el procedimiento en materia de desaparición involuntaria de personas*. Cuadernos Guerrerenses de Derechos Humanos No. 39, (Chilpancingo, Gro.), abril de 2005, p. 10

presidente, el Lic. Juan Alarcón Hernández, como ya se está percibiendo por el actual jefe del Ejecutivo Carlos Zeferino Torreblanca Galindo.

- **Entrevista con un Coordinador de la CODDEHUM.**

Para tener una percepción más objetiva del funcionamiento de la CODDEHUM entrevistamos a uno de los Coordinadores en las oficinas centrales de Chilpancingo, Gro., que se negó que publicáramos su nombre, graváramos o filmáramos. Fue una plática "entre amigos"

Nos explicó que la CODDEHUM consta de un Presidente del Consejo que durará en su cargo de manera indefinida hasta que muera o "se jubile", es decir, es el único "ombudsman" del país que tiene nombramiento vitalicio. Para finales del mes de marzo del 2005 estaba por cumplir 15 años en el cargo. Cuenta además con un Visitador General, un Secretario Técnico, un Secretario Ejecutivo; 7 Coordinadores Distritales, (uno por cada región en que se divide la entidad con cabeceras en Tlapa, Ometepec, Tecpan, Iguala, Acapulco, Chilpancingo y Pungarabato"; Jefes de Área y Jefes de Departamento. La Comisión fue creada como un "Organismo Descentralizado y Autónomo", lo que evidencia la existencia de un gran aparato burocrático que no corresponde al escaso número de recomendaciones y resultados.

Concibe que la creación de la Comisión Nacional de los Derechos Humanos (CNDH) forma parte de las estrategias de la globalización económica mundial que tiende a globalizar también el Derecho y a conformar un Estado "meta nacional", donde las constituciones nacionales pasen a segundo plano para dar prioridad al Derecho Internacional, situación que aún no vivimos.

Reconoció que la Suprema Corte de Justicia de la Nación está metida en un dilema serio en lo relativo a los casos reclamados relacionados con la "guerra sucia"; porque sus fallos tienen que sujetarse a lo que establece la Constitución Política Mexicana y el Código Penal, que claramente advierten que ninguna ley puede ser retroactiva cuando su aplicación perjudique a la persona, como son los casos del ex presidente Luis Echeverría y coacusados; y mientras no se legisle respecto a que tiene prioridad el Derecho Internacional, no podrá llevarse a juicio a quienes se identifican como presuntos responsables de los "acontecimientos" de la época de los 60, 70 y los 80 a pesar de lamentarnos de la desaparición forzada y/o muerte de personas y de los propios acuerdos internacionales firmados por el Estado mexicano". Consideró que el fallo de la

Corte, respecto al "delito continuado" por los casos en que hasta la fecha no aparecen ni vivos ni muertos, más bien responde a intereses políticos más que jurídicos y éticos "porque ningún responsable podrá ser llevado a juicio".

Nos aclaró que los casos documentados de la CODDEHUM desde 1990, se refieren fundamentalmente a "excesos en el ejercicio de la función pública", pero no se tienen reportes de casos de tortura o desapariciones forzadas "porque esos –dijo-, los atrae la Comisión Nacional de Derechos Humanos (CNDH) o la Procuraduría General de la República.

En ese mismo contexto se refirió a los casos denunciados a través de los medios, acerca de violaciones a mujeres de La Montaña por miembros del ejército y corporaciones policiacas. Aseguró que "tampoco tienen conocimiento de casos concretos más que de algunos en que, evidentemente han sido promovidos con fines políticos por representantes de Organizaciones No Gubernamentales (ONG) defensoras de derechos humanos, con el afán de crearle una mala imagen al gobierno del estado[561]. Sin embargo, dijo, que han hecho algunas recomendaciones al "Jefe (sic) de la Defensa Nacional", pero que éstas sólo proceden en los casos en que son aceptadas; "pero hasta la fecha, no hemos tenido ninguna respuesta después de más de tres años".

"Lo que pasa es que se trata –advirtió-, de personas de zonas donde hay persecución por razones de narcotráfico". Ese argumento pareciera que tuvo el propósito de justificar el comportamiento de los policías y militares en contra de ciudadanos por su presunta vinculación con el narcotráfico, como si esa situación les cancelara sus derechos humanos.

Consideró que la ONGs en su mayoría "son financiadas: una por la "Comunidad Económica Europea" y otras por los Norteamericanos como parte de su estrategia de lograr la hegemonía mundial, donde a los mexicanos terminan teniéndonos como sándwich". Lo que implica, desde su óptica, que esos organismos no se rigen ni por principios jurídicos, ni éticos, más bien actúan con un el afán de favorecer a algún partido político de oposición (obviamente al PRI) o con fines lucrativos, "como lo pude constar – dijo-, con el caso de un viejecito que buscaba a un representante de una de esas organizaciones, que le prometió asesoría jurídica pero mediante el pago de 10 mil pesos".

---

[561] La entrevista se dio unos días antes del cambio de poderes en el estado en que tomó posesión el C.P. Carlos Zeferino Torreblanca Galindo, promovido a la gubernatura por el PRD.

Respecto a si ese organismo ha intervenido en lo relativo a los hechos del pasado relacionados con la "guerra sucia", contestó que no, porque ya están en manos de la CNDH y de la Femospp; "no son de nuestra competencia". Lo mismo aseguró respecto a la matanza de Aguas Blancas y de El Charco. En la primera sostuvo que no considera que el gobierno de Figueroa Alcocer pudiera haber sido tan torpe como para ordenar a los policías que ametrallaran a los campesinos de la OCSS el 28 de junio de 1995; que más bien considera que éstos dispararon por su cuenta debido al estado de tensión y por el desvelo en que se encontraban; y que seguramente, cuando alguien escuchó el primer disparo, los demás generalizaron la balacera creyendo que los campesinos los estaban atacando. "Todos los funcionarios que fueron involucrados –dijo-, son amigos míos, gente noble, no podían haber sido capaces de cometer tal barbaridad; sin embargo, estuvieron presos y salieron hasta que la Corte y la Ley de amnistía determinaron su libertad".

De ello se deduce que no fueron liberados –desde su versión-, por el compromiso previo contraído por el ex gobernador de liberarlos a la brevedad posible, como lo declaró un policía que reconoce participó "en los hechos de Aguas Blancas". De paso cuestionó a María de la Luz Núñez Ramos, diputada federal por el PRD, que era presidenta municipal de Atoyac cuando fue la matanza. Aseguró que "fue muy desleal a Figueroa, porque si ordenó la intervención de la policía del estado se debió a que ella se la solicitó, debido a que temía que nuevamente le tomaran el Palacio Municipal. Posteriormente la señora se lavó las manos de aquellos hechos y le echó toda la culpa al licenciado Figueroa".

Asegura que la CODDEHUM tiene limitaciones legales en sus funciones en cuanto a que sólo tiene un carácter "vinculatorio" y se limita a hacer "recomendaciones" que bien pueden o no aceptarse. "A partir de aquí, si alguien se inconforma le queda el recurso de los tribunales internacionales; pero, se pregunta: ¿Qué campesino o indígenas puede tener los recursos económicos para asistir a Costa Rica o a Nueva York para ir a solicitar su intervención? Debería haber oficinas de esos organismos aquí en México para que las gentes de escasos recursos puedan acudir a ellos". Con esto demostró la falta de compromiso de los funcionarios de la CODDEHUM a atender las violaciones de los derechos humanos en Guerrero.

Y reiteró su convicción, de que "la creación de la Fiscalía Especializada para los Movimientos Sociales y Políticos del Pasado (Femospp), fue una medida eminentemente política de parte de Vicente Fox de la cual ya no sabe qué hacer; quiso hacerse aparecer ante los mexicanos como el presidente que llevaría a juicio a funcionarios de gobiernos pasados como medio de legitimarse y legitimar a su partido en el poder; pero ahora que ya es tiempo que entregue resultados tangibles, simple y llanamente no va a poder hacer nada, porque se vería enfrentado a una serie de situaciones políticas de las cuales no saldría bien librado".

De lo anterior se infiere que si un organismo defensor de los derechos humanos está en manos de personas con esa forma de pensar, parecería que sólo cumplen el papel de "muro de contención" para que los responsables de violaciones de derechos humanos no puedan ser procesados. Eso nos lleva a plantear la pregunta ¿No será tiempo de que el Congreso Local legisle una nueva Ley que redefina las funciones y competencias de la CODDEHUM?

-   **Entrevista con la Dra. Georgina Landa Bonilla. Responsable de la Femospp en Atoyac**

Por su parte, en entrevista la **Dra. Georgina Landa Bonilla**,[562] responsable de la "Fiscalía Alterna" de la FEMOSPP, manifestó que llegó comisionada a Atoyac, porque ahí se sucedieron fundamentalmente los hechos que conocemos como la "guerra sucia". Ello ameritó poner una oficina que recogiera de una manera más próxima lo que había sucedido porque se necesitaba tener una cercanía con los familiares, era un trabajo que no se podía hacer desde México ni solamente con MPs, porque éstos vienen y luego se van, "había que tomar las declaraciones pero aparte de eso escuchar qué había sucedido y acercarse a las víctimas".

Al preguntarle sobre el asesinato de Zacarías Barrientos, que había solicitado protección y no se la dieron porque temía por su vida al comprometerse a declarar como testigo respecto a la desaparición entre otros, del profesor Jacob Nájera Hernández, la enviada de la Femospp argumentó que no tenía nada qué informar más que exigir a las autoridades el esclarecimiento del homicidio. De lo que se trata –dijo-, es que la PGR atraiga el caso.

---

[562] Castorena Noriega, Miguel Ángel, entrevista con la Dra. Georgina Landa Bonilla, VÓRTICE, (Chilpancingo, Gro.) del 10 de diciembre de 2003. p. 8-9

Sin embargo, la atracción nunca se ha dado y da pie a especulaciones en torno a que pudo haber si asesinado por mandos del ejército y las policías implicados que de esa manera lo callaron para no verse descubiertos.

Rechazó que la gente tenga desconfianza de la Fiscalía por inoperante; eso -dijo-, es pura invención de los medios, "ahorita mismo te puedo traer unas 25 mamás de El Quemado para demostrar que sí tienen confianza, si no tuvieran confianza no vendrían. También hemos encontrado apoyos del gobierno del estado al atender algunos de los problemas de los familiares de desaparecidos: servicios médicos, medicinas al alcance de nuestras posibilidades; esta gente mientras espera justicia se está muriendo por no poderse pagar ni siquiera un suero de 40 pesos. Hemos logrado tal confianza que ya tenemos 350 declaraciones. Somos la fiscalía y vamos a hacer justicia. Con el asesinato de Zacarías Barrientos se quiere atemorizar, para dar marcha atrás".

Cuando se le insistió del por qué la Fiscalía no le dio protección para evitar que lo asesinaran contestó que: "A nadie que se sienta atemorizado por lo que sabe le podemos brindar protección por dos razones: una porque la figura de protección en la legislación solamente existe cuando se trata de casos de delincuentes y obviamente, ninguna de las gentes de los familiares están en esa calidad, entonces es todo un procedimiento jurídico para dar protección. Y segundo, significaría desarraigar a la persona del lugar donde vive, eso no es posible, sobre todo si se trata de 350 familias".

Sobre la denuncia de la sustracción de archivos en el CISEN relacionados con los desaparecidos de más de 500 personas y no sólo de las 350, contestó que no hubo tal pérdida que en realidad se estaban reclasificando[563]. "Todos aparecieron gracias a la intervención de la Doctora Magdalena".

Se negó a dar información de cuáles eran los casos que en especial investigaba la Fiscalía argumentando que esa información sólo la podía dar el Ministerio Público y el Fiscal Ignacio Carrillo Prieto, "por ser algo completamente confidencial", señalando como encargado en Guerrero al Lic. Sánchez Pontón y al Fiscal; ellos decidieron la aprehensión de (Isidro) Galeana (a) El Chiro) que nunca se dio, supuestamente porque

---

[563] (La consulta realizada a expedientes clasificados demuestra, que sí existen archivos incompletos)

no lo encontraban a pesar de que se paseaba tranquilamente en las playas de Acapulco y porque finalmente, se reportó que había muerto de un infarto.

Aseguró que la Fiscalía se creó después de analizar diferentes opciones, se habló de una Comisión de la Verdad y de la creación de la Fiscalía por lo cual confirmó, que muchas gentes quedaron descontentas porque no habría reconstrucción histórica; "cuando el Dr. Ignacio Carrillo Prieto hizo su plan de trabajo tomó en consideración las peticiones de quienes querían la Comisión de la Verdad y se dio cuenta que la reconstrucción histórica es fundamental, tiene que ser paralela a la impartición de justicia"; sin aclarar si el decreto de Ley para la creación de la fiscalía da cobertura para asumir funciones de una Comisión de la Verdad o sólo se la adjudicó.

La Fiscalía –siguió diciendo la Dra. Georgina-, tiene un equipo de colaboradores que están haciendo justamente esta reconstrucción de dos maneras: en los archivos y directamente en las comunidades. "Es muy conocido lo que sucedió en México, -dijo-, por razones obvias la capital siempre centraliza la información y la atención de los acontecimientos de junio de Tlatelolco, pero es casi desconocido lo que sucedió en Guerrero, hemos dado una serie de pláticas en las universidades de México y los estudiantes se quedan pasmados, como yo estuve pasmada cuando poco a poco me fui adentrando en la problemática de aquí, yo no podía creer que esas cosas hubieran sucedido en México". Luego entonces, la fiscalía con sus conferencias ya está cumpliendo con su función.

"Es de elemental justicia que estas gentes sepan qué sucedió con sus familiares, sea lo que sea, es decir, la Fiscalía no está jugando a decir "que los vamos a entregar vivos, eso sería muy cruel, sarcástico, sólo les diremos la verdad de lo que logremos encontrar".

No se comprometió a precisar fecha para dar resultados argumentando que "eso no es posible si se toma en cuenta que sólo por una gente que muere intestada lleva mucho tiempo ¿qué nos podemos esperar de 600 casos de desaparecidos reportados en todo el país?" Prácticamente con esas palabras, cierra toda posibilidad real de dar cuenta de los casos reportados, sobre todo que no dio información de ningún caso aclarado hasta la fecha. Si un solo caso de intestado lleva mucho tiempo ¿Cuanto necesitará para investigar al menos los 680 que tenemos documentados?

Pero eso sí, se jactó de que "ya se están dando algunas órdenes de aprehensión a autoridades que jamás en la historia de México se habían dado (…) Teníamos que esperar el resultado de la Suprema Corte de Justicia (respecto a la prescripción o no de los delitos de desaparición forzada) para empezar a agilizar los casos. ¿Qué hubiéramos hecho sin ese resultado? Habríamos dicho a los jueces que todos los casos habían prescrito. Hemos recogido muchos testimonios pero no tienen ningún valor jurídico.

Con lo dicho por la Dra. Georgina confirma las escasas posibilidades de que la Femospp realmente dé resultados satisfactorios a las demandas de justicia y presentación de los más de 680 desaparecidos aquí documentados.

En la entrevista del 21 de diciembre de 2003 la Dra. **Ángeles Magdaleno,** afirmó, que "En esa época (la de la "guerra sucia") había un estado sangriento (…) Al igual que en las dictaduras militares sudamericanas en los años setenta (…) no sólo se tiró al mar a detenidos, también hubo casos en que se les hacía tomar gasolina y luego se incendiaba"[564]. Sin embargo, hasta la fecha no se han dado los procesos prometidos para "podernos sorprender" de su gravedad más allá de lo que directamente las víctimas han denunciado. Teniendo claridad de aquellos crímenes, las víctimas se preguntan ¿Qué esperan para actuar? ¿Sólo se trata de hacer protagonismo?

Mientras tanto, diversas organizaciones no gubernamentales, ya han estado denunciando ante otros organismos nacionales incluso internacionales, casos específicos de violaciones a los derechos humanos sin que hasta la fecha se conozca que los gobiernos federal y estatal, hayan tomado medidas para evitar que se sigan dando hechos de tortura, detenciones sin orden judicial, violaciones a mujeres por elementos del ejército mexicano y la policía, la persistencia en la desaparición forzada, como es el caso del profesor Gregorio Alfonso Alvarado López. Por el contrario, Guerrero a pesar de ser uno de los estados de la república donde más se han registrado esos ilícitos, aún no se ha penalizado la tortura y la desaparición forzada, como ya se ha hecho en las demás entidades federativas. Por el contrario, el gobierno local saliente se obstinaba en negar la existencia de presos políticos y en obstaculizar la expedición de una ley de amnistía que tienda a restañar las heridas del pasado y el presente.

---

[564] Habana de los Santos, Misael. *Se investigan casos de desaparecidos en la sierra de Atoyac.* LA JORNADA (México, D. F.) del 22 de diciembre de 2003, p. 7

Ciertamente cabe reconocer, que aunque la frecuencia con que se vienen reportando las violaciones a los derechos humanos, no alcanzan la magnitud de la década de los 60 y 70, con uno sólo caso que se siga dando, merece el pleno rechazo social.

En relación a los más de 600 casos denunciados de desaparecidos, los juicios sumarios y torturados políticos durante la llamada *guerra sucia* de la década de los años 60, 70 y parte de los 80, se concluye que las instancias judiciales no han logrado someter a juicio a los presuntos responsables, entre otros, al Capitán Luis de la Barreda, Francisco Sahagún Baca, Miguel Nazar Haro, el general Francisco Quiroz Hermosillo y Mario Arturo Acosta Chaparro, entre otros, debido a que evidentemente son protegidos por los herederos de quienes sometieron a nuestro país a un sistema autoritario durante más de 70 años y que aún conservan un gran peso político al interior de las estructuras de poder. Ello explica el por qué los generales Quiroz Hermosillo y Acosta Chaparro hasta ya hayan sido exonerados en el tribunal milita que los juzgó, a pesar de su responsabilidad por el delito de haber arrojado al mar durante la "guerra sucia" al menos a 143 detenidos plenamente documentados, en flagrante violación a la Convención Interamericana de Derechos Humanos. Y tampoco los altos mandos del ejército, el ex presidente Luis Echeverría Álvarez, entre otros, han llevados a juicio, posibilidad que cada vez parece más lejana si se toma en cuenta que en su momento se aprobaron leyes a la medida de la impunidad. Es una pena que mientras en Argentina se derogaron las leyes que protegían a los militares acusados de delitos de lesa humanidad como la de *"punto final"*, en nuestro país el 15 de junio de 2005 la suprema Corte de Justicia aprobara la no prescripción del delito de genocidio pero de manera acotada, en tanto que no podrán ser juzgados Luis Echeverría Y Mario Moya Palencia Ex presidente de la república y ex secretario de Gobernación respectivamente, incluso "por rebasar los 70 años de edad" que estipula el artículo 55 del Código Penal Federal aprobado por el Congreso a la medida de la impunidad.

Igualmente, cuando parecía que había posibilidades de consignar a responsables menores, como el comandante de la policía judicial Isidro Galeana, acusado de la desaparición comprobada del profesor Jacob Nájera, muere aparentemente de un infarto; al tiempo que el "madrina" Zacarías Barrientos cuando se disponía a declarar ante la Femospp sobre casos de desaparecidos durante la "guerra sucia", fue asesinado "por desconocidos" al tiempo que durante más de 70 años Luis de la Barreda Moreno[565] "anda prófugo" sin que haya constancia de que realmente se le persiga; el señor Miguel Nazar Haro (el 20 de abril de 2005, un juez rechazó girar nuevas órdenes de aprehensión en su contra) y al igual que el comandante Wilfrido Castro Contreras "están sometidos a juicio" cómodamente en su domicilio privado, con el pretexto de que también "ya rebasan los 70 años de edad". Y por si fuera poco, el nuevo gobierno del estado de Guerrero de filiación perredista, nombra al general Juan Heriberto Salinas Altés como Secretario de Seguridad Pública, a pesar de haber sido señalado por luchadores sociales, como torturador durante la "guerra sucia". Igualmente fue ratificado como Suprocurador General de Justicia a Alejandro Nogueda Carvajal, señalado por el ex comandante de la policía judicial en el estado de Morelos Apolo Bernabé, actualmente preso en el penal de Atlachulaya de ese estado, como el funcionario de quien recibía las indicaciones del ex gobernador Antonio Rivapalacios para desaparecer a disidentes políticos, como fue el caso de José Ramón García de Cuautla, Mor., a quien asegura que lo asesinaron y arrojaron en un despeñadero en las cercanías de Zihuatanejo, Gro. Recientemente ese funcionario ya renunció al cargo.

Esos hechos inducen a prever, que al Estado no le interesa ajustar cuentas con el pasado y menos de esclarecer la verdad histórica de los crímenes consumados durante la "guerra sucia" sino garantizar la impunidad.

Se confirma entonces que:

a) La violación de los derechos humanos durante la "guerra sucia" fue premeditada y aplicada como una política de Estado, donde existieron responsables plenamente identificados.

b) Es falso que las acciones represivas gubernamentales fueran consumadas para frenar la inconformidad social, sino que fueron éstas las que la generaron.

c) El autoritarismo y la intolerancia gubernamental imperantes, fue una política que se contextualizó en una dimensión nacional, pero también internacional, al presentarse en el contexto de la llamada "la guerra fría".

La creación de la Comisión Nacional de Derechos Humanos (CNDH) desde el punto de vista de las víctimas de la "guerra sucia", significa reconocer: a) Que la Procuraduría

---

[565] Esteban, Agustín. *Lamenta Nelson Valle fuga de información en la FEMOSPP. Permiten que verdugos de la "guerra sucia" queden impunes.* VÉRTICE (Chilpancingo, Gro.) del 6 de enero de 2004. p. 7. En conferencia de prensa del 5 de enero de 2004, el rector de la Universidad Autónoma de Guerrero y asesor de la FEMOSPP, aseguró que se sospecha de filtración de información que alerta a los indiciados para que evadan la acción de la justicia

General de la República se declara incapaz para garantizar la procuración e impartición de justicia y evitar la violación de los derechos humanos por agentes del Estado; y b) Que la creación de la Fiscalía Especial para los Movimientos Sociales y Políticos del Pasado (Femospp), al no arrojar resultados satisfactorios significa que tampoco ha sido capaz de cumplir con la responsabilidad que el Congreso le confirió en torno al esclarecimiento de los crímenes de lesa humanidad durante la "guerra sucia"

Esa misma percepción se tiene en el estado de Guerrero con respecto a la CODDEHUM al conocerse que el 85% de las recomendaciones que ha emitido durante sus casi 15 años de existencia, corresponden "a excesos en el ejercicio de la gestión pública", pero no a las violaciones a los derechos humanos que con frecuencia se denuncian a través de los medios de comunicación masivos, donde las víctimas son principalmente mujeres e indígenas de la sierra y la Región de la Montaña de parte de miembros del Ejército Mexicano y la policía judicial federal, con el pretexto de combatir el narcotráfico.

Hace falta, como lo sugiere Manfred Nowak, relator especial contra la tortura de la Organización de Naciones Unidas:

a) Una reforma a fondo del sistema judicial para que la CNDH y demás instituciones "realmente sean independientes" y b) Que esa reforma se haga extensiva por los congresos en cada uno de los estados de la república para que los acuerdos, convenios y protocolos internacionales firmados por el gobierno federal sean aplicables a lo largo y ancho del país.

Es sintomático que el estado de Guerrero sea uno de los dos únicos de la república donde aún no se legisla para penalizar la tortura y la desaparición forzada.

Mientras tanto, prevalece la percepción de que más bien el Estado, tiende a burocratizar las demandas de respeto a los derechos humanos para no garantizar su vigencia, violando los derechos humanos consagrados en la Constitución Política y en el Derecho Internacional.

Los responsables intelectuales de matanzas recientes como la de Aguas Blancas del 28 de junio de 1995 y la de El Charco del 6 de junio de 1998 están plenamente identificados y sin embargo no han sido procesados y ningún organismo defensor de derechos humanos y la sociedad civil han sido escuchados en su demanda de juicio a los responsables.

Los expedientes aquí referidos que obran en el Archivo General de la Nación, aunque mutilados, dan elementos suficientes para enjuiciar al ex presidente Luis Echeverría Álvarez, Mario Moya Palencia; los altos mandos de la secretaría de la Defensa Nacional; los comandantes de las zonas militares 27ª y 35ª con sede en Acapulco y Chilpancingo, Gro., respectivamente, los generales: Cervantes Aguirre, Riviello Bazán, Galván López, Mario Arturo Acosta Chaparra y Francisco Quiroz Hermosillos, el mayor Francisco Sarquín, Luis de la Barreda Moreno, Francisco Sahagún Baca, Miguel Nazar Haro, entre otros.

Ninguno de ellos puede argumentar que no conocieron los hechos ni que hayan actuado forzados por la "obediencia debida"; que desde el Derecho Internacional de los Derechos Humanos, todos deben ser sometidos a juicio por formar parte de la "cadena de mando".

La sociedad merece conocer la verdad histórica y hacerles justicia a las víctimas del terrorismo de Estado impuesto durante la "guerra sucia" y reivindicar a los luchadores sociales a quienes no les respetaron su derecho a ser consignados ante tribunales competentes para que fueran sometidos a un "debido proceso", dado que hasta los perores criminales tienen derecho a ser juzgados; pero sobre todo, porque se trató de luchadores sociales que no les orientó en su accionar otra fin más que su interés de promover un país donde impere la democracia, el bienestar de la mayoría de la población y la vigencia del estado de derecho.

La reparación del daño a los familiares por las víctimas de la "guerra sucia" como lo señala el Derecho Internacional, debe ser garantizada pero no a partir de obligarlos a renunciar a seguir reclamando la aparición de sus seres queridos, como lo perciben los familiares de desaparecidos en la sierra de Atoyac.

Es evidente entonces, que las posibilidades de justicia y reparación del daño está determinada por una parte, por la tensión de las fuerzas herederas de aquel pasado ignominioso que se aferran a la impunidad y por la otra, las fuerzas que reclaman la verdad y la justicia. Se puede resumir la demanda en: justicia, verdad y memoria.

305

El éxito relativo de las Comisiones de la Verdad en otros países ha estado asociado a la presencia de procesos de transición de regímenes dictatoriales y autoritarios a otros de corte democrático, que asumieron la responsabilidad de deslindarse con ese pasado. En el caso de México, más allá del discurso foxista, parece que ese momento aún no ha llegado y por ello los esfuerzos de la Femospp hasta la fecha, no han encontrado las condiciones políticas para el ajuste de cuentas con el pasado; en este país las fuerzas políticas responsables de crímenes de lesa humanidad aún conservar un gran poder propio y el agregado a través de evidentes acuerdos con el panismo, que por razones políticas e ideológicas, tienen mucho en común y ello dificulta que las fuerzas emergentes puedan inclinar la balanza a favor de la vigencia de los derechos humanos y de un estado de derecho, que permita acabar con la impunidad, garantice la justicia reclamada por las víctimas de la "guerra sucia" y conocer la verdad histórica como medio para lograr la reconciliación nacional. Aún le queda mucho camino que recorrer a la "sociedad civil" para poder arribar a una etapa real de transición como en algunos de los países sudamericanos

Con lo hasta aquí expuesto, se puede concluir, que después de agotados los recursos jurídicos nacionales sin que se haya logrado llevar a juicio a los responsables de la violación de los derechos humanos durante "la guerra sucia", particularmente en lo relativo a la tortura, la desaparición forzada, los juicios sumarios y en general, el derecho a la vida y la dignidad humanas, queda el recursos de acudir a los tribunales internacionales para demandar la justicia y el esclarecimiento de la verdad que en nuestro país no ha sido posible lograr, por la evidente falta de interés del Estado; dado que, sin lugar a dudas en última instancia, el principal responsable de todos esos crímenes es el Estado y es a quien se debe juzgar dentro y fuera del país; pero sobre todo, avanzar en la consolidación de la vida democrática en el país erradicando las intolerancias y el uso faccioso de las instituciones en contra de quienes piensan de manera diferente a los integrantes de las clases hegemónicas, hasta lograr que no se les vea como enemigos a los cuales se tenga que eliminar física, política, social e intelectualmente como lo hiciera durante la "guerra sucia". Debe florecer la tolerancia a la diversidad política, ideológica, étnica, religiosa, cultural, etc., erradicando cualquier forma de intolerancia, como medio de sometimiento al disenso y al diferente, aprovechándose del poder del Estado.

Del análisis hecho en torno al papel que han jugado las Comisiones de la Verdad en otros países y lo que ha significado la Femospp en México, se concluye que tampoco sería la alternativa para el caso mexicano, si antes no se logran avances significativos en la democratización del país.

BIBLIOGRAFÍA

Asociación Nacional de Abogados Democráticos, et.al., *MEMORIAS_del Primer Encuentro Nacional de Abogados Democráticos*. Ed. U.A.G. Julio de 1979.

Asociación para la prevención de la tortura, *et. al., Memoria del Seminario Internacional Comisión de la Verdad: Perspectivas y Alcances._*México, Comisión de Derechos Humanos del Distrito Federal, 2003

Aguilar Camín, Héctor y Lorenzo Meyer. *A la sombra de la revolución mexicana.* Editorial SEP. México 1997.

Aguilar Monteverde, Alonso. *Globalización y capitalismo.* Ed. Plaza y Janés. México 2002

Álvarez, Alejandro. *La crisis del capitalismo en México 1968-1985.* Ed. ERA. México 1987.

Álvarez Alonso, Clara, *Los derechos Fundamentales. Apuntes de la Historia de las Constituciones,* Ed. Trotta, Madrid, 2000.

Anda Gutiérrez, Cuauhtémoc. *GUERRERO. Raíces, democracia, futuro y paz.* Editorial Unión Gráfica, S.A. México, 1987. Guerrillas en Guerrero. Ed. LAMA. México. 2004

Aranda F. Antonio. *Los Cívicos guerrerenses.* Ed. Luysil de México, S. A. México. 1979.

Arendi, Ana. *Los orígenes del totalitarismo.* Editorial Taurus Ed. Madrid. 1974.

Bachelard, Gaston. *La formación del espíritu científico.* 19ª. Ed. Siglo XXI. México 1993

Bartra, Armando. *Guerrero bronco. Campesino, ciudadano y guerrillero.* Ed. ERA. México 2000.

Bartra, Armando. *Comuna del sur. Utopía campesina en Guerrero,* Ed. ERA, México, 2000.

Bartra, Armando (Comp.), *Crónicas del sur. Utopías campesinas en Guerrero.* Ed. ERA, México, 2000.

Barreiro Barreiro, Clara. *Derechos humanos,* Ed. Salvat Ed. Barcelona 1981

Bazáñez, Miguel. *La lucha por la hegemonía en México.* 1968-1980. Ed. Siglo XXI, México 1988.

Bellingeri, Marco. *Del agrarismo armado a la guerra de los pobres. 1940 – 1974.* Ediciones Casa Juan Pablos. Secretaría de Cultura de la Ciudad de México. México 2003.

Bell, Daniel. *Las contradicciones del capitalismo.* Ed. Patria S.A. de C.V. México, 1987

Bobbio, Norberto *El antiguo régimen y la revolución.* Alianza Editorial, Madrid, 1982

Bobbio, Norberto. *El futuro de la democracia.* Ed. Fondo de Cultura Económica Primera reimpresión. México. 2003.

Bobbio, Norberto. *La teoría de las formas de gobierno en la historia del pensamiento político.* Ed. Fondo Cultura Económica. Segunda reimpresión. México. 2002.

Bobbio, Norberto. *El tiempo de los derechos.* Editorial Sistema, Madrid, 1991. Norberto Bobbio. *De Hobbes a Gramsci.* Editorial Sistema, Madrid, 1991

Bobbio, Norberto y Michelango Angelo Bovero, *Origen y Fundamento del Poder Político,* Ed. Grijalbo, México 1984.

Brom, Juan, *Historia Universal,* Ed. Grijalbo, México 1973.

Burgoa, Ignacio. *Las Garantías Individuales.* Ed. Porrúa, México 1996

Canabal Cristiani, Beatriz et. al (Coordinadores), *Moviendo Montañas. Transformando la geografía del poder en el sur de México.* Ed. El Colegio de Guerrero. México, 2002

Carrillo Salcedo, Juan Antonio. *Aportación de Francisco de Vitoria a los fundamentos filosóficos de los derechos humanos.* Salamanca, 1993.

Carrillo Salcedo, Juan Antonio et. al. *Jornadas sobre el Cincuenta Aniversario de las Naciones Unidas. Madrid, 1995*

Castells, Manuel. *Fin del milenio.* Versión castellana desarmen Martínez Gimeno. Alianza Ed. México 2003.

Campuzano, Juan R. *Ignacio Manuel Altamirano,* Ed. Gobierno del Estado de Guerrero, México

Castilla del Pindo, Carlos, Carmen Gallano et. al *El Odio.* 1ª. Edición, México 2002

Carrillo Salcedo, Juan Antonio, *La Escuela de Salamanca y el Derecho Internacional en América. Del pasado al futuro.* Asociación Española de Profesores de Derecho Internacional y Relaciones Internacionales, Salamanca, 1993

Carrillo Salcedo, Juan Antonio, *Soberanía de los Estados y derechos humanos en Derecho internacional contemporáneo,* Ed. Tecnos, Madrid, 1995

Cisneros, Isidro H. *Formas modernas de la intolerancia. De la Discriminación al Genocidios,* Ed. OCÉANO. México. 2004

Cisneros, Isidro H. *Los recorridos de la intolerancia.* Ed. OCÉANO. Presentación de Alain Touraine. México.2000.

Cisneros H., Isidro y Judith Bóxer Liwerant. *"Derechos Humanos",* en *Léxico de la Política,* Ed. Fondo de Cultura Económica, México, 2000.

Cohen, John L. y Andrew Arato. *Sociedad y teoría política*. Ed. Fondo de Cultura Económica. México. Traducción de Roberto Reyes Masón.

El Colegio de Guerrero. *Moviendo Montañas. Transformando la geografía del poder en el sur de México*. Ed. El Colegio de Guerrero, A. C. (s-a) Chilpancingo, 2002.

Colmenares M. Ismael, Miguel Ángel Gallot T., Francisco González G. Luis Hernández N. (Recopiladores) *Cien Años de Lucha de Clases en México (1876 – 1976)*, Ed. Quinto Sol, S. A. México 1980, Tomo I, 372 pp. y Tomo II.

Comisión Interamericana sobre *Desaparición Forzada de Personas*, Brasil, 1994.

Convención Interamericana para *Prevenir y Sancionar la Tortura*. Colombia, 1985.

Comisión Nacional de Derechos Humanos (CNDH). Informe a la Femospp 2002.

Comisión Nacional de los Derechos Humanos, *Principales Instrumentos Internacionales sobre Discriminación y Racismo*, México, 2004.

Comisión de Defensa de los Derechos Humanos del Estado de Guerrero (CODDEHUM). *XII Informe Anual*. Noviembre 2001-Diciembre 2002

Comisión de Defensa de los Derechos Humanos del Estado de Guerrero. *VIII ANIVERSARIO*. Septiembre 28 de 1998.

Ley de los Derechos Humanos. En Constitución Política de los Estados Unidos Mexicanos Ed. Anaya Editores S. A. Actualizada, México 2005

Constitución Política del Estado Libre y Soberano de Guerrero. Edición Actualizada 2005

Corcuera, Santiago y Guevara, José, *México ante el Sistema Interamericano de Protección de los Derechos Humanos, México,* Comisión de Derechos Humanos del Distrito Federal, 2003.

Cordera, Rolando y Carlos Tello. *MÉXICO: la disputa por la nación. Perspectivas y opciones del desarrollo*. Ed. Siglo Veintiuno. México 1981.

Dahouve, Danièle. *Historia de los pueblos indígenas de México. Entre el caimán y el jaguar. Los pueblos indios de Guerrero*. Ed. INI, México 2002.

Delannoi, Gil y Pierre-André Taguieff (Compiladores) *Teoría del nacionalismo*. Ed. Paidós. Primera edición. 1993.

Díaz Müller, Luis en *Manual de Derechos Humanos*. Comisión Nacional de Derechos Humanos, 2ª. Ed. revisada. México 1992

Diccionario NAUTLA de sinónimos. Ed. Nauta, S. A. Colombia, 2003, ts. I y II.

Diccionario Enciclopédico del Estado de Guerrero. 1849-1999. Ed. Guerrero Cultural Siglo XXI, S.A., Chilpancingo, 1999, ts. I y II

EL ECONOMISTA. (México, D. F.)

EL UNIVERSAL. (México, D. F.)

Estrada Castañón, Alba Teresa. *El movimiento anticaballerista: Guerrero 1960. Crónica de un conflicto.* Ed. Universidad Autónoma de Guerrero (U.A.G.) México. 2001.

Fernández Gómez, Raúl, *Elecciones y alternancia. Guerrero.* Nuevo Horizonte Editores, México 2004.

Ferrajoli, Luigi, *Derechos y garantías. La Ley del Más Débil,* Ed. Trotta, Madrid, 2001

Friedman, George. *La filosofía política de la escuela de Frankfort.* Ed. Fondo de Cultura Económica. México. 1986.

Gómezjara, Francisco. *Sociología de los movimientos campesinos en el estado de Guerrero.* Ed. Campesina. México, 1979

Foreing Affairs. En *La transformación de las fuerzas armadas.* Rumsield, Donald H. En español. Vol. Dos. Núm. 2 Verano 2002.

Forti, Alfred W., *MEMORIAS.* Ed. Comisión de Derechos Humanos del Distrito Federal (CDHDF)

Galeana Laurel, Enrique. *Tempestades.* Ed. UAG, México, 2005

Gallegos Nájera, José Arturo. *La guerrilla en Guerrero.* Ed. LAMA. México. 2004.

González Casanova, Pablo. *El estado y los partidos políticos en México.* 4ª. Ed. Ed. ERA. México. 1985.

Gutiérrez Ávila, Miguel Ángel. *Déspotas y caciques. Una antropología política de los amuzgos de Guerrero.* Ed. UAG. México, 2001.

Gramsci, Antonio. *Cuadernos de la Cárcel. Los Intelectuales y la organización de la Cultura,* Juan Pablos Editor. México 1975.

González Casanova, Pablo *El Estado y los Partido en México,* Ed. ERA, México 1985.

Harnecker, Marta. *Los conceptos del materialismo histórico.* Ed. Siglo XXI. México. 1971.

Hart, Michael y Antonio Negri. *IMPERIO.* Primera reedición. Ed. Paidós. Barcelona. 2002

Illades, Carlos. *Breve historia de Guerrero.* Ed. Fondo de Cultura Económica. México. 2000.

Instituto Interamericano de Derechos Humanos, *Verdad y Justicia,* Costa Rica, IIDH, 2001.

311

J. P. Alvite (Coord.) *Racismo, antirracismo e inmigración.* Tercera Prensa-hirugarren Prentsa S.L. Frankfurt. 1995.

LA JORNADA. (México, D. F.)

Lein J. Arnold en *Los Derechos del Hombre. Estudios y comentarios en torno a la Nueva Declaración Universal,* Ed. Fondo de Cultura Económica, México – Buenos Aires 1987.

López Hernández Max Arturo et. Al *La formación del poder en el Estado de Guerrero.* Ed. UAG. México 1997.

López, Jaime. *10 AÑOS DE GUERRILLAS EN MÉXICO: 1964 – 1974.* Ed. Posada, S.A. 2ª. Edición. México, 1977.

López Romero, Félix J. *Chilpancingo. Cosas del ayer.* Ed. Sanley 2002.

Mathias, Gilberto y Pierre Salama. *El Estado sobredimensionado. De la metrópolis al tercer mundo.* Ed. ERA. México 1986.

Matute, Álvaro. ANTOLOGÍA. *Fuentes e interpretaciones históricas.* Ed. UNAM. Tercera edición, México 1981.

Mattarollo, Rodolfo, *Las comisiones de la verdad,* et al. En Verdad y justicia. Homenaje a Emilio F. Mignone, Ed. IIDH y CELS, 2002, p. 127

Mellón, Joan Antón. *Las ideas políticas en el siglo XXI.* Ariel Ciencia política.

MEMORIAS. *Seminario Internacional. Tortura, represión y prevención.* COMISIONES DE LA VERDAD.

Miranda Ramírez, Arturo. *El otro rostro de la guerrilla.* Ed. El Machete. México 1996.

Moviendo Montañas. *Transformando la geografía del poder en el sur de México.* (S-a). Ed. El Colegio de Guerrero. México 2002.

Ochoa Campos, Moisés. *Historia del Estado de Guerrero,* Ed. Porrúa, S. A. México, 1962

Organización de los Estados Americanos-Comisión Interamericana de Derechos Humanos, *Documentos Básicos en Materia de Derechos Humanos en el Sistema Interamericano,* Washington, Secretaría General-OEA, 2001.

Ortega Saavedra, Humberto, Sobre la Insurgencia, Ed. de Ciencias Sociales, Cuba, 1981.

Pineda Ochoa, Fernando, *En las profundidades del mar (El oro no llegó de Moscú),* Plaza y Valdés Editores, México, 2003.

P. Auger, et al *Los derechos del hombre. Estudios y comentarios en torno a la nueva declaración Universal.* Ed. FCE, México-Buenos Aires. s-a de Edición.

Portelli, Huegues. *Gramsci y el bloque histórico.* Ed. Siglo XXI, México 1978, 162 pp.

Radilla Martínez, Andrea. *Voces acalladas (vidas truncadas).* (s –e). México 2002.

Ramírez Macorro, Marco Antonio. Empobrecimiento Rural y medio ambiente en la Montaña de Guerrero. Ed. Plaza y Valdés. México 1996.

Ravelo Lecuona, Renato. *Juan R. Escudero.* Serie, Grandes personajes de la historia. Ed. UAG.

Ravelo Lecuona, Renato. *La toma de Chilpancingo* 1913. Ed. Sanley. México, agosto 2003.

Rendón Alarcón, Jorge. *Sociedad y conflicto en el estado de Guerrero:* 1911-1995. Ed. Plaza y Valdés. México. 2003.

Revista Contralínea (México, D. F.) No. 35 del 6 de febrero de 2005,

Revista PROCESO (México, D. F.) No. 975, 10 de julio de 1995.

Revista PROCESO (México, D. F.) No. 1074. 1 de junio de 1997, No. 1157. 7 de enero de 1999.

Revista PROCESO (México, D. F.) No. 1200. 31 de octubre de 1999.

Revista PROCESO (México, D. F.) No. 1295. 26 agosto de 2001, No. 1353. 6 de octubre de 2002.

Revista PROCESO (México, D. F.) No. 1316. 20 de enero de 2002.

Revista PROCESO (México, D. F.) No. 1355. 20 de octubre de 2002. .

Revista *POR QUÉ,* (México, D. F.) Semanario. 1970-1973.

P. Auger, Barnes, J. M. Burgers et al *DERECHOS DEL HOMBRE.* Edi. Fondo de Cultura Económica, México – Buenos Aires (s. - f)

Rodríguez Araujo, Octavio. *Los Partidos políticos en México. Orión y desarrollo.* Ed. CIDHEM-UAEM. México. 2001.

Rodríguez Araujo, Octavio. *Izquierdas e izquierdismo.* Ed. Siglo XXI. México 2002.

Rousseau, Juan Jacobo. *Emilio o De la educación.* Estudio Preliminar de Daniel Moreno. Ed. Porrúa, S, A. México, 1993.

Rousseau, Juan Jacobo. *El Contrato Social.* Ed. Alianza, Madrid, 1980.

Salt, Henry S. *Derechos Humanos.* Traducción de Carlos Martín y Carmen González. Madrid. 1999.

Salazar Adame, Jaime et al., *Juan Álvarez Hurtad.* 4°. Ensayo. Ed. U.A.G. México 1990

Sandoval Cruz, Pablo. *El movimiento social de 1960.* Ed. U.A.G. México. 1982.

Solís, Jaime, *La fuga para la historia,* Ed. Plaza y Valdés, México, 2003.

Suárez, Luis. *Lucio Cabañas, guerrillero sin esperanza.* Ed. Roca. México, 1976

Taibó II, Paco Ignacio y Rogelio Vizcaíno A. *El movimiento escuderista. El socialismo en un solo puerto.* Ed. UAG. México 2003.

Ternon, Yves. *El Estado criminal. Los genocidios en el siglo XX.* Trad. de Rodrigo Rivera. Ed. Península. Barcelona. 1995.

Touraine, Alain. *¿Podremos vivir juntos?* Ed. Fondo de Cultura Económica, México 1986

Truyol y Serra, Antonio. *Los Derechos Humano.* Ed. Tecnos, Madrid 1984

VÉRTICE. (Chilpancingo, Gro.)

Velasco Criado, Demetrio *La Declaración Universal de Derechos Humanos. En su cincuenta aniversario,* Ed. Universidad de Deusto, 2000

Vo Nguyen Giap. *Armar a las Masas Revolucionarias, Construir el Ejército Popular,* Ed. de Ciencias Sociales, Cuba, 1975.

VÓRTICE. (Chilpancingo, Gro.)

Weber, Max. *El político y el científico.* Ed. Coyoacán. S.A. de C.V. México 1969.

Villán Durán, Carlos. *Curso de Derecho Internacional de los Derechos humanos.* IIDH. Vol. I: *Curso.* Estrasburgo, 1996.

ANEXOS

Cuadro No. 1

RELACIÓN DE 680 PERSONAS DESAPARECIDAS POR APARATOS DEL ESTADO DURANTE LA "GUERRA SUCIA", HASTA EL 2003

NOMBRES Y APELLIDOS		AÑO DE DETENCIÓN/DESAPARICIÓN	
Abarca Alarcón Julio	1974	Arreola Llanes Dimas	1974
Abarca Benítez Esteban	1974	Arreola Llanes Pablo	1974
Abarca García Emeterio	1974	Arrieta Memije Eusebio	1971
Abel Ramírez José	1971	Arroyo Dionisio Alberto	1974
Abraján López Santiago	1978	Arrollo Dionisio Felícitas	1972
Acevedo García Wences	1997	Arrollo González Melitón	1974
Acosta Gómez Juana	1974	Atempa Tolentino Hilario	1997
Acosta Martínez Carlos	1974	Ávila de la Cruz Cutberto	1974
Acosta Ramos Víctor	1982	Ávila Mesino Juan	1996
Acosta Serafín Macario	1974	Avilés David	1974
Adame de Jesús Ruperto	1974	Avilés Rojas Epifanio	1969
Adame de Jesús Vicente	1974	Bahena Maldonado Benito	1997
Adame del Rosario Lorenzo	1996	Bahena Méndez Crispín	1976
Aguirre Bahena Salomón	1998	Bahena Román Filomeno	1973
Aguirre Bertín Roberto	1974	Bahena Roque	1972
Alarcón Téllez Genaro	1978	Balbuena Carmelo	1974
Almazán Saldaña Abel	1974	Baltazar (Balanzar) Abel	1976
Almazán Urióstegui Regino	1974	Baltazar Vázquez Margarito	1975
Alemán Velásquez Carlos	1971	Baños Castro Santiago	1975
Almogabar Ríos Jorge Alberto	1974	Barradas Baños Francisco	1976
Alonso Francisco	s/f	Barragán Dimas Leonardo	s/f
Alvarado Barrera Pablo	1974	Barranco Mote Heriberto	1974
Alvarado Fierro Crescencio	1974	Barranco Mote Javier	1974
Álvarez Azanza Alberto	1976	Barrientos Blanco Domitilo	1973
Álvarez Jacinto Miguel	s/f	Barrientos Campos Félix	1975
Álvarez Manzanares Alberto	1976	Barrientos Castro Santiago	1975
Angulo Barona Pedro	1974	Barrientos Díaz Apolinar	s/f
Alvarado López, Gregorio Alfonso	1999	Barrientos Dioncio Ezequiel	1972
Aguilera Lucas Leodegario	2003	Barrientos Flores Anastasio	1974
Antonio Nava Hipólito	s/f	Barrientos Flores Ezequiel	1970
Arballo Zamudio Víctor	s/f	Barrientos Flores Justino	1973
Aréstegui Ignacio	1976	Barrientos Gómez Domitilo	1972
Argüello Smith Julián	1974	Barrientos Martínez Emiliano	1974

Arreola Secundino Ramón	1974	Argüello Víctor Manuel	1977
Argüello Villegas Francisco	1974	Barrientos Peralta Domitilo	1975
Armenta Eusebio	s/f	Barrientos Ramos Raymundo	1971
Arreola Ortiz Ángel	1973	Barrientos Reyes Domingo	1971
Barrientos Reyes Fermín	1974	Cabañas Martínez Saúl	1971
Barrientos Reyes Raymundo	1974	Cabañas Ocampo Bartolo	1971
Barrientos Ríos Apolinar	1974	Cabañas Ocampo Eleno	1974
Barrientos Rojas Raymundo	1974	Cabañas Tabares Lucio	1975
Barrientos Villegas Justino	1974	Cabañas Tabares Raúl	1974
Barrios Castro Santiago	1974	Cabañas Navarrete Julián	1975
Baiza Ramírez Efraín	1995	Cabañas Vargas Miguel Ángel	1974
Bataz García Alfonso	1971	Cadena Diego Miguel	1971
Bello Flores Silvestre	s/f	Calderón Laguna Crescencio	1974
Bello González Félix	s/f	Calderón Inocencio	1971
Bello Malo Bonifacio	s/f	Calixto Cortés Domingo	1977
Bello Manzanáres Félix	1974	Camacho Valieri Raúl	1977
Bello Ramos Leonardo	1974	Campos Ramírez Francisco	s/f
Bello Ríos Ausencio	1974	Carvajal Arellano Andrés	1975
Beltrán Beltrán Juan Manuel	1994	Carrera Enrique	1974
Beltrán Fructuoso	1976	Casarrubias Hernández Abundio	1997
Benavides Alcocer Carlos Alberto	1976	Cascante Carrasco Tania	1976
Benítez Bravo Raúl	1976	Castañeda Baltasar Gertrudis	1994
Benítez Bravo René	1975	Castillo Cabañas Felipe	1974
Benítez Gervasio Octavio	s/f	Castillo de Jesús Roberto	1974
Benítez Hernández Emeterio	s/f	Castillo Iturio Juan	1974
Benítez Hernández Genara	s/f	Castillo Iturio Margarito	1974
Benítez Hernández Gloria	s/f	Castillo Iturio Roberto	1974
Benítez Mesino Pedro	s/f	Castillo Leyva Inés	1976
Benítez Onofre Melchor	1977	Castillo Martínez Candelario	1974
Benítez Simón Armando	1976	Castillo Ríos Candelario	1974
Bernal Castillo Inés	1976	Castrejón Raúl	1973
Berum Carvajal Epifanio	s/f	Castrejón Vázquez Rosalío	1974
Berum Torres Epifanio	s/f	Castro Arteaga Inocencio	1974
Betancour García Rodrigo	1979	Castro Castañeda Francisco	1974
Bracamontes Patiño Perla	1974	Castro Castillo Mauricio	1974
Bracamontes Navarrete Bartola	1971	Castro de Jesús Ambrosio	1971
Bravo Mejía Macario	1971	Castro Dávila Lucio	1982
Brito Alarcón Elías	s/f	Castro Dionisio Israel	s/f
Brito Nájera Humberto	1977	Castro Hernández Isaías	s/f
Cabañas Alvarado Humberto	1976	Castro Hernández Isaías	1972

Barrientos Martínez Onésino	1971	Cabañas Dimas Luis Armando	1978
Cabañas Felipe	s/f	Castro Molina Eleazar	1975
Cabañas Flores Heriberto	1975	Castro Molina Fabiola	1975
Cabañas Martínez Raúl	1971	Castro Molina Guadalupe	1972
Colín Cerda Francisco	1974	De la Cruz Bautista Juan Jesús	1971
Castro Nava Pedro	s/f	De la Cruz Navarrete Magdalena	1971
Castro Ramírez Salvador	1974	De la Rosa Fuentes Guillermo	1977
Castro Reyes Francisco	s/f	De los Santos Dorantes Alfonso	1974
Castro Rosas Pedro	1974	De Roque Laura	s/f
Castro Santos Salvador	1974	Del Valle Bello Félix	1974
Castro Velásquez Isaías	1974	Delgado Jiménez Emilio	1974
Cedillo Cruz Alberto	1975	Díaz Fierro Aurelio	1974
Chalma de la Cruz Rubén	1973	Díaz Frías Carlos	1978
Chalma García Francisco	1973	Díaz Salmerón Fulgencio	1976
Chalma Martínez Severino	1973	Diego Flores Francisco	1977
Chávez Eulogio	1974	Diego Isidro José	s/f
Chávez Pérez José Armando	1974	Dimas Armando Luis	s/f
Chávez Ramírez Epifiano	s/f	Diosdado Mendoza Antonio	1976
Chávez Villa Artemio	1976	Dolores Alcasa Lesvia	1974
Cimbra Bernal Alejandro	1974	Dorantes Lorenzo César	1976
Clavel Flores Floriberto	1976	Dorantes Pérez Alberto	1976
Cleto Villa Feliciano	1990	Encinas Francisco	1974
Conde Castillo R.	s/f	Estrada Carrillo Abel	s/f
Cortés Solís Félix	s/f	Estrada Ramírez Teresa	1974
Cruz Jaime Faustino	s/f	Farías Bello Manuel	1974
Cruz Juan Darío	s/f	Félix Gómez Pedro	s/f
Cruz Martínez Darío Miguel	1994	Fierro Abarca Julio	1974
Cruz Martínez Rocío Evangelina	1994	Fierro Benítez Epifanio	s/f
Cruz Mayo Ángel	1974	Fierro Leonanrdo Antonio	1974
Cruz Ramírez Miguel	1976	Fierro Nava Eusebio	1974
Cruz Villasana Darvelio	s/f	Fierro Navarrete Raymundo	1971
De Cabañas Carmelita	s/f	Fierro Piza Ángel	1974
De Jesús Alquisira Marino	1974	Fierro Polanco Cipriano	1975
De Jesús de la Cruz Sulpicio	s/f	Fierro Polanco Fulgencio	1975
De Jesús Galeana Alberto	1974	Fierro Rodríguez Enrique	1974
De Jesús Onofre Pedro	1974	Fierro Valdez Esteban	1974
De Jesús Vázquez Jacinto	1977	Flores Alarcón Olivia	1978
De la Cruz Zacapala Andrés	1990	Flores Aurelio	s/f
De la Cruz Martínez Daniel	1974	Flores Benítez Juan	1975
De la Cruz Martínez Humberto	1974	Flores de Jesús Marciano	1974

Castro Hernández Rafael	1976	De la Cruz Martínez Macario	1995
De la Cruz Martínez Miguel Ángel	1974	Flores Galeana Guillermo	1976
De la Cruz Ricardo José	s/f	Flores Galeana Juan	1976
De la Cruz Yánez Mariana	1974	Flores Galeana Mardonio	1974
Flores de Jesús Zacarías	s/f	García Moreno Vicente	s/f
Flores Galeana Nicolás	1976	García Nájera Juan	s/f
FloresGervasio José	1974	García Pintor Austreberto	1974
Flores González Agustín	1974	García Constantino	s/f
Flores Jiménez Agustín	1974	García Roberto	s/f
Flores Jiménez Nicolás	1971	García Santos	1978
Flores Jiménez Tomás	1972	García Villa Santiago	1976
Flores Leonardo Antonio	1974	García Wences José	1975
Flores Patiño Estela	s/f	Garríos Santiago	1975
Flores Rodríguez Arturo	1974	Gaspar Simón Pablo	1997
Flores San Vicente Gregorio	1974	Gervasio Benítez Octaviano	1974
Flores Serafín Eladio	1974	Gervasio Manuel	1974
Flores Serafín José Jesús	1974	Gómez Abarca Leonardo	1974
Flores Zamora Marcelino	1974	Gómez Adame Camilo	1976
Fuentes Martínez Enrique	1974	Gómez Balanzar Andrés	1974
Fuentes Martínez Julio	1974	Gómez Díaz Antonio	s/f
Fuentes Núñez Hilario	1974	Gómez Etzin Celia	1974
Gabriel Sotelo Guillermo	1974	Gómez Flores Juan	1975
Galeana Romero Julio	1977	Gómez López Juliana	1974
Galeana Abarca Isidro	s/f	Gómez Magdalena Francisco	1975
Galeana Benito	s/f	Gómez Mendiolea Lucía	1974
Galeana de Jesús Alberto	1974	Gómez Moreno Isabel	1974
Galeana de Jesús Doroteo	1974	Gómez Pérez Carmen	1994
Galeana Fierro Tomás	1974	Gómez Pineda Armando	1979
Galeana Santiago Joel	1977	Gómez Iturio Acacio	1977
Galeana Teresa	s/f	Gómez Juan	1977
Galeana Vázquez Eleno	1974	Gómez Álvarez Elías	1971
Galeana Vicente	s/f	Gómez Sánchez José	1974
Gálvez Guadalupe José	s/f	Gómez Serafín Alejandro	1974
Garay José Jesús	1974	Gómez Serafín Eugenio	1974
García Bautista Diego	s/f	Gómez Valle Esteban	1975
García Campos Isidoro	1976	Gómez Vargas Lucino	1978
García Castro Luis Francisco	1970	González Díaz Antonio	1977
García Fierro Juan	s/f	González Miranda Pablo	1976
García Flavio	s/f	González Rosales Antonio	1977
García Flores Liliana	s/f	González Sixto	1974

García Flores Melquiades	1974		García Juárez Ascensión	1973
García Martínez Marcelino	1973		Grecio Octavio	s/f
García Martínez Ricardo	1974		Gregorio Santiago Pedro	s/f
García Mateo Miguel	1975		Gregorio Tlatino José	s/f
Gregorio Gómez Ángel	s/f		Jacinto Iturio Trinidad	1976
Gudiño Antonio	s/f		Jacinto Trinidad Silverio	s/f
Gudiño Dircio Tomás	1973		Jiménez Francisco Modesto	1976
Guerrero Afamen Leopoldo	1971		Jiménez Muñoz María Concepción	1978
Guerrero Gómez Gloria	1974		Jiménez Reyes Rosendo	s/f
Guerrero Hilario	1974		Jiménez María Isabel	1972
Guillén José	s/f		Juárez Bello Carmelo	1974
Guillén Lombera Andrés	s/f		Juárez Cabañas Gonzalo	1973
Gutiérrez Filiberto Victoriano	1976		Juárez Fierro Jacinto	s/f
Gutiérrez Pérez José Alberto	1976		Juárez Fierro Lucino	1974
Hernández Alberto	1996		Juárez Juárez Eduardo	1976
Hernández Aurelio Guadalupe	s/f		Juárez Marcial	1971
Hernández Brito Victoria	1976		Juárez Adame Delfino	1971
Hernández Dionisio	s/f		Justo Torres Juan	1971
Hernández Radilla Ascensión	1974		Larumbe Rafael	1981
Hernández Rivera Macario	s/f		Lázaro Diego Antonio	s/f
Hernández Rivera Juan	1971		Lázaro Santos	s/f
Hernández Torres Juan	1977		Lemus Villegas Pedro	1974
Hernández Valle Francisco	1974		León Rosado José Guadalupe	s/f
Hernández Escobedo Sonia	1977		Leonardo Barragán Dimas	1996
Hernández Fidencio	1996		Leyva Fierro Isidro	1977
Hernández Florencio	s/f		Leyva Fierro José	1974
Hernández Flores Cirino	s/f		Leyva Vinalay Gregorio	1976
Hernández Hernández Santiago	s/f		Llanes Noriega Santana	1974
Hernández Joaquín Marco	s/f		Llanes Ponciano Avelino	1974
Hernández Maciel Héctor	s/f		López Álvarez Daniel	1990
Hernández Martínez Diógenes	1974		López Arellano Filiberto	s/f
Hipólito Nava Antonio	1974		López De Jesús Marco Antonio	s/f
Hipólito Rebolledo Jesús	1971		López Gómez Fidel	1974
Iturio Barrientos Armando	1974		López Gómez Pablo	1974
Iturio de Jesús Doroteo	1974		López Gómez Paulina	1974
Iturio de Jesús Jacinto	1977		López Guadalupe	s/f
Iturio de Jesús Matías	1978		López Molina Isaac	1974
Iturio de Jesús Severiano	1974		López Rosas Benito	s/f
Iturio Fierro Ramón	1976		López Rosas Juan	s/f
Iturio Fierro Ramón	1976		López Rosas Simón	s/f

González Vázquez Reyna	s/f	IturioLezma Miguel	1977
Iturio Martínez Armando	1976	López Sánchez (niño s/n)	1974
Iturio Perdón Matías	1978	López Sánchez Araceli	1974
Izazaga García Rito	1974	López Sánchez Femando	1974
López Sánchez Karla Hilaria	1974	Mesino Aguilar Filemón	1974
López Sánchez Miguel Ángel	1974	Mesino Castillo Esteban	s/f
López Sánchez Patricia	1974	Mesino Castillo Esteban	s/f
López Sánchez Sergio Alejandro	1974	Mesino Galicia Julio	1974
López Sánchez Víctor Manuel	1974	Mesino Lezma Ernesto	1974
López Sollano Jaime	1978	Millán Castro Tomás	1978
Lorenzo Llanes Carlos	1975	Moctezuma Gracida Andrés	1971
Loza Flores Pablo	s/f	Molina Martínez Rodolfo	1973
Loza Patiño Florentino	1977	Mondragón Medina Heliodoro	1974
Loza Patiño Pablo	1974	Morales Francisco	1974
Lozano Lozano Eleuterio	1971	Morales Galeana Fernando	1974
Lozano Victorio	1971	Morales Gervasio Abelardo	1971
Maldonado Pineda Magdalena	s/f	Morales Gervasio Flavio	1974
Maldonado Valencia Rogelio	1974	Morales Gervasio Obdulio	1974
Magaña Flores Severiano	1971	Morales Gervasio Lorenzo	1971
Magaña Ruiz Pedro	1971	Morales González Laurencio	s/f
Marcial Jaimes Maximino	2000	Morales Leguideño Flavio	1974
Martínez Arreaga Fidel	1978	Moreno Crucero Raúl	1974
Martínez Arreola Fidel	1971	Moreno Gálvez Francisco	1993
Martínez Barrientos Gaudencio	1976	Moreno González Gaudencio	1975
Martínez Bernal Diógenes	1975	Moreno González Leónides	1967
Martínez Cabañas Ángel	1974	Moreno Pérez Olegario	1976
Martínez Díaz Ceferino	1977	Moreno Ríos Ángel	1974
Martínez Doroteo	1974	Mújica Crespo Leoncio	1975
Martínez García Daniel	1975	Mújica Díaz Ignacio	1975
Martínez Gervasio Juan	1974	N. Isabel	1974
Martínez Gómez Isaías	1974	N. Laura	1975
Martínez Gómez Villaldo	1974	N. Marisela	1995
Martínez Linares Martiniano	1974	Nájera Hernández Jacob	1974
Morales Galeana Femando	1974	Nájera Nava Miguel	1974
Martínez Pérez Misael	1978	Naranjo Vázquez Gregorio	1974
Martínez Rojas Villado	1974	Nario López Gabriel	1974
Martínez Gallo Arturo	1971	Nario López Pascual	1974
Mata Carmelo	1974	Nario Martín	1974
Melgar Martínez José Luis	1976	Nava Fierro Obdulio	1974
Mena Rivera Guillermo	1974	Nava Hipólito Esteban	1974

López Sánchez (niña s/n)	1974	Méndez Bailón Santiago	1971
Méndez Gómez Francisco	1974	Nava Ríos Fredy	1997
Mendoza Moisés Carlos	1976	Navarro López Enrique	1971
Mesino Acosta Alberto	1974	Navarrete Aparicio Baltazar	1974
Navarrete De la Paz Marcial	1974	Pablete García Constantino	1976
Navarrete Fierro Emilio	s/f	Pino Figueroa Marcial	1971
Navarrete Hernández de la Paz	s/f	Pino Ríos Reynaldo Camerino	1974
Navarrete Hernández Hermilio	1974	Pino Ríos Servando	1974
Navarrete Hernández de la Paz	s/f	Praga Ponce Sabino	1974
Navarrete Jiménez Abel	1976	Radilla Cabañas Petronila	1974
Noriega Zagal Jacinto	1974	Radilla Gómez Petronila	1974
Núñez Alva Germán	1975	Radilla Pacheco Rosendo	1974
Ocampo Mancilla Elpidio	1971	Radilla Reyes Alberto	1974
Ochoa López Ubaldo	1974	Radilla Silva Fredy	1971
Olea Radilla Adauto	s/f	Radilla Soberanis José Apolunio	2000
Enésimo Urióstegui Ramón	s/f	Ramales Patiño Aída	1976
Onofre Barrientos Antonio	1971	Ramírez De la Cruz Edwuing	1974
Onofre Campos Juan	1974	Ramírez Flores Gregorio	1974
Onofre Gudiño Antonio	1973	Ramírez García Rodrigo	1979
Onofre Campos Abundio	1974	Ramírez García Guadalupe	1974
Organista Zamora Esteban	1974	Ramírez Hernández Mario	1974
Ortiz Arreola Guadalupe	1974	Ramírez María de Jesús	1974
Ortiz Cabañas Cutberto	1973	Ramírez Sánchez Alejandro	1974
Ortiz Nava Vicente Higinio	1974	Ramírez Samaycón José	1971
Padilla Rivera Rebeca Eugenia	1976	Ramos Cabañas Marcos	1975
Parra Barrientos Jerónimo	1974	Ramos Cabañas Felipe	s/f
Parra Flores Jerónimo	1974	Ramos Cabañas Heriberto	1975
Parra Juárez Raúl	s/f	Ramos Cabañas Raymundo	1975
Parra Flores José	1985	Ramos de la Cruz Eduviges	1975
Pastor García Bernardo	1982	Ramos Campos Marcos	1974
Pastrana Gallardo Pascual	s/f	Ramos Tavares Melitón	1974
Patiño Iturio Ramón	1975	Rangel de Alba Alberto	1974
Peñaloza Silva Eusebio	1978	Rebolledo Martínez David	1974
Peralta Santiago Lucio	1974	Rebolledo Ocampo Getulio	1974
Perdón Bernal Teodoro	1978	Rebolledo Ocampo Natividad	1974
Perdón Iturio Matías	1974	Regino Benigno Florentino	1993
Perea Cipriano Moisés	1974	Regino Benigno Miguel	1993
Perdón Santos Teodoro	1974	Regino de la Luz Miguel	1993
Pérez Aguilar Mario	1976	Rentaría Liborio Pablo	1993
Pérez Carmona Saturnino	1976	Reséndiz Hernández Eugenio	1976

Nava Hipólito Macario	1974	Pérez Escobar Filogonio	1978
Pérez Galindo Isidoro	1974	Reséndis Hernández Fulgencio	1976
Pérez Martínez Marcelino	1978	Reséndiz Salmerón Aristeo	1976
Pineda Flores Pedro	1974	Reséndiz Salmerón Bernardo	1976
Reséndiz Salmerón Sergio	1976	Sánchez Cruz Edilberto	1976
Reséndiz Valente Juan	1976	Sánchez Patiño Bartola	1974
Reyes Blanco Dimas	1974	Sánchez Vergara José Asunción	1974
Reyes Féliz Bernardo	1972	Sandoval Héctor David	s/f
Reyes Fierro Felícitas	1974	Santana López Pablo	1977
Reyes Llanes Dimas	1974	Santiago Alvarado Gorgonio	1974
Ríos de Roque Ramona	1974	Santiago Hernández José Gerardo	1974
Ríos García Ramona	1972	Santiago Joel	1976
Ríos García Salomón	1977	Santiago Vázquez Matilde	1973
Ríos Ocampo Agustín	s/f	Santiz Méndez Antonia	1974
Ríos Ocampo J. Veda	1972	Segura Paulino	1974
Rivera Patiño Alejandro	1976	Segura Sánchez Claudio	1975
Rivera Olvera Alejandro	s/f	Serafín Cruz Leonardo	1974
Rodríguez Hernández Natividad	1976	Serafín Gómez Diego	1974
Rojas Rojas Donaciano	1999	Serafín Juárez Marcelino	1974
Rojas Vargas David	1972	Serafín Peralta Miguel	1974
Romero Benítez Emilio	1975	Serafín Gómez José Rosalío	1971
Romero Cárdenas Miguel	1994	Serafín Gudiño Camerino	1971
Romero Dionisio Israel	1974	Serrano Abarca Eduardo	1974
Romero Flores Justino	1976	Serrano Barrientos Fidel	1974
Romero Flores Pastor	1976	Serrano Elías Fidel	s/f
Romero Loeza Féliz	1976	Serrano Vargas Aquilino	s/f
Romero Mejía Emilio	1974	Serrano Vargas Francisco	1974
Romero Olea Emilia	1977	Serrano Zamora Mariano	1974
Romero Salgado Nicandra	1971	Simbras Bernal Alejandro	1969
Romero Vázquez Gilberto	1995	Soberanes Gonzalo	1999
Roque Moreno Román	1976	Soledo Luna Crescencio	1975
Roque Moreno Santiago	1978	Sorcia M. Magdalena	1977
Roque Texta Margartio	1972	Sorcia Téllez Mauro	1977
Rosario Ernesto	1990	Soto Aquino Santos	1978
Ruiz Santiago Juventino	1974	Tabares Noriega Francisco Nicolás	1974
Saldaña Nava Marcos Marcelo	1971	Tabares Serafín Eladio de Jesús	1974
Salgado Martínez José	1990	Terrones Ramírez Evaristo	1974
Salinas Pineda Isidro	1974	Terrones Ramírez Lauro	1974
Salinas Rodríguez Tomás	1998	Terrones Ramírez Lázaro	1971
Salomé Mesino Pedro	1995	Texta María	1971

Reséndiz Hernández Eva	1976		Santana López Pablo	1978
Sánchez Barrera Ezequiel	1976		Vélez Bonifacio	s/f
Sánchez Bello Mario	1974		Vélez Cienfuegos José Luis	s/f
Sánchez Celso	1996		Torres de Mena Teresa	1974
Urbano D. Rafael	1974		Torres Galindo Isidro	1974
Urioste Alejandro	1974		Tranquilino Domingo	1974
Urióstegui Felipe	1974		Tumalán Gómez José	1974
Urióstegui Terán Miguel	1974		Vicario Flores Delfino	s/f
Urióstegui Terán Enésimo	1974		Villa Chávez Artemio	s/f
Urióstegui Vázquez Alejandro	1973		Villa Laura	s/f
Valdez Palacios Salustio	1976		Villa Rosales Victoriano	s/f
Valdovinos Garza Ángel	1996		Villamar Bernardo	s/f
Valdovinos Mario Heriberto	1977		Villegas de la Cruz Isidro	s/f
Valencia Millán Leopoldo	1971		Villegas Tabares Gerardo	s/f
Valencia Gutiérrez Salvador	1971		Villegas Tabares Cesáreo	s/f
Valles Zamora Leonardo Luis	1974		Vinalay Jiménez Virginio	s/f
Vargas Cabañas Miguel Ángel	1974		Yáñes Noriega Santana	s/f
Vargas Peña Abel	1976		Yánez Ponciano Avelino	s/f
Vargas Pérez Carmen	1974		Zacarías Tabares Jesús	s/f
Varga Rojas David	1974		Zamacona Radilla Antonio	s/f
Vargas Simón	1995		Zámano Bello Fidencio	s/f
Vázquez Baltasar Margarito	1974		Zambrano Bello Rosendo	s/f
Vázquez Arreola Delfino	1971		Zambrano Castro Cesáreo	s/f
Vázquez de Jesús Juan	s/f		Zambrano Inés	s/f
Vázquez López Genaro	s/f		Zamora Hernández Juan	s/f
Vázquez Macedo Julián	1971		Zamora Hernández Zenón	s/f
Vázquez Santiago Timoteo	s/f		Zamora Román Ignacio	s/f

Fuentes: Radilla Martínez, Andrea *Voces acalladas (Vidas truncadas)* pp. 90 – 107. el AGN y entrevistas a familiares de víctimas de la "guerra sucia". (s/f) Fueron casos que no se pudo precisar fecha de su desaparición pero se encontraron suficientes elementos para asegurar que fueron desaparecidos.

Cada día la lista de desaparecidos y torturados se incrementa, no sólo por el reporte de personas desaparecidas durante la "guerra sucia" sino por nuevos casos en el 2005, como los reportados por el ERPI, EPR entre otras organizaciones guerrilleras. Entre otros: Orlando Rebolledo Téllez, Daniel Cabrera Peñaloza, Diego Bahena, detenidas por los nuevos grupos paramilitares al servicio del Estado, tales como la SIEDO e inteligencia militar, que sin orden judicial siguen actuando de manera similar que en el pasado. [566]

---

[566] La Redacción. *El desaparecido Diego Bahena está en manos de la SIED, denuncia el ERPI.* EL SUR (Acapulco, Gro.,) 12 de diciembre de 2005, p. 8

Anexo No. 2

PENSAMIENTO POLÍTICO Y PROGRAMA DE LUCHA DEL PARTIDO DE LOS POBRES (PdlP)[567]

1. Derrotar al gobierno de la clase rica. Que se forme un gobierno de campesinos y obreros, técnicos y profesionales, y otros trabajadores revolucionarios.

2. Que el nuevo gobierno de la clase pobre dé leyes que protejan y hagan valer los intereses y los derechos del pueblo. Que se haga valer el derecho al trabajo, el derecho a la huelga, el derecho de reunirse y opinar en público y en privado, el derecho de formar sindicatos, partidos y otras asociaciones, el derecho de escoger y votar candidatos y gobernantes.

3. Que para hacer cumplir sus leyes y proteger sus intereses, los trabajadores formen sus jurados o tribunales, nombren sus jueces y se den armas para defenderse.

4. Expropiar las fábricas, los edificios, la maquinaria, los transportes y los latifundios de los grandes propietarios, los millonarios nacionales y extranjeros. Que se entreguen en propiedad a los trabajadores.

5. Seguridad social para el trabajador así como seguro agrícola; que el trabajador controle todos los medios de comunicación para que éstos sirvan a la educación del trabajador. Hace valer el derecho de los trabajadores y de sus familiares a tener casa, educación y cultura, higiene, salud y descanso y sin costos pagados.

6. Liberar a la mujer, haciendo valer su igual derecho frente al hombre. Proteger a los niños haciendo valer sus derechos que le son propios como son: alimentación, vestido, educación, casa de cuidado y de educación.

7. Amparar a los ancianos y a los inválidos por medio de casas y cuidados especiales, alimentación y vestuario gratuito, trabajo adecuado y educación y cultura..

8. Hacer valer el derecho de los estudiantes a la educación en todos los grados..

9. Hacer valer el derecho de los técnicos y de los profesionistas a mejorar sus condiciones de vida, a mejorar su capacidad profesional y a crear y aplicar sistemas adecuados de trabajo que sirvan al pueblo trabajador. Hacer valer el derechote los escritores, de los artistas y de los intelectuales a mantenerse con dignidad del producto de sus obras, el derecho de hacer progresar su espíritu de creación y el derecho a crear y aplicar métodos adecuados al progreso espiritual a todo el pueblo trabajador.

10. Unirse todos contra la discriminación racial en el mundo, principalmente con los negros, con los mexicanos, los chicanos y otras minorías raciales en los Estados Unidos

---

[567] Documento dado a conocer en 1971 a través de volantes y comunicados clandestinos

11. Hacer la independencia económica de México completa, la independencia política contra el sistema colonial nuevo de los Estados Unidos de América y otros países extranjeros unidos con los pueblos pobres del mundo en la lucha contra la misma dominación extranjera a las clases ricas.

Cabe señalar que al incorporarse nuevos combatientes y colaboradores al PdlP provenientes de otras organizaciones guerrilleras con una mayor formación marxista, este "programa" fue sometido a análisis del cual, en 1973 surgió un nuevo documento denominando:

NUESTROS PRINCIPIOS Y OBJETIVOS

1.- Luchar consecuentemente con las armas en la mano junto a todas las organizaciones revolucionarias armadas, junto a nuestro Pueblo trabajador y hacer la revolución socialista; conquistar el poder político; destruir al estado burgués explotador y opresor; construir un estado proletario y formar un gobierno de todos los trabajadores; construir una nueva sociedad, sin explotados ni explotadores, sin oprimidos ni opresores.

2.-Destruir al sistema capitalista; abolir la propiedad privada, base y esencia de la explotación del hombre por el hombre; aniquilar a la burguesía como clase privilegiada, explotadora y opresora, ya que el capital y la riqueza acumulada y concentrada en sus manos ha sido creada por el trabajo, el sudor y la sangre de la clase obrera, de los campesinos y de todos los trabajadores. En consecuencia, será reivindicada la justicia histórica de la clase obrera, del campesinado y de muchas organizaciones de trabajadores. Lo que ha sido creado por el trabajo y sacrificio del pueblo, debe pertenecer al propio Pueblo...

3.-Consecuentemente, después del triunfo armado de la Revolución Socialista y de la toma del poder político por el Pueblo, será destruida la estructura del sistema económico-social explotador y conquistado el poder económico; para ello, serán expropiadas y socializadas las empresas industriales, comerciales, agrícolas y las instituciones financieras, etc., hoy en poder de la burguesía. Al ser expropiadas y socializadas las fábricas, los medios e instrumentos de producción, los recursos naturales, los bancos, etc., serán administrados por los propios trabajadores y por el estado proletario. El comercio externo e interno estarán bajo control del estado de todos los trabajadores, y las relaciones económicas, políticas y sociales con todos los países habrán de basarse en los intereses fundamentales de los pueblos, en igualdad y ayuda mínima.

4.- Se acabará con la explotación y la opresión en el campo; los latifundios, las haciendas y todas las propiedades de los capitalistas del campo serán expropiados. La tierra será colectivizada y administrada por quienes la trabajen; el estado de todos los trabajadores dotará a todo el campesinado de maquinaria, técnica, medios y recursos suficientes para elevar la producción y el nivel de vida de los campesinos; la tierra y la producción serán de quienes la trabajen.

5.- Los grandes propietarios de viviendas serán expropiados de ellas, y sólo se les permitirá lo necesario para vivir dignamente. Las mansiones de lujo, los hoteles, moteles y centros vacacionales, hoy en poder y al servicio de la burguesía, pasarán a manos de los trabajadores.

6.- Los grandes sanatorios, consultorios y hospitales, farmacias y laboratorios; los centros de salud y hospitales, serán expropiados y puestos al servicio del pueblo para garantizar la salud y evitar la mortalidad por falta de atención médica.

7.- El transporte aéreo, marítimo y terrestre; las comunicaciones: teléfono, telégrafo y correo, serán socializados y puestos al servicio de toda la sociedad.

8.- La cultura burguesa, por ser contrarrevolucionaria e incompatible con los intereses de los trabajadores será destruida. El pueblo desarrollará y creará su propia cultura. La técnica y la ciencia que el estado capitalista utiliza para aumentar la explotación, la opresión y muerte de las masas trabajadoras, pasará al servicio del pueblo para transformar al país, elevar la producción y el nivel de vida de la sociedad. La educación, la cultura, la técnica y la ciencia, perderán el carácter comercial en la nueva sociedad. La educación será impartida y administrada gratuitamente por el estado revolucionario a todo el pueblo a fin de acabar radicalmente con el analfabetismo, la ignorancia y el atraso cultural en que lo han mantenido el régimen capitalista; la educación será científica, es decir, se basará estrictamente en la verdad, en la materialidad del universo, del mundo y de la sociedad.

9.- Serán expropiadas la prensa, la radio y la televisión, ya que constituyen un instrumento más de poder de la burguesía para someter y enajenar al pueblo, deformar la verdad, crear falsos valores morales y culturales, aumentar sus ganancias y riquezas. Al ser expropiadas la prensa, la radio y la televisión, el estado y el Gobierno revolucionarios se encargarán de transformar la orientación y el contenido de esos medios masivos de información y comunicación, cuyo fin fundamental será orientar, educar y elevar la conciencia y la moral revolucionarias del pueblo y ayudar a la formación del hombre nuevo.

10.- Las leyes y todo el sistema jurídico burgués, que garantizan la propiedad privada y legalizan la explotación de la burguesía contra los trabajadores, serán abolidos. El ejército y todas las corporaciones policiacas que forman la maquinaria represiva y criminal, defensoras y sostén fundamental del estado y del orden burgués, serán destruidos. El estado proletario creará leyes, principios y tribunales que expresen, representen y defiendan auténticamente los derechos e intereses de todos los trabajadores y de toda la sociedad, cuya base fundamental será la democracia socialista que habrá de considerar a todos los trabajadores en plenitud de derechos y obligaciones y colocar a la mujer en un plano de igualdad ante el hombre, ante el trabajo y ante la sociedad. El estado revolucionario consolidará y desarrollará a su propio ejército y armará a todo el pueblo; la casa de cada trabajador será transformada en una trinchera de combate y cada trabajador se convertirá en un soldado revolucionario para defender al país de sus explotadores internos y externos. El pueblo no depondrá las armas hasta no acabar con el último reducto de explotación y con el último enemigo de la revolución.

11.- El trabajo del hombre estará exento de toda explotación y opresión; dejará de ser una mercancía y ya no podrá ser considerado como una maldición, ni como

Un castigo, sino como la actividad racional y fundamental del hombre encaminada a la superación infinita, a la transformación de la naturaleza, a la creación de los valores morales y espirituales de la sociedad y a la producción de bienes materiales. La producción y la riqueza serán distribuidas justamente, tomando en cuenta los intereses y necesidades fundamentales de todos los trabajadores.

12.- La lucha del pueblo mexicano por su plena emancipación es parte integrante del movimiento revolucionario internacional por la liberación total de la humanidad. Las fronteras artificiales instauradas e impuestas por los explotadores para separar a los pueblos deben ser barridas por la lucha y por el internacionalismo revolucionario. Por ello, estamos plenamente identificados y solidarizados con todos los pueblos explotados, con todos los hombres y mujeres que combaten consecuentemente en todo el mundo contra el enemigo común: el capitalismo. Estamos profundamente hermanados con todos los pueblos que han logrado su emancipación política, económica y social y constituyen para nosotros un ejemplo revolucionario.

Anexo No. 3

Datos biográficos de Genaro Vázquez Rojas

Genaro Vázquez[568] nació en San Luis Acatlán el 10 de junio de 1933, terminó sus estudios en la Ciudad de México. Cursó su primaria en el internado Francisco I. Madero, su secundaria en la esuela Rafael Dondé, luego ingresó a la Nacional Preparatoria de San Ildefonso, su normal en la Escuela Nacional de Maestro, donde obtuvo su título de maestro en 1950. Después de algunos estudios de Preparatoria en San Ildefonso, se desempeñó como maestro en escuelas primarias de San Juan de Aragón e Ixtacalco en el Distrito Federal e ingresó a la Facultad de Derecho de la UNAM, para después regresar al Estado de Guerrero a encabezar a través de la Asociación Cívica Guerrerense (ACG), el movimiento de masas en contra de la política represiva del gobernador general Raúl Caballero Aburto.

Se asegura que en sus aspiraciones políticas, se acercó al Gobernador Caballero Aburto, quien lo apadrinó en su boda y le prometió una diputación local, promesa que no cumplió.

Cabe señalar, que esta aseveración fue refutada por el propio Genaro en la entrevista hecha en la sierra en 1971 por la Revista *Por qué?* donde aseguró que jamás su lucha la orientó para obtener beneficios personales, sino para la solución de las demandas sociales que enarboló a través del Programa de lo Siete Puntos[569] primero y de los Cuatro Puntos después. Fundó la Asociación Cívica Nacional Revolucionaria (ACNR) y diversas organizaciones: la Liga Agraria Revolucionaria del Sur "Emiliano Zapata" (LARS "EZ"), las Asociaciones Independientes de Copreros, de Ajonjolineros, Palmeros y Productores de Café; participó activamente en la fundación de la Central Campesina Independiente (CCI), el Frente de Autodefensa Popular y el Frente Electoral del Pueblo al lado del Gral. Lázaro Cárdenas, Heberto Castillo, etc., quienes lanzaron como candidato independiente a la presidencia de la república a Ramón Danzós Palominos que contendiera contra Gustavo Díaz Ordaz. Murió el 2 de febrero de 1972, después de un accidente automovilístico cuando se dirigía a la sierra de Atoyac, por la ruta de Morelia-Tierra Caliente. Sus restos fueron trasladados a su tierra natal.

---

[568] Datos tomados de diversas publicaciones y de familiares en San Luis Acatlán.
[569] ACNR. Archivo privado. PROGRAMA DE LOS SIETE PUNTOS: 1. Por la libertad política. Que implica la salida del Gobierno de los caciques y el advenimiento de un Régimen Popular de Obreros, Campesinos, Intelectuales Patriotas y Estudiantes; así como el implantamiento de las libertades democráticas conculcadas por el actual Régimen; 2. Por la Planificación Científica de la economía, a fin de aprovechar al máximo nuestros recursos naturales; teniendo como meta dar, mejores condiciones materiales y culturales de vida al Pueblo; 3. Por el rescate de la riqueza minera en manos de empresas imperialistas de Norteamérica; 4. Por el respecto de la vida política sindical interna, la efectividad y ampliación de los derechos obreros; 5. Por el reparto de los latifundios y el rescate de las riquezas madereras en manos de rapamontes insaciables y la entrega a sus verdaderos dueños, los campesinos; 6. Por la aplicación de la Reforma Agraria y el repartimiento de las prestaciones y servicios sociales a toda la población; y, 7. Por la alfabetización y el desarrollo cultural del Pueblo.

Anexo No. 4

Datos biográficos de Lucio Cabañas Barrientos

Lucio Cabañas Barrientos[570] nació en El Porvenir, Municipio de Atoyac de Álvarez, Gro., en 1938, fue hijo de Cesáreo Cabañas Iturio, dirigente campesino de su pueblo que fuera asesinado por pistoleros a sueldo al servicio de los caciques por haber luchado para la recuperación de las tierras de su comunidad; fue nieto de Pablo Cabañas, Coronel zapatista que combatió por la causa agrarista en la sierra y la Costa Grande del estado de Guerrero.

Hizo parte de sus estudios de educación primaria en el Internado No. 2 "Adolfo Cienfuegos y Camus" de Tixtla, Gro., y los concluyó en el internado de la Escuela Normal Rural "Raúl Isidro Burgos" de Ayotzinapa, Gro., donde cursó su secundaria y la Normal Básica, recibiéndose como profesor de educación primaria en 1963. Por su carisma y capacidad política fue electo Secretario General de la Sociedad de Alumnos y pronto destacó a nivel nacional, al haber sido nombrado Presidente de la Federación Estudiantil Campesina Socialista de México (FECSM), que en ese tiempo aglutinaba a 29 escuelas normales distribuidas a lo largo y ancho del país; liderazgo que le permitió establecer relaciones políticas que en el futuro le sirvieron para fortalecer sus planes de lucha guerrillera.

Durante el movimiento popular estudiantil de 1960 se distinguió por su gran entrega a las tareas de propaganda en el estado, lo que le favoreció para emerger como un dirigente ampliamente reconocido especialmente entre los propios estudiantes y campesinos de las zonas más marginadas. Militó en las Juventudes del Partido Comunista Mexicano del cual se alejó, al no encontrar apoyo en ese partido para el desarrollo de la lucha guerrillera. "Se le quiso utilizar por ese partido, simplemente como un grupo de presión para negociar con el Estado" –según declaración de Genaro. Ya como maestro, fue comisionado en Mezcaltepec, municipio de Atoyac, una zona maderera de la sierra, donde los "rapamontes" explotaban de manera irracional los recursos madereros y sin ningún beneficio a sus verdaderos dueños, los campesinos; razón por la cual, Lucio empezó a organizarlos para parar la voracidad de los dueños de las compañías madereras.

Como castigo, fue expulsado del estado y mandado al estado de Nuevo León por órdenes del gobernador, donde pronto entró en contacto con un movimiento de colonos del Cerro del Mercado, hasta que los padres de familia lograron, mediante la presión política, que el gobierno local lo regresara a su comunidad.

Al participar en solidaridad con la inconformidad de padres de familia de la Escuela Primaria "Juan N. Álvarez" de Atoyac, a quienes se les obligaban comprar uniformes caros a los niños, que en su mayoría eran pobres, el 18 de mayo de 1967 estuvo a punto de morir asesinado por la policía cuando hacía uso de la palabra frente al palacio municipal, al tiempo que desde las azoteas vecinas se asesinaba con armas de alto poder a hombre, mujeres y niños que se habían dado cita en ese lugar.

En consecuencia, se vio en la necesidad de remontarse a la sierra para eludir la persecución y fundar el Partido de los Pobres (PdlP) y la Brigada Campesina de Ajusticiamiento de los Pobres, base organizacional del grupo guerrillero que dirigió hasta que fue asesinado por el ejército en el paraje El Otatal en la sierra de Santa Lucía, Municipio de Tecpan de Galeana, el 2 de diciembre de 1974.

---

[570] Datos recabados de comunicados y entrevistas hechas a ex compañeros de estudio de Lucio Cabañas de la Escuela Normal de Ayotzinapa, Gro. .

ANEXO 5

Marcelo Serafín Juárez: edad 15 años. Detenido por el ejército
el 2 de diciembre de 1974. Está desaparecido. Foto tomada AGN

ANEXO 6

Momento de su detención junto al cadáver de Lucio Cabañas.
Al centro parte inferior se observa a Marcelo. Foto AGN.

ANEXO 7

Marcelo en el momento en que es conducido
Por el Ejército a lugar desconocido. Foto AGN.

ANEXO 8

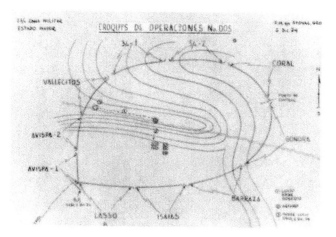

Croquis del cerco que tendió el ejército a Lucio Cabañas en el Otatal. Cada
Nombre representa la ubicación del contingente militar y la ruta de irrupción
al lugar con rojo donde fue asesinado el 2 de diciembre de 1974. Croquis. (AGN).

ANEXO 9

Lucio Cabañas en el Otatal muerto en la sierra de Santa Lucía, el 2 de diciembre de 1974 Mpio., de Tecpan, Gro. Foto AGN.

ANEXO 10

José Bracho Campos en la sierra de Atoyac. "Lugarteniente" de Genaro Vázquez Rojas. Foto aparecida en el libro: *Los cívicos guerreases* de Aranda, Antonio.

Carta inédita del Prof. Inocencio Castro Arteaga donde expresa su temor a ser desaparecido

Sr.
Abelardo Ramos Tapia
Tixpan de S. Gro.

Estimado amigo Abelardo:

En vista de que ni tú ni yo sabemos cual será el final del problema en que nos metimos inconscientemente, tengo una gran preocupación por la situación en que quedará mi familia en caso de que yo fracase o tenga la necesidad de perderme. Si con quitarme mi trabajo me dejaran vivir en paz, con gusto me quedaría a trabajar en el campo pero al lado de mi familia. Tú sabes perfectamente, yo me metí en este lío en contra de mi voluntad porque me imaginaba un gran peligro por mí de las dos partes, pero yo tal vez nunca podré convencer de esto, al C. Senador y mucho menos al gobierno, reconoce que ellos tienen dinero y tienen el poder y la opinión de un pobre no la toman en cuenta aunque sea la verdad.

Por todas estas reflexiones, quiero decirte que en caso de que fracase, mi familia necesita de qué vivir y tú debes ayudarla; pienso que debes reconocer porque razón te pido este favor.

Hasta pronto.

Tu amigo que te estima

Prof. Inocencio Castro A.

ANEXO 12

Carta inédita de Rubén Figueroa Figueroa al Prof. Inocencio Castro Arteaga
Solicita enlace con Lucio Cabañas

Senador Rubén Figueroa Figueroa
Vocal Ejecutivo de la Comisión
del Río Balsas

México, D.F. a 1 de Mayo de 1974.

Sr. Profr. Inocencio Castro.
Tecpan de Galeana.
Guerrero.

Muy estimado Profesor y Amigo:

Lo saludo con el afecto de siempre y le
envío en copia la respuesta que doy al documento que usted
me entregara.

Mando el original por el mismo conducto
que debió haber llegado de la carta que Ud. sabe.

Le suplico dinamizar la entrega porque el
tiempo es factor determinante. Si necesita usted elementos
económicos pídalos a nuestro amigo de Tecpan.

Una vez más soy como siempre su servidor
afectísimo.

Sen. Ing. Rubén Figueroa

334

ANEXO 13

Carta inédita del Partido de los Pobres a Rubén Figueroa Figueroa aceptando diálogo

Sierra de Guerrero, a 9 de mayo de 1974.

C. SENADOR E INGENIERO
RUBEN FIGUEROA FIGUEROA
CIUDAD DE MEXICO, D. F.

Recibimos la copia de la contestación que nos dirigió usted, indicándonos la posibilidad de entrevistarnos con su persona y que el Señor Inocencio Castro es de confianza para el gobierno como contacto; por lo mismo,- proponemos el siguiente procedimiento para la entrevista:

1.-La entrevista debe realizarse el 25 del presente mes, con el tiempo de duración que usted crea conveniente y aumentando los puntos de la agenda, aunque dudamos mucho del logro de las mejores soluciones.

2.-Las fuerzas armadas del gobierno deben retirarse ocho días antes de la entrevista y regresadas ocho días después, cuando menos. Deben retirar se el ejército, la policía judicial y el servicio secreto. La policía municipal deberá acuartelarse en su respectiva cabecera durante el retiro en los cuatro municipios que son: San Jerónimo, Tecpan, Atoyac y Coyuca de - Benítez. Procuraremos vigilar el cumplimiento completo de esta condición.

3.-Debe usted venir en camioneta o coche, de contraseña traerá dos mo- ños rojos de trapo; uno colocado sobre la caseta y el otro sobre la parte delantera o cofre; en caso de ser rojo el vehículo, los moños serán de co lor blanco.

4.-A las ocho horas de la mañana del 25 de mayo, debe llegar usted al poblado de la Y Griega trayendo las contraseñas de los moños; hacer aquí un alto de media hora después del cual, deberá avanzar hacia Atoyac a ve- locidad moderada hasta que le haga la parada alguien que será el guía y - que lo conducirá hacia otro contacto. La identificación del guía será, u na rama verde en la mano izquierda.

5.-Puede usted venir solo o con su chofer. También puede venir acompa- ñado de cuatro personas para hacer con usted un total de cinco incluyendo a alguien que en taquigrafía tome nota de las discusiones y acuerdos que tengan lugar o como mejor le parezca sin rebasar el número indicado.

Hacemos la oportuna advertencia, que si estas cinco condiciones no se cumplen al pie de la letra, no será posible la entrevista. Sabemos los -- riesgos que implica el tratar con el gobierno que combatimos; pero esta- mos confiando que al tratar con el futuro gobernador de Guerrero, lo ha- cemos con una persona honesta que ahora podrá demostrarlo.

A T E N T A M E N T E :
POR LA BRIGADA CAMPESINA DE AJUSTICIAMIENTO del PARTIDO DE LOS POBRES:

Lucio Cabañas Barrientos

Isidro Castro Fuentes

Agustín Alvarez Ríos

Enrique Velázquez Pierro

José Luis Orbe Diego

ANEXO 14
Carta inédita de compañeros de Inocencio Castro a la familia del desaparecido

ESC. SEC. FED. ES 371-19.
SAN LUIS SAN PEDRO, GRO.

2 de enero de 1975.

A QUIEN CORRESPONDA:

Esta Escuela Secundaria Federal se permite manifestar lo siguiente con relación al C. Profr. Inocencio -
Castro Arteaga:

Según comprobantes que existen en el archivo de
la escuela, el profesor Castro tuvo licencia con sueldo los
días 16, 17, 20 y 21 de mayo de 1974.

Posteriormente disfrutó de licencia sin sueldo-
del 1º al 15 de junio del mismo año.

La primera licencia le fue concedida por media-
ción del C. Senador Rubén Figueroa Figueroa, para cumplir -
con una comisión asignada por el mismo senador.

Del 1º al 30 de septiembre disfrutó de otra licencia con sueldo, terminada la cual le fue concedida otra
de 90 días sin sueldo que termina con el mes de diciembre de
1974; pero ésta debido a la detención de que le hicieron ob
jeto.

Por informes del profesor Arteaga,la primera li
cencia la ocupó para servir de contacto entre el senador Fi
gueroa y el Profesor Lucio Cabañas a petición el primero,sa
biendo que el propio maestro Castro fue compañero de escuela
del Profr. Cabañas.

Debido a esos informes, la escuela deduce que el
profesor Castro no tuvo ninguna responsabilidad sobre la detención del C. Senador y siendo éste quien solicitó el servi
cio.

Por otra parte, se hace constar que el menciona-
do profesor Castro, desde hace más de seis años que ha traba
jado en esta institución, siempre se ha distinguido por su -
puntualidad.

A la hoja 2.,

336

Además, considerando la difícil situación de la familia del profesor, el personal de la escuela está aportando periódicamente una cooperación económica como ayuda para su sostenimiento.

Lo que se informa para los efectos a que haya lugar.

ATENTAMENTE.

EL DIRECTOR DE LA ESC.   EL SUBDIRECTOR SECRETARIO

PROF. ADRIAN NAVA LOPEZ.   PROFR. MARTINIANO LOPEZ PEDROZA.

S. E. P.
OFIC. GRAL. DE EDUC. MEDIA
DEPTO. DE EDUC. SRIA. FORE.
ESC. SEC. TEC. NUM.
ES 371-19

Foto tomada del libro: Los cívicos Guerrerenses.

Genaro Vázquez en la región de La Montaña entrenando a campesinos en el manejo de armas para las acciones de autodefensa.